조용한 시간의 힘

GOLDEN: THE POWER OF SILENCE IN A WOLRD OF NOISE
by Justin Zorn and Leigh Marz

Copyright ⓒ 2022 by Justin Zorn and Leigh Marz All rights reserved.
Korean translation rights arranged with Aevitas Creative Management, New York
through Danny Hong Agency, Seoul.
Korean translation copyright ⓒ 2025 by SIGONGSA Co., Ltd.

이 책의 한국어판 저작권은 대니홍 에이전시를 통한 저작권사와의 독점 계약으로
㈜SIGONGSA에 있습니다.
저작권법에 의해 한국 내에서 보호를 받는 저작물이므로 무단전재와 복제를 금합니다.

조용한 시간의 힘

소음 가득한 세상에서 나를 발견하는 침묵의 힘 33가지

저스틴 존·리 마즈 지음 최안나 옮김

SIGONGSA

일러두기

1 띄어쓰기, 외래어 표기는 국립국어원 용례를 따르되 고유명사, 용례가 굳어진 일부 합성명사에 한해 예외를 따랐습니다.
2 단행본은 겹화살괄호(《 》), 정기간행물과 영상물은 홑화살괄호(〈 〉), 팟캐스트 채널 및 곡 제목은 작은따옴표(' ')로 표기했습니다.
3 국내 번역된 단행본은 《번역서명(원서명)》, 번역되지 않은 단행본은 《원서명(번역명)》으로 표기했습니다.
4 인명은 처음 언급을 제외하고, 두 번째 언급부터는 성$^{\text{Last name}}$으로 표기하는 것을 원칙으로 했습니다. 단, 같은 성일 경우에는 성과 이름 모두 표기했습니다.
5 원서의 이탤릭 서체는 굵은 서체로 표기했습니다.

메러디Meredy와 마이클Michael에게

그리고 롭 에리오브Rob Eriov와 랠프 메츠너Ralph Metzner를 추모하며

차례

PART I
침묵의 존재

......

CHAPTER 1
침묵으로의 초대장 • 13
끝없는 의견과 반박 문화를 넘어서 • 16
진동하는 세상 속에서 길 잃은 마음챙김 • 21

CHAPTER 2
소음과 침묵의 경계 • 28
점점 더 시끄러워지는 세상 • 32
소음 중독자들 • 42
성장할수록 잃어버리는 것들 • 46
신성한 쓸모없음의 가치 • 51

CHAPTER 3
침묵은 부재가 아니라 존재다 • 58
소음 속에서 침묵 찾는 사람들 • 61
침묵의 다양한 얼굴 • 70
진창 속에서 꽃피는 조용한 시간 • 74
아무것도 없지만 모든 것이 있는 곳 • 81

CHAPTER 4
침묵의 도덕적 차원 • 83
내면의 안식처 • 94
갈아 넣기의 횡포 • 101
경청과 분별하기의 예술 • 104
진실과 권력 • 108

PART II
침묵의 과학

......

CHAPTER 5
고요함의 재발견 • 115

우연히 발견한 진실 • 119

소음을 낳는 소음 • 130

조용한 회복 • 139

CHAPTER 6
마음을 위한 음소거 버튼 • 142

정신적 소음 그려 보기 • 149

자기초월의 신경과학 • 159

PART III
침묵의 정신

......

CHAPTER 7
왜 우리는 침묵을 무서워하는가 • 177

빈 공간을 채우고 싶은 강렬한 소망 • 178

알 수 없음의 두려움 • 183

비탄 속의 침묵 • 188

조용하고 여린 목소리 • 192

잠깐 동안의 수도승 생활 • 196

피타고라스를 다시 만나다 • 200

CHAPTER 8
연꽃과 들꽃의 가르침 • 203

생각을 멈추는 순간의 깨달음 • 205

알지 못함의 구름 속에 떠 있기 • 210

가장 활동적인 수용의 힘 • 215

빈 공간에 귀 기울이기 • 219

PART IV

침묵의 내면

......

CHAPTER 9
침묵 찾는 실전 가이드 • 229

내 통제 권역 안에는 무엇이 있는가 • 239
소음의 신호에 주의 기울이기 • 247

CHAPTER 10
심원한 침묵 속으로 • 252

아이디어 1: 그저 들으라 • 257
아이디어 2: 침묵이 주는 작은 선물 • 261
아이디어 3: 하루 세 번의 호흡이 나를 바꾼다 • 265
아이디어 4: 움직일수록 고요해지는 마음 • 270
아이디어 5: 사이의 빈 공간에 집중하라 • 273
아이디어 6: 한 가지 일을 하라 • 275
아이디어 7: 글자 사이에 있는 침묵 • 279
아이디어 8: 자연에서 만난 순간적인 몰입 • 283
아이디어 9: 시공간 속 나만의 피난처 만들기 • 290
아이디어 10: 소음과 친구가 되라 • 293
나만의 건강한 쉼을 찾아서 • 297

CHAPTER 11
열광적인 침묵 찾기 • 301

아이디어 11: 할 일을 챙겨 자연 속으로 떠나라 • 307
아이디어 12: 하루의 침묵이 일주일을 바꾼다 • 310
아이디어 13: 망각의 공간으로 걸어 들어가기 • 317
아이디어 14: 나만의 겨울 방학 만들기 • 321
아이디어 15: 내면의 소음을 직면하라 • 328
아이디어 16: 무아지경의 눈으로 바라보라 • 333
불편함을 넘어 침묵이 바꾼 것들 • 339

PART V
침묵의 공유

......

CHAPTER 12
조용히 함께 일하기 • 347

아이디어 17: 이메일 없는 금요일과
회의 없는 수요일 만들기 • 362
아이디어 18: 아이디어가 흐르는 빈 공간의 가치 • 365
아이디어 19: 완벽한 집중을 위해 함께 몰입하기 • 372
아이디어 20: 목소리를 내기 전에 여백을 만들라 • 377
아이디어 21: 속도를 늦추고 조용함을 불러라 • 381
변화를 위한 조용한 혁신 • 386

CHAPTER 13
조용한 일상 보내기 • 389

아이디어 22: 모두모두 조용해져라, 펌퍼니클! • 395
아이디어 23: 안식일, 업무를 끄고 삶을 켜다 • 397
아이디어 24: 작은 목소리에 귀 기울이기 • 400
아이디어 25: 한 입 크기의 침묵 나누는 법 • 404
아이디어 26: 가장 시끄러운 곳에서 찾아온 평온 • 406
아이디어 27: 침묵 속으로 함께 걸어 들어가기 • 412
아이디어 28: 의도한 침묵이 주는 유대감 • 418
함께하는 침묵이 더 깊은 연결을 만든다 • 421

PART VI
침묵의 사회

......

CHAPTER 14
정보 과잉 시대의 소음 관리 • 427

아이디어 29: 공공 피난처에 투자하라 • 431
아이디어 30: '좋아요'보다 중요한 가치 • 435
아이디어 31: 일과 삶의 균형 맞추기 • 440
아이디어 32: 소음 경제 속 주의력 회복법 • 447
아이디어 33: 침묵이 만든 합의의 공간 • 456
존중하기 R-E-S-P-E-C-T • 462

CHAPTER 15
황금 같은 침묵 문화 • 464

고요함을 찾는 시간 • 471
기억 되살리기 • 474
우리 안의 신호 • 477
침묵의 힘 • 479

침묵을 찾는 33가지 방법 • 487
감사의 말 • 507
주석 • 519

PART I

침묵의 존재

CHAPTER 1

침묵으로의 초대장

당신이 아는 가장 깊은 침묵은 무엇인가?

머릿속에 가장 먼저 떠오른 기억을 믿어도 된다.

굳이 오래 생각할 필요 없다.

그 경험을 기억해 내면서 그 속에 머물 수 있는지 살펴보자. 지금 어디 있는지, 주변에서 무슨 일이 일어나는지, 만약 누군가가 주변에 있다면 누구인지. 당시의 분위기를 되살릴 수 있는지 시도해 보자. 빛이 어떻게 비쳤는지, 공기의 분위기는 어떠했는지, 몸에는 어떤 느낌이 들었는지.

귀에 들리는 소리 없이 조용한가? 아니면 어떤 사람이나 물건도 당신의 주의를 끌지 않을 때 찾아오는 종류의 침묵인가? 신경으로 감지되는 것 없이 고요한가? 아니면 마치 격렬한 물살처럼 흐르던 내면의 목소리가 갑자기 양쪽으로 갈라지면서 앞으로 나아가는 명확한 길을 보여 줄 때와 같이, 아주 깊은 곳에 고요히 살아 있는 침묵인가?

이제 좀 이상하게 들릴 만한 질문을 하겠다. 잠시 생각해 보자. **침묵이란 단순히 소음이 존재하지 않는 것일까, 아니면 침묵 자체도 존재하는 것일까?**

......

지난 몇 년 동안 우리는 특이한 조합으로 모인 사람들과 함께 이런 질문을 탐험했다. 신경과학자, 사회운동가, 시인, 기업 임원, 전국구 국회의원, 의대 교수, 환경보호론자, 탁발 수도승, 백악관 직원, 불교 스승, 기독교 전도사, 그래미상을 탄 오페라 가수, 사형선고를 받은 수감자, 할리우드 음향 기사, 헤비메탈 밴드 리더, 목동이자 벌목꾼, 공군 중령 등의 조합이었다. 우리 스스로도 이 질문을 탐험했다. 사적이면서도 공적인 이 탐험은 우리를 아주 많은 장소로 데려갔다. 예를 들면 이런 곳이다.

광활한 대양 너머로 태양이 뜰 때의 아늑한 공기.

높은 산 위, 아무도 밟지 않은 눈밭 가운데서 느껴지는 정적.

이 질문들은 또한 우리를 청각적으로 조용하지 않은 곳으로 데려갔다. 탄생의 순간, 죽음의 순간, 경외의 순간 그리고 우리가 익숙한 설명을 찾아 헤매다가 마침내 할 말이 없다는 사실을 받아들여야 하는 급작스럽고 예상치 못한 변화의 순간. 우리에게도, 다른 사람에게도 심원한 침묵의 순간은 때로 놀라울 정도로 데시벨이 높은 환경에서 찾아온다.

우렁찬 소리 내며 세차게 흐르는 강물을 완벽히 타고 내려가기.
전자 오케스트라 같은 매미 소리가 울려 펴지는 숲속의 황혼.
시끌벅적한 클럽의 **쿵쿵** 소리에 나의 모든 생각 내맡기기.

이루 말할 수 없을 정도로 다양한 이 모든 침묵에 하나의 공통분모가 있다면, 앞서 제시한 질문의 답을 통해서 찾을 수 있지 않을까 생각한다. 가장 깊은 침묵은 그저 부재가 아니라 또한 **존재**이기도 하다. 침묵은 우리를 집중시키고, 치유하고, 가르칠 수 있는 존재다.

스코틀랜드 출신 철학자이자 수학자인 토머스 칼라일Thomas Carlyle은 1836년에 쓴《의상철학(Sartor Resartus)》소설에서 스위스의 한 비문을 썼다. "**말은 은으로 만들어졌고, 침묵은 금으로 만들어졌다.**"[1] 칼라일은 이렇게 덧붙였다. "아니면 나는 이 말을 이렇게 다시 쓰고 싶다. '말은 시간에 대한 것이고, 침묵은 영원에 대한 것이다.'"

이것이 바로 이 책의 제목에 영감을 준(원제는 Golden: The Power of Silence in a World of Noise이다.—옮긴이) 경구가 영어로 쓰인 첫 사례로 알려져 있다. 그러나 라틴어, 아랍어, 히브리어, 아람어(기원전 8세기 전후 근동 지역에서 일상어로 사용되던 언어. 구약성경 중 일부가 아람어로 기록됐다.—옮긴이)로 쓰인 다른 버

CHAPTER 1. 침묵으로의 초대장

전은 수천 년 이전까지 뻗어 간다.² 초기 이슬람 이스나드 Isnad(여러 세대에 걸쳐 신성한 가르침을 전한 이들의 계보)에는 "말은 은으로 만들어졌고, 침묵은 금으로 만들어졌다"는 이 속담의 발상지가 지혜롭고 위대한 왕 솔로몬이라고 남아 있다. 오늘날에도 이 문장은 말해야 할 때와 참아야 할 때를 아는 지혜를 말할 때 쓰인다.

우리는 "침묵은 금이다"라는 이 속담의 의미를 탐험하면서 진정한 침묵, 심원한 침묵이 단순히 소음의 부재 이상이라는 생각으로 자꾸만 되돌아갔다. 그것은 존재이기도 했다.

끝없는 의견과 반박 문화를 넘어서

2017년 초, 우리는 세상의 상태에 꽤 낙담해 있었다. 아마 당신도 똑같이 느꼈을 것이다. 코로나19가 창궐하기도, 기후 변화에 대한 가장 최근이자 암담한 보고서가 제출되기도 한참 전이었다. 그리고 최근의 경제적 위기를 겪기도, 브레오나 테일러 Breonna Taylor(2020년 마약 사범 압수 수색 과정에서 총격전이 벌어졌고, 무고한 흑인 여성인 그녀가 경찰의 오인 사격으로 숨졌다.—옮긴이)와 조지 플로이드 George Floyd(2020년 위조지폐 사용 혐의를 받은 흑인 남성 플로이드를 체포하는 과정에서 경찰이 무릎으로 그의 목을 7분 이상 눌렀고, 결국 그는 사망했다.—옮긴이)가 살해되기도 전이었다.

그러나 그때도 우리에겐 당시의 교착 상태를 타개할 방법이 보이지 않았다. 우리는 정치를 뜯어고치거나, 인도적인 경제를 건설하거나, 자연과 인간의 관계를 회복하는 데 그럴듯한 비전을 상상할 수도 없었다. 마치 어려운 주제로 깊은 대화를 나눌 수 있는 능력을 가로막아 궁극적으로 창의적인 해결책을 찾을 수 있는 능력을 가로막는 무언가가 있는 것처럼 느껴졌다. 개인적으로 활동가이자 옹호자이자 어린 자녀의 부모로서 우리는 무엇을 해야 할지 몰라 황망했다.

그때쯤 우리 두 사람 모두에게 이상한 직감이 찾아왔다. 해답을 어디서 찾아야 할지에 대해 같은 암시를 받은 것이다. 바로 **침묵**이었다.

그 순간에 당신은 우리 둘 모두를 '퇴물이 된 명상가'로 불렀을 수도 있다. 하지만 우리가 각자 느낀 것은 '쿠션에 다시 기대 보라'거나 '긴 휴가를 떠나라'는 계시와는 달랐다. 그건 도망치고 싶다는 충동이 아니었다. 오히려 가장 다루기 힘든 문제가 더 많은 생각이나 대화로 해결되지는 않겠다는 단순한 느낌이었다. 그 목소리와 지성 그리고 중요한 진보를 이루어 낸 시끄러운 기계에는 미안하지만, 우리는 가장 심각하게 개인적이고 공동적이며 심지어 세계적이기까지 한 도전의 해결책은 다른 곳에서 찾을 수 있다고 생각했다. **정신적인 것들 사이의 열린 공간에서 말이다.**

그 직감에 더 귀를 기울이자 우리는 이 세상에 필요한 변화의 질에 대해 무언가를 깨달았다. 이 인간 삶의 변증법적 춤(인정/부인, 진보/저항, 성공/실패) 안에서 우리는 그저 이것들을 견뎌야 할 운명인 걸까? 윈스턴 처칠Winston Churchill이 "하나의 나쁜 일 뒤에 또 다른 나쁜 일이 온다"고 말했다는 것처럼? 아니면 어떤 틈, 심지어 조화의 아름다움처럼 더 넓은 무언가가 있을 가능성이 있을까? 우리는 확신할 수 없었다. 하지만 지치고 낡은 것을 초월해 저 반대편에서 빛나는 가능성을 탐험하려 내딛는 첫발이 될지도 모를 무언가에 대한 예감이 있었다. 소음을 넘어서자.

우리는 이 직감이 약간 뉴에이지(현대적 가치를 거부하고 영적 사상 등에 기반을 두는 생활 방식.—옮긴이)스럽게 보일 수 있다고 생각했다. 그래서 우리가 떠올릴 수 있는 한 뉴에이지와는 가장 거리가 먼 매체에 이런 내용의 기사를 한번 써 보기로 결심했다. 바로 〈하버드 비즈니스 리뷰Harvard Business Review〉였다. 이곳에서 우리의 제안을 받아들였을 때도 놀랐지만, 결국 그 기사가 〈하버드 비즈니스 리뷰〉 웹사이트에서 최근 몇 년 동안 가장 많이 공유되고 조회되는 기록을 세웠을 때는 더욱 놀랐다.

"더 많이 바쁠수록 더 많은 조용한 시간이 필요하다"라는 제목을 단 우리의 기사[3]는 더 큰 창조성, 명료성, 연결성으로 가는 길로서의 침묵을 다루었다. 우리는 그저 마음챙김을 통해 어떻게 생산성을 더 높일 수 있는지 광고하는 또 다른 기사를 쓰지 않도록 조심하고 싶었다. 그래서 습관적으로 평판을 지키려 하거나 의견을 피력하려는 마음의 반사작용을 쉬게 하는 경험으로서의 침묵에 대해 썼다. 그리고 독자에게 "삶의 가장 기본적인 책임 중 한 가지, 즉 '무슨 말을 할지 생각해 내는 일'에서 일시적으로 벗어나라"고 강조했다. 비즈니스 또는 정치 매체에서 자주 보지 못한 단순한 제안을 하려고 최선을 다했다. 침묵은 그저 어떤 것의 부재가 아니다. 그것은 존재다. 그것은 진정한 통찰과 치유를, 심지어 사회적 변혁도 가져올 수 있다.

기사가 나가고 며칠 뒤, 저스틴(이하 본문의 저스틴은 모두 저자 저스틴 존Justin Zorn을 의미한다.—옮긴이)은 피츠버그에서 열린 어느 경제정책학회에 참석했고 그곳에서 새로 알게 된 제프Jeff라는 사람과 공항으로 돌아가는 택시에 합승했다. 제프는 제조업 경영자이자 종교의 가르침을 적극 실천하는 가톨릭 신자로, 보수파 정치인들과 가깝게 지냈다. 그는 짙은 색 수트를 입고 관리자 같은 태도를 보였으며 확실히 붉은 고기를 즐기는 생활 방식을 고수하는 듯했다. 아마 당신이 상상할 수 있는 사람 중 요가 학원에 느긋하게 걸어 들어가거나 불교 철학에 관한 글을 놓고 사색을 즐기리라고 생각하기 가장 힘든 사람일 것이다.

두 사람이 꽉 막힌 도로 위에 앉아 있는 동안 저스틴이 기사를 언급했고 제프가 그 기사를 읽었다. 잠시 후 제프는 저스틴에게 이 기사를 읽고 나니 자신이 왜 이른 아침 짙은 안갯속에서의 사냥을 좋아했는지 그리고 왜 어릴 때 예수회 어린이 수련회 참석을 그렇게 좋아했는지 생각났다고 말했다. 기사를 읽고 제프는 자기 삶에서 침묵을 찾을 필요가 있다는 사실을 깨닫게 됐다.

저스틴과 제프의 대화는 간단하고 가벼웠다. 그러나 우리는 그 속에서 중요한 무언가를 발견했다. 제프는 우리가 허탈함을 느낀 많은 분야에서 정반대에 있는 사람이었다. 그와 저스틴은 학회에서도 서로 반대편에 서 있었다. 그런데 그런 제프가 동일한 깊은 갈망을 드러냈다. 우리는 침묵을 마주함으로써 이 세상의 아주 사실적인 구분을 극복하게 할 만병통치약을 찾으리라는 착각은 하지 않았지만, 제프와의 대화로 우리가 처음 느꼈던 그 직감으로 되돌아갔다. 침묵의 공간 안에서 우리는 더 깊은 이해를 위한 그리고 가능하다면 의견-반박 문화의 지겨운 밀고 당기기를 넘어 진보하기 위한 전제 조건을 찾을 수 있다.

소음으로 가득한 세상에서 빈 공간을 찾기란 쉽지 않다. 오늘날 주의를 빼앗고 시끄러움을 유지하는 데 헌신하는 강력한 힘이 있다. 비즈니스, 정부, 교육에서 가장 강력한 기관은 정신적인 것의 생산 측면에서 더 많은 결과물을 내고 효율적으로 움직이는 것이 우리의 책임이라고 말한다. 광고의 아우성과 바쁜 삶에 대한 기대는 사회를 통제하는 교묘한 도구다.

그런데 여기서 침묵에 대해 알아야 할 사실이 있다. **언제나 이용 가능하다**는 것이다.

침묵은 호흡 속에 있다. 침묵은 호흡과 호흡 사이, 생각 사이, 친구와 대화할 때 나누는 말 사이의 틈에 있다. 침묵은 아침에 알람이 울리기 직전 이불 속에서 느껴지는 포근한 순간 속에 있다. 침묵은 갑갑한 사무실에서 벗어나 야외 벤치에 앉아 햇볕을 쬐는

3분 동안의 막간 휴식에 있다. 침묵은 하던 일을 잠깐 멈추고 새들에, 비에, 또는 특정한 어떤 것 없이도 **귀를 기울이는** 단순한 순간 속에 있다. 그저 존재하는 것의 단순한 본질에 주파수를 맞춘다. 우리는 일상에서 소음이 있는 곳을 알아채고 볼륨을 낮춤으로써 이 빈 공간을 만날 수 있다.

우리가 가장 깊은 침묵을 찾아 나설 때, 침묵이 우리 삶의 청각적 또는 정보적 조건에 그다지 의지하지 않는다는 사실을 발견한다. 침묵은 언제나 지금 여기, 내면 깊은 곳에 있는 불변의 존재다. 즉, 삶의 맥박이다.

이 책은 침묵에 왜, 어떻게 귀 기울일지를 이야기한다.

진동하는 세상 속에서 길 잃은 마음챙김

지난 50년 넘게 마음챙김 명상은 미얀마와 태국의 수도원에서 애플, 구글, GE(제너럴 일렉트릭), 미국 국방부 등 사회의 주도권을 쥔 건물의 첨탑에 이르기까지 놀라운 여행을 했다.[4] 이 성공의 일부는 1960년대 이후 새로운 사고방식과 세계관에 대한 개방성이 높아진 데 기인하지만, 마음챙김이 새로이 인기를 얻은 가장 큰 원인은 간단하다. 점점 더 커지는 소음 세상에서 침묵을 향한 갈망이 있기 때문이다. 의식적으로 알든 모르든, 우리는 오염되지 않은 주의력이 갈수록 희소해짐을 느낀다. 이에 대처할 방법이 필요하다.

마음챙김이 주류가 됐다는 건 좋은 소식이다. 항상 엄격한 실천을 이어 가지는 못했지만, 마음챙김은 우리 두 사람 모두가 삶의 중요한 순간에서 소음을 관리하도록 도왔다. 그리고 우리는 명상과 마음챙김이 수백만 명의 다른 사람을 깊이 도왔다는 사실을 안다. 사실 우리는 명상과 마음챙김 확산에 우리만의 작은 역할을 해 왔다. 리(이하 본문의 리는 모두 저자 리 마즈Leigh Marz를 의미한다. ─옮긴이)는 자신의 리더십에 그리고 비영리 단체, 주요 대학, 미국 연방 기관과 연관된 조직 개발 사업에 명상을 통합했다. 그리고 저스틴은 미국 의회에서 정책 조언자이자 전략가로 일하는 동안 양당 정책 입안자들 모두를 위해 명상 시간을 주도하고 마음챙김 프로그램을 신설하는 일을 도왔다.

그러나 '주류가 된다'라는 말은 측정 가능한 결과를 꼭 내지 못하더라도 성공적으로 적응했음을 의미한다. 1992년 분석심리학자 제임스 힐먼James Hillman과 문화비평가 마이클 벤투라Michael Ventura는 《심리치료를 하지만 세상은 왜 갈수록 나빠지는가?: 심리치료 100년의 역사에 대한 반성(We've Had a Hundred Years of Psychotherapy: and the World's Getting Worse)》이라는 제목의 책을 썼다. 아마 오늘날 당신도 비슷한 말을 할 수 있을 것이다. **마음챙김이 들어온 지 40년 됐는데, 세상은 이전보다 더 산만해졌다.** 심지어 공식적인 정좌명상(앉아서 하는 명상)의 옹호자이자 실천자로서도, 우리는 마음챙김이 만병통치약이라고 확신할 수 없다. 마음챙김은 분명 가치 있다. 그러나 모든 사람에게 그렇지 않을 뿐이다.

펜실베이니아 주립대학교의 교수이자 생물행동 건강 및 약학 분야 수석연구원인 조슈아 스미스Joshua Smyth는 이렇게 설명한다. "마음챙김의 이점에 대한 주장들 중 많은 것은 진지한 실천가인 개인과 관련 있다." 그는 이 연구들에 훌륭한 가치가 있다고 보지만, 이 발견을 너무 넓게 추정하지는 말라고 경고한다. "사람들을 무작위로 (마음챙김 연구에) 배정하면 그중 70퍼센트는 권장 수준을 지키지 않습니다." 다시 말하면 그 70퍼센트는 절차를 따르지 않는다. 그는 또한 이렇게 말한다. "무려 3분의 1에서 절반은 심지어 실험 중에도 실천을 멈춥니다. 조사 연구에 참여하는 대가로 돈을 받은 후에도 그렇게 한다는 건 말할 필요도 없고요." 이 비율은 체중 감량 연구에서 나타나는 것만큼 안 좋거나, 그보다 더 안 좋다.[5] 그는 그가 맞닥뜨리는 도전을 이렇게 요약한다. "약을 먹지 않으면 치료는 효과가 없습니다."

마음챙김 자체나 실천을 유지하지 않는 사람들에 대해 이렇다 저렇다 판단하는 게 아니다. 이는 현대의 정신적 과다 자극이 불러오는 불안정성 속에서 중심을 유지하는 것이 얼마나 복잡한 도전인지 보여 준다. 또한, 어떤 접근법도 이러한 문제를 지속적으로 해결하기는 어렵다는 증거일 뿐이다.

인간으로서 우리는 성향, 선호, 배우는 방식, 일하면서 의미를 만드는 방식이 각자 모두 다르다. 우리는 어떻게 하루를, 한 주를,

한 해를 계획하는지를 놓고 명령과 자율성 면에서 가지각색의 정도를 보이며, 그 현실은 시간이 흐름에 따라 변화한다. 게다가 전형적으로 '마음챙김 명상'에 문화적, 종교적, 심리적, 신체적 장애물이 있을 수도 있다. 결국 마음챙김은 의식하며 앉아 있거나 걷기, 일정 시간 동안 호흡이나 생각 관찰하기 등 주로 불교에서 파생된 실천으로 이루어지기 때문이다.

그러면 우리는 소음의 맹공격에 어떻게 대응해야 할까? 명상이 모두에게 효과가 있는 방법이 아니라면, 어떻게 오늘날의 세상에 필요한 수준의 치료법을 가져올 수 있을까?

이 책에서 우리는 그 답을 이렇게 제시한다.

> 소음을 알아차리라. 침묵에 귀를 기울이라.
>
> 이 절차에는 세 가지 단계가 있다.
>
> 1. 당신의 삶에서 발생하는 청각적, 정보적, 내면적 간섭의 다양한 형태에 주의를 기울이고, 어떻게 다룰지 연구하라.
> 2. 그 모든 소리와 자극 사이에 살아 있는, 평화의 작은 공간을 감지하라. 그 공간을 찾고 음미하라. 가능한 한 깊이 침묵 속으로 들어가라. 단 몇 초뿐일지라도.
> 3. 때로는 심원한 침묵(심지어 열광적인 침묵)의 공간을 구축하라.

소음 가운데서 균형과 명료성을 찾는 작업의 경우, 우리는 오늘날 전형적으로 명상이라고 불리는 것을 이루는 형식적인 규칙과 도구 너머를 볼 수 있다. '저 지금 맞게 하는 건가요?' 같은 질문은 잊어버려도 된다. 우리 각자는 각자의 방식에서 침묵이 어떤 느낌인지 안다. 그 느낌은 인간 본성에 내재한다. 가끔은 숨겨져 있을지 모르지만 그래도 침묵은 항상 우리에게 주어진 회복의 선물이다.

앞으로 나올 이야기에서 우리는 소음을 어떻게 이해하고 관리하는지 알아보려고 한다. 그럼으로써 우리가 더 의식적으로 자연에, 다른 사람에게, 삶의 소리적 본질 그 자체에 **귀를 기울일** 수 있기 때문이다.

"PART I: 침묵의 존재"에서는 지각의 청각적, 정보적, 내면적 수준에서 원치 않게 주의를 빼앗는 것으로서 **소음의 의미**를 이해한다. 그리고 나서 소음의 부재와 침묵 자체의 존재라는 두 가지 측면에서 **침묵의 의미**를 생각한다. 그다음에는 왜 침묵이 중요한지 살펴본다. 단지 우리 개인으로서의 침착함이나 명료함뿐만 아니라 세상을 치유하는 공동의 작업, 즉 더 나은 사회적, 경제적, 정치적, 환경적 미래를 구축하는 작업을 위해서도 침묵은 중요하다.

"PART II: 침묵의 과학"에서는 우리의 신체적 건강, 인지, 감정의 행복을 위해 청각적, 정보적, 내면적 소음을 초월하는 것의 중요성에 대해 살핀다. 우리는 현대 신경과학의 한계를 고려하며 '마음속 침묵'의 의미를 조사한다.

"PART III: 침묵의 정신"에서는 의식, 공감, 창조성, 윤리에 이르는 길로서 침묵의 가능성을 살펴본다. 그다음에는 왜 사실상 세상의 모든 위대한 종교적, 철학적 전통이 진실에 이르는 길로서 침묵을 강조하는지를 알아본다.

"PART IV: 침묵의 내면"에서는 일상의 평범한 순간뿐만 아니라 더 희소하고 변혁적인 경험을 통해서 침묵을 찾을 수 있는 전략과 아이디어를 탐색한다. 또한 소음의 세상에서 침묵을 찾는 실질적인 작업을 탐색한다.

"PART V: 침묵의 공유"에서는 사회적 종류의 침묵으로 방향을 바꿔 소음을 초월하고 직장이나 가족과 함께 있는 집, 친구들 사이 등 공동의 환경에서 회복을 찾는 실천을 탐구한다.

마지막으로 "PART VI: 침묵의 사회"에서는 공공 정책이나 문화적 변화에 대한 질문으로 관점을 넓혀, 침묵의 지혜를 향한 숭배를 되찾는 것이 우리의 도시에, 국가에, 심지어 전 세계에 어떤 의미일지 상상한다.

우리는 당신이 직장에서 집에서 크고 작은 도전을 관리하면서 더 인내심 있고 의식적이고 심지어 효율적인 사람이 되도록 도울 아이디어와 실천법을 알아볼 것이다. 그러나 침묵이 단순히 깔끔하고 정형화된 방식으로 통제할 수 있는 '자원'이 아님을 확실히 해 두고 싶다. 우리는 '침묵이 우리에게 어떤 이득을 가져다주는지'를 바탕으로는 그 가치를 측정할 수 없다.

"침묵은 금으로 만들어졌다"는 격언이 암시하듯, 침묵에는 고유한 가치가 있다. 그리고 "침묵은 영원에 대한 것이다"라는 칼라

일의 말처럼 침묵은 정량적으로 측정되거나 우리 자신의 목적을 위해 사용될 수 없다. 지난 수십 년에 걸쳐 우리는 마음챙김 실천이 종종 생산성을 증진하는 도구로서, 목적이 무엇이든 실적을 향상시키는 도구로서 팔리는 것을 봤다. 심지어 명중률을 높이고 싶은 저격수나 세상을 정복하고 싶은 CEO 대상으로도 말이다. 하지만 우리는 침묵이 자기계발보다 한 단계 더 위에 있다는 사실을 발견했다. 침묵은 우리의 개인적 야망이 실현되는 것을 돕기 위한 생활의 지혜 같은 것에 포함될 수 없다. 침묵은 그 정의 그대로 어떤 의도도 없다.

이 책을 쓰면서 우리가 원래 느꼈던 직감은 점점 더 자라나 확신이 됐다. 우리는 무엇이 옳은지에 대한 표현과 옹호, 항의의 중요성을 여전히 강력하게 믿는다. 인터넷, 어디에서도 접속 가능한 커뮤니케이션 도구, 아우성치는 듯한 산업 기술이 우리에게 이득을 가져다준다는 사실은 안다. 하지만 세상의 상태에 대해 느껴지는 허탈함을 마주하면서, 우리는 똑같은 답으로 계속 돌아갔다. **소음을 넘어서라. 침묵에 귀를 기울이라.**

CHAPTER
2

소음과 침묵의 경계

사이러스 하빕Cyrus Habib은 자신이 이런 종류의 선택지를 맞닥뜨릴 것이라고 전혀 예상하지 못했다. 이란에서 미국으로 온 이민자의 아들인 그는 여덟 살 때 생사를 오가는 질병에서 살아남은 후 완전히 시력을 잃었다. 그는 점자를 익혀 고등학교에 진학했고, 컬럼비아 대학교와 옥스퍼드 대학교를 로즈 장학생Rhodes Scholar으로 다녔으며, 예일 대학교 로스쿨까지 졸업했다.

그는 우리에게 이렇게 말했다. "저는 스스로 확신을 가지고 다른 사람들에게 힘, 능력, 권력, 통제를 보이는 데 대부분의 인생을 보냈습니다. (…) 그것이 제가 성공적인 삶을 이룬 방법입니다. 제게는 그것이 아주 중요한 신조였지요." 그는 31세에 워싱턴주 의원으로 선출됐고, 4년 뒤에는 760만 명을 관할하는 두 번째로 높은 공무원인 부지사 자리에 올랐다.

2020년 초, 하빕의 선택지는 확실했다. 주지사나 미국 상원을 위해 일하든지, 아니면 국가 정치에서 유망한 커리어를 밟기 위해 더 높은 공기관 자리를 제안받든지였다. 우리가 그해 말에 그와 이야기를 나눴을 때, 그는 막 모든 선택지를 거절하겠다고 결정한 후였다. 대신 그는 다른 진로를 골랐다. **그는 예수회 사제 수련생으로서 가난, 순결, 순종의 서약을 했다.**

〈뉴욕타임스 The New York Times〉의 프랭크 브루니 Frank Bruni 는 하빕의 결심을 이런 식으로 묘사했다. "자아에 거대한 망치를 휘두른 정치인."[1]

하빕의 진로 궤도에 이 예상치 못한 방향 전환이 생긴 이유를 하나로 꼬집어 말할 수는 없다. 그의 마음을 아프게 하고 또 열었던 아버지의 갑작스러운 사망, 건강에 대한 개인적 불안, 달라이 라마와의 만남 등 여러 요인 때문이었을 것이다. 그는 자신의 삶에서 '복잡성'을 줄이기 위해 정치계를 떠나 예수회에 합류했다. 그는 이렇게 말했다.

"저는 '복잡성'이라는 단어를 부정적인 의미로 쓰지 않았습니다. 복잡성이란 그저 이런 의미이지요. 예를 들자면 돈은 존재하는 이유가 있고, 좋은 것이고, 또 필요한 것입니다. 하지만 스트레스와 불안의 요인이 되기도 합니다. 이런 애착을 가지지 않으면 (…) 더 급진적인 방식으로 삶을 종교 의식에 온전히 맡길 수 있습니다."

거의 모든 사람이 그가 공적인 삶의 정상에 오를 것이라고 생각했을 때, 그는 사실 정신적인 심연을 마주했다. 정치판의 압도적인 소리와 자극 가운데서, 그는 스스로도 몰랐던 갈망을 불러일으킨 옥스퍼드에서의 경험으로 계속 되돌아갔다. 당시에 그는 친구에게 초대를 받아 옥스퍼드 대학교 내 어느 수백 년 된 성당에서 열린 미사에 참석한 적이 있다. 그는 그 시간을 이렇게 회고했다.

"그 미사의 경험 (…) 그 음악, 전례문, 초월적인 분위기가 제 마음속에 틈을 만들었어요. 저는 그 틈을 더 깊이 파헤쳤습니다. 그 틈으로 인해 제 안에는 여유와 침묵이 생겨났죠."

그는 그런 집중의 공간에서 산다는 것은 어떤 느낌일지 상상했다. 현대 정치인의 모습과 비교하면 얼마나 대비되겠는가. 현대 정치인은 트위터(이하 X)에서 의무적으로 자기홍보를 하는 사람, 과장된 자아를 가진 이들을 자극하는 사람, 기부금 내라고 전화하는 사람으로 너무 자주 특징화되지 않는가. 그럼에도 해법은 확실하다. 그는 탈출구를 찾는 것이 아니다. 그는 이렇게 강조한다.

"사람들은 '그가 예수회에 가입한다는군. 그는 지금까지 정치인이었어. 그는 분명 삶에서 더 많은 침묵을 원하는 거야'라고 생각합니다. 그리고 실제로 그렇습니다. 물론 그렇긴 해요…. 하지만 저는 저 자신을 지워 버릴 생각을 하는 게 아닙니다. 침묵을 일시적인 방편으로 보는 게 아니에요. 저는 제가 어떻게 살아야 하는지 스스로 더 깊게 이해하고, 그 후에 제가 빚어진 목적으로 정해진 일을 하러 가고 싶어요."

그는 애초에 그를 정치계로 데려온 그 투쟁에 계속 참여할 생각이다. 예를 들면 감옥에 있거나 극빈층에 속한 사람들을 돕기 위한 투쟁 말이다. 하지만 그는 스스로도 가난의 서약을 하며, 이제 더 직접적이고 진실한 방식으로 도울 수 있다고 느낀다. 그는 우리에게 "더 고차원적인 영감을 받기 위해 마음을 준비시키는 것은 우리의 의식과 일상을 채우는 잡동사니들 너머로 나아가는 것을 요구한다"고 말했다. 이런 일이 일어나려면 특정한 '디톡스'가 필요하다. 끊임없이 집중을 흐트러뜨리는 것들로부터 벗어나 진실의 추구를 향해 가는 것 말이다.

그는 이 모든 것이 적응임을 알았다. 그는 처음에 예수회에 방문했을 때 수련생들에게 청소하는 시간을 아껴 다른 일을 할 수 있도록 룸바Roomba 로봇 진공청소기를 사라고 제안했다. 그리고 그들은 그의 제안을 재미있어했다. "이봐요, 그런 문제가 아니에요. 이건 당신에게 아주 재미있는 변화가 되겠네요."

대단한 연설을 하고 법률 제정을 안내하는 것에서 바다 청소를 하고 침묵 속에 앉아 있는 것까지. 자아 소멸로 가는 그의 모험은 소음 본질과 명료성을 찾는 의미에 대해 어떤 통찰을 드러낸다. 우리는 그와 함께 현대 정치가 어떻게 마지막 한 조각의 주의를 끌기 위한 난투극, 지지부진한 싸움, 제로섬 경쟁이 됐는지 이야기를 나눴다. 그리고 그것이 왜 사회 전반에 퍼진 드라마와 오락 중독을 보여 주는 극단적인 징후인지 토론했다.

하비는 이 모든 것이 그저 소음의 한 부분이라는 사실을 명확히 했다. 사무실에 쩌렁쩌렁 퍼지는 케이블 뉴스, 지치지도 않고 계속되는 당파 싸움, 온갖 시시한 전화 통화 같은 과잉 자극에서 벗어나기를 간절히 기대했지만, 사실 그는 궁극적으로 소음의 더 깊은 형태를 극복하기 위해 이 과격한 변화를 만들었다. 더 고차원적인 진실에 귀를 기울이고, 자기 자신의 직감을 들을 수 없도록 가로막고 있던 내면의 소음 말이다.

그렇다. 소음은 문자 그대로의 소리 풍경에 찾아온 불청객 같은 방해다. 그렇다. 소음은 지나치게 많은 정보의 속도와 규모다. 그러나 이것은 궁극적으로 그 어느 것보다도 더 크다. 소음은 모든 달갑지 않은 소리와 자극이며, 내부와 외부 모두에서의 시끄러움이다. 또한 우리가 진정으로, 깊이 원하는 것으로부터 우리의 주의를 흩트리는 범인이기도 하다.

점점 더 시끄러워지는 세상

우리도 안다. 삶의 시끄러움에 대해 숙고하는 건 진부하다. 우리는 사람들이 언제나 같은 분노를 표현했다고 생각한다.

에밀리 톰슨 Emily Thompson은 저서 《The Soundscape of Modernity (현대의 소리 풍경)》에서 기원전 500년경 남아시아의 대도시 생활이 얼마나 시끄러운지를 묘사한 초기 불교 문헌을 살펴봤다.

묘사에 따르면 이렇다. "코끼리, 말, 마차, 드럼, 북, 류트, 노래, 심벌즈, 징 그리고 '다들 먹고 마셔!'라고 외치는 사람들."[2] 《길가메시 서사시(The Epic of Gilgamesh)》에서 신들은 인간의 소음에 진절머리가 나서 우리 모두를 쓸어버릴 대홍수를 보냈다. 겨우 한 세기쯤 전에는 J. H. 거드너 J. H. Girdner가 말이 끄는 탈것, 행상인, 음악가, 동물, 종 bell 등을 포함해 '도시 소음이라는 역병'을 분류했다. 만약 영원한 툴툴거림이라는 것이 존재한다면 아마 소음 있음 noisiness 이 바로 그것이리라.

그런데 지금은 역사의 그 어느 시점과도 무언가가 **다르다**. 요즘은 그저 시끄럽기만 한 게 아니다.[3] 정신적 자극이 전례 없이 대규모로 급증했다.

첫 번째로 문자 그대로의 **청각적** 소음이다. 코로나19로 거리두기가 불협화음의 일시중지를 불러왔다고 해도, 현대적 삶의 궤도 자체는 멈출 수 없었다. 도로에 자동차는 더 많아지고, 하늘에 비행기도, 윙윙거리는 가전제품도, 웅웅대고 삑삑대는 전자 기기도 더 많아졌다. 공공 공간과 칸막이 없는 사무실에서 흔히 볼 수 있는 텔레비전과 스피커도 더 시끄럽고 많아졌다. 세계보건기구 WHO는 유럽 전역에 걸쳐 약 4억 5,000만 명의 사람들, 다시 말해 유럽 인구의 대략 65퍼센트는 유해한 소음 수준에서 생활한다고 보고했다.

세상은 점점 시끄러워진다. 이 사실을 수치로 나타낼 수 있다. 구급 차량은 주변을 둘러싼 소음을 뚫고 들릴 만큼 큰 소리를 내야 하므로, 사이렌 데시벨을 측정하면 주변 환경이 얼마나 시끄러운지 알 수 있다. 작곡가이자 환경 운동가인 R. 머리 섀퍼R. Murray Schafer는 1912년 소방차 사이렌이 약 3.4미터 거리에서 최고 96데시벨까지 올라갔다는 사실을 발견했다. 반면 1974년에는 같은 거리에서 최고 114데시벨까지 올라갔다. 저널리스트 비앙카 보스커Bianca Bosker는 2019년 현대의 소방차 사이렌은 훨씬 더 시끄러워져 약 3미터 거리에서 123데시벨이라고 발표했다.[4]

이 수치가 그렇게 큰 증가처럼 들리지 않을 수도 있겠지만 이렇게 생각해 보자. 데시벨은 로그함수로 돼 있기 때문에 90데시벨은 사실 80데시벨이 가하는 음압의 10배이고, 우리 귀에는 대략 **2배 더 시끄러운** 것으로 인식된다. 그러니 뉴욕이나 리우데자네이루 같은 대도시에서 소음이 거주자의 불평 순위에서 계속 상위에 있는 것도 놀랍지 않다.

우리는 이 문제를 그저 음량 면에서만 생각할 수 없다. 때로는 데이터 저장 센터와 공항에서 나오는 고주파와 저주파의 웅웅거리는 소음이 피해를 유발하기도 한다. 이러한 청각적 소음 형태가 중간 소득층과 저소득층에 불균형한 영향을 준다는 사실이 발견됐다.

지구 자연 생태계의 최소 3분의 1이 '청각적 멸종'이라고 할 정도로 조용해진 시대에 기계와 전자 기기, 인간이 내는 모든 종류의 소리는 증폭됐다.

최근 떠오르는 두 번째 소음이 있다. 바로 **정보적** 소음이다.

2010년, 당시 구글 CEO였던 에릭 슈미트 Eric Schmidt는 주목할 만한 주장을 내놓았다. "우리는 이제 문명의 새벽부터 2003년까지 만들어 냈던 만큼의 정보를 이틀마다 만들어 냅니다." 기술계 거물들이 대부분 온라인 콘텐츠의 기하급수적인 성장에 대해 고민하던 반면, 그는 인류사의 궤적에 대한 근본적인 사실을 우연히 떠올렸다. 바로 당신의 주의를 끌려고 경쟁하는 정신적인 것들이 점점 늘어난다는 말이다.

2019년, 기술 연구 회사인 래디캐티 그룹 Radicati Group은 매일 1,280억 개의 비즈니스 이메일이 발송된다고 추정했다.[5] 비즈니스 사용자가 매일 126개의 이메일과 씨름한다는 것이다. 가장 최근 데이터에 따르면 미국에 사는 사람들은 1986년보다 5배 많은 정보를 받아들이고 있다고 한다.[6]

우리가 이렇게 많은 정보를 다룰 수 있는 것일까? 인간 주의력의 과학 분야를 선도하는 전문가들은 아니라고 말한다.

처음으로 몰입의 개념에 대해 글을 쓴 심리학자 미하이 칙센트미하이 Mihaly Csikszentmihalyi는 우리의 하루 주의력 용량에 어떤 단점이 있는지 요약해 들려 준다.[7] 그는 어떤 사람이 말할 때 우리는 그 말을 이해하기 위해 초당 60바이트의 정보를 처리해야 한다고 추정한다. 여기에는 소리를 해석하고 우리가 듣는 말과 관계된 기억을 불러오는 것도 포함된다. 물론 우리는 종종 이 정보 처리량에 다음 약속을 위해 시간을 확인한다든가 저녁 식사를 위한 장보기 목록을 생각하는 것 등을 추가하곤 한다. 그러나 인지과학자들은 우리가 초당 126바이트(여기서 조금, 저기서 조금 해서 대충)에 가까운 최고 한계에 거의 항상 도달한다고 계산한다. 우리는 지구에서 수십억 명의 동료 인간에 둘러싸여 살고 있지만, 그가 지적하듯 "인간은 한 번에 하나 이상은 이해할 수 없다."

전 세계 정보의 양이 점점 증가하는 데 장점도 많다는 점에는 이견의 여지가 없다. 우리는 멀리 떨어진 사랑하는 사람들과 디지털로 연결된다는 것에, 원격으로 교육받고 일할 기회에, 영화 스트리밍에 그리고 위대하신 인터넷님께서 인류에 내려 준 모든 너그러움에 감사한다. 그러나 이것을 기억해야 한다. 데이터는 늘었지만 그것을 처리하는 우리의 능력은 그렇지 **않다**. 50년 전, 학자 허버트 사이먼Herbert Simon은 솔직하게 이렇게 말했다. "정보가 무엇을 소비하느냐는 꽤 명백하다. 바로 정보를 받는 사람의 주의력을 소비한다. 그러므로 정보의 풍부함은 곧 주의력의 부족함을 낳는다."[8]

이것이 바로 세 번째 소음, **내면적** 소음이다. 이렇게 많은 자극이 우리의 주의력을 소비하는 와중에 의식 속에서 침묵 찾기는 더 어려워진다. 모든 외부의 소음은 우리 내면에서 일어나는 일의 강도를 증폭시킨다. 이메일, 문자메시지, 인스턴트 메시지, SNS 알림의 빈도가 늘면서 **항상 접속됐을** 것이라는 기대감도 증가했다. 즉, 언제든 읽고, 반응하고, 대답할 준비가 돼 있어야 한다는 것이다. 이 소음은 우리의 의식에 권리를 요구한다. 그것은 자연 그대로의 주의력을 빼앗는다. 그래서 우리는 자기 앞에 놓인 것에 집중하고, 우리 마음의 충동을 관리하고, 알아차리고, 인식하고, 열린 공간(즉 침묵이 들어설 공간)을 지키기가 더 어려워진다.

정밀한 신경 촬영법 기술이 발달한 시대에서조차도 인류를 통틀어 내면적 소음 수준을 양적으로 측정하기는 쉽지 않다. 하지만 산만함, 스트레스 증가, 집중하는 데 얼마나 어려움을 겪는지에 대한 자가 보고 같은 대용물을 통해 그 증거를 찾을 수 있다. 우리는 학술심리학자, 정신의학자, 신경과학자와의 인터뷰에서 내면적 소음 수준의 대리 지표로 **불안**에 대해 이야기하는 것을 종종 들었다. 불안의 정의는 매우 다양하지만, 그 대부분이 두려움과 불확실성뿐만 아니라 내면의 수다라는 요소도 포함한다.

2018년 미국 성인 1,000명을 대상으로 한 연구에서 미국심리협회American Psychological Association는 미국인의 39퍼센트가 이전 해보다 더 불안해졌음을 발견했다. 그리고 다른 39퍼센트는 이전 해와 같은 정도의 불안을 느낀다고 보고했다. 최소 일정한 수준의 불안을 느낀다고 보고한 인구가 4분의 3 이상인 것이다.[9] 심지어 이 연구 결과는 코로나19가 퍼지기 **전**이다. 중국과 영국에서 진행된 팬데믹 시대 연구를 보면 두 나라 국민의 정신 건강이 빠르게 악화됐음을 알 수 있다. 미국에서 2020년 4월 봉쇄 기간 중 진행된 설문조사에서는 성인 응답자 중 13.6퍼센트가 '심각한 심리적 고통'을 겪고 있다고 보고했다. 2018년에 비하면 250퍼센트 상승한 결과였다.

미시간 대학교University of Michigan 심리학 교수이자 내면적 대화의 과학 분야에서 선두적인 전문가인 이선 크로스Ethan Kross는 수다chatter를 "우리의 뛰어난 능력을 축복에서 저주로 바꿔 놓는 주기적인 부정적 생각과 감정"이라고 정의한다. 과거의 일을 곱씹거나 미래에 대해 걱정하는 것 같은 부정적인 자기 대화는 무자비하고 심지어 우리를 쇠약하게 할 수 있다.

그러나 그것은 내면적 소리 풍경의 단 한 측면에 불과하다. 현대의 내면적 대화에 담긴 메시지가 부정적이든 긍정적이든 중립적이든, 그것은 속도도 빠르고 음량도 크다. 크로스는 "당신의 머릿속 목소리는 매우 빠르게 말하는 수다쟁이"라고 말한다. '내면적 말'이 1분에 약 4,000단어 정도(외부로 표현된 말의 속도 10배)의 비율로 응축됐다는 발견에 근거하여, 그는 현대를 사는 우리 대부분이 어떤 특정한 날에 상관없이 국정 연설 320번과 맞먹는 양의 내면적 대화를 들어야 한다고 추정한다.[10]

그러니 우리가 어떻게 이 외부와 내부의 소음으로 이루어진 허리케인 속에서 평화를 찾을 수 있을까? 어떻게 명료성과 경외감을 얻을 수 있을까? 어떻게 의미와 목적에 귀를 기울일 수 있을까?

첫 번째 단계는 소음의 본질을 이해하는 것이다. 소음이 무엇인가? 소음이 어떻게 작동하는가? 왜 소음이 우리 세상에서 확산되는가? 오늘날의 '주의력 결핍'을 단순히 인터넷이나, 일 중독 경향이나, 수다스러운 문화나, 전 지구적인 문제에서 생겨난 부산물로 볼 수는 없다. 이것은 **청각적**, **정보적**, **내면적** 방해 사이에 일어나는 복잡한 상호작용의 결과다.

소음은 소음을 부른다.

......

우리는 '소음'이라는 단어를 가볍게 쓰지 않는다.

우리가 묘사하는 세 가지 '소음'의 종류(**청각적 소리 풍경에서의 소음, 정보적 영역에서의 소음, 자신의 머릿속에 있는 소음**)에는 공통 요소가 있다. 이 요소는 우리가 더 보편적으로 소리, 데이터 또는 생각이라고 부를 수 있는 것들로부터 소음을 구별한다. 소음은 세 단어로 '원치 않는 방해'라고 할 수 있다.

신경과학자 애덤 개잘레이Adam Gazzaley와 심리학자 래리 로슨Larry Rosen은 우리가 소음을 맞닥뜨릴 때 무슨 일이 일어나는지를 정의하는 유용한 방법을 제안한다. 그들은 이런 문제를 '목표 간섭goal interference'이라고 부른다.[11] 당신이 아주 단순한 업무를 처리하기 위해 주의를 집중하려 할 때 칸막이 없는 사무실에서 사람들이 계속 농담을 주고받는 바람에 불가능해지는 경우다. 친구가 어떤 심각한 개인 소식을 공유할 때 딩동 울리는 X 알림이 당신의 주의를 빼앗아 가는 경우다. 첫 학교 연극에서 키클롭스(그리스 신화에 나오는 외눈박이 거인.―옮긴이) 역할을 하는 당신의 딸을 보는 순간처럼 값을 매길 수 없이 소중한 순간에 해결되지 않은 갈등을 '다시 재생'하는 경우다.

CHAPTER 2. 소음과 침묵의 경계

모두 개별적이고 순간적인 청각적, 정보적, 내면적 소음의 경험이다. 하지만 이 모든 것들이 합쳐지면 단순히 성가신 것 이상에 이른다. 이들의 충격이 누적되면 우리가 어떻게 생각하고 느끼는지, 즉 우리 의식의 질을 결정할 수 있다. 모든 소음은 우리의 가장 큰 목표가 될지도 모를 무언가를 방해할 수 있다. 이 행성에서 우리가 어떻게 시간을 보낼지 의식적으로 결정하는 것 말이다.

우리는 '목표'라는 단어 자체가 생산성에 중점을 둘지도 모른다는 사실을 안다. 하지만 여기서 우리가 의미하는 바는 보편적 의미(그저 이력서나 할 일 목록을 완수하는 것뿐만 아니라 북극성 별자리를 따라 멀리 있는 목적지에 도착하는 것까지)의 '목표'다. 당신이 **정말로** 원하는 것은 무엇인가? 당신이 가치 있게 여기는 것과 진실이라고 믿는 것에 따라 당신의 삶을 산다는 것은 어떤 뜻인가? 그렇게 하는 데 집중하기 위한 당신의 능력을 방해하는 것은 무엇인가?

이러한 맥락에서 우리의 목표를 이해하고 현실화하기 위해서는 소음을 줄여야 한다. 그것은 **소음을 관리하는** 일상에서 시작한다. 우리는 이 작업을 삶에서 만나는 내부적, 외부적 소리와 자극의 '다이얼을 돌려 낮추는 것'으로 생각할 수 있다. 하지만 이 책을 통해 점차 보게 되겠지만, 이런 종류의 명료성을 얻는 데는 몰입형 침묵 immersive silence 을 구축하는 일도 필요하다.

간섭을 뛰어넘는 것은 그저 가능하거나 선호되는 일이 아니다. 우리가 스스로에게 그리고 주변 사람들에게 하는 가장 중요한 헌신 중 하나다. 우리의 진실된 지각과 의도를 왜곡하는 소음을 초월하는 것은 다분히 개인적인 추구이지만 이는 사회적, 경제적, 윤리적, 정치적 영향도 가진다.

하빕이 정치 무대에서 사색적 자기부정 self-negation(자기 자신을 부정하고 자아를 놓아주는 것. ─옮긴이)의 길로 넘어갔을 때, 그는 단순히 자기 삶의 복잡성(청각적, 정보적 자극)을 줄이기만 한 것이 아니다. 그는 자신의 목표와 성공에 대한 인식 체계 전체를 재해석했다. 그래서 삶의 내면적 소음을 만들어 내는 원천 일부를 무너뜨렸다.

그는 정치나 현대 삶의 다른 시끄러운 영역에 있는 모든 생각 많은 사람에게 수사 수련원이나 수녀원에 들어가라고 제안하기란 실현 불가능하다는 사실을 알았다. 그래도 만약 우리 삶과 사회에 더 많은 공감, 진실성 그리고 집중된 주의력이 필요하다고 생각한다면, 소음의 원천을 주의 깊게 조사해야 한다. 어쩌면 말 그대로 소음의 데시벨을 낮춘다는 의미일 수도 있다. 그러나 또한 우리가 원하는 것이 무엇인지 그리고 우리가 어떻게 성공을 측정하는지에 대한 기본적인 질문을 다시 생각한다는 의미일 수도 있다.

소음 중독자들

잠깐 시간을 들여 당신이 기억하는 가장 깊은 침묵으로 돌아가 보자. 그 순간 어떤 **느낌**이 들었는가. 당신 몸속의 감각적 경험, 주의력의 질, 듣기의 깊이가 어땠는지 말이다.

이 책의 시작에서 심원한 침묵이 왜 단순한 부재가 아닌지 설명했다. 심원한 침묵은 존재다. 그리고 다음 질문 또한 살펴볼 가치가 있다. 우리가 깊은 침묵의 상태에 있을 때 **무엇**이 부재한가? 침묵으로 들어갈 때 우리는 무엇을 초월하는가?

이 주제에 대해 다른 사람들과 많은 대화를 나누면서, 우리는 침묵의 경험이 갈수록 더 위험에 처하고 있음을 깨달았다. 소음의 체험(데시벨미터와 심리 치료 통계를 통해 실증적으로 측정 가능한 것뿐만 아니라 외부적, 내부적 방해의 주관적 경험까지)은 상승세다. 그리고 우리는 소음의 더 깊은 질적인 차원을 탐험하면서 오늘날 전체 국가와 문화에 팽배한 무언가를 발견했다.

현대 사회는 정신적인 것들의 최대 생산을 그저 용인하지 않는다. 우리는 그것을 찬양한다. 우리가 소음을 만들어 내는 데 중독됐다고 말해도 과장은 아니다.

그런데 왜일까? 하나의 간단한 답은 우리가 그 비용에 대해 깊게 생각하지 않는다는 것이다.

직장에서 얼핏 일상적으로 보이는 사례를 하나 생각해 보자. 단체 이메일이다. 컴퓨터과학자이자 《딥 워크: 강렬한 몰입, 최고의 성과(Deep Work: Rules for Focused Success in a Distracted World)》와《디지털 미니멀리즘(Digital Minimalism)》의 저자인 칼 뉴포트Cal Newport는 회사에서 단체 이메일이 가치 있는 생각과 주의를 발휘할 노동자들의 시간을 연간 수만 시간씩 빼앗는다고 생각한다. 하지만 그 기저에는 만약 그런 이메일이 때때로 정보에 더 편리하게 접근할 수 있게 해 준다면 이용할 가치가 있다는 가정이 깔려 있다. 그는 이를 현대 사회의 '편리함 중독convenience addiction'이라고 부른다.[12] 그는 이렇게 말한다.

"이런 행동의 비용에 대해 명확한 계량적 분석 틀이 없기 때문에 우리는 그것의 득과 실을 저울질할 수 없습니다. 그러므로 어떤 이득이 생긴다는 증거만 있어도 그 행동을 계속하고 정당화하기에 충분하죠."

이런 개념은 사회 전반에 걸쳐 뚜렷이 보인다.

우리가 하던 일을 잠시 멈추고, 얼마만큼의 소음이 진짜로 필요한지 묻는 상황은 거의 일어나지 않는다. 정치인은 유권자의 희소한 주의를 가지고 경쟁해야 하고, 공격을 미연에 방지하거나 그에 대응해야 하고, 그들의 아이디어와 관점이 들리도록 만들어서 유권자를 끌어들여야 한다. 그래서 우리는 오늘날의 정치가 얼마나 소리와 분노로 가득한지에 대해 하빕과 이야기를 나눴다. 우리는 자동 음성 메시지를 통해, 문자 수신 알림을 통해, 노골적인 광고를 통해 인간의 주의를 무자비하게 잡아끄는 것이 그저 당연한 일일 뿐이라는 생각에 익숙하다. 왜냐하면 우리는 과도한 정신적 자극이 우리의 개인적 그리고 집단적 정신에 필요한 비용을 평가하지 않기 때문이다. 우리는 소음에 대해 어떤 종류의 비용 편익 분석도 거의 하지 않는다.

'주의 경제'가 세계 사회에 수십조 달러로 측정되는 이익을 생산하는 동안 우리는 이제야 겨우 그에 따르는 비용을 이해하기 시작했다. 예를 들어 동료 심사를 받은 연구들이 보여 주듯 방 안의 스마트폰 존재만으로도, 심지어 꺼진 채로 뒤집혀 있어도 사람들의 작업 기억과 문제 해결 능력이 흘러나간다. 또 다른 연구에 따르면 18세에서 44세 사이의 사람들 중 약 3분의 1이 2시간 안에 페이스북을 확인하지 않으면 불안함을 느낀다. 또한 같은 연구에서 MRI 스캔 데이터를 사용해 페이스북을 확인하는 심리적 의존성과 뇌에서 귀중한 회백질 감소(코카인 사용으로 인한 회백질 감소와 맞먹는 수치) 사이의 연관성을 보였다.

청소년 정신 건강 분야의 선두적인 전문가 진 트웬지 Jean Twenge 가 2018년 〈세계 행복 보고서 World Happiness Report〉에 썼듯 "미국 성인의 95퍼센트는 스마트폰에 접근할 수 있고, 그중 45퍼센트는 '거의 항상' 접속 중"이다. 그녀는 스마트폰이 편리함과 즐거움 면에서는 이득을 보여 줄지 몰라도, 스마트폰이 아주 흔해진 시기였던 2005년에서 2017년에 성인들 사이에서 주요 우울병 에피소드 major depressive episode (2주 이상 우울한 기분을 느끼며 일상 활동에 대한 관심이나 즐거움을 상실하는 주요 우울증 증상을 뜻하는 의학 용어.―옮긴이)가 무려 52퍼센트나 증가했음을 발견했다.

비용은 진짜다.

'중독'의 같은 역학이 산업적 소리 풍경에도 적용된다. 2019년 〈애틀랜틱Atlantic〉 특집 기사 "왜 모든 것이 점점 시끄러워지는가"에서 보스커는 애리조나의 교외 주택지에 거주하는 카르틱 탈리카Karthic Thallikar의 이야기를 다뤘다. 그는 근처의 거대한 데이터 저장 센터에서 발생하는 지속적인 전자음으로 인해 수년 동안 두통과 불면증에 시달리고 있었다.13 경찰, 시 의회, 기업 대표들은 그에게 귀마개를 사고 덜 예민하게 굴라고 말했다. 그 데이터 센터의 한 직원은 벵갈루루Bengaluru 출신인 탈리카에게 그와 같은 이민자들이 "미국에 사는 데 운이 좋다고 느껴야 하며 그런 불편함에 대해 불평하지 말아야 한다"고 말했다.

탈리카는 이런 불편함을 느끼는 사람이 자신 혼자가 아니라는 사실을 알게 됐다. 지역 내 다른 많은 거주자들도 고통받고 있었다. 그러나 그들이 이 문제와 관련해 민원을 제기했을 때도 정부 관계자들은 그들이 할 수 있는 일은 아무것도 없다고 말했다. 결국 경제 발전의 문제였다. 물론 관계자들도 소음이 괴롭다는 사실에는 동의했다. 그것은 '진보'의 비용이었다.

뉴포트의 '편리함 중독' 개념은 유익하다. 하지만 여기에 깔려 있는 역학은 그저 정보에의 접근 편의성보다 더 깊은 의미를 가진다. '진보'의 개념, 즉 현대 사회의 구성 목적을 이루는 일련의 가치와 맞닿는다. 구글의 전 CEO 슈미트는 "우리는 이제 문명의 새벽부터 2003년까지 만들어 냈던 만큼의 정보를 이틀마다 만들어 낸다"는 추정을 내놓았다. 그는 단순히 연결성과 연산력 면에서의 기하급수적인 증가 덕분에 우리가 무엇을 할 수 있게 됐는지 이야기한 것이 아니다.

그는 우리가 에너지와 주의를 어디에 쏟아붓는지 이야기했다.

그는 우리의 사회적, 정치적, 경제적 체계가 어떻게 얽혔는지 이야기했다.

성장할수록 잃어버리는 것들

2020년 3분기에 미국 경제는 연간 환산 33.1퍼센트라는 전무후무한 성장을 기록했다. 통제 불능의 코로나19 팬데믹, 걷잡을 수 없는 식량 불안, 맹렬한 산불, 인종 불평등에 맞서는 거대한 저항이라는 현실을 고려할 때 이 경이롭고 역사적인 숫자는 아마 (대부분의 사람에게) 순전히 코미디처럼 보였을 것이다.

이 특정한 경제적 표석과 실제로 사람들이 느끼는 경제 상황의 괴리감은 이상 현상이 아니었다. 이 현상은 우리가 진보를 어떻게 측정하는 경향이 있는가를 보여 줬다. **우리가 왜 그렇게 많은 소음을 만들어 내는지 보여 주는 실례를 살펴보자.**

대공황 당시, 국경 내의 모든 경제적 활동 총합에 대한 국가 회계나 측정치를 만든 국가는 거의 없었다. 정부는 이런 정보 없이는 효과적으로 자국 경제에 재정적, 통화적 부양책(프랭클린 루스벨트Franklin Roosevelt 대통령과 다른 리더들이 자국 경제를 침체에서 벗어나도록 끌어올리기 위해 노력했던 정책)을 동원할 수 없었다. 경제를 관리하려면 일단 측정해야 한다. 그래서 미국 정부는 당시 젊은 경제학자이자 후에 노벨상을 수상한 사이먼 쿠즈네츠Simon Kuznets라는 사람을 고용해 국민 소득 회계의 첫 체계를 개발하게 했다. 이것이 바로 국내총생산GDP의 전신이 되었다.

이 접근은 인기를 얻었다. 곧 GDP는 단순한 국정 계획자들만의 도구를 넘어 경기 순환, 정부 실적, 심지어 인간 삶의 표준을 찾는 지표가 됐다. 공공 관료는 GDP를 정책과 규정을 만드는 데 가장 중요한 기준 중 하나로 사용하기 시작했다. 기업가는 지출과 투자 지표로 사용하기 시작했다. 언론사와 유권자는 대통령이나 수상의 성공과 실패를 시사하는 표지로 보기 시작했다. GDP가 국가적 부를 간소화한 표현이 되면서 사람들은 GDP를 사회 진보의 '주된 지표'로 생각하기 시작했다.

GDP는 원래 이런 갖가지 목적을 위해 고안된 것이 아니었다.14 쿠즈네츠는 "국가 복지는 국민 소득의 측정으로부터 거의 추론될 수 없다"고 말했다. 그리고 그의 경고는 선견지명이었다. **GDP 성장은 때로 우리에게 무엇이 좋은지를 거슬러 흐른다.**

멕시코만에서 재앙이나 다름없던 딥워터 호라이즌Deepwater Horizon 기름 유출 사건에서 J. P. 모건의 애널리스트들은 정화 작업으로 발생한 경제적 활동이 여행업과 어업 분야의 경제적 손실보다 더 크다는 사실을 발견했다. 역사상 최악의 기름 유출 사건이 국가 경제 생산에 '순이익'으로 등록될 가능성이 높다는 말이다. 다시 말하면, 환경과 인간에 일어난 대규모 파괴 사건이 가장 중요한 사회적 '진보' 체계에 따르면 순전히 긍정적이라는 것이다. 그 역학은 삶의 다른 영역에서도 비슷하다. 우리의 GDP 성장은 범죄 비율, 장거리 통근 비율, 저연비 교통수단 비율의 상승과 함께 가속하는 경향이 있다. 반대로 우리가 개인적 휴식을 위해서나 패스트푸드 대신 집에서 저녁 식사를 요리하기 위해 시간을 가지면 감속한다.

문제는 GDP가 그저 가공되지 않은 산업적 산출물의 측정에 불과하다는 것이다. 사회 이론가 제러미 렌트Jeremy Lent가 말하듯, GDP는 "사회가 뒤따르는 삶의 질에는 관계없이 자연과 인간의 활동을 통화 경제로 변형하는 속도를 측정한다." 그러니 만약 우리가 홈디포Home Depot에서 팔릴 목재를 수집하기 위해 원시림을 벌목하면 그것은 순전히 긍정적이라고 등록된다. 통화 경제 밖의 원시림 가치는 은연중에 0의 값으로 매겨진다. 이 접근법은 자연을 존중하지 않는 것에서 공동체 의식에 공감하지 못하는 것까지, 하나의 사회로서 우리가 직면하는 많은 도전들의 핵심에 도달한다. 모든 것을 통화 경제로 바꾸려는 노력의 문제다.

1968년, 로버트 F. 케네디Robert F. Kennedy는 암살당하기 불과 몇 달 전 연설에서 사회 진보의 주요 지표에 대해 다음과 같이 말했다.

(그것은) 대기 오염과 담배 광고, 대량 살상이 일어난 도로를 정리하기 위해 출동한 구급차 비용을 포함합니다. 또한 문에 달린 특수 잠금장치와 그것을 부수는 사람들을 위한 감옥도 포함합니다. 삼나무 숲의 파괴와 무분별한 파괴에 자연의 경이로움을 상실하는 것도 포함합니다. 네이팜탄도 포함하며 핵탄두와 도시 폭동을 제압하기 위한 경찰 장갑차도 포함합니다. 또한 휘트먼의 소총(찰스 휘트먼Charles Whitman 사건. 1966년 공대생이었던 휘트먼이 텍사스 오스틴 대학교에서 벌인 총기 난사 사건으로, 15명이 죽고 31명이 부상당했다.—옮긴이)과 스펙의 칼(리처드 스펙Richard Speck 사건. 스펙은 1966년 시카고에서 학생 간호사 여덟 명을 살해했다.—옮긴이), 우리 아이들에게 장난감을 팔기 위해 폭력을 미화하는 텔레비전 프로그램도 포함합니다. 그러나 국민총생산gross national product, GNP은 우리 아이들의 건강, 교육의 질 또는 놀이의 즐거움은 감안하지 않습니다. 시의 아름다움이나 결혼의 장점, 공공 토론에서 보이는 지성이나 공무원들의 도덕성은 포함하지 않습니다. 우리의 재치나 용기도 측정하지 않고, 지혜나 배움도, 국가에 대한 열정이나 헌신도 측정하지 않습니다. 요컨대 국민총생산은 삶을 가치 있게 만드는 것만 빼고 모든 것을 손쉽게 측정합니다.[15]

경제적 지표가 무시하는 모든 소중한 인간적 가치를 이야기하는 케네디의 설명에 하나를 더 추가해 보겠다. 바로 **순수한 관심의 평화와 명료성**이다. GDP를 측정하는 우리의 시스템에서 삼나무 원시림의 가치가 암묵적으로 0으로 매겨지는 것처럼, 침묵의 가치도 그렇다.

현대 사회에서 진보와 생산성을 측정하는 방식을 보면, 우리 시스템이 최대 소음을 만들어 내기에 최적화된 이유를 알 수 있다. GDP는 산업 기계들이 웅웅대고 으르렁거릴수록 증가한다. 그런데 당신이 하루 중 조용히 쉬는 시간을 보낼 때도 마찬가지로 증가한다. 당신이 쉬고 있다는 사실을 알아차린 애플리케이션 내 알고리즘이 당신을 위한 알람을 띄워 주의를 끌면서, 사용량 통계를 올리고 회사 이익을 늘릴 때도 GDP가 증가한다. 경영진이 밤 11시에 직원들이 이메일에 회신하게 만들 새로운 방법을 찾음으로써 '비생산적인' 휴식 활동 대신 화폐 경제에 증명 가능한 변화를 만들어 낼 때도 GDP가 증가한다. 페이스북이 '좋아요' 버튼(도파민 수용체를, 나아가 인간 의식까지 탈취하는 역사상 가장 교활한 수단 중 하나)을 만들어 낸 것도 아마 우연은 아닐 것이다. 회사 상장을 위해 잠재적 수익성을 투자자들에게 보여 주려 했으니 말이다.

프랑스 철학자 시몬 베유 Simone Weil는 이렇게 말했다. "가장 높은 수준으로 끌어올려진 주의는 기도와 같다. 믿음과 사랑을 전제로 하기 때문이다. 절대적으로 순수한 주의는 기도다." 인간의 의식적인 주의가 충만해지면 신성한 것이 된다.

그러나 신성한 어떤 것에 통화적 가치를 할당하기는 어렵다. 생기 넘치는 열대 원시림이든 조용한 사색 중에 느끼는 감사의 경험이든 말이다. 침묵에는 은연중에 0의 가치가 매겨진다. 정신적인 것들 아래, 사이, 너머의 빈 공간에는 암묵적으로 '쓸모없는'이라는 딱지가 붙는다. 그 딱지가 아이폰이라는 경제적 발전기에 대항해 십 대들의 정신을 보호하는 데 실패하고, 근처 데이터 센터의 소음에 맞서는 탈리카의 저항이 실패한 이유다.

그리고 그것이 바로 세상이 계속 시끄러워지는 이유다.

신성한 쓸모없음의 가치

2020년 11월, 하빕은 부지사 사무실에서 바로 30일 침묵 피정 retreat을 떠났다. 그곳에서 그는 로욜라의 성 이그나티우스 Saint Ignatius of Loyola로부터 내려온 500년 된 정신 수양법을 엄격히 실천하는 방법을 배우면서 기도하고 사색했다. 대통령 선거 시기였지만, 노련한 정치인인 그는 결과조차 알 수 없었다. 전화도 인터넷도 없었고, 가족이나 친구와도 연락하지 않았다.

하빕은 청각적 그리고 정보적 자극에서 완전한 금식 중이었다. 그러나 그는 자신이 아직 내면적 소음만큼은 푸짐하고 엄청난 양을 즐겨야 하는 상태라는 것을 깨달았다. "이 심각한 의구심을 느끼고는 제 자신에게 묻기 시작했어요. '오 맙소사, 내가 지금 뭘 하고 있는 거지? 내가 큰 실수를 한 걸까?'" 그는 '신성의 열쇠와 삶을 일치시키기' 위해 예수회 회원이 됐다고 이야기하지만, 의식 속에서 불협화음을 계속 마주쳤다. 그를 불안하고 긴장하게 하는 내면적 소음 말이다.

그러나 침묵 속에서 몇 주를 보낸 후, 그는 자신이 왜 그렇게 많은 내면적 소음을 마주했는지 깨달았다. "저는 '내가 지금 행복한가?'라고 묻지 않았어요. '내가 뭘 하는지 다른 사람들은 어떻게 볼까?'라고 물었죠." 그는 모든 성취감을 다른 사람들의 인식에 걸고 있었음을 깨달았다. 이것이 특히 문제가 된 이유는 당시에 그는 사람들이 자신을 보고 '완전히 미쳤다'고 생각할 거라는 추측을 했기 때문이다. 그는 전도유망한 공무원이 되는 것에서 금욕적인 종교회의 새 회원이 되는 것으로 넘어간 참이었다.

"정말, 얼마나 제정신이 아닌 행동이냐고요!"

하빕이 어디서 성취감을 얻는지에 대해 통찰하며 침묵 속에 앉아 있는 동안 무언가가 바뀌었다. "저는 제 마음이 실제로 바라는 것이 무엇인지 깨닫는 지점에 도달했습니다. 만약 제가 그저 '네가 원하는 게 뭐야?'라고 물었다면 답은 '정확히 내가 있는 곳에 존재하는 것'이었겠죠."

그는 이 기쁨으로 가득한 존재의 장소에 도착하기 위해서는 스스로가 받는 청각적 소음과 정보적 소음을 줄이는 것이 필요하다고 말하면서도, 이 문제는 궁극적으로 또 다른 문제와 연결되기도 한다고 덧붙였다. 그는 더 이상 **수행하지** 않겠다고 결심했다. 적절한 대화 소재를 생각해야 한다는, 다른 사람들이 나에게 기대하는 바를 수행해야 한다는 이 끈질긴 의무에 대해 그는 '신호를 몰아내는 잡음'을 만들 수 있다고 했다. 그는 또한 이렇게 말했다. "그리고 그 신호는 마음 깊은 곳에 진정으로 자리한 그것입니다."

지난 10년 넘게 알렉스 수정-김 팽Alex Soojung-Kim Pang, 크리스 베일리Chris Bailey, 아리아나 허핑턴Arianna Huffington을 포함한 많은 저자들이 현재 우리 사회에서 왜 바쁨busyness이 지위의 가장 주요한 상징인지를 설명했다. 하빕처럼 우리는 조용한 성찰이 자기 의심, 심지어 죄책감으로 이어질 때 느끼는 감정을 안다. 내가 지금 뭔가 해야 하지 않나? 내가 지금 생활비를 벌어야 하지 않나? 내가 지금 밖에서 목소리를 내거나 인맥을 유지하거나 내 브랜드를 쌓아야 하지 않나?

작가이자 연구자인 린다 스톤Linda Stone은 이런 상황에서 단순히 생산성에 대한 숭배보다 더 많은 것이 작용할지도 모른다고 제안한다. 거의 30년 전에 스톤은 '부분적 관심의 지속continuous partial attention'이라는 용어를 만들었다.[16] 그리고 이 용어는 멀티태스킹과는 구별된다고 주장한다. 멀티태스킹이 효율적이고 싶은 마음에서 동기를 얻는다면, 부분적 관심의 지속은 기회를 절대 놓치지 않도록 확실히 하려는 마음이다.

우리는 연결을, 확인을 그리고 시작을 위해 끊임없이 풍경을 (요즘은 전형적으로 디지털 풍경을) 훑어본다. 이는 뚜렷한 고립공포증fear of missing out, FOMO이다. 스톤은 부분적 관심의 지속이 우리 신경 시스템 속에서 '끊임없는 위기'를 흉내 낸다고 말한다. 이렇게 사회적 기대에 자신이 고립됐거나 뒤처진 것 같은 기저의 감정은 왜 밀레니얼 세대의 69퍼센트가 스마트폰에서 아주 잠깐이라도 떨어져 있으면 불안을 경험하는지를 부분적으로나마 설명해 준다.[17]

마치 우리 경제가 성공은 곧 GDP 성장(소음과 자극과 제품의 가능한 최대 생산)을 의미한다는 생각 위에 세워진 것처럼, 우리의 개인적 성공도 비슷한 종류의 '성장'에 너무 자주 좌우된다. 즉, 사회적 자본, 정보적 자본 그리고 경제적 자본의 지속적인 축적 말이다. 사회라는 거시적 수준에서 오는 메시지는 이렇다. '생산이 곧 번영이다.' 개인의 의식이라는 미시적인 수준에서 오는 메시지는 이렇다. '잠은 죽어서 자자.'

하지만 만약 우리가 우리 자신을 위해 그리고 세상을 위해 해야 하는 일이 바로 침묵을 음미하는 것이라면 어떨까?

만약 소음을 초월해야 한다는 윤리적 명령이 있다면?

하법은 이런 질문에 다음과 같은 비유로 답한다. "만약 당신이 요리하는 방법을 배운다고 생각해 봅시다. 그렇다면 채식주의자를 위해 요리하는 법을 배워야 합니다. 왜냐하면 만약 고기 요리법을 배우면 고기에 너무 의존하게 될 테니까요. 채소 요리법을 배우면 향신료, 양념, 소스를 어떻게 쓰는지 배우게 될 겁니다. 풍미와 질감을 알아차리게 되겠죠."

그는 이어 이렇게 말했다. "비슷하게 제가 침묵 피정을 떠났을 때, 소음을 초월했을 때, 집중을 흩트리는 것과 오락거리에 더 이상 의존하지 않게 됐을 때, 저는 **제 삶의 색깔**이 더 밝아졌음을 발견했습니다. 음식 맛을 더욱 느끼게 됐죠. 설거지할 때도 제 손에 있는 접시와 수세미의 물리적인 감각을 느껴요. 우리 모두에게 **창조의 감식가**가 될 기회(초대장이라고 할까요)가 있어요."

우리는 소음의 세상을 초월한다는 것이 어떤 의미인지 상상하면서 '창조의 감식가'라는 그의 표현에 충격을 받았다. 우리에게 이 말은 감각에서 기쁨을 느끼는 능력을 구축한다는 의미다. 즉, 명료성과 경외감을 되찾는다는 의미다.

하빕의 말에 따르면, 우리는 소음으로부터 '디톡스' 하는 방법을 찾음으로써 더 마음에 이끌린, 애정 어린 선택을 하게 된다. 그리고 (그렇게 하지 않았다면 눈치채지 못했을) 사랑받는 방식에 대한 감사, 우리를 둘러싼 모든 아름다운 것에 대한 감사를 기르게 된다.

17세기 철학자이자 지식인이었던 블레즈 파스칼Blaise Pascal은 이렇게 말했다. "인류의 모든 문제는 인간이 방에 혼자 조용히 앉아 있지 못하는 것에서 비롯된다." 정말 중요한 것이 무엇인지를 알아보려면 소음을 초월할 수 있어야 한다. 모든 해석과 유흥과 장식을 벗어던진 날것의 현실을 견디고 심지어 그것에 감사할 수 있어야 한다. 자연과의 관계 그리고 우리 서로의 관계를 회복하고자 한다면 그렇게 해야 한다.

'주의 경제'라는 말이 유명해지기 수십 년 전에, 스위스의 막스 피카르트Max Picard라는 사색가는 이런 생각을 했다. 우리는 왜 우리가 만드는 모든 소음의 비용과 편익을 진지하게 저울질하지 않는 것일까? 피카르트는 이렇게 썼다. "침묵은 오늘날 유일하게 '쓸모없는' 현상이다. 침묵은 수익과 효용의 세상에 들어맞지 않는다. 정말 그렇다. 침묵에 다른 목적이라고는 없어 보인다. 그래서 착취당할 수도 없다."

피카르트는 사실 세상의 모든 '쓸모 있는 것들'보다 침묵 안에 더 많은 '도움과 치유'가 있다고 썼다. 그는 이렇게 결론짓는다. "침묵은 사물을 소멸의 세상에서 꺼내 온전함의 세상으로 돌려보냄으로써 다시 온전하게 만든다. 침묵은 자기 고유의 신성한 쓸모없음 같은 것을 사물에 선사한다. 그것이 침묵 자체의 정체다. 신성한 쓸모없음 말이다."

사무실을 떠나 예수회 수련을 시작하고 약 6개월이 지나자 하빕은 이미 예수회 의식에 몰두했다. 그는 워싱턴 타코마^{Tacoma}에 있는 단체 숙소에서 일했는데, 지적 장애가 있는 사람과 없는 사람이 함께 살고 형제처럼 서로를 돕는 곳이었다. 우리는 그가 맡은 일을 하다 잠시 쉬는 30분의 휴식 시간에 잠시 그와 통화할 수 있었다. 그는 확실히 스스로를 '쓸모 있게' 만들 줄 알았다. 동시에 GDP상으로, 어떤 측정 가능한 수익 창출 활동으로도 등록되지 않는 청소와 설거지 봉사에 참여하면서 이 '신성한 쓸모없음'의 정신을 함양한 듯 보였다. 그는 생산성과 끊임없는 연결성의 논리, 다른 사람의 기대에 따라 수행해야 한다는 논리, 소음의 세상이 굴러가는 논리로부터 벗어났다. 단체 숙소에서 시간을 보내는 동안 그가 수도승 같은 침묵 속에 있는 일은 거의 없었다. 그러나 그의 마음은 놀랍도록 조용했다.

CHAPTER
3

침묵은 부재가 아니라 존재다

"우주의 모든 것은 진동하며, 끊임없이 움직이고 있다."[1]

2018년 〈사이언티픽 아메리칸 Scientific American〉에 실린 기사에서 샌타바버라 캘리포니아 대학교의 탬 헌트 Tam Hunt는 물리학, 천문학, 생물학 분야에서 동료 심사를 받은 학술 연구들로부터 얻은 일련의 최신 발견을 요약하고 이런 결론을 제시했다. "정지해 있는 것처럼 보이는 물체도 사실은 다양한 주파수에서 진동하고 공명한다." 그리고 이렇게 끝맺는다. "결국 모든 물질은 다양한 기저 장들의 진동에 불과하다."

"삶의 모든 것은 진동이다." 예리하고 신랄한 그러나 아마 실제로 하지는 않았을 알베르트 아인슈타인 Albert Einstein의 이 말도 마찬가지다. 대가가 이런 말을 실제로 했든 안 했든, 현대 물리과학의 개척자들은 이 말이 사실임을 보여 준다.

그렇다면 이런 의문이 생긴다. 만약 이 말이 현실의 본질이라면 완벽하게 멈춰 있는 물체가 존재할 수 있을까?

침묵 같은 게 존재하기는 할까?

20세기 현대음악 작곡가 존 케이지John Cage는 평생 많은 작품을 이 질문에 바쳤다. 그는 '4분 33초'라는 음악 작품을 쓴 것으로 유명한데, 4분 하고도 33초 동안 아무것도 연주하지 않고 쉬는 음악이다. 중요한 점은 피아노 연주자에게 휴식을 주려고 만든 곡이 아니라는 것이다. 이 음악은 뉴욕 우드스톡Woodstock의 야외 콘서트홀 연주를 위해, 청중이 매미 소리와 나뭇가지에 부는 산들바람에 주의를 기울이도록 하기 위해 쓰였다. 나중에 이 작품이 실내 공연장에서 연주됐을 때, 청중은 다른 환경적 소리를 받아들이게 됐다. 발 끄는 소리, 목 가다듬는 소리, 버터스카치 캔디의 혐오스러운 껍질 벗기는 소리. 그러나 그는 사람들이 자기 주변에 일어나는 일로 주의를 확장시키는 수단으로서 음악을 사용했다. 즉, 그들을 둘러싼 환경에 의식적으로 귀를 기울이게 했다.

케이지는 하버드 대학교 캠퍼스에 있는 무반향실을 방문하고 나서 이 곡을 쓸 생각을 했다. 그 방은 모든 반사된 진동을 완전히 흡수하는 재질로 지어져 소리가 울리지 않도록 디자인됐다. 이는 제2차 세계대전 동안 폭격기 파일럿들이 시끄러운 엔진 소리 때문에 겪는 극도의 피로감을 연구하기 위해 국방부 연구위원회의 지원을 받아 만들어졌다고 한다. 그는 방 안에 들어갔을 때 뭔가 이상한 점을 발견했다. 완전한 조용함이 아니었다. 그는 하나는 높고 하나는 낮은 두 가지 소리를 들었다.[2] 그리고 그 두 가지 소리를 책임 엔지니어에게 묘사하며 왜 그 방이 알려진 것처럼 완전히 무소음이 아닌지 물었다. 엔지니어는 두 가지 소리의 의미를 이렇게 설명했다. "높은 소리는 당신 신경계의 작동음이고, 낮은 소리는 당신 혈액의 순환음입니다."

케이지의 경험과 깨달음은 오늘날 다양한 과학적 연구를 통해 확인된 바와 일치한다. 즉, 우리는 '소리의 완전한 부재'라는 순전히 객관적인 의미의 침묵은 아마 결코 경험할 수 없을 것이다. 우리가 살고 있는 박동하고, 진동하고, 웅웅거리는 현실에서(우리 귓속에서 가장 작은 솜털조차도 소리를 만드는 곳에서) 모든 떨림을 피할 수는 없다.

그래도 괜찮다.

우리가 제시하는 침묵의 개념은 소리의 완전한 부재가 아니다. 생각의 완전한 부재도 아니다. 바로 **소음**의 부재다. 우리의 명확한 인지와 의도를 방해하는 청각적, 정보적, 내면적 자극 너머 그리고 그 사이의 공간이다.

우리는 최근 '내면적 소음'을 어떻게 정의하는지에 대해 조슈아 스미스에게 질문을 던졌다. 그는 이런 문제를 연구하는 데 수십 년을 보낸 생물행동건강 분야 학자이자 연구자다. 그는 관련된 수많은 학술 문헌을 머릿속으로 훑으며 골똘히 생각했다. 그러고는 거의 짜증에 가까운 태도로 퉁명스럽게 말했다. "어떤 사람이 조용함에 대해 뭐라고 **생각하든**, 바로 그게 조용함입니다."

다소 회피적인 대답으로 들릴지도 모르겠다. 하지만 우리가 침묵의 의미를 탐험할수록(수년에 걸친 인터뷰, 대화, 학술 문헌 연구, 개인적 자기성찰의 시간을 통해) 그의 대답을 더 확신하게 됐다. 물리학자나 천문학자들이 언젠가 우주 어딘가에서 완전한 정적이 존재하는 지점을 찾아낼지는 모르겠다. 그러나 우리는 인간들이 지구에서 지금 이곳에서 개인적 현상으로서의 침묵을 경험할 수 있다는 사실은 알고 있다.

침묵이라는 건 정말 존재한다. 침묵은 생명과 가능성으로 넘쳐 흐른다. 침묵은 자연스럽게 모든 것이 박동하고, 진동하고, 웅웅거리는 우주에 살고 있다.

소음 속에서 침묵 찾는 사람들

친구들에게 침묵에 대한 책을 쓴다고 말할 때면 비슷한 농담을 자주 듣는다. "아, 그러니까 그 책은 아무것도 안 쓰인 페이지로 가득하겠네?"

말로 할 수 없는 것에 대한 전문가 같은 건 존재하지 않는다.

'내면적 침묵'의 정의가 무엇이냐는 우리의 질문에 조슈아 스미스 교수의 답변이 보여 주듯, 말로 표현할 수 없는 존재를 어떤 고지식한 상자에 맞춰 넣으려고 해 봤자 헛고생이다. 우리 각자가 자신의 내면으로 들어가 침묵이란 정말 무엇인지 탐색해 봐야 한다.

거의 40년 동안 음향생태학자 고든 헴튼 Gordon Hempton은 세상에서 가장 조용한 장소들이 사라지기 전에 기록하기 위해 지구 여행을 했다. 만약 침묵 애호가라는 것이 존재한다면 바로 그에게 해당하는 말일 것이다. 몇 년 전 우리는 이 책을 쓰는 목적에 대해 그와 이야기를 나눴다. 그는 우리가 맞닥뜨릴 가장 큰 도전은 바로 독자가 각자의 머릿속에 가진 침묵의 **개념**을 실제로 침묵에서 받는 **느낌**이라는 **직접적인 경험**으로 바꾸도록 설득하는 것이라고 말했다. 그는 이렇게 말했다. "말은 경험을 대체할 수 없습니다."

하지만 헴튼과 이야기하면서 우리는 다른 사람의 말을 분석해 볼 가치가 있다고 인정하게 됐다. 말은 경험의 현실 방향으로 손가락을 뻗어 가리키는 것뿐이지만, 그 안내가 계몽적이고 교훈적일 수 있다. 예를 들어 그는 침묵에 대한 자신의 경험을 '방해받지 않는 시간'이라고 묘사했다. 그리고 그것을 '영혼의 싱크탱크'라고 부르며 이렇게 말했다. "침묵은 우리의 천성과 인간으로서의 본성을 키우고, 우리가 누구인지를 알려 줍니다."

이 책을 위해 많은 사람을 인터뷰하면서 우리는 침묵의 의미에 대해 수많은 사람이 보여 준 통찰에 큰 감동을 받았다. 그래서 굳이 단 하나의 정의를 내리는 대신 다양한 생각을 보여 주려고 한다. 하나의 생각이 끝날 때마다 잠깐 쉬어 가기를 권한다.

······

선구적인 인류학자이자 선불교 승려이며 말기 생애 말기 돌봄을 도입한 주인공인 로시 조앤 할리팩스Roshi Joan Halifax는 이렇게 말했다. "침묵이 존재할 때, 그 상황에 처한 개인은 덜그럭거리고 긁히는 소리를 냅니다. 그리고 낡은 이파리나 닳은 바위처럼 허물어지기 시작하죠." 침묵은 모든 것의 중심점에서 자아를 추정된 위치로부터 몰아내는 실제적이고 실용적인 방법이다. 서양 사람들이 특히 이것에 어려움을 겪는 듯하다. 그녀는 이렇게 썼다. "우리는 다양한 소음으로 세상을 채웠어요. 자신의 생각과 깨달음 그리고 가정과 직관이 들리지 않게 하는 망각의 교향곡으로요." 그녀는 우리가 침묵을 들리지 않게 할 때 간과하는 모든 것을 애도한다. 그리고 이렇게 덧붙인다. "침묵은 우리가 듣는 법을 배우고, 보는 법을 배우는 곳입니다."

······

목사인 바버라 홈스Barbara Holmes 박사는 명상을 가르치는 사람이자 아프리카계 미국인들의 영성과 신비주의를 집중적으로 연구하는 학자다. 그녀는 부계 조상인 사우스캐롤라이나의 걸라Gullah 후손을 통해 침묵과 자신의 관계를 추적한다. "가족 중 첫째 딸은 다른 세상을 들여다보는 사람입니다." 그녀는 '침묵'이라는 단어보다 '고요', '집중', '체화된 형언 불가능성'이라는 단어를 사용한다. 그 신비한 공간이 부정할 수 없을 정도로 물리적인 차원을 가지기 때문이다.

홈스 박사는 수백 년 전 신비주의자들에 비해 오늘날 침묵을 찾기가 훨씬 어렵다고 장난스레 말한다. "저는 그들을 그다지 믿지 않아요. 침묵 아니면 당나귀들이었으니까요!"[3] 하지만 오늘날 그녀는 "당신은 온전한 삶을 살 수도 있고 전혀 살아 본 적이 없을 수도 있습니다. 무엇이 중요한지 모른 채 계속 이것에서 저것으로 도망치면서요"라고 경고한다. 그리고 이렇게 덧붙인다. "제가 중요하다고 생각했던 대부분의 것들이 중요하지 않았어요…. 하지만 한순간의 정적이 제게 이렇게 말하곤 했죠. **'잠깐, 뭐가 더 있어….'**"

⋯⋯

아일랜드 시인이자 신학자인 파드레이그 오 투아마 Pádraig Ó Tuama는 우리에게 침묵이 "자기 자신에게 **이상한 질문**을 던질 충분한 공간을 마음속에 가진 것"이라고 말한다. 그는 일반인과 성직자 비율이 반반인 한 교구 위원회와 긴밀히 협력했을 때를 회상한다. "벨파스트 Belfast 서부에 있는 어느 멋진 교회였습니다. 그 교회는 '북아일랜드 분쟁 the Troubles' 동안 사람들을 모으고 화해시키는 데 훌륭하고 중요하고 위험한 일들을 했죠."

투아마는 조국을 수십 년 동안 괴롭혔던 폭력을 언급했다. 이 교회에 그가 특히 존경한 성직자가 있었다. 그의 말에 따르면, 그 성직자는 자기 자신에게든 다른 사람에게든 이상한 질문하는 것을 두려워하지 않았다. 그리고 그 질문들은 지속적이고 효과적인 평화를 구축하는 작업에 필수적인 부분이었다. "제 생각에는 '내가 **정말로** 선을 행하고 있을까?'라는 질문을 하기 위해 우리 모두에게 약간의 무정부주의가 필요해요." 그는 심지어 "만약 **우리가** 그 나쁜 놈들이면 어떻게 하지?"라고 질문해야 할지도 모른다는 농담을 던졌다. 또한 "당신이 두려움을 마주하고 그 이상한 질문을 할 용기를 얻었을 때, 당신 발밑의 땅을 움직일 수 있다"고 말했다.

......

수피교(이슬람 신비주의.—옮긴이) 스승인 피르 샤브다 칸^{Pir} $^{Shabda\ Kahn}$은 이렇게 말한다. "침묵은 전혀 조용하지 않습니다. 그것은 생명과 기쁨과 황홀감으로 들끓죠. 하지만 자기 자신에 대한 생각의 조용함이고, 어리석음의 조용함입니다." 그는 코요테 같은 미소를 띠며 이렇게 덧붙인다. "당신이 침묵이라고 부르는 것을 저는 **자유**라고 부르겠습니다." 1969년 스승의 독려로 떠났던 영적 여행에서 칸은 침묵의 서약을 했다. 4개월 동안 작은 칠판을 들고 다니며 가끔 간단한 대화를 했다. 그는 그런 경험을 한 것에는 만족하지만 그렇게 좋지는 않았다고 너스레를 떨었다. 그리고 자신의 학생들에게는 똑같이 실천하라고 한 적이 없었다고 말했다. "저는 침묵 피정을 하고 싶어하는 사람들에게는 말썽꾸러기입니다." 그는 이렇게 말하며 웃었다. "제가 관심 있는 종류의 침묵은 마음의 조용함입니다. 입의 조용함이 아니라서요."

……

브라운대학교 신경과학자이자 정신과 의사인 저드슨 브루어 Judson Brewer는 중독, 불안, 습관 변화의 뇌과학 분야에서 세계를 선도하는 전문가들 중 하나다. 우리가 침묵의 의미에 대해 묻자, 그는 상좌부 불교에서 말하는 깨달음의 일곱 가지 요인 중 마지막 요인에 대해 알려 줬다. 다른 모든 요인이 인과의 사슬로 이어져 그 요인으로 향한다고 했다. 바로 평정심 equanimity이다. 그의 말에 따르면 평정심이란 '밀고 당김의 부재'다. 그는 차갑고 단단한 침묵, 즉 인식이나 인지가 절대 없는 상태라는 건 아마 살아 있는 마음에는 있을 수 없겠지만, 따뜻하고 부드러운 침묵은 얻을 수 있다고 설명했다. 이것은 우리가 자신의 경험에 '더 이상 사로잡혀 있지 않는' 상태이고, 더 이상의 '갈망이나 혐오가 없는' 상태이며, '분리된 자아 감각에 대한 집착을 넘어선' 상태다.

브루어는 이렇게 말했다. "수없이 많은 활동이 있을 수 있어요. 그리고 어떤 사람이 활동에 밀리거나 당기지 않을 때, 그 안에 침묵이 존재하죠." 수년에 걸친 조사 연구를 통해, 브루어는 심원하고 내면적인 조용함을 만난다는 것이 신경학적으로 어떤 모습인지 깨닫게 됐다. 그는 마음의 소음을 표현하는 구체적인 한 단어를 발견했다. 바로 '축소 contraction'다. 그리고 내면적 침묵을 표현하는 단어도 있다. 바로 '확장 expansion'이다.

....

전 세계를 순회하는 음악가이자 작곡가, 활동가, 내과 의사, 샌프란시스코 캘리포니아 대학교 약학과 부교수인 루파 마리아 Rupa Marya는 침묵이 '음악이 태어나는 곳'이라고 말했다. 수십 년 동안 그녀는 자신의 창조성을 깨우고 연마하기 위해 침묵의 실천을 의식화했다. 최근에는 의사로서의 역할을 하면서 침묵에 감사하게 됐다. 스탠딩 록 Standing Rock 인디언 보호 구역의 라코타 Lakhota 족, 다코타 Dakhota 족, 나코타 Nakhota 족과 함께 일하면서 그녀는 내과 의사로서 자신이 배운 내용의 대부분이(특히 환자와 대화하고, 건강을 위협하는 요소를 분석하고, 진단을 공유하고, 처방을 내리는 것과 관련해) 치료에 역행한다는 사실을 깨달았다. 마리아가 우리에게 알려 준 해독제는 깊은 듣기 deep listening다. 다른 사람과 함께 온전히 존재하고 깨어 있기 위한 공간을 만들어야 한다는 것이다. 침묵이 바로 해독제다.

타이슨 융카포르타Tyson Yunkaporta는 학술 연구자이자 전통적 도구를 사용하는 조각가이며 호주 퀸즐랜드 북쪽 멀리에 있는 아팔레치 클랜Apalech Clan의 구성원이다. 그의 말에 따르면, "우리 토착어에서 침묵의 개념을 비슷하게라도 묘사하는 하나의 단어는 떠올릴 수가 없어요. 왜냐하면 존재하지 않으니까요. 침묵의 개념은 침묵으로 간주될 수 있는 **신호를 인지하는 능력**이죠." 신호를 인지하는 능력을 가진다는 게 어떤 의미일까? 그는 진실이 무엇인지 가려 들을 수 있는 능력이라고 설명했다. "만약 당신이 그 신호에 귀를 기울인다면, 땅의 법칙에 귀를 기울이는 것과 같아요. 땅의 **내부**에 있는 법칙이죠." 그는 또 이렇게 언급했다. "고래들은 이주 경로를 알려 주는 유전적 신호가 있어요. 새들도 그런 신호가 있고요. 생물학자들은 인간에게 그런 건 없다고 말하지만, 사실 우리는 조직을 형성하는 방법을 알려 주는 신호를 가지고 있어요. 그것은 우리 내면에 그리고 **땅의 내부**에 있죠."

융카포르타는 우리와 대화를 나누는 동안 지금 살고 있는 멜버른Melbourne에서 제대로 잠자고 생각하는 데 얼마나 어려움을 겪는지 들려 줬다. "사회 기반 시설의 웅성거림 덕분에 700만 명이 제 주변에 밀집된 기분을 느껴요. 하지만 한편으로 공동체 안에서 지낼 때 얼마나 잘 잤는지 생각해 보게 되죠. 밤에는 불협화음이 사방에서 들려요. 들개가 울부짖고요. 여기저기서 싸움이 일어나고 도박하는 소리, 고함치는 소리가 들린답니다." 그는 이렇게 덧붙였다. "제대로 기능하지 않더라도 그건 여전히 신호예요. 집단이 그 공간을 침범하는 데 대한 구성원들의 진실된 반응이고요. 그것에 대한 저항이죠. 저는 그것의 안에 있고 그것에 속해 있으며, 그것은 진짜예요. 그리고 저는 잠을 잘 수 있어요. 아주 좋은 일이죠."

. . . .

자비스 제이 마스터스 Jarvis Jay Masters는 침묵이 생존의 문제라고 이야기한다. 그는 범죄를 저지르지 않았다는 사실을 입증하지 못해 산 쿠엔틴 San Quentin 교도소에서 30년 이상 사형수로 복역했다. 사건이 미로 같은 항소 과정을 거치는 동안 그는 법의 사각지대에서 수년을 보냈다. 그는 이제 티베트 승려가 된 저명한 명상 스승이며 두 권의 책을 출간했다. 그는 감옥에서의 소음이 왜 멈추지 않는 고함이나 저음질 라디오에서 나오는 파티 음악에 불과한지 강조한다. 그것은 두려움의 진동이다. 불확실성에 대한 불안이고, 폭력이며, 국가가 승인한 죽음이다.

그래도 마스터스는 산 쿠엔틴 안에서 침묵을 찾는 데 능숙해졌다. 그는 교도소 안에서 운동하는 순간에 침묵을 발견한다. 천문학을 공부하고 불교 경전을 읽는 동안 침묵을 발견한다. 하지만 대부분의 침묵은 그가 자신의 의식 속에서 소음을 노련하게 다루는 동안 발견된다. "소음에 대한 제 **반응**이 아마 가장 시끄러웠을 겁니다. **소음에 대한 제 반응을 조용하게 만듦**으로써 소음을 조용하게 만들기 시작했죠." 그에게 가장 깊은 침묵은 도덕적 차원을 가진다. 그의 말에 따르면, 개인적인 걱정을 초월하고 타인을 향한 연민으로 초점을 전환할 때 침묵에 접근할 수 있다.

침묵의 다양한 얼굴

이 책의 시작에서 우리는 기억나는 가장 깊은 침묵을 떠올려 보라고 말했다. 침묵에 대해 생각하는 것뿐만 아니라 침묵을 **느낄** 수 있는지 그리고 그것을 그저 부재로뿐만 아니라 존재로도 느낄 수 있는지 물었다.

다양한 배경, 삶의 상황, 표현 방식을 가진 서로 다른 사람들은 모두 침묵의 **활동적인** 경험을 언급한다. 이 침묵 경험으로 우리의 생각이 명료해지고 건강이 개선된다. 침묵은 우리를 가르친다. 우리를 집중시킨다. 우리를 깨운다.

침묵을 존재라고 생각할 때, 우리는 언뜻 역설적으로 보이는 무언가를 알아차린다. 이 침묵이 귀에도 조용하고 마음에서도 조용하지만, 의식에서의 경험은 우레와 같을 수 있다.

헴튼도 이런 종류의 침묵이 그저 우리가 원하지 않는 것을 초월하는 문제가 아니라는 데 동의한다. 침묵은 그저 소음의 부재가 아니다. 그는 그것을 '모든 것의 존재'라고 부른다. 그의 단어(모든 것)는 우리가 말하고자 하는 것이 존재한다는 사실을 훌륭히 요약한다. 그러나 우리에게는 다른 단어들도 있다. '겸손'도 그중 하나다. '재조정'도 있다. '명료성'도. '확장'도. 이 존재를 **삶 자체의 본질**이라고 부를 수도 있다.

침묵은 겸손이다. 알지 못함의 자세이며, 집착을 내려놓는 지점이다. 침묵은 공간을 채우지 않아도 괜찮다는 사실을 받아들이는 것이다. 그냥 그대로도 좋다. 적어도 현실을 형성하거나 연출하려고 노력해야 한다는 압박으로부터 한발 물러날 기회다. 담론이나 논쟁이나 오락을 유지함으로써 모든 것을 통제할 필요가 없다. 침묵은 그저 휴식이라는 개인적인 상태에 국한되지 않는다. 토론토 대학교 심리학자 제니퍼 스텔라Jennifer Stellar에 따르면, 겸손은 "도덕의 기반에 있는 필수적인 미덕이자 사회적 집단 안에 살기 위한 열쇠다."[4] 많은 지혜의 전통이 다양한 형태로 교훈을 주듯, 겸손은 가장 높은 영적 미덕 사이에 있다. 경쟁하고 수행해야 한다는 압박을 내려놓는 것에 내재하는 선이 있다.

침묵은 재조정이다. 우리가 〈하버드 비즈니스 리뷰〉에 기고할 글을 쓸 당시, 저스틴의 친구 레나타Renata는 "침묵은 신경계를 재설정할 수 있다"고 말했다. 그녀는 당시 우리가 이 주제에 대해 글을 쓰고 있다는 사실을 알지 못했다. 우리의 직감에 대해서도 알지 못했다. 레나타의 말을 듣고, 우리는 금욕적인 명상과 기도의 삶을 이끌기 위해 로마를 떠나 이집트로 향했던 초기 기독교 황야의 교부들 Desert Fathers and Mothers을 떠올렸다. 그들은 '휴식rest' 상태를 찾기 위한 실천에 집중했고, 이를 '키에스quies'라고 불렀다.

이 단어가 현재의 '휴면quiescence'이라는 단어와 어원적으로 연결된다. 그러나 오늘날 '휴면'이라는 단어가 종종 의미하는 확인된 양보 같은 것과는 거의 관련이 없다. 오히려 신학자이자 사회활동가인 토머스 머튼Thomas Merton은 그것이 '숭고함'에 가깝다고 봤다. 머튼의 글에 따르면, "그들의 휴식은 내면적 자유의 완전함에 넋을 잃음으로써 더 이상 자기 자신을 바라보지 않게 된 한 존재의 분별력과 침착함"이다. 이러한 사색가들에게 휴식은 거짓되거나 제한된 '자아'에 대한 모든 집착을 상실한, 그저 장소 없음과 마음 없음의 일종이다. 청각적, 정보적, 내면적 소음을 초월하며 우리는 피곤한 조건을 초기화할 수 있다. 세상에 대한 우리의 인식을 재조정할 수 있다.

침묵은 명료성이다. 하빕은 우리에게 '마음속에 진정으로 존재하는 것'을 파악하는 능력에 대해 설명했다. 그는 침묵이 "당신의 머릿속에 첫 번째로 떠오르는 것을 (단 30초 동안만이라도) 입 밖에 내지 않는 능력"이라고 말한다. 심리학자이자 홀로코스트 생존자인 빅터 프랭클Viktor Frankl이 남긴 다음의 교훈과 비슷하다. "자극과 반응 사이에는 공간이 있습니다. 그 공간에는 자신의 반응을 선택할 수 있는 힘이 있습니다. 우리의 반응에 성장과 자유가 달려 있습니다."

우리가 살고 있는 문화는 '생각의 명료함'과 '논리의 명료함'을 강조하는 경향이 있지만, 가장 진정한 명료함은 계획과 논쟁과 전략을 초월한다. 침묵은 그 '공간', 즉 빛나는 중간 상태에 있다. 정신적인 것 너머의 이 명료함은 우리에게 스스로를 아는 힘을 준다. 그것은 세상으로부터 홀로 후퇴하는 이유가 아니라, 삶을 올바른 방향으로 움직이기 위한 안정적인 버팀대다. 신비주의자 카비르 Kabir는 이렇게 말한다.

> 마음속에서 조용해지고, 감각에서 조용해지고, 또한 몸에서 조용해지라. 그렇게 모든 것이 조용해지면, 아무것도 하지 말라. 그 상태에서 진실이 당신에게 스스로를 내보일 것이다. 그것이 당신 앞에 나타나 이렇게 물으리라. "무엇을 원하는가?"[5]

잠시 상상해 보자. 일반 대중이 이런 종류의 진정한 의도에 귀를 기울일 수 있다고 말이다. 만약 우리가 방해와 오락을 그리고 이익과 권력 게임을 넘어서서, 우리에게 최대의 번영을 가져다줄 수 있는 것에 귀를 기울일 수 있다고 상상해 보자. 우리 모두가 그런 명료성을 함양할 수 있다고 상상해 보자.

침묵은 확장이다. 침묵은 주의를 끄는 공간의 전개展開다. 그 속으로 더 깊게 들어갈수록 우리는 진정한 느낌을 받을 수 있는 공간을 더 많이 찾을 수 있다. 우리가 심원한 침묵에 다다를 때, 언어의 한계는 녹아 없어진다. 무엇이 무엇인지, 누가 누구인지뿐만 아니라 단순히 **무엇이 존재하는지**를 아는 것이 중요하다. 가장 깊은 침묵 속에서 우리는 분리된 자아의 제약을 초월할 내면적 자유를 찾는다.

침묵은 삶의 본질 그 자체다. 우리 의식의 주의를 끌고자 하는 것이 아무것도 없을 때, 우리는 창조를 위한 화폭을 만날 수 있다. 가장 순수한 주의 속에서 우리는 기본 진동에 주파수를 맞출 수 있다. 즉, 모든 것의 본질을 만날 수 있다. 말과 생각이 만드는 소리와 자극이 지금 무엇을 해야 하는지에 대한 신호를 보낸다면, 그때 순수한 의식은 정반대의 신호를 보낸다. 해야 할 일이 전혀 없는 곳 말이다. 우리는 내부적, 외부적 수다의 아래로 내려가야만 이 자각하는 존재에 접근할 수 있다. 이것이 온전함이다.

진창 속에서 꽃피는 조용한 시간

불교 전통에서는 연꽃 상징이 흔히 사용된다. 연꽃은 흰색, 분홍색, 파란색으로 피며 그 꽃잎은 유리처럼 매끄러운 연못의 수면에 우아하게 앉은 채 하나하나 열린다. 그러나 연꽃은 가장 더럽고 질퍽한 물이 고인 곳에서 자란다. 그 뿌리는 진창 속에 심겨 있으며 진창으로부터 영양분을 얻는다. 침묵의 존재를 '온전함'으로 설명할 때, 우리는 소음의 세상으로부터 깨끗하게 분리돼 나온 무언가를 뜻하는 게 아니다. 마치 연꽃처럼 꽃 피는 침묵은 진창 속에서 등장할 수 있다.

사람들에게 각자가 아는 가장 깊은 침묵에 대해 물어보기 시작했을 때, 우리는 이 책의 초반에 등장했던 보수파 제조업 경영자 제프가 저스틴에게 했던 말과 비슷한 대답을 듣게 될 것이라고 생각했다. 안개 낀 이른 아침이나 멀리 떠나는 청소년 수련회 같은 것 말이다. 이런 청각적, 정보적 고요함을 중시한 것과는 반대로, 우리는 대부분의 사람들이 가장 깊은 침묵을 조용함과는 거리가 먼 상황으로 묘사한다는 사실을 알게 됐다.

격렬한 싸움이 갑자기 끝났을 때, 사랑하는 사람을 잃었을 때, 덩크슛에 성공하고 감각의 조화로움을 느꼈을 때, 밤새도록 댄스파티를 즐기다가 시계가 새벽 네 시를 가리키는 것을 봤을 때 나타나는 침묵을 들었다. 사람들이 말하는 가장 깊은 침묵은 감정의 깊이와 연관되곤 한다. 생각하는 마음이라는 나무 꼭대기에서부터 느끼는 심장과 몸이라는 줄기와 뿌리로의 이동 같은 것이다. 종종 가장 깊은 침묵은 의구심이나 방해의 순간에서 자연스럽게 발생한다.

확실히 우리의 경험 속에도 있는 사건이다.

리는 테넨바움 Tenenbaum 박사의 사무실에서 가장 깊은 침묵을 만났다. 그녀의 마음속 시끄러움 때문에 그곳에 가게 됐다. 테넨바움 박사가 정신의학적으로 특히 전문성 있는 분야가 바로 소란스러운 내면이다.

리는 25일 동안 제대로 잠을 자지 못했다. 딸을 힘들게 낳는 동안 그녀의 마음은 각양각색의 목소리로 가득 찼고, 각각의 목소리가 마이크를 쥐고 관심을 받으려 경쟁했다. 그중 몇몇 목소리를 잠시 소개하겠다.

먼저 '열심히 하려는' 목소리다(우리는 그 목소리를 열심 자매 sister striving라고 부르겠다). 적절한 전략만 있다면 그 목소리는 모성과 관련된 무엇이든 이겨낼 수 있었다. 문제 없이 직장으로 복귀할 수 있었고, 신생아 키우는 기술에 통달할 수 있었고, 친필 메모를 쓸 수 있었고, 부엌 타일 사이 실리콘을 완벽히 깨끗하게 유지할 수 있었고, 아기를 꼭 보고 싶어 하는 사람들 모임을 주최할 수 있었고, 살을 뺄 수 있었고, 남편을 잘 구슬릴 수 있었다. 그리고 (정신적으로 진화된 존재로서) 매 순간의 달콤함을 음미하면서 이 모든 일을 해낼 수 있었다. 그녀는 그렇게 할 것이고, 할 수 있었고, **해야만 했다**. 하지만 그 목소리 마을에 '열심 자매'만 있는 건 아니었다. 그녀는 망상의 목소리로 이루어진 고대 그리스 극 합창단에 둘러싸여 있었다.

'공격적인 천재' 목소리도 있었다. 자신의 지성과 재치를 따라오지 못하는 사람은 빠르게 버리는 목소리다. 그녀의 상태를 산후우울증으로 아주 잘못 해석했다는 이유로 앰뷸런스 뒷좌석에서 구급대원을 꾸짖은 주인공이었다. "난 우울한 게 아니야, 멍청아. **기쁜 거라고!**" 그녀는 깨달음과 혼란 속에 있었다. 그리고 '비극 시인' 목소리도 있었다. 신생아에게 닥칠 수 있는 모든 소름끼치는 재앙을 내다볼 수 있었다. 이 목소리는 아기의 삶이 오직 비극으로만 막을 내릴 수 있음을 처음부터 알았다. 그래서 자고 있는 아기를 강박적으로 계속 관찰했다. 일상적인 대화에서 해결하기 어려운 문제를 찾아내는 재능을 가진 '역설 추적자'도 있었고, 광기를 그저 나가는 길을 **생각해 내면** 되는 방 탈출에 비유한 '미친 과학자'와 모든 관찰과 드러난 사실을(수천 개는 된다) 카세트테이프에 공들여 녹화한 그의 '충직한 조수'도 있었다.

아직 소개하지 않은 목소리가 많지만, 마지막으로 모든 목소리 중에서 가장 괴로운 건 '걷잡을 수 없는 편집증' 목소리다. 다행히도 이 목소리는 아주 가끔씩 등장하지만, 순식간에 모든 신뢰와 이성을 좀먹었다. 그 목소리가 등장할 때마다 리는 수십 년 동안 우정을 이어온 친구들의 의도를 의심했고, 자신이 밟고 서 있는 땅조차 믿지 못했다. 무자비하기가 이를 데 없었다.

목소리의 합창을 충분히 듣고 나서, 테넨바움 박사는 질문을 던졌다. "목소리를 잠시 잃어 본 적이 있나요?"

이 질문을 받았을 때, 몇 주 만에 처음으로 리의 **시간이 멈추고 모든 것이 조용해졌다.** 황야의 교부들이 키에스라고 부른 바로 그것 같았다. 환히 빛나는 휴식이 갑작스럽게 찾아왔다. "분별력과 침착함 (…) 그저 장소 없음과 마음 없음의 상태였죠." 그녀는 목소리들이 구름처럼 흩어지고 순수한 의식이 광활하게 드러난 순간을 기억한다. 그리고 명확한 대답이 나왔다. "네, 하지만 딱 한 번뿐이었어요."

테넨바움 박사와의 짧은 대화에서 리는 혼란스럽고도 친숙한 침묵을 마주했다. 이 존재는 내내 그녀를 붙잡았다. 그녀에게 그 계시는 자신이 곧 괜찮아질 것이라는 의미였다. 그리고 그건 사실이었다. 그녀는 보호 시설에 가지 않을 것이고, 온전한 정신을 되찾을 것이고, 딸에게 좋은 엄마가 될 것이고, 결혼 생활도 이어갈 것이고, 그녀의 존재는 어떻게든 더 나아질 것이었다. 8개월 후 마지막으로 남은 항정신병 약과 진정제를 집어 들었을 때, 리는 마치 물속에 있던 자기 자신이 밖으로 꺼내진 듯한 기분이 들었다. 침묵은 그녀의 가장 암울한 여정을 함께한 동반자였다.6

저스틴의 가장 깊은 침묵 중 하나는 그와 그가 가장 사랑하는 사람들이 소음 폭격을 받고 있을 때 찾아왔다.

2020년 2월 말경, 저스틴과 아내 메러디Meredy는 쌍둥이를 얻었다. 아이들은 예정일보다 일찍 태어났지만 다행히도 건강했다. 그러나 아이들의 건강과는 별개로 아직 주수를 다 채우지 못하고 나왔기에 아이들은 신생아 집중 치료실에 있다가 중급 치료 보육 시설로 옮겨졌다. 당시 그들이 사는 뉴멕시코에는 아직 코로나19 감염 사례는 없었지만 점점 가까워졌고, 두 사람은 아이들을 데리고 얼른 병원에서 벗어나 봉쇄가 시작되기 전에 집으로 가고 싶어 안달이었다. 1시간 거리의 부모님 집에 세 살짜리 아이를 맡겨 두고 왔기 때문이다. 그들이 불안했던 또 다른 이유는 스스로 태만한 부모처럼 느껴졌기 때문이다. 내면적으로 시끄러울 수밖에 없던 시간이었다.

그러나 대부분은 외부적 소음이 더 컸다. 청각적인 의미에서 말이다. 소음 공해가 인간에게, 특히 어린 아기들에게 끼치는 영향을 다루는 글에 이미 푹 빠져 있던 저스틴 입장에서 신생아 집중 치료실의 끊임없이 이어지는 소리 풍경은 거의 비현실적일 만큼의 스트레스를 안겼다.

산소 포화도 측정기가 규칙적으로 웅웅거리는 소리.

날카로운 심박수 알림과 호흡수 경보음.

젖병 데우기와 자동 급식이 완료되면 꺼지는 1980년대 아케이드 게임을 떠올리게 하는 전자음.

집중 치료실에 있는 아기들은 허가 없이 병동 밖으로 이동될 경우, 직원들에게 경고를 보내는 작은 발찌를 차고 있었다. 그런데 어느 날 발찌 하나가 세탁 과정에서 분실됐는지, 30분마다(주로 밤에) 보안 경보가 울리기 시작했다. 그 소리는 마치 제2차 세계대전 당시 영국의 공습 사이렌과 초대형 놀이공원 풍선의 삐걱거리는 소리를 합친 듯한 굉음이었고, 병원 내 다양한 기기들의 삑삑거리는 소리를 단숨에 압도했다. 간호사들은 도무지 그 소리를 멈추는 방법을 찾지 못했다.

저스틴은 절대로 다른 사람의 일에 훈수 두는 사람처럼 보이고 싶지 않았지만, 간호사와 의사에게 그 불필요한 소음을 줄일 아이디어를 조심스럽게 제안했다. 하지만 그들은 그때마다 이상하게 생긴 벽걸이 모니터링 기기를 그에게 가리켜 보이곤 했다. 그것은 사람 귀의 윤곽선을 그린 모양이었는데, 바깥쪽 귓바퀴

부분이 초록색으로 빛나면 소음 수준이 안전하다는 의미였다. 중간 부분이 노란색으로 빛나면 경고를 뜻했다. 그리고 귀 그림 중앙이 빨간색으로 빛나면 데시벨 수준이 위험하다는 의미였다. 의료 체계가 소음 관리의 중요성을 인식했다는 것은 긍정적이었다. 그러나 저스틴과 메러디는 대부분의 기기들이, 심지어 세상에서 가장 신경 긁는 소음을 낸다고 해도 귀 그림의 색깔을 바꾸지 못했다는 사실을 알아차렸다. 마치 그림이 고장 났거나 조작된 듯했다. 그 3주간의 소음은 정말 굉장했다. 하지만 뜻밖에 심원한 침묵이 찾아왔다.

어느 오후, 메러디는 수유를 끝내고 잠깐 밖으로 나갔다. 저스틴은 딸을 안고 있었는데 누워 있던 아들이 몸을 움직이기 시작했다. 처음으로 간호사가 저스틴에게 두 아이를 동시에 안아 보겠는지 물었다. 간호사는 두 개의 요람 사이에 의자를 놓고 그가 더블 풋볼 홀드 포지션 double football hold position(두 아이를 럭비공처럼 양쪽 옆구리에 각각 끼고 동시에 수유하는 자세.—옮긴이)을 잡도록 도와줬다. 그는 셔츠를 벗고 맨살로 두 아이를 안았다.

잠깐 아늑한 시간을 보내며 저스틴은 자신의 호흡이 아이들의 호흡과 맞춰지는 것을 느꼈다. 그리고 세 명의 심장박동도 왠지 같아지는 것처럼 느껴졌다.

주변의 삑삑대는 소리와 웅웅대는 소리도, 코로나19 바이러스에 대한 걱정과 쌍둥이 언니를 데리러 집에 가는 것(그리고 모든 셀 수 없는 만일의 사태들)에 대한 걱정도 여전했다. 그러나 같은 속도로 맞춰진 심장박동을 느끼고, 맞닿은 세 명의 가슴이 부드럽게 조화를 이루며 오르락내리락하는 동안 삑삑이든, 웅웅이든, 걱정이든 모두 힘을 잃었다. 마치 그중 어떤 것도 그에게 침투하지 못하는 것 같았다. 그의 마음은 조용해졌다. 갑자기 모든 것이 완전하게 느껴졌다.

우리 중에 이런 침묵의 경험을 미리 계획할 수 있었던 사람은 없다. 이런 상황에서 어떤 객관적인 분석법에 따라 조용하다고 정량적으로 측정될 수 있는 것은 없다. 하지만 그 많은 소음과 자극 속에도 침묵이 있었다. 진창 속에도 꽃피는 완전함이 있었다.

아무것도 없지만 모든 것이 있는 곳

만약 **삶의 모든 것이 진동**이라면 무엇이든 조용할 수가 있을까? 침묵이 존재하기는 할까?

우리는 이렇게 말하겠다. **맞다, 존재한다.** 하지만 우리가 침묵에 대해 생각해야 한다고 배운 그 의미와 꼭 같지는 않다.

스페인어와 포르투갈어를 포함한 일부 로망스어에서 '아무것도 아닌 것'이라는 뜻을 가진 단어는 'nada'다. 이상하게도 로망스어군이 속한 인도유럽어족 내에서도 반대편(로망스어군은 인도유럽어족에 속한다) 뿌리어 중 하나인 산스크리트어에서는 nada가 '소리'라는 뜻이다. 나다 요가$^{\text{Nada yoga}}$는 내면의 소리를 다스리는 정신 수련이다. 이 내면의 소리는 '충돌하지 않은 소리'이며 때로 '침묵의 소리'로 불린다.

가장 심원한 침묵에 들어간다는 것은 삶의 본질 그 자체인 진동을 없앤다는 말이 아니다. 오히려 그 진동을 더 잘 듣기 위해 방해와 자아와 동요를 내려놓아야 한다. 우리가 이야기하는 '아무것도 아닌 것'이란 다음과 같다. **소음이 없는 것. 방해가 없는 것. 존재의 본질과 직접적으로 만나는 것.**

이 의미에서 침묵은 멈춰 있지 않다. 불교 스승 틱 낫 한Thích Nhất Hạnh은 그것을 "세상의 모든 소리를 초월하는 소리"라고 부른다. 심층심리학자 로베르트 사르델로Robert Sardello는 침묵을 "가능성의 어머니"라고 표현한다. 리듬에 맞춰 고동치고 휘도는 **흐름**이 있는 살아 있는 온전함이다.

이 책은 수도원 사람을 위한 침묵을 쓴 것이 아니다.

우리는 어떻게 도피하는지, 어떻게 현실의 진동을 없애는지에 관심이 없다.

우리의 흥미를 끄는 질문은 '(감사하게도) 고동치고, 진동하고, 노래하고, 춤추는 세상에서 어떻게 침묵을 찾는가'다.

CHAPTER
4

침묵의 도덕적 차원

2021년 워싱턴 D.C.의 내셔널 몰 National Mall에 수만 명의 사람이 모였다. 그리고 군중 앞에 선(그리고 수천만 명이 텔레비전으로 시청하고 있는 가운데) 당시 22세였던 시인 어맨다 고먼 Amanda Gorman 은 미국 대통령 취임식에서 얻은 아주 단순하고도 어려운 교훈을 이렇게 요약했다.

"우리는 조용함이 언제나 평화가 아니라는 것을 배웠습니다."

고먼이 옳았다.

리는 20대 초반에 허름한 여성 쉼터에서 조지아 북동부 지역 담당으로 상담 전화를 받는 일을 했다. 어느 날, 그녀는 중국에서 '우편 주문'을 받은 한 여성의 전화를 받았다. 그 여성은 배운 지 얼마 안 된 영어로 자신의 상황을 설명했다.

한 남성이 8년 동안 그녀를 자신의 가족 소유지에 인질로 잡아

두었다. 그는 그녀를 세상으로부터 단절시키다시피 했고, 그나마 몇 안 되는 사람들과만 접촉했지만 그들은 어떤 질문도 하지 않았다. 그녀는 텔레비전 자막을 보며 혼자 영어를 배웠다. 그녀가 간절히 기다린 건 가해 남성이 깜박하고 집 전화기를 직장에 들고 가지 않는 날이었다. 마침내 그날이 왔을 때 리가 전화를 받은 것이다. 리는 그 여성이 말도 안 될 만큼 복잡한 상황을 설명하는 동안 그녀의 목소리에서 느껴진 침착함을 기억한다. "경찰은 안 돼요. 그의 친한 친구가 경찰서장이에요." 여성의 용기와 판단력 덕분에 그들은 다행히도 다른 방법을 찾을 수 있었다. 일종의 침묵이 그 여성의 부당한 감금 생활을 견뎌 내게 했다는 사실에는 의심의 여지가 없다. 그녀의 조용함은 평화의 정반대였다. 오늘날에도 "침묵을 깨라"는 말이 폭력 피해 여성 운동의 구호로 사용된다.

현실 안주, 범죄 공모 또는 심지어 폭력으로서 침묵의 개념은 적어도 반세기에 걸쳐 두드러진 문화적 흐름이었다.

흑인, 레즈비언, 어머니, 전사, 시인으로 자신을 소개한 전설적인 인물 오드리 로드 Audre Lorde는 1977년에 이런 질문을 던졌다. "당신이 날마다 삼키고 자기만의 것으로 만들려 애쓰지만 결국 당신 자신을 침묵 속에서 병들게 하고 죽게 만들, 그 억압은 무엇인가요?" 같은 에세이에서 그녀는 유방암 진단과 수술 사이에서 보낸 3주간의 고통스러운 기다림을 서술했다. 그런 불확실성 속에서 그녀는 자신의 삶을 반추하고 이렇게 말했다. "내가 가장 후

회한 것은 나의 침묵이었다." 그리고 이렇게 경고한다. "내 침묵은 나를 지켜 주지 않았다. 당신의 침묵도 당신을 지켜 주지 않을 것이다."

만약 로드의 글이 10년이 지난 1980년 후반에 뉴욕 시내를 돌아다녔다면, 현대에 가장 중요하고 효과적인 캠페인들 중 하나에서 차용된 그녀의 흔적을 발견했을 것이다. '침묵=죽음'이라고 쓰인 상징적인 포스터가 사방에 붙은 모습 말이다. 분홍색 삼각형 아래 새까만 바탕에 엄중한 느낌을 주는 흰색 글자가 쓰여 있었을 것이다. 바로 에이즈AIDS 캠페인에서 충격 요법으로 사용된 이미지다. 당시 활동가들은 전 세계적으로 3,300만 명을 죽이게 될 유행병의 규모와 범위를 온 세상에 알리기 위해 지칠 줄 모르고 노력했다. 이때의 침묵은 깨닫고 행동하는 데 대한 실패 **또는 거부**의 의미였다.

우리는 이런 정서를 환경 운동의 기원에서도 찾을 수 있다. 세상을 바꿔 놓은 레이철 카슨Rachel Carson의 저서 《침묵의 봄(Silent Spring)》은 존 키츠John Keats의 시에 나오는 절망적인 풍경을 언급했다. 종말이라도 온 듯한 침묵, "호숫가의 사초는 시들고/새도 노래하지 않는 곳"을 참고했다. 카슨은 화학 공장의 모리배들이 어떻게 그녀의 평판을 깎아내리고 그녀의 목소리를 억누르려 할지 잘 알았다. 그래서 사랑하는 사람에게 삶의 도덕적 요구를 담은 편지를 썼다. "내게 주어진 역할을 아는 이상, 침묵을 지키면 나에게 미래의 평화는 없을 거야."

오늘날, 억압으로서 침묵의 개념은 여전히 유의미하다. 배우 루피타 뇽오Lupita Nyong'o는 2017년 〈뉴욕타임스〉에 기명 논평을 써서 하비 와인스타인Harvey Weinstein이 자신을 어떻게 폭행하고, 괴롭히고, 조종했는지를 밝혔다. 그녀는 포식자가 수년 동안이나 어슬렁거릴 수 있게 한 침묵의 음모에 대해 썼다.

이런 종류의 침묵(부정의에 맞서 말하고 행동하기를 거부하는 것)은 실제로 존재한다. 그리고 우리는 그 침묵에 철저히 반대한다.

하지만 우리는 입을 다물고 현실에 안주하는 침묵이 가장 진정한 의미의 침묵은 아니라는 데 합의하기에 이르렀다. 학대를 인식하고 그에 대처하기를 거부하는 것은 명료한 인식과 의도의 정반대이기 때문이다. 눈과 마음이 열려 있을 때(의식 속에 주의를 기울일 공간이 있을 때) 우리는 다른 곳에 눈길을 돌림으로써 맹목적으로 만족할 수 없다. 무관심으로 인한 침묵은 두려움의 작용이다. 한 인간의 가장 편협한 사리사욕에 매달린 불안에서 태어난, 인식과 의도의 왜곡이다. 침묵이라는 이름을 달고 있기는 하지만 이것은 우리 의식 속 소음의 원인이자 동시에 결과다.

시끄러운 세상이 어떻게 부정의를 가능케 하는지 생각해 보자. 만약 우리가 인스타그램의 좋아요 수와 텔레비전 리얼리티 프로그램의 연예인들, 사회적으로 생산성이 없는 수익 추구를 생각하는 데 빠져 있으면 어떻게 불평등을 이해하고 그에 대처하는 데 집중할 수 있겠는가? 만약 우리가 자기 내면의 수다에 집착하면 어떻게 외부에 존재하는 고통과 기쁨을 경험하는 일, 즉 공감에 필요한 내면의 공간을 확보할 수 있겠는가?

우리는 세상의 상태에 낙담했기 때문에 이 책을 쓰게 됐다. 우리의 직감은 현시대의 가장 해결하기 힘든 문제들이 그 뿌리를, 최소한 부분적으로는 소음 문제에 둔다는 것이다. 가장 효과적이고 지속 가능한 해결책을 찾아내고 이를 법제화하기 위해서, 우리에게는 귀 기울여 듣는 겸손뿐만 아니라 끊임없이 에너지를 다시 채울 능력이 필요하다. 또 개인의 입장에서든 집단의 입장에서든 무엇이 진실이고, 무엇을 우리가 진정으로 원하는지 신호를 알아볼 수 있는 분별력이 필요하다.

부정의를 맞닥뜨렸을 때 현실에 안주하는 것은 우리 세상의 진정한 악이지만, 그것은 침묵보다는 소음으로 불러야 더 정확하다. 진정한 침묵(존재, 분별 그리고 자연 및 인류에 대한 공감적 이해를 가능하게 하는 침묵)은 자기중심성과 무관심을 만들어 내는 소음의 왜곡을 치료할 해독제다. 그것은 우리의 숨겨진 편견을 드러내고, 서로 다른 관점을 이해하고, 잘못된 일에 더 능숙하게 대처하기 위한 자원이다.

침묵은 그 자체로 정의를 위한 힘이 될 수 있다.

1968년 4월, 마틴 루터 킹 주니어Martin Luther King Jr.는 합동 피정을 위해 틱 낫 한, 머튼과 합류하기로 했다. 며칠에 걸쳐 종교를 초월한 기도, 조용한 명상, 베트남 전쟁을 종식하고 공정한 사회를 만드는 데 초점을 맞춘 대화를 할 예정이었다. 그러나 그는 출발 직전에 피정 참석을 미루고 멤피스에 가서 환경미화원 파업에 연대하기로 결정을 내렸다. 물론 대단히 운명적인 결정이었다. 그는 이 여정에서 암살당했다.

머튼은 피정을 위해 수도원에 도착했을 때 〈뉴욕타임스〉로부터 암살에 대한 논평을 써 달라는 연락을 받았다. 그는 거절했다. 대신 깊은 침묵 기간에 들어갔다. 그는 막 남편을 잃은 코레타 스콧 킹Coretta Scott King에게 보낸 애도 서한에 이렇게 썼다. "어떤 사건은 입에 담기에 너무 크고 너무 끔찍합니다." 홈스 박사는 당시 세간의 이목을 끈 머튼의 침묵을 오늘날 학교에서 벌어진 총기 난사 사건들 이후 '사색과 기도'를 제안하며 공허함과 분노를 불러일으키는 유명 인사들의 모습과 대조시켰다. 그녀는 머튼을 회상하며 이렇게 말했다. "유일하게 책임감 있는 선택은 침묵하는 것입니다. 저는 이 악에 대해 아무것도 말할 수 없습니다."[1]

머튼은 왕성하게 활동하는 대중 지식인이자 인종 차별, 군국주의, 탐욕에 반대하는 유명 연설가였는데, 명상적 삶에서 이루어지는 몰입형 침묵을 정의를 위한 투쟁의 일부로 봤다. 그는 시민권 운동과 베트남 전쟁이 한창이던 당시 이렇게 썼다. "나는 수도승 같은 침묵이 정치인, 선전가, 선동가의 거짓말에 맞서는 저항이라고 생각한다. 내가 만약 입을 연다면, 그것은 나의 신앙과 나의 교회가 이런 부정의와 파괴 세력에 연관될 수 있다는 일말의 가능성조차 부정하기 위해서다."

간디도 침묵의 도덕적 차원에 대해 비슷한 관점이다. 인도에서 가장 많은 사람이 읽는 일간지 중 하나인 〈더 힌두 The Hindu〉의 최근 기사에서 O. P. 진달 글로벌 대학교 O. P. Jindal Global University의 정치학자 라지프 카담비 Rajeev Kadambi는 1945년 일본 히로시마와 나가사키에 원자폭탄이 사용된 사건에 대해 왜 간디가 미국을 즉시 규탄하지 않았는지 의문을 제기한다. 그의 말대로 '사건의 흐름을 지켜보려는 전략적 침묵'이었을까? 짐작하기 어렵지만, 당시 간디가 이 사건에 대해 발언하기를 거부한 일은 '세계적인 비폭력 주창자이자 서구 제국주의 비판자'가 왠지 원자폭탄 사용을 지지한다는 루머를 낳았다. 간디는 침묵을 깨고 오직 이 말만을 남겼다. "원자폭탄에 대해 생각해 볼수록 더욱 말하지 말아야겠다고 느낍니다. **할 수 있다면 행동을 해야 합니다.**"

간디는 카담비가 '무언의 행동이 가지는 마법적 특성'이라고 부른 것의 대가였다. 카담비는 의도, 생각, 행동에서의 비폭력주의를 뜻하는 요가 철학 사상 **아힘사** ahimsa에 뿌리를 둔 간디의 침묵이 "대항 폭력 counter-violence의 순환에서 해방되기 위한 행동이었다"고 말한다.

매주 월요일은 간디에게 '침묵의 날'이었다. 그는 명상과 사색을 했을 뿐만 아니라 편지로 소통했고, 방문객을 선별해 받았으며, 회의에서는 경청했고, 중요한 정상회담에는 참석하되 입을 열지 않았다. 그는 대영제국의 인도 점령을 해제하고자 수십 년에 걸친 투쟁과 격변의 순간을 겪는 동안에도 매주 '침묵의 날'을 지켰다. 친한 친구를 비롯한 다른 사람들이 예외적으로 한 번만 말해 달라고 부탁하더라도 거절했다. 간디에게 '침묵의 날'은 무엇보다 중요했다. 그는 이렇게 썼다. "나는 가끔 이런 생각을 합니다. 진실을 구하는 자는 침묵해야 한다고."

화요일이 돼 다시 말할 수 있게 되면 간디는 유독 신중하면서도 유창한 연설을 하곤 했는데, 그때는 원고도 없이 일종의 무아지경에 빠진 상태였다. 그는 비대하고 말 많은 정치판에 자신의 조용한 의식을 불러왔다. 그리고 자서전에 이런 말을 남겼다. "말수가 적은 사람이 경솔한 말을 할 가능성은 희박하다. 오히려 모든 단어를 계산할 것이다." 그리고 그는 참석했던 대부분의 회의에서 보인 특징에 통탄을 금치 못했다. 사람들은 말하고 싶어서 안달이 나 있었고, 의장은 발언 허가를 요청하는 메모로 괴로워했다. 그는 "허가가 주어질 때마다 발언자는 대체로 제한 시간을 넘겼고, 더 많은 시간을 요구했고, 허가 없이 발언을 계속했다. 이 모든 대화가 세상에 어떤 이익이 된다고 볼 수도 없었다. 크나큰 시간 낭비다"라고 이야기했다.

간디는 암살되기 바로 몇 달 전, 15일간의 묵언 수행을 마친 어느 날 이런 생각을 남겼다.

> 만약 우리, 조바심 내는 인간들이 침묵의 미덕을 안다면 세상의 비참함 중 거의 절반이 사라질 것이다. 현대 문명이 우리를 뒤덮기 전에는 24시간 중 적어도 6~8시간의 침묵이 허락됐다. 현대 문명은 우리에게 밤을 낮으로, 황금 같은 침묵을 황동 같은 소음으로 바꾸

는 방법을 가르쳐 줬다. 만약 우리가 바쁜 삶 속에서 매일 최소한 한두 시간만이라도 자기 내면에 틀어박혀 위대한 침묵의 음성에 귀를 기울일 마음 준비를 할 수 있다면 얼마나 좋겠는가. 신성한 라디오는 언제나 노래를 부르고 있고, 우리는 그것을 들을 준비만 하면 된다. 하지만 침묵 없이는 그럴 수 없다.[2]

현대 정치가 만드는 소리와 분노 속에서 우리는 줄곧 간디의 사례를 사회 변화를 이끄는 조용한 힘으로 생각했다. 그 또한 주장과 반박의 문화 속에서 살았고, 불가능해 보이는 흑백 논리를 타개하고 갈등과 노골적인 폭력의 순환 고리를 해결해 줄 수단으로 침묵을 선택했다. 간디는 '황금 같은 침묵'에 귀를 기울였는데, 투쟁에서 물러나는 수단으로서가 아니라 그것을 변화시키는 수단으로서였다. 그는 '진실을 추구하는 자'로서 자신의 정치적 삶이 영적 행위의 확장이라고 봤다. 그리고 당연하게도 침묵은 그에게 실제적이고도 정신적인 명료함의 원천이었다.

머튼과 간디가 말한 사회참여적인 침묵의 힘은 오늘날 우리 세상에서도 발견된다. 사실, 당신은 종종 예상치 못한 장소에서도 그 힘을 찾을 수 있다.

2020년 여름, 작가이자 캘리포니아 주립 대학교의 젠더 및 여성학 교수인 시나 말로트라 Sheena Malhotra는 플로이드의 죽음으로 벌어진 로스앤젤레스 북부의 흑인 인권 운동 시위 현장에 있었다. 코로나19로 인한 봉쇄 직후 벌어진 이 시위는 미국 역사상 가장 큰 저항 운동 중 하나가 됐다. 그녀는 시위가 진행된 방식을 묘사하며 이렇게 말했다. "어떤 사건이 너무 큰 분노를 불러일으킬 때, 말하자면 끓는점에 다다르면 거기서 침묵으로 옮겨 가기는 어렵습니다. 하지만 우리는 해냈습니다. 구호를 크게 외치는 대신 침묵 속에 한쪽 무릎을 꿇었죠." 수백 명이 한자리에 모여 9분 동안 무릎을 꿇었다. 데릭 쇼빈Derek Chauvin이 9분 동안 플로이드의 목을 무릎으로 눌러 결국 죽음에 이르게 한 행동에 대한 상징이었다.

말로트라는 침묵이 어떻게 펼쳐졌는지 말했다. "당신은 실의에 빠졌습니다. 물질적으로 느낄 수 있었죠. 당신은 그 9분이 얼마나 긴지 몸으로 느꼈습니다. 계속 무릎을 꿇고 있다가 어느 순간에 그 시간이 마치 평생처럼 느껴질 만큼 길게 이어진다는 사실에 그리고 아직도 끝나지 않았다는 사실에 충격을 받았습니다. 그런데 그때, 당신은 주위를 돌아보기 시작합니다. 군중이 당신 주위에 모여 있습니다. 그 안에는 다양한 인종의 사람들이 있고요. 당신은 어린 흑인 소년들이 어머니와 함께 있는 모습을 봅니다. 이때 어떤 기분일까요? 이 위협이 그들의 존재에 얼마나 실존적일까요? 마침내 실감이 납니다."

수백 명에게 공유된 침묵이라는 혹독한 시련 속에서 말로트라는 겹겹이 쌓여 있던 생각과 감정 위로 떠올랐다. 그리고 그녀는 이렇게 회상했다. "제 마음은 갖가지 감정을 거쳤어요. 슬픔도, 분노도요. 그리고 그때 분노가 제 주변 사람들을 향한 연민으로 바뀌었어요. 마치 어떤 뿌듯함의 영역으로 간 듯했는데, '우린 모두 여기 있어요. 모두 여기 함께 있어요. 여기 함께 있다는 것이 중요하죠'라는 느낌이었어요. 그리고 그 영역에서 방어선 주변에 서 있는 경찰관들을 바라보며 이렇게 생각했어요. '저들은 무엇을 느끼고 있지?'"

말로트라는 이렇게 말했다. "침묵은 마치 일종의 대양 같아요. 그것은 형태를 바꿀 수 있어요. 침묵은 당신에게 감정의 형태가 바뀔 수 있는 공간을 주죠. 주변 사람들의 에너지를 흡수할 공간을 주고요." 로스앤젤레스의 그 여름날을 회상하며, 그녀는 그 집단 안에서 나타난 일종의 긍정적인 변화를 기억한다. "그곳에 모인 사람들 전체의 에너지가 변화하는 것을 느낄 수 있었어요. 그런 일이 일어날 수 있는 공간을 허락해 준 것이 바로 침묵이었죠."

말로트라는 동료 교수 에이미 카릴로 로웨Aimee Carrillo Rowe와 함께 《Silence, Feminism, Power: Reflections at the Edges of Sound(침묵, 페미니즘, 권력: 소리의 가장자리에서의 단상)》이라는 작품집을 엮었다.[3] 그리고 이 책을 고故 로드에게 헌정했다. 그들은 수십 년 동안 검열과 억압을 외쳤던 지지자와 학자를 기리면서 동시에 '완전히 대립적인 태도'로부터 벗어나는 것과 '침묵을 무조건 억압의 도구로만 간주하고 배척하는 태도'에서 자유로워지는 것의 중요성을 되돌아봤다. 또한 이렇게 강조했다. "침묵은 우리에게 숨 쉴 공간을 허락한다. 그것은 말에 대한 끊임없는 반응 속에 존재하지 않아도 될 자유를 허락한다."

이 책에는 말로트라가 난소암과 싸우던 때를 되돌아보며 쓴 에세이가 들어 있다. 그녀는 이 치료를 통해 정의 구현 과정에서 무언 無言이 어떤 위치를 지니는가를 어떻게 깨닫게 됐는지 설명했다. "불이 물질에서 공기로의 형태 변화를 상징하는 것처럼 침묵 또한 상상할 수 없는 것을 상상할 공간을 열고 사색, 재표현 re-articulation, 비표현 un-articulation 을 위한 자리를 만듦으로써 언어를 초월하는 소통 방식을 만날 수 있게 한다."

내면의 안식처

미국 의회에서 일한다는 것은 소음에서 오는 신호 가려내기의 대가에게서 수업을 받는 것이나 마찬가지다.

저스틴은 의원 세 명을 감독하는 입법부장으로 일하는 동안 항상 존재하는 소음을 어떻게 다루는지 배웠다. 휴대전화 벨소리, 뒷담화, 입법 투표 알림, 새 메일로 넘쳐나는 받은 편지함 정리 경고음, 화려한 나이트클럽 접대 파티 초대장을 나눠 주는 로비스트들의 인사 같은 소음 말이다. 하지만 시간이 흐르면서 그의 귓전에 가장 시끄럽고 거슬리는 목소리 중 일부는 사실 소음으로 분류될 수 없다는 사실을 깨달았다. 그 목소리는 신호였다. 그는 하천 오염이나 알레포 Aleppo (시리아 서북부의 도시. ―옮긴이)를 떠나는 난민의 어려운 처지에 소리 높여 분개하는 지지자들과 종종 이야기를 나누곤 했다. 그들의 목소리는 원치 않은 방해가 아니었다. 오히려 필요의 신호를 보냈다. 그들의 목소리는 들려야 했다.

저스틴에게 이런 신호를 무시하는 일은 책임 회피다. 물론 그의 이야기가 꼭 정부 서비스에만 해당되지는 않는다. 심리 치료사, 소방관, 교사, 의료계 종사자를 비롯해 모든 서비스 지향적 소명을 가진 수많은 사람의 현실이다. 아이가 있거나 부양해야 할 동반자 또는 나이 든 부모가 있는 우리 모두의 현실이다. 우리는 분초를 다투는 신호를 무시할 수 없다. 그렇다면 이토록 자극적이고 긴급한 일 속에서 어떻게 명료함과 활기를 유지할 수 있을까?

급진주의 철학자 슬라보예 지젝 Slavoj Žižek은 마음챙김을 비판한 적이 있다. 스트레스의 근원을 다루지 않고 사람들이 그저 스트레스에서 도망치게만 한다고 봤다. 그는 마음챙김이 우리를 **세상에 속하게 of the world 하지 않고, 세상에 있게만 in the world** 한다고 설명했다. 우리는 그의 관점을 존중한다. 내면의 평화를 향한 열망이 외부적 의무를 방해하도록 좌시할 수는 없다.

그렇다면 대안은 무엇인가?

우리는 완전히 충실한 삶에 침묵을 엮어 넣을 수 있다고 믿는다. 현실 속에 살고 싶다면 그리고 현실을 더 낫게 만들기 위해 필요한 힘과 집중력을 기르고 싶다면 우리에게 필요한 것은 몰입형 휴식을 위한 공간, 최소한의 소리와 자극이 있는 공간, 아무 말도 할 필요가 없는 공간이다.

우리는 침묵이 재조정에 반드시 필요하다고 믿는다. 지속 가능한 기준으로 옳은 일을 하기 위해서다. 앞으로 나올 내용에서 우리는 삶의 의무를 수행하면서 동시에 어떻게 청각적, 정보적, 내면적 조용함을 찾을지에 대한 여러 방법을 추천하려고 한다. 하지만 우리가 알게 된 것 중 하나만큼은 지금 짚고 넘어가려고 한다. **전문가에게 의지하라.** 상당히 오랜 기간에 걸쳐 어려운 상황을 겪으면서 이런 질문을 성공적으로 다뤄온 사람들에게 의지해 보자. 셰리 앨리슨Cherri Allison이 바로 그런 사람 중 하나다. 그녀는 50년 넘게 말과 침묵 사이 그리고 의무와 재조정 사이의 올바른 균형을 찾고 있다.

앨리슨은 한 인터뷰에서 우리에게 이렇게 말했다. "미국에서 성장한 아프리카계 미국인으로서 저는 조용히 **있으라는** 압박을 계속 받았어요." 그녀는 압박에 굴하지 않기 위해 최선을 다했다. "당신은 저를 해고할 수 있어요. 임금을 깎을 수도 있죠. 하지만 제게서 진실을 빼앗을 수는 없을 겁니다." 그녀는 진심을 담아 말했다. 그래도 침묵에서, 그중에서도 자신의 자유 의지를 통해 오는 침묵에서 얻을 수 있는 것이 **실제로** 있다는 사실을 일찍 깨달았다. "저는 그 조용한 상태에 존재하는 데 얼마나 큰 **힘이** 필요한지 깨닫지 못했어요. 침묵을 찾은 덕분에 저는 누군가와 싸워 이기거나, 누군가를 저주하거나, 직장에서 잘려서 더 이상 일을 할 수 없는 상황에 처하지 않아도 되죠." 그녀가 계속하고 싶었던

(그럴 운명이라고 느꼈던) 일은 바로 폭력 피해자를 위한 정의 구현이었다. 그리고 그 일이 이제 70대에 접어든 그녀에게 공로상을 안겼다.

앨리슨은 이전에 전국에서 손꼽히게 큰 가족 정의 센터Family Justice Center 중 한 곳의 임원이었다. 캘리포니아주 오클랜드에 있는 그 센터는 가정폭력, 성폭력, 아동학대, 노인학대, 인신매매 피해자에게 안전한 피난처를 제공한다. 그곳에는 생기가 넘치고 대개 라벤더 향이 나며 활기 찬 대화, 웃음, 음악이 가득하다. 물론 눈물을 닦는 데 쓸 휴지도 상자째 준비돼 있다. 그녀는 이곳에 살아 있는 모든 다양한 표현을, 특히 마음에서 우러나오는 표현을 언제나 반겼다. "그곳에 가려면 정말 큰 용기가 필요해요. 당신의 마음을 앉아서 느끼고, 마음의 소리에 **귀를 기울여야** 한다는 말이에요. 그렇게 한다면 그제서야 당신은 진정한 눈물을 흘리게 되죠."

앨리슨은 그런 진정한 눈물과 함께 있고 싶어 했다. 그렇게 하면서도 **동시에** 일을 잘해 내려면 어떻게 해야 할지 항상 알지는 못했지만 말이다. 그녀는 로스쿨에서 배운 대로 평일은 힘을 내서 '이겨 내곤' 했다. 그 방법은 힘든 일을 해낼 때 전형적인 작업 방식이기도 했다. 하지만 그런 접근(마음속의 깊은 고통과 거리를 유지하는 것)의 노력은 지속될 수 없다는 사실을 깨달았다.

당신은 피해자의 얼굴을 들여다보고 그녀의 상처 입은 영혼과 절망감을 느껴요. 그러고 나면 그녀는 가 버리고 다음 사람이 같은 자리에 있죠. (…) 그녀의 이야기를 충분히 받아들일 시간을 가질 순 없습니다. (…) 그저 '쾅! 쾅! 쾅!'일 뿐이에요. 하루 종일."

직원들도 똑같은 '이겨 내기' 전략에 의지했을지 모르지만, 앨리슨은 그들이 자신과 같은 실수를 겪게 하지 않겠다고 결심했다. 그녀는 침묵 속에 앉아 마음으로 귀 기울이는 행동 덕분에, 그녀와 직원들이 도움을 건네줄 사람들과 **직접적인 관계**를 맺게 됐다고 이야기한다. 자신들이 구세주가 아니라 **봉사자** 역할이라는 것을 잊지 않도록 했다. 앨리슨은 직원들에게 침묵을 지키고 귀를 기울이고 피해자들이 자기 존재 속으로 들어가는 것을 지켜보라고 조언한다. 그리고 피해자들에게 모든 선택지를 설명해 준 뒤 그들이 스스로의 힘으로 일어서는 것을 가만히 지켜보라고 일깨운다.

앨리슨은 깨달음을 얻었던 순간을 회상했다. "제가 '오, **내가 바로 변호사지**'라는 태도를 버리고 마침내 피해자와 **사람답게** 대화했을 때였죠. 맙소사! 얼마나 많은 것이 제 앞에 펼쳐지던지!" 그녀는 이어 말했다. "피해자들은 제게 줄 수 있는 지식과 정보, 경험이 풍부했어요. 그 덕분에 제가 **훨씬** 더 나은 서비스 제공자가 될 수 있었죠."

앨리슨은 2011년 가족 정의 센터의 책임자가 됐을 때 작은 실험을 하나 해 보기로 했다. 선임 직원들과의 일일 회의를 시작하기 전에 함께 둘러앉아 조용한 사색의 시간을 갖자고 제안했다. 어떨 때는 시 한 편이나 영감을 주는 인용구로 회의를 시작하기도 했다. 누군가는 생각을 불러일으키는 질문을 던지기도 했다. 또는 그저 앉아서 함께 호흡하기도 했다. 앨리슨은 선임 직원들과 자신이 함께 돌아가며 리더 역할을 맡자고 제안했다. 그들은 침묵을 위한 공간을 만들었다. 인간성을 위한 공간을 만들었다. 이런 실천은 당시의 조직 운영 문화와는 **대단히** 거리가 멀었다. 그러나 그녀는 새로운 책임자로서 불안함을 느낌에도 그 기회를 택하기로 결정했다. "저는 연장자로서 그 역할을 진심으로 포용하기 시작했어요. 그리고 그렇게 하면 크나큰 조용함이 따라온다는 사실을 발견했답니다."

앨리슨은 침묵의 중요성을 되돌아보며 이렇게 말했다. "당신이 **어느** 분야에 종사하든 상관없어요. 침묵은 강력한 도구예요." 그녀가 도입한 매일의 실천은 팀 결속력을 더 강화했다. 자기돌봄의 문화가 조성됐다. 그들은 마음으로 귀 기울이는 일을 잊지 않게 됐다. 그 팀은 앨리슨의 임기 내내 이 실천을 이어 나갔고, 심지어 그녀가 은퇴한 후 오늘날까지도 이어지고 있다.

· · · · · · ·

삶의 가장 시끄러운 영역에서도, 소리와 자극의 폭격이 끝없이 쏟아지는 와중에도, 침묵으로 가는 길은 때로 놀랄 만큼 단순하다.

팀 라이언Tim Ryan은 오하이오주 상원의원으로 처음 출마할 때, 그가 다니던 가톨릭교회 신부에게서 성소로 가는 열쇠 꾸러미를 받았다. 그는 일단 감사하긴 했지만, 선거 상황이 악화되고 나서야 이 선물의 가치와 선견지명에 진심으로 감사하게 됐다. 지역당 대표들이 그가 입법부의 상원으로 올라가기에는 너무 어리다고 결정한 것이다. 비판 광고, 헛소문, 선거 활동 방해가 점점 늘면서, 그는 성소의 조용한 공간을 에너지 보충과 동기 유지를 위한 일상의 도피처로 이용했다. 그 공간이 정말 필요했다. 교회는 라이언에게 언제나 중요한 장소였다. 그가 자라난 곳이었고, 그의 할아버지가 좌석 안내원으로 일했던 곳이었고, 그가 '조용한 시간과의 첫 연결'을 만든 곳이었다. 하지만 그가 침묵을 향한 기본적 욕구를 근원으로의 연결이라고 인식하게 된 것은 선거 유세 코스에서의 경험이었다.

이제 의회에서 민주당 고위급 의원이 된 라이언과 이야기를 나눴을 때, 그는 요즘 삶에서 침묵이 어떤 힘을 가지는지 우리에게 이야기해 줬다. 그는 중요한 신호에 꾸준하고 안정적으로 반응하는 능력을 북돋는 에너지와 인내심의 핵심 원천이 바로 침묵이라고 말했다. "조용한 상태일 때, 당신은 큰 도전을 감행하는 데 (…) 그리고 원하던 삶을 사는 데 꼭 필요한 내면의 확신을 얻습니다. 그건 내면으로부터 나와야 해요. 만약 당신의 머릿속과 주변에 소음밖에 없다면 제대로 집중하기 힘듭니다. 그것은 이성을 초월해요. 당신의 이해도 뛰어넘고요."

갈아 넣기의 횡포

소음의 세상이 성장하고 있다. 신호도 그렇다. 진정으로 우리가 주의를 기울여야 할 것을 보여 주는 지표도 마찬가지다. 원치 않는 방해만 늘고 있는 것이 아니라 도움을 요청하는 진실되고 중요한 외침도 늘고 있다. 난민 뉴스든, 환경 위기든, 우울감과 절망감에 빠져 힘들어하는 소중한 사람이든 너무 많은 현대 사회의 소리와 자극이 **정당화된다**. 이것은 '방해'가 아니다. 변화를 요구하는 '신호'다.

오늘날의 세상을 보면 신호와 소음 사이에 확인되지 않은 연결성이 있다. 우리가 더 많은 소음을 만들수록 도움을 요청하는 신호도 더 많아지고 절박해진다. 들쭉날쭉한 소리 풍경 때문에 마음이 동요될 때 우리는 어떤 위험을 감수하게 되는가? 무언가에 주의를 빼앗길 때 우리가 치러야 하는 비용은 무엇인가? 우리가 머릿속 수다에 사로잡힐 때 무엇이 위태로워지는가? 여기에는 확실히 공통된 하나의 답이 있다. 서로를 보살피고 자연을 돌보는 우리의 능력이 더 약해졌다. 조용한 시간을 향한 윤리적 명령은 그저 개인적인 문제가 아니다. 전 지구 차원의 문제다.

행위예술가이자 신학자, 활동가인 트리샤 허시Tricia Hersey는 소음 문화와 무관심, 번아웃, 심지어 트라우마 문제 사이에 명확한 연결선을 긋는다. 그녀는 1960년대 전설적인 프리덤 스쿨Freedom School(차별받는 10대 흑인을 위한 특수학교.―옮긴이)의 정신에 입각해 '휴식 학교 Rest School'를 조직했고, 오늘날 집중과 재조정을 위한 휴식을 찾으려는 정의 투쟁의 최전선에 선 활동가를 훈련시킨다.

허시는 스스로 '갈아 넣기 문화grind culture'라고 부르는 것에 맞선 대담하고 아름다운 저항 활동으로서 조용한 시간을 전도한다. "우리가 한 인간을 기계처럼 일하게 할 수 있는지, 하루에 20시간씩, 매일, 수백 년 동안 일하게 할 수 있는지 지켜봅시다." 그녀는 노예 제도뿐만 아니라 침묵을 위한, 휴식을 위한, 수면을 위한, 꿈꾸는 시간을 위한 우리의 요구를 평가절하하는 현대의 지배 패러다임에도 반대하며 이렇게 말했다. "갈아 넣기는 우리를 트라우마의 고리에 가둡니다. 휴식이 이 고리를 끊을 수 있어요." 우리가 살고 있는 문화, 즉 정신적인 것의 최대 생산에 중독되는 것을 찬양하는 문화를 보면서, 허시는 침묵의 힘을 '베일 걷기veil buster' 로 추켜세운다. 그리고 우리가 자주 간과하는 삶의 기술 쌓기를 추천한다. 바로 낮잠이다. "낮잠에 대해 당신이 느끼는 죄책감과 수치심은 당신 것이 아니에요. 그런 감정은 부적절하죠. 휴식은 원초적 욕구이고 신성한 권리입니다."

제니 오델Jenny Odell은 획기적인 저서 《아무것도 하지 않는 법: 주의 경제에 저항하기(How to Do Nothing: Resisting the Attention

Economy)》에서 바쁜 삶과 최대 소음을 미화하는 문화가 어떻게 우리를 자연으로부터 갈라놓고 궁극적으로 환경적 위기로 몰아가는지를 지적한다.[4] 그녀의 말에 따르면, 성장에 집착하는 경제 구조와 식민주의적 사고, 외로움, 환경을 향한 학대적인 태도는 모두 서로를 공동 생산한다. 온라인 삶의 부상으로 인해 거대하게 증폭된 정신적인 것에 대한 현대의 집착은 지구의 물리적 '존재'에서 인터넷상의 육체 없는 '존재'로의 이동을 의미한다.

오델은 '장소 인식placefulness' 또는 그녀가 '생태지역주의bio-regionalism'라고 부르는 것을 치료제로 처방한다. 당신이 사는 장소, 즉 동식물상, 기후, 지형, 풍경이 문화와 소통하는 방식에 주의를 기울이는 연습이다. 그녀는 탐조를 통해 장소 인식을 찾는다. 어떤 방식으로 찾든 하나만은 확실하다. 장소 인식을 하기 위해서는 조용한 주의가 필요하다. 캘리포니아 자연식물협회California Native Plant Society의 리브 오키프Liv O'Keeffe와의 대화에서 그녀는 이렇게 말했다. "생태지역주의는 모든 사람이 서로 대립해 원자화될 때 우리에게 집의 감각, 즉 참여하고 무언가의 일부가 되는 느낌을 받는 방법을 알려 줍니다." 그녀는 개인적인 의견이라며 이렇게 덧붙였다. "그것이 제가 아는 한 고립된 자아를 확실히 이해하는 유일한 방법입니다. 근시안적이고 편협하고 자극적이고 무시무시한 이 자아는 온라인상에서 만들어지죠."

그렇다면 정의를 구현하려 할 때 무언의 공간은 어떤 위치를 차지하는가? 우리는 어떻게 결단력의 필요성과 차분하고 명료한 시각의 필요성 사이의 균형을 잡을 수 있는가? 우리는 어떻게 소음과 긴급함이 만드는 왜곡을 피하면서도 늦지 않게, 열성을 다해 세상의 외침에 응답할 수 있는가? 우리는 어떻게 지적 개념들이 벌이는 속임수 아래로 내려와 다른 사람의 고통을(또는 우리 자신의 고통까지도) 느낄 수 있는가?

허시, 오델 그리고 다른 현대 지식인들이 이야기하는 바는 간디가 75년 전 강조했던 내용과 동일하다. 침묵을 찾는 것은 윤리적인 요구다. 시토 수도회Cistercians의 수호성인, 성 버너드Saint Bernard는 예언자 이사야Isaiah의 메시지를 이렇게 되새겼다. "침묵은 정의를 구현하는 일이다."[5]

하지만 이 일은 끊임없는 보살핌과 주의를 필요로 한다.

경청과 분별하기의 예술

챕터 2에서 등장했던 하빕에게 침묵과 정의 사이의 연결에 대해 물었다. 그는 단 한 단어를 강조했다. 바로 '분별력'이다.

그는 분별력을 이렇게 비유한다. "당신이 아끼는 누군가와 논쟁을 벌일 때, 머릿속에 첫 번째로 떠오르는 것은 말하지 않는 편이 낫습니다. 고요함과 침묵의 시간을 단 30초만 가져도 다음에 어떻게 해야 할지 결정하는 데 아주 큰 도움이 될 수 있어요." 하빕이 지적하듯, 구조적인 변화를 만드는 거시적 수준에도 같은 논리가 적용된다. 세간의 이목을 끄는 정치인으로서 그는 빠르게 움직이고, 사건에 즉각 대응하고, 언론 발표에 최대한 좋게 보이는 사회적 행동 방식에 익숙하다. 하지만 그가 강조하는 분별력은 더 느리고 때로는 눈에도 보이지 않는, 진실을 가려내는 작업이다. 다시 말해 임시로 반창고를 붙이기보다 무언가를 고친다는 (**정말로** 고친다는) 게 어떤 의미인지 상상해 보는 일이다. 하빕은 삶음 속에서 진정한 신호를 찾아내며 예수회 회원으로서 깊은 침묵의 실천을 통해 분별력을 쌓는 데 집중했다. 그는 사색과 행동이 만나는 지점으로 분별력을 강조한다.

하빕은 예수회 사람들이 노예 매매에 관한 배상 문제로 사투를 벌였던 사례를 우리에게 이야기해 줬다. 1838년 메릴랜드에서 예수회 사람 몇몇이 당시 설립된 지 얼마 되지 않았던 조지타운 대학교의 부채를 갚기 위해 루이지애나 대농장에 흑인 노예 272명을 팔았다. 그러고 나서 10년에 걸쳐 마침내 이 행위에 대한 심판이 이루어졌다. 진상 조사와 대화를 위해 2019년 종교 사회와 후손들이 합동으로 재단을 설립해 배상 프로그램을 위한 기초 작업을 했다. 2021년 그들은 272명의 남성, 여성, 아이들이 남긴 후손들의 삶을 개선할 목적으로 초기 1억 달러의 투자금 공약을 발표했다.[6]

이러한 노력이 미국 정부와 절대 다수의 교육 기관, 종교 기관보다 노예 제도의 잔재를 해결하는 데 훨씬 앞서 있었음에도, 하빕은 예수회의 계획이 단순한 이유로 비판받아 왔다고 강조한다.

속도가 너무 느리다는 것이었다. 4년에 걸친 연구와 대화 후에도 그들은 아직 배우는 단계였다. 어떤 본격적인 활동이 시작되려면 몇 년은 더 걸릴 예정이었다. 변호사로 훈련받은 하빕은 자신이 아직 속도가 느리면 안절부절못하게 될 때가 있다고 인정하며 이렇게 말했다. "이것이 제가 말하고자 하는 요점의 일부입니다."

하빕은 이 과정이 '아주 많은 침묵'을 통해 이루어진다고 말했다. 조용한 듣기가 배상 작업의 중요한 역할을 한다. 노예 생활을 했던 사람들의 후손에게 귀를 기울이고, 어떻게 하면 공정하고 효과적일지와 어떻게 하면 진실된 파트너십과 신뢰를 쌓을지 이해하는 것이다. 그는 이 과정이 많은 기도와 명상을 통해 일어난다고 강조한다. 올바른 진행 방식이 무엇인지 알려 주는 신호를 철저하게 내면에서 찾는다.

하빕은 질문을 던졌다. "왜 그렇게 오래 걸리냐고요? 분별력이 필요하기 때문입니다."

퀘이커교도 전통에서 이 분별 과정은 때로 타작threshing이라고도 불린다. 겨에서 알맹이를 분리하는 과정 말이다. 퀘이커교도들은 **영혼이 자신을 움직일 때만 말할 수 있는** 조용한 종교 회의 때문에 유명한데, 그들도 침묵의 실천적 차원을 강조한다. 퀘이커교 문화에는 업무 목적의 예배 모임이라는 특정한 모임이 있다. 교도들은 이를 통해 회원 간의 분쟁에 대처하는 방법이나 조직으로서 재정적 결정을 내리는 방법 같은 세속적인 질문에 대한 답을 찾는다. 상황이 과열되거나 정체되거나 혼란스러워질 때, 모임을 주관하는 사람인 '서기 clerk'가 단체로 조용한 사색의 시간을 가지자고 공식적으로 요청한다. 이것이 타작의 기본적인 도구다.

롭 리핀코트 Rob Lippincott는 이렇게 말했다. "몇몇은 그 조용함 속에 있기가 불편할 수도 있습니다. 하지만 불편해지는 바로 그때, 그 조용한 순간이 힘을 발휘한다고 이야기하고 싶습니다." 그는 모태 퀘이커교도로 하버드 대학교의 강사였고, 미국 공영 방송망 public broadcasting service, PBS의 수석 부사장이었으며, 그 외에도 공공 부문과 비영리 부문에서 많은 역할을 맡았다. 그는 갈등이 일어날 때 왜 더욱더 많은 발언, 가식적 태도, 위치 선정이 항상 공통으로 나타나는지에 주목한다. 의견 충돌은 대개 볼륨을 높인다. 하지만 퀘이커 전통은 정반대의 반응을 장려한다. 바로 공유된 침묵이다. 그들은 '통합'을 찾아 역학을 변화시킬 목적으로 침묵을 이용한다. 리핀코트는 더 자세히 설명했다. "정확히 말하자면 합의는 아닙니다. 암묵적 동의라고 할 수 있어요. 진심으로 100퍼센트 동의는 아니죠. 오히려 '하겠다면 방해하지는 않을게'에 가깝다고 할까요."

리핀코트는 이렇게 말했다. "서기가 침묵을 요청하면 저는 제마음의 중심을 잡아 봅니다. 심호흡을 하죠. 그러면 집중할 수 있습니다. 진짜 중요한 게 뭐지? 진짜 갈등이 뭐지? 내가 지금 기분이 나쁜가? 논리에 어딘가 흠이 있나?" 그의 말에 의하면, 침묵이 제대로 이루어졌을 때 모든 것이 멈춘다. 종이가 바스락거리는 소리조차 들리지 않는다고 한다. "침묵은 제가 '바로 뛰어들려는'

본능에서 물러서도록 해 줍니다. 기다리게 하죠. 아마 조금 더 명확히 말한다고 느낀 다른 사람들까지도 감안해서 말입니다. 가끔은 그것이 제게 가장 충격적이고도 흥미로운 일입니다." 그는 다른 사람에게도 자신이 생각하는 것을 정확히, 다만 더 명확히 말하는 것이 그렇게 드문 일은 아니라고 말했다. "마치 '와! 우리 뭔가 진전을 보이는데' 같은 느낌입니다. 유대감을 연습하는 거죠."

진실과 권력

시인 데이비드 화이트 David Whyte 는 저서 《위로: 일상의 단어들에 숨겨진 의미 그리고 위안과 격려(Consolations: The Solace, Nourishment, and Underlying Meaning of Everyday Words)》에서 이렇게 말한다.

> 침묵 속에서 본질은 본질 그 자체에 대해 우리에게 말을 걸며 일종의 일방적인 무장 해제를 청한다. 방어되던 주변부가 원자화되고 분해되면서 우리 자신의 본성이 서서히 드러난다. 분주한 경계가 녹아내리며, 우리는 현재의 무지와 확고한 취약성의 문을 통과해 대화에 참여하기 시작한다. 우리가 듣는 방식을, 다른 귀를, 더 통찰력 있는 눈을, 속단하기를 거부하는 상상력을 드러내며 그리고 처음으로 조용함에 들어선 사람과는 다른 사람에 속하며.[7]

지정학의 세계에서 '일방적인 무장 해제'라는 표현은 대개 스스로를 방어할 책임을 포기한다는 의미다. 당신의 주권을 주장하기 위해 필요한 무기를 내려놓는다는 말이다. 진정으로 우리는 종종 우리 자신의 독자성을 지키고, 개성을 확고히 하고, 관점을 옹호하기 위해 언어를 사용한다. 그리고 때로는 무엇이 필요한지 알리기 위해, 주장과 반박의 세상에서 불가피하게 일어나는 작은 충돌 속에서 자신의 입장을 고수하기 위해 그렇게 해야 한다.

하지만 우리가 단순히 이 무기를 내려놓으면 어떤 일이 일어날까? 자신의 가치를 증명하기 위해 어떤 관점을 옹호하거나 어떤 의견을 가져야 한다는 의무를 포기하면 어떤 일이 일어날까? 화이트는 '확고한 취약성, 현재의 무지'라고 말했다. 이것은 인식의 개선이다. 우리의 더 깊은 본성의 발현이다.

리핀코트가 의견이 분분한 회의에 침묵을 의도적으로 개입시키는 일에 대해 설명했을 때, 그는 검열 같은 무언가를 말한 것이 아니었다. 공간감의 도입을 이야기한 것이다. 말해야 하는 것은 말할 수 있지만, 형식적인 압박이 없어야 한다. 밀실에 갇힌 듯한 의견의 교착 상태에서 숨겨진 문이 열린다. 그리고 상쾌한 산들바람이 느껴진다.

이는 말로트라가 묘사한 명료성 그리고 존재와 비슷하다. 로스앤젤레스의 흑인 인권 시위 현장에서 9분간의 침묵이 꽃피운 그것 말이다. 또는 하빕이 논의했듯, 오늘날 예수회에서 시행하는 느리고 조용한 분별 작업 말이다. 무언은 정의 구현 과정에서 특정한 위치를 차지한다. 따라서 무언은 문제의 경중과 관계없이 해결책을 찾는 데 필수적이다.

퀘이커교 신앙에서 침묵의 실천이 무척 중요하긴 하지만, 그들이 소중히 여기는 또 다른 원칙은 "권력자에게 진실을 말하라"다. 이 구절을 처음 글로 남긴 사례는《Speak Truth to Power: A Quaker Search for an Alternative to Violence(권력자에게 진실을 말하라: 폭력의 대안을 찾는 퀘이커교의 방식)》라는 1950년대 출판물이라고 알려져 있는데, 냉전 시대 군국주의와 핵무기 개발에 맞서도록 사람들을 격려하고자 출간됐다. 우리는 리핀코트와의 대화를 통해 다음의 아주 단순한 명제를 탐구해 봤다. **권력자에게 진실을 말하기 가장 어려운 부분은 진실 자체를 분별하는 것이다.** 그는 이렇게 말했다. "진실을 들으려 귀를 기울이는 일이 진정한 수련입니다. 명상의 핵심이죠. 침묵 속에서 밑바닥을 경험하면서 어떤 것이 진실임이 제게 너무나도 명백해진다면, 그것은 공유할 가치가 있습니다."

간디가 매주 '침묵의 월요일'을 마치고 화요일마다 했던 연설에서처럼 침묵 속에서 드러나는 언어에는 특정한 도덕적 차원이 있다. 간디는 자신이 주도적으로 도왔던 운동의 영적인 힘을 설명하기 위해 '사티야그라하 satyagraha'라는 산스크리트어 단어를 사용했다. 이 단어는 형언할 수 없는 것의 온전함에서 나오는 이 특별한 연설 특징을 말한다.

"권력자에게 진실을 말하라"는 퀘이커교 가치처럼 사티야그라하는 '진실에서 태어난 힘'으로 번역된다. 명료한 인식. 명료한 행동. 그것은 침묵과 정의를 연결하는 다리다.

조용한 시간이 시대의 문제를 알아서 해결해 준다는 말은 아니다. 물론 세속적인 정의 구현도 필수적이다. 억압적인 구조에 도전하고, 온실가스 배출을 급진적으로 줄이고, 공평한 경제를 건설하는 것. 이 모든 변화도 필요하다. 하지만 그 자체로는 충분하지 않다. 인간 의식의 기저에 깔려 있는 긴급성과 불안을 다루지 않는다면 아무리 선구적인 정책이라도 우리가 오늘날 맞닥뜨린 사회적, 환경적 위기를 해결하지 못한다. GDP에 집착하는 패러다임과 소리-자극-그리고-물건의 가능한 최대 생산 패러다임을 재고함으로써 '성공'과 '진보'에 대한 우리의 개념을 재해석하지 않는다면, 허시가 '갈아 넣기 문화'라고 부른 학대 행위는 끈질기게 살아남을 것이다.

PART II

침묵의 과학

CHAPTER
5

고요함의 재발견

페이스 풀러Faith Fuller는 어린 시절 코네티컷 서부에 있는 버크셔 Berkshire 산맥의 울창한 숲속에서 길 잃기를 무척 좋아했다. 네 아이 중 (한참) 막내였던 그녀는 거의 외동딸처럼 자랐다. "주변에 딱히 이웃들이 없었어요. 그리고 집에서의 생활은 좀 (…) 복잡했거든요. 나무들이 제 친구였어요. 나무들이 저를 보고, 알아보고, 안다고 느꼈죠." 어린 시절 그녀는 얼음장같이 차가운 개울을 헤집고 다니고, 보물을 찾아다니고, 배를 깔고 엎드려 밝은 빨간색 클로버진드기를 바라보는 등 하루 종일 놀아 다니는 데 푹 빠졌다. 그녀는 그 시절을 이렇게 회상했다. "여섯 살부터 열 살 때까지는 저와 숲 사이에 그다지 큰 차이가 없었어요."

성인이 될 무렵 풀러는 명상에 빠져들었고, 몰입형 침묵으로 가는 또 다른 믿음직한 루트도 찾았다. 그녀는 60년 넘게 이런 상태를 추구했고 한편으로 음미했다. 그녀에게 침묵은 유대감과 재조정의 원천이었다. 하지만 이 침묵이 언젠가 그녀의 목숨을 구할 의료 처방전이 될 것이라고는 전혀 예상하지 못했다.

2015년 어느 날, 직장에서 집으로 돌아가던 중 풀러는 정면으로 차에 치였다. 중앙선을 넘어 돌진한 차에 밀린 그녀의 차는 인도 위를 지나 수풀을 뚫고 시멘트 벽에 박혔다. "제 어깨가 완전히 갈렸어요. 마치 자갈처럼요." 그녀는 뇌에도 큰 부상을 입었다. "뇌가 끔찍한 부상을 입었다가 회복된다는 건 마치 다시 태어나는 느낌이었어요. 어떤 의미냐면 처음에는 어린아이 같거든요. 말도 잘 못하고, 방향을 따라가는 데 어려움을 겪고, 게다가 만약 그런 지시들이 복잡하다면…." 풀러는 어깨를 으쓱거렸다. "그냥 이렇게 말하게 되죠. '집어치워, 난 **못 해**.'" 그녀는 당시 자신의 뇌가 부드러운 날고기 같았다고 했다.

처음에 풀러는 뇌 부상이 너무 심해서 의료진과 소통할 수도 없었다. 언어만 잃은 것이 아니라 시간과 공간 감각도 없었고, 심지어 정체성도 없었다. 그녀는 자신의 이름과 곁에서 자신을 돌보던 배우자 마리타Marita의 존재만 알아봤다. 의료진은 풀러의 회복 상태를 매일 분석했다. "저는 답을 맞추기 위해 악착같이 노력하거나 열의를 보였어요. 하지만 그건 너무 **지치는** 일이었죠." 그녀는 이렇게 기억한다. "그래서 저는 포기하고 '아무것도 없는 상태'로 들어가려 했어요. 그 '아무것도 없는 상태'가 무섭지 않았어요. 오히려 힘이 됐고 보살핌을 줬죠. 그곳이 바로 제가 있어야 할 곳이었어요."

풀러는 사고가 일어나기 전까지의 시간을 "바쁘고, 바쁘고, 바쁘고, 바빴지만, 별 볼 일 없게 바쁜 것이 아니라 **의미 있게 바빴다**"고 했다. 하지만 그때 이미 그녀는 버티는 데 한계가 있다는 사실을 알았다. 그녀는 어린 시절의 시냇물을 회상하며 이렇게 말했다. "세상 속의 저를 졸졸 흐르는 시냇물 같은 것으로 생각하시면 돼요. 그런데 그 시냇물에는 원천이 있어요. 그 원천이란 거대하고 광활한 침묵이고, 졸졸 흐르는 시냇물은 바로 그 거대하고 광활한 침묵으로부터 흘러나오죠. 그리고 만약 제가 시냇물을 따라 너무 오래 흘러가면, 그래서 그 침묵으로 되돌아가지 못하면, 시냇물이 말라 버려요."

국제 훈련 및 코칭 회사의 공동 창업자이자 대표로서 풀러는 조직의 리더에게 조언하고 컨설턴트 팀을 가르치고 관리하면서 샌프란시스코에서 두바이로, 도쿄로, 이스탄불로 계속 세계를 여행했다. 명상하는 시간과 자연에서 보내는 시간을 만들려고 최선을 다했지만 그녀의 시냇물은 말라 갔다. "제가 길에서 밀려나 사고를 당한 곳의 상처와 스키드마크를 보러 갔었어요. 재미있게도 한동안은 그 사고를 **진정으로** 이해하진 못했어요. 하지만 저는 달리던 도로에서 밀쳐진 거죠. 문자 그대로 그리고 **비유적으로**도요."

풀러의 의료진은 회복 중인 뇌의 주요 영역에 과잉 자극을 피해야 한다고 강조했다. 그녀는 조도를 낮추고 소리를 줄인 공간에서 휴식했고, 그곳에서는 간병인들도 속삭임 수준으로 목소리를 낮췄다. 부상을 입고 나서 몇 주 동안 의료진은 그녀가 일하거나, 사람들과 어울리거나, 스마트폰을 이용하거나, 많은 정보를 받아들이지 못하게 했다. 하지만 풀러에게는 의사들이 제시한 단순한 생리학적 근거 외에도 처방에 무언가가 더 있는 것처럼 보였다. 그녀는 웃으며 사고 후 첫 며칠 동안(그녀에게 어떤 시간 또는 공간 감각도 없던 시기)에 대해 말했다.

"꽤 좋았어요. 왜냐하면 내면적 대화가 전혀 없었거든요…. 자아의 독백이 전혀 없었어요. 물론 저는 뇌 손상을 입었고 각종 약물에 취한 상태였죠. 하지만 그 조용함은 **심원했어요**. 대양과도 같은 경험이었죠."

풀러는 일상적인 소리와 자극으로부터의 휴식이 의식 속에 공간을 만들었다고 생각한다. 바로 그 틈을 통해 치유가 도착했다. 우리와 최근에 이야기를 나눴을 때, 그녀는 명쾌한 답변을 줬다. "침묵 덕분에 뇌가 회복할 수 있었어요."

그녀는 사고 이후 회복 과정에서 침묵에 대한 헌신과 존경을 다시 느끼게 됐다. 그 '대양과도 같은 경험'은 새로웠지만 전혀 낯설지는 않았다. 시간이 흐르면서 그 경험은 영감이 돼 '원천'에 더욱 정기적으로 돌아갈 수 있게, 즉 어린 소녀가 숲속에서 받아들였던 것과 같은 조용한 사색, 명상, 짧은 여행을 위한 시간을 충분히 낼 수 있게 했다. 풀러와 마리타, 사랑스러운 개 두 마리는 북적거리는 베이에어리어^{Bay Area}에서 오리건주 시골 지역으로 이사를 갔다. 수많은 새가 지저귀고 어떠한 방해도 거의 없는 곳이었다.

풀러의 회복 과정은 그녀의 마음속에 어떤 외과 의사나 과학 전문가도 만족스러운 답을 내놓을 수 없었던 의문을 일깨웠다. **침묵의 힘이 몸을 낫게 하고 마음을 명료하게 하는 생물학적 근거는 무엇일까?**

이것이 바로 연구자들이 이제 막 탐구하기 시작한 의문이다.

우연히 발견한 진실

침묵(청각적 수준에서의 침묵)은 역사적으로 주류 과학에서 거의 관심을 받지 못했다. 주요 주제가 되기보다는 실험 연구의 통제 변수에 불과했다. 사실 과학자들이 침묵에 대해 유용한 통찰을 밝혀낸 것도 대부분 우연에서였다.

루치아노 베르나르디Luciano Bernardi 박사를 생각해 보자. 이탈리아 파비아대학교University of Pavia의 내과학 교수이자 열정적인 아마추어 음악가였던 그는 21세기 초에 진정으로 하고 싶던 프로젝트를 맡게 됐다. 음악이 건강에 도움을 준다는 고전 그리스 철학자들의 생각을 연구했다.

베르나르디는 다양한 박자, 리듬, 선율 구조를 가진 여섯 유형의 음악이 실험 대상들의 심혈관계와 호흡기계에 미치는 효과를 연구했다. 그는 선정된 여섯 유형의 음악에서 뽑은 곡을 무작위로 틀고, 실험 대상들이 다시 본래의 상태로 돌아갈 수 있도록 매 곡이 끝날 때마다 침묵의 '일시정지'를 2분씩 삽입했다. 그러자 이상한 일이 벌어졌다. 실험 대상들이 이 일시정지된 시간 동안 본래의 상태로 돌아가지 않았다. 오히려 그들은 더 편안해했다. 실험 대상자들이 가장 느리고 진정되는 곡을 들을 때보다 침묵의 일시정지 동안 더 깊게 편안해하자 베르나르디는 실험의 전제 자체를 다시 생각해야 했다. 그는 음악보다 침묵이 심혈관 기능과 호흡기 건강을 개선하는 데 더 강력한 요인이 된다는 결론을 내리는 데 이르렀다.[1]

2006년, 베르나르디의 연구는 심장 전문의 동료 심사 학술지인 〈심장Heart〉에서 가장 많이 다운로드된 기사였다. 침묵이 순환계를 진정시킨다는 사실이 언뜻 당연해 보이지만, 이전에는 아무도 이 사실을 실증적으로 보여 준 적이 없었다. 그는 우연하게도 어떤 변화를 만드는 데 도움을 줬다. 이제 침묵이 단순한 통제변수 이상이라는 사실이 일반적으로 받아들여진다.

사실 오늘날 침묵은 과학 연구에서 인기 있는 분야다. 베르나르디의 연구가 출판된 이래로, 스탠퍼드 대학교의 신경과학자들은 음악 사이에 잠깐의 침묵을 끼워 넣는 일이 작업 기억을 활성화하는 일종의 이완된 주의와 관련된 뇌 부위를 어떻게 활성화하는지 알아냈다. 마음챙김의 과학에 대해 점점 늘어나는 관심을 기반으로, 전 세계 대학교 연구진은 fMRI(뇌 속 혈액의 흐름을 따라가며 볼 수 있는 영상 기술) 장비를 사용해 어떻게 조용한 명상 실천이 주의력을 개선하고 우울과 불안에 연관된 요인을 완화하는 데 도움이 되는지를 보여 줬다. 일련의 연구들이 어떻게 조용한 명상이 우리가 중요한 자극과 불필요한 자극, 즉 '신호와 소음' 사이에서 더 나은 식별을 할 수 있는지를 보이기도 했다.

과거에는 외과 의사들이 뇌진탕이나 다른 충격으로 인한 뇌 손상에서 회복하는 데 '인지적 휴식 cognitive rest'이 가지는 가치에 동의하지 않았다면, 새로운 발견들로 인해 풀러가 겪은 것과 같은 절차의 중요성이 강화됐다. '인지적 부담 cognitive strain', 즉 정신적 자극이 과다한 상태를 피하는 것이 뉴런 재생과 뇌 기능 복원을 돕는다는 인식이 늘었다.

이런 최근의 과학적 발견은 우리 조상들의 민속적 지혜가 수천 년 동안 전한 가치를 강화한다. 그뿐 아니라 150년도 더 전에, 세계에서 가장 유명한 의학 전문가들 중 한 명도 건강을 위해서는 침묵이 필요하다고 강력하게 주장했다.

1854년 가을, 영국의 어느 유복한 집안에서 태어난 플로렌스 나이팅게일 Florence Nightingale은[2] 상상할 수 있는 한 가장 더럽고 암울한 환경에서 벌어지는 임무에 자원했다. 그녀는 현재 이스탄불 지역에 있던 스쿠타리 병원 Scutari Hospital에서 간호사들을 이끌고 크림전쟁에서 다치거나 병에 걸린 병사를 돌봤다.

그 병원은 하수관 위에 지어졌는데, 정기적으로 하수관이 터지는 바람에 병세가 심각한 환자들이 하수를 헤치고 다녀야 했다. 전투에서 생긴 부상보다 병원에서 생긴 질병(티푸스, 장티푸스, 콜레라, 이질)으로 죽은 병사들이 10배나 많았다.[3] 상처가 괴저에 걸려도 관리되지 않았고, 심지어 오늘날 기준으로 가장 기본적인 위생조차 지켜지지 않았다. 영국군 관료들은 대체로 무관심했다. 그들에게는 전쟁에서 이기는 것이 더 중요했다.

당시 군 병원의 환경은 대부분 자원봉사로 온 종교 협회나 자선 기관의 소관이었다. 왕립 통계 협회 Royal Statistical Society의 첫 여성 펠로였던 나이팅게일은 능숙하게 시각 자료를 제시해 군 관료 체계를 우회했다. 알록달록한 한 쪽짜리 원형 차트에 자신의 환자 케어 절차를 도입했을 때 예방 가능한 질병과 감염이 현저히 줄어듦을 보여 줬다. 당시 나이팅게일은 환자를 위한 기본 영양 공급을 보장하는 동시에 청소와 손 소독 같은 대대적인 개혁을 시행했다. 환자들의 상태는 극적으로 개선됐다. 스쿠타리 병원의 죽음과 악취 가운데서 누구든 청각 소음을 최우선 과제로 두는 일은 상상도 할 수 없었다. 하지만 그녀는 그렇게 했다.

1859년, 크림전쟁 당시의 경험을 반추하면서 나이팅게일은 이렇게 썼다.[4] "당시 불필요한 소음은 아픈 사람에게든 건강한 사람에게든 영향을 줄 수 있는 돌봄의 잔인한 부재였다." "심장 떨림, 발한, 심각한 피로, 한숨 쉬는 듯한 호흡, 지속적인 빠른 심장박동"이라고 묘사한(이제는 외상후스트레스장애 PTSD와 연관된다고 널리 인정되는) 군인들의 증상을 치료하면서 나이팅게일은 가장 중요한 치료제로 침묵을 주창했다. 크림전쟁을 겪는 동안 그녀는 수천 통의 편지와 수십 권의 책, 보고서, 특히 도시의 빈자들을 위해 더 인간적이고 효과적인 치료 시스템을 세우는 데 중점을 둔 계획서를 작성했다. 이 문서에서 그녀는 병원에서 나는 경고음이 어떻게 혈압 상승, 불면, 불안 고조 등 건강을 해치고 회복을 막는 특정 조건을 만드는지 자주 묘사했다.

전체적인 소음 수준을 걱정하긴 했지만, 나이팅게일은 서로 다른 소음 종류를 구별하는 정교한 방법을 알았다. 무엇보다 그녀는 속삭이는 소리, 알아들을 듯 말 듯한 복도에서의 대화 소리 같은 '마음속에 기대를 불러일으키는 소음'에 격분했다. 이런 소음은 마음을 졸이게 하고, 나이팅게일의 표현에 따르면 환자가 '종결'의 감정을 부정하게 했다. 그녀는 이런 소음이 우리 의식의 주의를 끈다고 했다. 몸과 마음 모두에 맴돌며 남는다는 것이다.

그런데 왜 나이팅게일이 (절단된 사지와 상상을 초월하는 오물이 뒤섞인 구렁텅이 속에서) 보기에는 하찮은 문제인 소음에 그렇게 집중했을까? 왜냐하면 소음의 본성에 대해 뭔가를 알아챘기 때문이다. 소음은 우리를 치유에 필수적인 존재로부터 멀어지게 한다. 우리의 적응 능력에 긴장을 가하고, 투쟁-도피 반응을 불러일으키는 요인이 되며, 건강한 삶의 감각에 대한 보편적인 위협이다.

소음은 본질적으로 스트레스다. 현대의 연구들이 이 명제를 뒷받침한다.

20년 전, 뉴잉글랜드 아쿠아리움의 과학자 로절린 롤런드

Rosalind Rolland는 멸종 위기에 처한 바다 포유동물의 재생산과 내분비 기능에 환경적 요인이 어떻게 영향을 주는지 이해하려 노력했다. 롤런드와 그녀의 연구 팀은 개들을 훈련시켜 배 위에 있는 동안 바다에서 고래 배설물 냄새를 탐지하게 했다. 그때 캐나다의 펀디만Bay of Fundy에서 다이버들이 호르몬 수치를 분석하기 위해 고래 배설물 샘플을 수집했다.[5] 롤런드 팀은 물속 환경에서 소음을 포함한 여러 조건이 샘플의 화학 조성을 어떻게 바꾸는지 살펴봤다.

2001년, 롤런드 팀은 연구하던 샘플 속 스트레스 호르몬이 (거의 하룻밤 만에) 급격하게 떨어졌음을 발견했다. 그러나 바로 다음 계절에 스트레스 호르몬 수치가 다시 이전 수준으로 올라왔음을 확인했다. 롤런드는 가능한 모든 요인을 검토했고, 그중에는 펀디만의 물을 통해 전송되는 소음 수준을 수중 청음기로 측정한 수치도 포함됐다.

롤런드 팀은 갑작스러운 스트레스 감소에 대해 그럴듯한 설명을 한 가지 찾아냈다. 9.11 테러에 따른 세계 무역의 중단으로 해양 선박 교통이 일시적으로 멈춘 일이다. 비슷한 일이 2020년 봄에도 일어났다. 코로나19 확산으로 전 세계 해양 교통량이 빠르게 줄어들었다. 또 다른 '고래 배설물 냄새 맡는 개' 탐험 계획을 맡겠다는 사람은 없었지만, 전 세계의 해양 과학자들이 각자의 수중 청음기에 귀를 기울였다. 그리고 그중 다수가 시끄럽고 교통량이 많은 물에서 오랫동안 억압된 고래 합창(건강함을 보여 주는 가장 중요한 지표)의 부활을 들었다.

  우리는 바다에 사는 포유동물과 아주 비슷하다. 그리고 우리는 소음과 스트레스 간의 연결을 생리학적으로 명확하게 설명할 수 있다. 음파가 고막을 때리면[6] 고막이 내이의 뼈를 진동시키고, 콩만 한 크기에 나선 모양을 한 공간인 달팽이관 속 액체에 잔물결과 파도를 만든다. 그러면 달팽이관 내에 작디작은 털처럼 생긴 구조들이 이 움직임을 전기 신호로 바꾸고, 청각 신경이 그 신호를 뇌로 보낸다. 신경과학자들은 이런 신호가 편도체로 간다는 사실을 발견했다. 편도체는 두 개의 아몬드처럼 생긴 신경 집합으로, 투쟁-도피 반응 같은 빠른 행동 자극을 포함해 우리의 감정적 삶의 주된 생물학적 기반을 형성한다고 알려져 있다. 신호가 편도체를 때리면 스트레스 호르몬 분비 과정이 시작된다. 코르티솔 같은 우리 혈액 속 스트레스 화학물질에서 증명됐듯, 과다한 자극은 과도한 스트레스를 낳는다.

  하지만 스트레스 원인은 여기서 끝나지 않는다. 소위 '안전 및 사회 조건'에서[7] 우리의 작디작은 중이 근육 middle-ear muscles이 활성화되고, 사람 목소리 같은 중간대 주파수에 귀를 기울일 수 있게 된다. 그러나 투쟁-도피 상태일 때는 이 작은 근육이 비활성화된다. 이때 주로 우리는 과거의 포식자들이 내던 소리 같은 낮은 주파수 그리고 다른 인간이나 생명체가 고통에 울부짖는 소리 같은 높은 주파수를 듣는다. 중간대 주파수는 점점 듣기 어려워진다. 다시 말하자면 압박이 있을 때 우리는 사실상 서로의 소리를 듣지 못한다.

청각 처리와 휴식 분야 전문가이자 펜실베이니아 대학교 University of Pennsylvania 교수인 마티아스 배스너 Mathias Basner 는 소음으로 유발된 스트레스의 전형적인 경로를 묘사하며 이렇게 말했다. "소음은 스트레스를 유발합니다. 우리가 통제를 거의 또는 아예 할 수 없을 때 특히 그렇습니다. 우리 신체는 아드레날린과 코르티솔 같은 스트레스 호르몬을 분비하고, 그로 인해 혈액의 구성에 변화가 생기게 됩니다. 그리고 혈관에도요. 실제로 소음에 단 하룻밤만 노출돼도 혈관이 굳는다는 사실이 증명된 바 있습니다."

오랫동안 우리는 과도한 소음이 사회적 고립과 외로움으로 이어져 심각한 청각 상실 문제를 유발할 수 있다는 데에 관심을 가졌다. 하지만 지난 수십 년 동안 동료 심사를 거친 여러 논문에 따르면[8] 소음은 심혈관 질병, 동맥성 고혈압, 뇌졸중, 비만, 당뇨, 인지 및 학습 기능 저하, 우울증, 수면 장애뿐만 아니라 이 모든 증상에 다양한 합병증을 동반한다.

펀디만 연구의 스트레스 받은 고래들처럼 우리는 소음 수준이 높아진 데 따른 실제 생리학적 영향을 견디고 있다. 세계적인 측면에서 보면 세계보건기구는 이제 인간의 건강한 삶에 피해를 끼치는 요소로서 대기 오염 다음으로 소음 공해를 꼽는다. 세계보건기구의 최근 연구에 따르면 서유럽에서만 질병, 장애, 조기 사망으로 인해 매년 100만에서 160만 년의 수명이 소실된다.[9]

2019년 소음 수준을 추적 관찰하는 프랑스 비영리 조직인 브뤼트파리프Bruitparif는 음향 센서 네트워크로 만든 '소음 지도'를 분석한 보고서를 출판했다. 이 보고서는 파리의 가장 시끄러운 지역과 그 주변 교외 지역에 사는 평범한 거주자가 자동차, 트럭, 비행기, 기차 그리고 다른 산업 기기 소음으로 인해 '건강 수명 3년 이상'을 잃는다고 결론 내렸다. 파리는 최근 세계에서 가장 시끄러운 도시 50개 중 9위로 선정됐다.[10] 그렇다면 우리는 이런 의문을 갖게 된다. 세계에서 가장 시끄러운 도시 세 곳(광저우, 델리, 카이로)은 이런 통계가 존재하지 않는데, 그곳의 평범한 거주자는 얼마나 많은 건강 수명을 잃을까? 점점 시끄러워지지만 데시벨 관찰 연구가 없는 개발도상국의 급성장 도시들은 과연 어떨까?

다른 종류의 공해와 마찬가지로 소음의 영향은 경제적 또는 정치적 권력이 없는 사람들에게 불균형적으로 가해진다. 저널리스트 보스커가 말하듯 "소음은 그냥 소리에 대한 문제가 아니다. 그것은 권력과 무력함의 문제와 분리될 수 없다."[11] 미국에서 전국 규모로 실시된 최근 연구는 보통 도시의 가난한 지역이 부유한 지역보다 두 데시벨 더 시끄럽다는 사실을 보여 준다. 데시벨은 로그 눈금으로 기록된다. 또 다른 발견에 따르면 흑인, 히스패닉, 아시아인 거주자의 비율이 더 높은 도시는 일관되게 더 높은 소음 수준을 겪는다고 한다.

유감스럽게도 소음이 많아진다는 것은 잠이 줄어든다는 것을 의미하기도 하며, 잠이 줄어든다는 것은 우리의 상상보다 훨씬 더 큰 문제임이 밝혀졌다. 수면 연구가이자 신경과학자인 매슈 워커 Matthew Walker는 이에 대해 매우 직설적으로 표현했다. "수면이 짧을수록 수명도 짧아집니다." 핏빗 Fitbit 같은 개인 건강 추적 기기들이 등장하면서 2015년에는 수면 방해가 연구 참가자 중 흑인들을 5배 더 괴롭힌다는 사실을 발견한 혁신적인 연구가 이루어졌다.

워커에 따르면 이 수면 격차 sleep gap는 심장 질환, 비만, 치매, 당뇨, 암을 비롯해 수많은 건강 문제에 기여한다. 그의 베스트셀러 《우리는 왜 잠을 자야 할까: 수면과 꿈의 과학(Why We Sleep: Unlocking the Power of Sleep and Dreams)》에서 그는 이렇게 썼다. "절망에서 희망으로 건너가는 최고의 다리는 하룻밤 잘 자는 것입니다." 12 하지만 우리가 끊임없이 시끄러운 환경에 산다면 그 다리를 건너기는 어려울 수 있다(불가능한 일은 아니지만).

나이팅게일의 경고가 현대에도 여전히 무시당한다는 뜻은 아니다. 예를 들어 풀러 치료를 담당한 의사들은 청각적 소음이 몸과 마음에 스트레스이며, 회복 중인 환자는 소음을 반드시 피해야 한다는 현실을 인식했다. 하지만 예외인 상황들이 여전히 있다. 현대의 연구가 과도한 청각적 자극이 인간 건강에 미치는 스트레스를 보여 주는데도 병원 대부분은 저스틴이 이야기한 신생아 집중 치료실에서처럼 엄청나게 시끄럽다. 평균적인 중환자 병동은 세계보건기구가 권장한 35데시벨보다는 오히려 '인기 식당'과 비슷한 소음 수준을 기록한다.

한 연구에서는 모든 장소에서 밤사이 1시간에 16번, 낮 동안에는 더 자주 85데시벨 이상의 소음이 발생했다는 사실을 발견했다.[13] 2005년 존스홉킨스 의과 대학 연구에 따르면 병원 소음이 1960년 이래로 10년마다 평균 4데시벨씩 올라간다고 한다.[14] 연구진은 오늘날 거의 모든 현대 병원이 그럴 것이라고 추정한다.

데시벨 수치 급증은 경보음 때문인 경우도 많다. 물론 경보음은 병원에서 필수적이다. 이상적으로 경보음은 의사들에게 무엇을 해야 할지 알려 주는 **신호**다. 하지만 그 속에 '편리함 중독' 문제가 숨어 있다. 과도한 경보음의 진정한 비용을 고려하기란 어렵다. 우리는 최근 심장 모니터링의 서로 다른 86가지 경보음을 알게 됐다. **86가지**의 각 경보음을 구분하기 위해서는 청각 분야 전문가가 필요하다. 그리고 그 구분이 가능하다 할지라도 앞선 연구에 따르면 72퍼센트에서 99퍼센트의 임상 경보음은 가짜다.[15] 의학 전문가들이 감각 과부하 때문에 알람에 대한 반응을 놓치거나 늦추면 경보 피로 alarm fatigue 상태가 된다.[16] 이처럼 의료진에게 소음 증가가 끼치는 영향을 연구할 수는 있지만, 환자에게 지대한 영향을 미칠 생리학적 그리고 심리학적 결과를 수치화하기는 그보다 어렵다.

나이팅게일은 이에 대해 과연 어떤 말을 할까?

소음을 낳는 소음

풀러는 자신이 실력 있는 전문가 손에 맡겨졌다는 사실을 알았다. 그녀의 담당 의료진은 고요한 청각적 소리 풍경의 중요성을 잘 알고 있었다. 그녀는 이 시기의 감정을 "부드러운 솜 같은, 가능한 한 가장 부드러운 물질에 조심스럽게 포장된 것 같다"고 묘사했다. 침묵은 치유하는 존재였다. 하지만 회복하는 과정에서 그녀는 여전히 다른 종류의 소음과 씨름했다. 정보적, 내면적 소음 말이다.

정신적 수다를 관리하는 기술을 익히려 수십 년 동안 불교 수련과 실천을 했음에도 풀러는 스스로 스마트폰을 쥐고, 노트북을 열었다. 그리고 무엇보다 내버려두고 떠나온 모든 의무를 곱씹으려는 충동에 휩싸여 있다는 사실을 깨달았다. 그녀는 이렇게 회상한다. "의사들은 제게 일을 하지 말라고 했어요. 그들은 항상 제게 화가 나 있었죠. 제가 도저히 견디지 못했거든요. 아무것도 안 하는 걸 말이에요!" 그녀는 의료진에게 좀 더 협조적으로 굴 수도 있었겠다고 생각했다. "그 사람들은 그저 나의 뇌에 빌어먹을 휴식을 주고 싶을 뿐이니까요." 하지만 회복 시간을 갖기 시작한 지 겨우 몇 주 후 풀러는 예정된 유럽 출장을 위한 준비와 계획에 집착했다. 그녀는 모든 사람에게 원래대로 함께 가겠다고 공표했다. "웃기는 일이었죠. 저는 손을 떼는 데 아주 무능력하더라고요. 처방을 따르는 게 가장 힘든 부분이었어요."

풀러가 그저 어쩔 수 없는 워커홀릭으로 보일지 모르지만, 그녀는 우리 모두가 타고난 경향을 행동으로 보일 뿐이다. 우리는 정보를 추구하는 생명체다. 당연히 정신적인 무언가에 끊임없이 매달린다. 챕터 2에서 우리는 신경과학자와 심리학자 2인조,[17] 개잘레이와 로슨을 소개한 바 있다. 이들은 '고대의 뇌'가 현대에 어떻게 작동하는지를 광범위하게 연구했는데, 우리가 어떻게 '동물들이 음식이라는 보상을 추구하도록 만드는 것과 똑같은 시스템을 가지고, 생존에 그다지 필수적이지 않음에도 정보라는 보상을 위해 노력하는지'를 설명한다.

다른 말로 하면, 인간 뇌의 생리학적 구조는 인터넷 기사 아래에 구미 당기는 링크를 클릭하는 것과 숲속에서 잘 익은 블랙베리를 따는 것 사이를 그다지 구별하지 않는다는 것이다. 개잘레이와 로슨은 이렇게 설명했다. "정보 혼자서도 똑같은 고대의 보상 구조를 작동시킨다." 우리가 뉴스피드와 이메일과 가십을 걸신 들린 듯 집어삼키는 일도 그다지 놀랍지 않다. 이런 정보가 고대의 뇌에는 저항할 수 없을 만큼 맛있으니까.

풀러의 상태가 좋아지면서 의료진은 휴식하라는 규칙을 점차 완화했다. 그러자 그녀의 뇌는 정보를 찾아 전속력으로 내달리기 시작했다. 그녀는 정보 포화의 '고정 현실 default reality'이라고 스스로 이름 붙인 상태로 되돌아갔다. "저는 정상으로 바로 되돌아가겠다고, 9개월 간의 복시(한 물체가 둘로 겹쳐서 보이는 눈)를 포함한 어떤 증상도 심각해 보이지 않게 하겠다고 굳게 결심했어요." 다시 외부 소리와 자극이 점점 늘어나는 환경이 되자, 풀러는 머릿속에서 생각을 곱씹는 현상도 늘어난다는 것을 알아챘다. 그녀는 이렇게 기억한다. "건강을 회복할수록 제 내면적 침묵이 **감소했어요.**"

풀러의 경험을 통해 우리는 서로 다른 소음 사이에 미묘한 연결 고리가 있다고 생각했다. 청각적, 정보적, 내면적 방해는 모두 서로를 강화한다.

개잘레이와 로슨은 이 강화가 어떻게 작동하는지 알기 위해 경쟁하는 두 가지 힘의 밀고 당김을 고려하는 것이 중요하다고 말한다. 두 가지 힘이란 **하향식** 주의 top-down attention 와 **상향식** 주의 bottom-up attention 다. **하향식** 주의는 개별적 목표에 대한 집중이다. 예를 들면 가족을 위해 물이나 음식을 구해 오는 것, 소설을 쓰는 것, 머리 부상에서 회복하기 위해 의사 의견을 따르는 것이다. **상향식** 주의는 우리가 반응하는 자극이다. 예를 들면 나뭇가지가 머리 위로 떨어지는 것, 자동차 경적이 울리는 것, 군중 속에서 누군가가 내 이름을 부르는 것이다.

개잘레이와 로슨에 따르면 우리는 끊임없는 연결성 때문에 이전보다 상향식 간섭에 더 민감해졌다. 이로 인해 우리의 세상은 **내부적으로든 외부적으로든** 더 시끄러워졌다. 그들은 이렇게 주장한다. "외부의 상향식 간섭에 더 반사적으로 반응하도록 우리를 적응시킨 기술 장치 경보음과 사회적 기대는 내면에서 나오는 간섭도 더 많이 만들어 냈습니다."

우리와 대화를 나누면서, 그들은 이런 상태를 '간섭 딜레마 interference dilemma'라고 묘사했다. 우리는 이를 '소음 딜레마 noise dilemma'라고 생각한다.

현대의 세상에서 '상향식 간섭'은 대체로 주머니에서 뭔가가 삑삑 또는 웅웅 울리는 것에서 시작한다. 조용히 울리는 진동이나 직접 정한 벨소리가 그렇게 해로워 보이진 않겠지만, 그런 소리는 마음속에 정신적 형상이 조류 algae처럼 피어나게 한다. 우리가 깨닫고 있든 아니든, 그 상향식 간섭은 종종 외부적 소음과 내부적 소음 모두의 피드백 고리 안에 속한다.

개잘레이와 로슨은 이를 잘 보여 주는 사례를 하나 들려 줬다. 고속도로에서 교통 체증을 뚫고 운전하고 있는데, 문자메시지를 하나 받았다고 하자(상향식 간섭). 당신은 목적지까지 안전하게 운전하는 데 계속 집중한다(하향식 목표). 하지만 그것을 무시하려 하면 할수록 두 학자의 표현대로 그 진동이 '이 시간에 누가 문자를 보냈지? 중요한 할 말이라도 있는 걸까?'라는 불안이 고조되면서 주머니 속에서 불타는 숯덩이처럼 느껴지기 시작한다(이는 마음속에서 나오는 상향식 방해다). 주의가 분산되면서 당신은 고속도로 출구를 놓치고, 결국 스마트폰을 집어들고 경로를 재설정하느라 안전 운전을 못하게 된다. 이 모든 것이 당신이 원래 가졌던 하향식 목표를 향한 경로에 다시 올라타기 위해 벌어지는 일이다.

그 단순한 진동(상향식 방해)이 연속된 내부적, 외부적 간섭을 만든다. 소음은 소음을 낳는다.

이 역학을 이해한다면 인지에서 소음이 하는 역할을 더 잘 이해할 수 있다. 1970년대 선구적인 환경심리학자 얼린 브론재프트Arline Bronzaft는 맨해튼의 중학교에서 시끄러운 고가 지하철 선로를 마주보는 교실에서 공부하는 학생들의 독해 시험 성적이 더 조용한 건물 반대편 교실의 학생들보다 최대 1년 뒤처진다는 사실을 발견했다.[18] 소음 스트레스 반응이 확실히 인정받게 됐으므로, 간헐적으로 급등하는 데시벨 수준(거의 헤비메탈 콘서트와 비슷한 수준)이 문제가 된다는 것은 명백했다. 하지만 이 문제는 단순히 편도체를 흥분시키는 수준 그 이상이다. 개잘레이-로슨 렌즈를 통해 보면 우리는 귀를 찢는 기차 소음이라는 잠깐 동안의 상향식 간섭이 아마 학생들의 집중력을 깨서 산만해지게 하고 교사의 말에 집중한다는 하향식 목표를 약화시켰다는 사실을 알 수 있었다. 외부적 소음은 내부적 소음을 강화시키고 주의를 손상시키며, 결국 그 결과로 인지와 기억을 방해한다.

지하철 선로 연구가 단순한 청각적 간섭을 보여 주는 사례인 반면, 개잘레이와 로슨이 앞에서 언급한 운전 중 스마트폰이 울리는 사례는 더 깊은 의미를 가진다. 이렇게 확실히 현대적인 디지털 자극은 우리에게 이상하게도 빅토리아 시대 런던의 어느 위엄 있는 저택에서 촛불을 켜 놓고 글을 쓴 나이팅게일을 떠올리게 한다. 왜일까? 우리가 현대 소리 풍경에서 만나는 웅웅거리고, 띵띵거리고, 삑삑거리는 상향식 소음 종류의 공통분모는 '마음속 기대'이기 때문이다. 19세기 병원에서 속삭이는 소리와 들릴 듯 말 듯한 복도에서의 수다가 그랬듯, 인스타그램의 새 소식과 알림은 나이팅게일이 '종결'의 감정이라고 불렀던 것을 우리에게 허락하지 않으며 우리가 생각을 곱씹도록 선동하길 좋아한다.

네덜란드의 십 대들 중 수백 명을 대상으로 한 최근 연구에서는 소셜 미디어 사용 수준이 높을수록 1년 뒤 주의력이 줄고, 충동성이 늘며, 과다활동 경향이 강해지는 연관성을 발견했다.[19] 1,600명의 미국 성인을 대상으로 한 또 다른 최근 연구에 따르면 페이스북을 한 달만 안 해도 외로움 감소와 행복감 증가를 포함해 감정 건강이 상당히 개선됐다.[20]

로슨은 우리와 대화하면서 이렇게 말했다. "내면의 소음, 내면의 간섭이 가장 음험합니다." 특히 젊은 사람들의 기술 플랫폼 사용에는 로슨이 '사회적 의무 social obligations'라고 부른 것이 따라온다. 즉, 정기적으로 업데이트를 확인하고, 다른 사람의 눈에 비치는 모습을 유지하고, 다른 사람을 '읽씹'하지 않도록 메시지에 즉각적으로 답장해야 한다. 이런 의무들이 진부해 보일지라도 이는 정신을 흩트리는 수다로 우리의 의식을 채운다. 그는 이를 현대에 불안이 증가하는 현상의 주요한 원인으로 보며 '마음속 스트레스'로 묘사한다.

우리는 최근 불안과 내면적 소음 사이의 관계에 대해 신경과학자이자 정신과 의사인 브루어와 이야기를 나눴다. 그는 우리에게 이렇게 말했다. "그 둘은 직접적으로 연결됐습니다. 불안은 단지 반복적인 생각을 잔뜩 하는 것뿐만이 아닙니다. 그런 생각에 사로잡히는 것이죠." 브루어는 그런 '반복적인 생각'이 우리가 미래를 정확하게 예측할 만큼 충분한 정보를 가지고 있지 않을 때 생겨난다고 강조했다. 우리는 그런 생각을 집요하게 반복하고 걱정에 사로잡히기 쉽다. 그는 '두려움 + 불확실성 = 불안'이라고 간단히 설명했다.

정보의 양이 기하급수적으로 늘어나는 세상에 이론상으로는 불확실성도 **줄어들어야** 하고 결국 불안도 줄어들어야 하는 것처럼 보인다. 하지만 상황이 그런 식으로 흘러가진 않는다. 브루어는 현대의 정보 흐름을 이렇게 묘사했다. "소방 호스로 물을 마시는 것과 같아요." 그 모든 정보를 모두 활용하기에는 우리의 작업 기억이 턱없이 부족하다. 게다가 잘못된 정보와 고의적인 거짓 정보가 걷잡을 수 없이 증가하는 상황에 부정확한 콘텐츠의 증가는 곧 불확실성의 증가, 신뢰의 감소, 결국 불안의 증가를 의미한다.

브루어는 미끼용 기사, 알고리즘 광고 그리고 지속적인 참여를 요구하는 다른 교묘한 수단들이 어떻게 이전에는 아무도 상상하지 못한 방식으로 우리의 도파민 수용체(원래는 식량을 구하는 일이나 자손을 낳는 일 같은 생명 유지 활동을 촉진하는 보상 센터)를 건드리는지 강조한다. "도파민 경로는 이전부터 존재했습니다. 우리의 가장 오래된 생존 메커니즘이죠. 하지만 이런 식으로 건드려진 적은 없습니다." 브루어는 흔히 잘못 알려졌지만 아주 중요한 정보 하나를 언급했다. "많은 사람이 도파민을 행복 분자로 다루는 글을 썼습니다. 하지만 도파민은 행복 분자가 아니에요. 코카인 중독인 제 환자들 중 누구에게라도 물어보시죠. 도파민 때문에 환자들은 불안정해지고 편집증을 겪고 위축됩니다. 그러니 그 속에 행복이란 없습니다."

우리의 경제적, 사회적 구조는 점점 내부적, 외부적 소음이 만드는 악순환 위에 세워진 것처럼 보인다.

오늘날 모든 소음이 정신적 명료함과 건강에 끼치는 영향을 이해하려는 노력이 늘고 있다. 미시간 대학교 심리학자 크로스가 《채터, 당신 안의 훼방꾼(Chatter)》에 썼듯, 부정적인 언어적 사고는 감정적 고통의 근원이라는 좁은 범위에 우리의 주의를 집중시킨다. 그래서 우리에게 긍정적인 도움을 줄 수 있는 뉴런을 훔쳐 간다.[21] 그는 결국 우리가 "하고 싶은 것이라면 무엇이든 해내야 하는 임무와 고통받는 내면의 목소리에 귀를 기울이는 임무, 즉 '이중 과제'를 처리하느라 집행 기능(하향식 목표에 집중할 능력)에 과부하를 불러온다"고 설명한다. 시대를 막론하고 내면적 소음에는 진짜든 상상이든 과거, 현재, 미래 상황의 **자기 자신에 대한** 자아의 고통스러운 수다가 들어 있다.

또한 내면적 소음의 생리학적 결과에 대한 인식도 늘어났다. UCLA 의학과 교수 스티브 콜 Steve Cole은 과도한 내면적 대화와 함께 찾아오곤 하는 고질적인 위협감이 어떻게 염증 유전자의 과발현으로 이어지는지를 기록했다. 콜과 그의 동료들이 지적하듯, 이것은 또한 바이러스와 다른 병원균에 대항해 우리 몸을 방어하는 데 필요한 세포들의 발현이 감소한다는 의미이기도 하다.

크로스는 이 분야의 선도적인 연구를 이렇게 요약했다. "내면적 대화가 오랜 시간에 걸쳐 위협 체계를 자주 활성화하면 우리 몸의 세포에 염증 유전자 발현을 유발하는 신호를 보냅니다. 이것은 단기적으로는 우리를 보호하겠지만 장기적으로는 해를 끼칠 수 있죠." 또 유전자는 피아노 건반과 비슷하다는 그의 말처럼 우리는 반복되는 부정적 수다에 사로잡히면 불협화음을 누르게 된다.

자, 소음의 원인과 결과에 대해 지금까지 이야기한 모든 것들을 생각해 보자. 몸을 치유하고 마음을 명료하게 하는 침묵의 힘이 생물학적으로 어디서 나온다고 말할 수 있을까?

내부적, 외부적 소리 풍경에 불청객처럼 등장하는 모든 간섭에는 하나의 공통 요소가 있다. 바로 스트레스다. 소음은 우리의 신체적, 인지적 시스템을 평정 상태에서 벗어나게 만들어 투쟁-도피 반응을 이끌어 낸다. 서로 다른 종류의 소음은 행복 감각을 방해하고 신체적 건강에 부담을 주는 악순환을 만들며 서로의 양분이 된다.

수십 년 동안 진행된 연구에서 좋은 건강과 인지 능력을 얻는 데 왜 소음을 초월하는 것이 중요한지를 보여 주긴 하지만, 우리는 풀러의 질문에는 아직 답하지 못했다. 침묵 덕분에 자신이 회복할 수 있었다는 풀러의 직관(침묵이 치유가 들어올 틈을 만들었다는 생각)은 단순히 소음을 초월하는 것 이상에 대한 이야기였다. 무언가 활동적인 것이기도 했다.

조용한 회복

듀크 대학교 의학 교수 아임크 커스트 Imke Kirste는 특이한 연구 하나를 진행했다. 쥐들을 무반향실 anechoic chamber(케이지가 1950년 하버드 대학교에서 들어갔던 방의 작은 버전) 안에 하루에 2시간씩 넣어 두는 실험이었다. 커스트와 그녀의 팀은 다섯 가지 유형의 소리 반응을 실험했다. 새끼 쥐들의 소리, 백색 소음, 두 대의 피아노를 위한 모차르트 소나타 D장조, 주변의 소리 그리고 침묵이었다.

무반향실 안에서 쥐들은 주변 소리의 간섭 없이 오직 새끼 쥐들, 백색 소음 또는 클래식 연주 소리만 들을 수 있었다. 침묵의 시간에는 무반향실 원래 목적대로 모든 반사된 소리와 내부의 전자기파를 흡수해서 외부 소음을 제거했다. 각 소리 변수의 적용에 따라 연구 팀은 각 쥐의 해마(기억과 가장 깊게 연관된 뇌의 영역)에서 세포 성장을 측정했다. 그들은 새끼 쥐의 소리가 가장 확실한 결과를 낳을 것이라 생각했지만, 그 누구도 예상하지 못한 결과가 나왔다. 새롭게 자라난 뉴런과 유지된 뉴런 수가 가장 높은 것은, 다시 말해 쥐들에게서 가장 강한 반응을 끌어 낸 것은 침묵이었다. **침묵에 귀를 기울이는 것이 필수적인 뇌세포의 성장**

을 가속시켰음을 발견했다.[22]

그러나 침묵의 힘에 대한 커스트의 분석은 휴식과는 별로 관련이 없었다. 의아하게도 그녀는 유익한 침묵이 사실은 **일종의 스트레스로 나타났다고** 언급했다.

커스트는 이렇게 썼다. "네 개의 자극 중에서 침묵이 가장 자극적이었는데, 왜냐하면 그것은 야생의 환경에서 아주 이례적인 일이므로 알림으로 인식돼야 한다." 그녀는 대부분의 일상 속 스트레스가 뇌의 성장과 치유를 방해한다는 데 동의하지만, 새로운 침묵이라는 특정 '스트레스'만큼은 무언가 다른 것, 심지어 '좋은 스트레스' 또는 '유익 스트레스 eustress (유스트레스)'로 여겨질 수 있다고 봤다. 유익 스트레스는 내분비학자 한스 셀리에 Hans Selye 가 실제로 기능이 **나아지게 하는** 강렬한 압력을 묘사하기 위해 1970년대에 만든 용어다. 커스트는 이에 대해 조금 더 명확히 설명했다. "뇌 기능 영상 연구들에 의하면, 침묵 속에서 들으려고 노력하는 것이 '침묵의 소리 the sound of silence', 즉 예상된 소리의 부재를 실제 소리와 같은 수준으로 받아들이며 청각 피질을 활성화합니다."

요약하자면 **아무것도 없는 것에 귀를 기울이는** 행위에는 무언가 활동적인 면이 있다. 그것은 그냥 멍 때리는 행동이 아니다. 오히려 긍정적인 압력에 가깝다.

우리는 '침묵 속에서 들으려고 노력하는 것'이라는 커스트의 말로 계속 돌아간다. 왜냐하면 그 말은 쥐에게만큼이나 덩치 큰 포유동물인 우리에게도 무언가 심오한 것을 의미하기 때문이다. 또한 그 말은 '충돌하지 않은 소리'에 귀를 기울이라는 나다 요가의 실천을 떠올리게 한다. 또한 사실상 소리와 자극이 거의 없는 공간에서 부지런히 주의를 기울이는 깊은 명상 실천자들의 fMRI 연구 결과를 떠올리게 하기도 한다. 초점 수용성이라는 치열한 상태는 일종의 노력이다. 그렇게 하기 위해서는 집중력이 필요하다. 이것은 **긍정적인** 종류의 스트레스다.

수동적인 힘이 아닌 능동적인 힘으로서의 침묵이라는 개념은 풀러의 말과 한뜻으로 울린다. "당신의 마음을 통해 우주의 창조성이 흐르는 거죠. 그게 절대 멈추지 않았으면 좋겠다고 생각하실걸요!" 하지만 풀러는 마음이 마침내 차분해질 때에야 우리가 초점 집중 상태에 정말 능동적으로 빠져 있을 수 있다고 봤다. 진정으로 침묵과 **만나면서** 말이다. 그녀가 어린 소녀였을 때 그랬던 것처럼.

CHAPTER
6

마음을 위한 음소거 버튼

'마음속 침묵이란 무엇일까?'

우리는 이 질문을 신경과학자, 내과 의사, 심리학자에게 던졌다. 그들이 내놓은 대답은 현대 물리학자와 베다 신비주의자가 내놓은 것과 충격적일 정도로 비슷했다. 살아 있는 마음은 마치 살아 있는 우주처럼 언제나 진동하고, 불타고, 웅웅거리고, 부글거린다. 그리고 언제나 감각 자료를 모으고 합성한다. (생각도, 인식도, 활동도 없다는 의미에서) 말 그대로 '조용해지기' 위해서는 한마디로 죽어 있어야 한다.

하지만 우리가 이야기를 나눠 본 기술 전문가 중에 많은 이들이 살아 있는 인간 의식 속에 '침묵' 같은 것이 존재한다는 데 동의한다. 소음 너머에 있는 존재의 상태가 있다. 어떻게 아느냐고? 직접 경험한 적이 있기 때문이다.

우리는 대부분까지는 아니더라도 얼마나 많은 사람이 청각적으로 또는 심지어 정보적으로도 조용하지 않은 조건에서 가장 깊은 침묵을 겪었다고 묘사하는지 학술 연구자와 임상 의사에게 알려 줬다. 아무도 놀라지 않았다. 생물행동건강 및 의학 교수인 조슈아 스미스는 귀청이 터질 듯 시끄러운 사슬톱으로 나무 조각품을 깎으면서 누구도 따라올 수 없는 내면적 조용함을 찾는 사람에 대해 말해 줬다. 자신이 진행한 스트레스 감소 연구 참가자라고 했다.

마음속 침묵은 진짜로 일어나는 현상이다. 하지만 그것을 정의하기란 정말 어렵다. 그래서 우리는 의학계와 과학계가 이 마음속 침묵 상태를 묘사하고 분류하는 방식의 한계를 고려하기로 했다. 먼저 다른 종류의 권위를 살펴봄으로써 그 현상의 윤곽을 분석했다. 열네 살짜리 중학교 배구 선수, 우리 친구 자말Jamal이다.

왜 자말이 전문가냐고? 기억할지 모르겠지만 청소년기는 내면적 소음이 최고조에 달하는 시기다. 이 시기는 우리 대부분이 변덕스러운 바깥세상으로부터 자아 감각을 만드는 기간이다. 중학생 나이에는 대부분 자기 자신이 **어떤 사람이고 어떤 사람이 아닌지**를 이야기해 주는 다른 사람들과 외부 환경에 의지한다. 이때는 항상 '수행하는' 상태에 머무른다. 외부의 기대에 부단히 순응해야 한다는 기준은 내면적 소음을 만드는 고성능 엔진이다.

하지만 자말은 이 시기를 겪으면서도 내면적 침묵을 깊이 알았다. 그는 이렇게 말했다. "열중한 상태에서는 슛을 놓칠 리 없는 기분이에요. (…) 마치 제가 쏘는 슛 하나하나가 모두 들어갈 것처럼요. 그리고 **저는** 제가 그런 상태인 걸 알아요. 제 **팀 동료들도** 알죠. 그럴 땐 동료들이 제게 공을 패스해 줘요. 동료들이 열중해 있을 때는 제가 그렇게 하고요. 그렇게 경기가 진행되는 거죠."

자말은 챔피언십 게임의 마지막 쿼터로 우리를 바로 데려갔다. 심장이 쿵쾅거리고, 운동화가 바닥에 끌려 끽끽거리고, 관중이 함성을 지른다. "과거에 일어난 일이나 앞으로 일어날 일에 집중하는 대신 공을 누가 잡고 있는지 봐요. 현재에 머물러 있어야 해요." 자말의 말에 따르면 그는 그 상태에 있을 때 마음이 조용하다고 했다.

프리 스로 free throw를 생각해 보자. 자말은 그것을 '본질적으로 거저 얻는 점수'라고 했다. 하지만 그는 내면에 있는 조용한 공간으로 들어가지 않으면 그 거저 얻는 점수를 놓칠지도 모른다는 사실을 안다. 그는 우리에게 이렇게 말했다. "저는 지금 벌어지는 일에 집중하기 위해 (…) 심장이 쿵쾅거리는 것을 멈추게 하기 위해 숨을 한 번 크게 들이쉬어요. 거기에 시간을 들이고 싶어요." 자말에게는 이런 순간에서 자신만의 조용함을 찾는 의식이 있다. "저는 보통 드리블을 한 번 하고, 손 사이에서 공을 돌리고, 그러고 나서 슛을 해요." 피드백은 즉각적이다. 그가 서두르기라도 하면, 외부 요소들이 집중을 흩트리게 허락한다면, 다른 사람들의 의견에 찰나의 걱정조차 품는다면, 공은 골대를 맞고 튕겨 나온다. 만약 그의 마음이 조용하면 **골인이다**.

우리는 자말에게 '열중한 상태'에 도달할 수 없던 때도 있었는지 물었다. 그는 약간 체념한 듯이 말했다. "네, 시즌 마지막 게임에서였어요." 그가 말한 때는 캘리포니아주 학교들이 코로나19로 인해 자택 대피 기간을 선언하기 겨우 4일 전, 갑작스럽게 끝나 버린 2020년 시즌이었다. "제 머릿속은 그 게임에 대한 생각으로 꽉 차 있었어요."

그 순간의 불확실성 한가운데, 경기장은 반 친구들과 부모님들로 인산인해였다. 보통은 경기장에 오지 않았지만, 그들은 함께 있고 싶어 했고 홈 팀을 응원하고 싶어 했다. 건물 전체에 열광적인 에너지가 퍼졌다. 하지만 당시에는 아무도 본격적인 팬데믹을 맞닥뜨렸다고 생각하지 않았다. 경기 초반에 자말의 슛이 빗나갔고, 그는 그때 마음속에서 한 목소리를 들었다. '사람들이 뭐라고 생각하겠어?' 그는 골을 넣어야 한다는 압박을 느꼈다. 자말은 '열중할' 수 없었다. 내면의 수다를 떨쳐 버릴 수 없었기 때문이다.

세계의 선두적인 신경과학자들조차 침묵의 내면적 상태의 본질을 설명하지 못하지만, 자말은 한 가지는 알고 있다. 코트 위에서 '열중하는 것'이다. 자말의 영웅들, 스테판 커리Stephen Curry와 르브론 제임스LeBron James에게도 같은 상태를 표현하는 그들만의 단어가 있다. 바로 '무아지경'이다. 심리학에서는 '마음속 침묵'의 활동적인 측면을 묘사하는 것에 가장 가까운 용어가 바로 '몰입flow'이다.

긍정심리학 분야의 선구자이자 '몰입'이라는 단어를 대중화한 학자 칙센트미하이는 전 세계에서 몰입 인식에 대한 대규모 연구를 이끈 적이 있다.[1] 그와 그의 동료들은 특정한 상태를 묘사할 때 나이, 성별, 문화 또는 언어의 차이와 상관없이 '몰입'이라는 단어를 조금씩 다른 버전으로 사용한다는 사실을 발견했다. 그는 이렇게 썼다. "몰입의 경험은 그저 부유하고 산업화된 엘리트들의 기행이 아닙니다. 그것은 한국의 나이 든 여성들, 태국과 인도의 성인들, 도쿄의 청소년들, 나바호족 양치기들, 이탈리아 알프스에 사는 농부들에게서 기본적으로 같은 표현으로 보고됐습니다." 그들은 인간의 삶이 태동한 이래로 인간 경험에서 중심을 차지했음에도 연구하거나 정의하기 힘들었던 주관적 현상을 설명하는 단어를 우리에게 소개했다.

침묵과 몰입 사이에는 직관적인 연결이 있다. 자말이 프리 스로를 던지는 것이나 팀 동료로부터 공을 받는 것을 설명할 때, 그는 확실히 소음을 초월했다. 하지만 알아보기가 조금 더 어려운 공통점도 있다. 칙센트미하이와 다른 학자들은 유익 스트레스를 겪을 때 몰입이 일어난다고 강조한다. 커스트 교수의 연구에서 무반향실 속 쥐처럼 우리는 괴로움과 지루함 사이의 '스위트 스폿(최적의 타점.―옮긴이)'에서 몰입 상태에 들어간다.[2] 마치 자말과 그의 팀 동료들이 상대 팀과 호각을 이룰 때처럼 우리가 도전에 맞섰지만 그에 압도되지는 않았을 때 말이다.

칙센트미하이와 그의 오랜 동료 진 나카무라Jeanne Nakamura는 이

'스위트 스폿'을 (경쟁을 과도하게 붙이는 것도, 충분히 이용하지 않는 것도 아닌) 기존 기술을 최대한 발휘하는 인식된 도전 또는 행동을 위한 기회로 설명했다. 그것은 우리가 자신의 모든 의식적 알아차림을 현재 맡은 임무에 넘겨주고, 그렇게 함으로써 오염되지 않은 주의의 상태로 들어가는 순간이다.

우리가 사람들에게 처음으로 '당신이 아는 가장 깊은 침묵은 무엇인가요?'라는 질문을 던지기 시작했을 때, 무언가 잘못된 일을 하고 있다는 생각이 들었다. 우리는 왜 그들이 땀 냄새로 가득한 광란의 파티나 가혹한 날씨 속에 산을 오르는 일 같은 경험을 이야기해 주는지 궁금했다. 그리고 생각했다. '어쩌면 사람들이 질문을 잘 이해하지 못했는지도 몰라. 시끄러운 장소인데.' 하지만 시간이 지나면서 정작 실수한 사람은 **우리**라는 사실을 깨달았다. 사람들은 침묵의 내면적 경험을 묘사하고 있었다.

우리 자신의 정신 상태라는 것이 주관적이긴 하지만 다른 사람의 경험을 통해 확인할 수 있는 몇몇 명백한 특성이 있다. 칙센트미하이는 몰입을 정의하는 여러 특징을 설명하는데, 그중 하나를 통해 내면적 침묵의 핵심 측면을 이해할 수 있다. 그는 이렇게 썼다. "자의식의 상실은 자아의 상실을 포함하지 않으며, 확실히 의식의 상실을 의미하지도 않습니다. 오히려 자아 의식의 상실을 의미하죠."

또한 다음과 같이 명쾌하게 설명했다. "인식의 문턱 아래로 빠져나가는 것은 자아**의** 개념, 즉 자신이 누구인지 스스로에게 보여 줄 때 사용하는 정보예요." 이것은 재미의 원천일 뿐 아니라 개인적 성장의 원천이기도 하다. 칙센트미하이는 이렇게 썼다. "자신에게 집착하지 않을 때, 실제로 자신이 누구인지에 대한 개념을 확장할 기회를 만납니다. 자의식의 상실은 자기초월, 즉 우리 존재의 경계가 확장되는 느낌으로 이어질 수 있죠."

내면의 침묵 상태에서 어떤 일이 일어나는지를 설명하는 다른 방법도 있다. 우리는 자신에 **대해** 스스로에게 말하는 것을 멈춘다. 이는 부분적으로 그렇게 할 필요가 있기 때문이기도 하다. 몰입이라는 유익 스트레스에 빠져 있을 때, 우리에게는 의심하거나 조마조마해하거나 자축할 만큼 주의력이 남아 있지 않다. 칙센트미하이의 추정에 따르면 우리의 주의적 거름망은 관련 있는 자극의 대략 0.001퍼센트를 걸러내기 위해[3] 수집된 정보의 99.999퍼센트를 건너뛴다.[4] 제한된 주의가 모두에게 돌아가야 하는 환경에서 연구진은 사색적인 자의식처럼 더 정교한 생각의 형태가 비용으로 지불되기에는 너무 소중하다고 봤다. 과거나 미래나 자아 상태에 집착할 여분의 인지적 용량은 없다.

몰입에 빠지는 것이 자아 감각의 소멸로 이어진다는 의미는 아니다. 칙센트미하이는 진화의 일종으로 어떤 일이 일어나는지 말한다. 뒤로 물러나는 자아가 있고, 새로 등장하는 자아가 있다. 물러나는 자아는 자기 개념과 자기 이익에 갇혀 있다. 그것은 끊임없이 '내가 몇 순위지? 사람들이 뭐라고 생각할까? 이것이 나에게 어떤 의미지?'라고 묻는 시끄러운 심문자에게 사로잡혀 있다. 자말이 2020년 시즌 마지막 경기에서 슛을 놓친 후 멈춰 있던 바로 그 지점이다.

새로운 자아(몰입을 통해 등장하는 자아이자 경기장에서 '열중하는' 자아)는 건강한 개성과 고유성을 가지고 더 '차별화돼' 있다. 그뿐 아니라 피상적인 것 이상과 소통하고 다른 사람들과의 화합을 인식할 수 있어 더 '통합돼' 있다. 자말이 슛을 골인시키고 수비수들을 떨쳤을 때, 그는 여전히 자말이었지만 더 현재에 존재하고 더 연결된 버전의 자기 자신이었다. 심지어 불안한 자기몰두의 정점인 중학교 시기인데도 자말은 후디니처럼 '사색적인 자의식'의 문턱 아래로 지나갈 수 있고, 거의 영원에 가깝게 느껴지는 정신적 상태로 들어갈 수 있다.

이것이 바로 살아 있는 마음속 침묵이다.

정신적 소음 그려 보기

2014년 〈월스트리트 저널Wall Street Journal〉에서 저자이자 연구자인 미치오 카쿠Michio Kaku는 "신경과학의 황금기가 도래했다"고 선언했다. 그의 표현대로라면 "우리는 인류사 전체보다 지난 10~15년 동안 생각하는 뇌에 대해 더 많은 지식을 배웠다."

지난 수십 년 동안 나온 주요 신문, 팟캐스트, 잡지, 학술지를 훑어보면 비슷한 승리주의적 결론을 찾을 수 있다. 물리학, 컴퓨터과학, 통계학을 비롯한 여러 분야에서의 진보 덕분에 어지러운 약어(fMRI, PET, EEG, CT 스캔, DBS, TES 등)가 줄줄이 등장하며 새로운 기술이 광범위하게 발전했다. 이로 인해 과학자들이 뇌의 물리적인 구조를 관찰하는 것뿐만 아니라 사고와 신경계 기능의 신경생물학적 의미를 연구하는 것이 점차 가능해졌다. 이러한 발전은 뇌에 대한 우리의 이해에 막대한 영향을 끼친다. 그뿐 아니라 알츠하이머 환자를 위한 뇌 페이스메이커 brain pacemaker(보통 심장 질환이 있는 환자에게 사용하는 인공 심박 조율기를 페이스메이커라고 한다. —옮긴이)나 하지 마비 환자를 걷게 해 주는 외골격 로봇처럼 최근 발견된 의학 치료법과 인간의 삶에 개선을 가져다줄 우리의 실용적인 능력에도 중대한 의미가 있다.

그러나 이 모든 진보 가운데서도 우리가 인간 의식의 큰 미스터리들 중 어느 것이라도 풀고 있다고 믿도록 스스로를 속여서는 안 된다. 우리가 내면적 침묵의 정신적 상태라는 암호를 풀기 위한 신경 촬영 기술의 잠재력에 대해 신경과학자들과 이야기를 나눴을 때, 그들은 대체로 단호히 이 사실을 부인했다. 예를 들어 우리는 아직도 자말이 덩크슛을 넣을 때 경험했다고 말한 활동적인 몰입 상태의 뇌를 비침습적인 방식으로 추적하기 위한 '이동식 fMRI 기계' 같은 것을 개발하지 못했다.

개잘레이에 의하면 심지어 당신이 뇌의 실시간 활동을 볼 수 있다 해도 그 사람이 그 순간에 **실제로 경험하고 있는** 것에 대해서는 거의 밝혀내지 못한다. 누군가는 인생을 바꿔 놓을 만한 통찰을 얻거나 고통스러운 과거 회상을 겪을지도 모르지만, 그에 따르면 이런 사건들은 신경계 차원에서는 상당히 감지하기 힘들 수도 있다. 동시에 어떤 경우 의식에 감지되지도 않을 만한 일이 중대한 '사건'으로 인식돼 기계에 불이 들어올지도 모른다. 우리는 개잘레이에게 오늘날 가장 진보된 신경 촬영 기술을 사용해서 '조용함'의 신호나 그런 대용물을 식별할 수 있을지 물었다.

"조용한 것 같은 Quiet-ish 거죠." 그가 싱긋 웃으며 표현을 바로잡았다.

측정 가능한 특정 뇌 활동을 그에 상응하는 삶의 경험과 직접적으로 연결할 수 있으려면 아직 먼 길을 가야 하지만, 그래도 신경과학은 뇌의 '지형도'를 점점 잘 이해하고 있다. 우리는 사고 기관의 어떤 영역과 연결망이 불안, 걱정, 자기 참조적 생각과 가장 큰 관련이 있는지 밝힐 수 있는 상태에 가까워졌다. 이러한 발전은 마음속 소음과 침묵의 의미를 이해하는 데 중요한 의미가 있다.

듀크 대학교 심리학 및 신경과학 교수 마크 리어리 Mark Leary는 이런 생각을 남긴 적이 있다. "인간의 자아에 음소거 버튼이나 꺼짐 스위치가 설치돼 있었다면, 자아는 행복을 막는 저주가 되지 않았을 거예요. 실제로 자아는 우리에게 종종 저주가 되곤 하죠."[5] 리어리의 관찰에 영감을 받아 우리는 다음 질문에 대한 답을 찾아 떠났다. 뇌에 '음소거 버튼'에 가까운 신경생물학적 메커니즘이 있을까? 만약 그렇다면 어디서 찾을 수 있을까?

우리는 최근에 베이루트에 있는 아메리칸 대학교 American

University의 신경과학자 아르네 디트리히 Arne Dietrich 와 이야기를 나눴다. 그는 자말이 경기를 할 때와 같은 뇌의 신경인지학적 메커니즘 전문가다. 그는 몰입 상태의 내면적 조용함 속에서 어떤 일이 일어나는지를 묘사하기 위해 '일시적인 전두엽 활동 감소 transient hypofrontality'라는 용어를 만들었다.[6] '일시적인 transient'은 의식의 이런 상태가 한시적이라는 의미다. 활동 감소 hypo는 전두엽 frontality, 즉 분리된 자아 감각을 형성하는 곳인 뇌의 전두엽 피질 prefrontal cortex, PFC에서 활동이 느려졌다는 의미다.

디트리히에 따르면 몰입 상태와 의식의 다른 확장된 형태(환각과 향정신성 물질에서 유발된 정신 상태를 포함한다)는 완전한 일체감을 겪게 하는데, 뇌에서 자아 감각과 시간 감각을 형성하는 영역 구분이 사라지기 때문이다. 그는 여기에 다음과 같은 모순이 있다고 지적했다. 이런 상태가 '의식의 더 진화된 형태'라고 언급되곤 하지만, 사실 우리의 뇌에서 가장 진화되고 가장 축복받았다고 생각되는 영역인 전두엽 피질의 활동이 **감소함**으로써 발생한다는 것이다.

사실 진화든 퇴화든 디트리히가 말하고자 하는 것은 내면의 침묵으로 가는 길이다. 그는 현대 세상의 많은 부분을 잠식한 내면적 방해를 뛰어넘는 생물학적 메커니즘을 이야기한다.

결국 그가 이야기하는 바는 잠재적인 '음소거 버튼'이다.

하지만 무엇이 조용한 마음의 신경생물학적 기반을 구성하는지에 대해 또 다른 생각도 있다. 육체적 노력이 수반되는 몰입 활동을 하는 동안에는 전두엽 피질이 비활성화되지만, 다른 몰입 활동(숫자 계산이나 즉흥 재즈 등)을 할 때는 더 많은 실행 제어와 전두엽 피질 활동의 **증가**가 필요한 듯하다. 그러니 사실 '음소거 버튼'은 단순히 뇌의 한 부분을 쉬게 한다는 의미가 아닐지도 모른다. 어쩌면 전체 기관이 협력해 복잡한 발레 작품을 무대에 올리는 일에 가까울 수도 있다.

지난 내용에서 우리는 개잘레이와 로슨이 밀고 당기는 주의력, 즉 하향식과 상향식 주의를 어떻게 묘사했는지 말했다. 몰입에 대한 몇몇 연구를 보면 전두엽 피질 활동의 단순한 감소보다는 서로 다른 **주의적 네트워크** 사이에 발생하는 일종의 동기화로 몰입을 설명한다. 예를 들면 자말이 접근하는 수비수에 주의하면서 (상향식 주의) 3점 슛(하향식 목표)을 넣을 곳에 초점을 맞추는 것이다. 이러한 연구들은 또한 도파민 같은 신경전달물질을 포함하는 **보상 네트워크** 역할을 강조하는데, 이는 충동성과 산만함을 줄이면서 집중된 주의를 강화하는 것으로 보인다. 이 '동기화' 이론은[7] 서로 다른 기능과 활동이 잘 배열되면 시끄러운 마음을 조용하게 만든다는 것을 의미한다.

잠재적인 '음소거 버튼' 위치에 대해 가장 중요한 몇 가지 단서는 우리 마음의 **디폴트 상태**default state에 대한 지난 몇십 년의 연구를 통해 얻을 수 있었다.

최근까지 대부분의 전문가는 '휴식 중인' 뇌가 이완된 근육 같다고 여겼다. 즉, 대체로 정지했고 거의 에너지를 사용하지 않는다는 의미다. 2001년, 워싱턴 대학교 의과 대학의 신경과 전문의 마커스 레이클Marcus Raichle과 그의 동료들이 이 가정을 완전히 뒤집었다. 그들은 몇몇 과학자들이 의심했던 이론을 사실로 밝혀냈다. 뇌는 언제나 고도로 활동적이며 **아주 많은** 에너지를 쓰고 있다는 것이다. 사실, 뇌의 수동 상태(디폴트 모드 네트워크default mode network, DMN)와 연관된 일련의 영역은 특히 지독한 에너지 괴물이다. 또한 시끄럽기도 하다.

마이클 폴란Michael Pollan은 저서 《마음을 바꾸는 방법(How to Change Your Mind)》에서 최근의 과학적 발견을 다음과 같이 간단하게 요약했다. "디폴트 모드 네트워크는 정신적 생각이나 추정을 만드는 데 큰 역할을 하는 것으로 보이는데, 그중에서도 가장 중요한 것은 우리가 자기 자신 또는 자아라고 부르는 생각이다. 그래서 몇몇 신경과학자들은 이것을 '나 네트워크me network'라고 부른다."[8]

폴란의 이야기는 사색적인 자의식과 그것이 아우르는 모든 걱정, 곱씹기, 자기 대화, 자존심이다. 이는 인간 본성에 대한 다소 당황스러운 해설로 이어진다. **우리의 '디폴트 모드 네트워크'는 '나'에 대한 시끄러운 생각에서 정의된다는 것이다.**

최근 연구에서는 디폴트 모드 네트워크가 뇌의 주의 네트워크와 반비례 관계에 있다는 사실이 발견됐다. 즉, 디폴트 모드 네트워크가 활성화될 때는 우리의 주의 용량의 기반이 되는 구조와 절차가 조용해지고, 주의 네트워크가 활성화될 때는 디폴트 모드 네트워크 활동이 감소한다. 폴란은 시소로 비유를 든다. 한쪽 끝에는 디폴트 모드 네트워크가 있고, 다른 한쪽 끝에는 주의력이 있다. 이는 주의 네트워크를 요구하는 활동(몰입의 감각을 만드는 활동처럼)이 디폴트 모드 네트워크의 활동을 감소시키고 그와 함께 모든 자기참조적인 생각과 집착을 감소시킬 것이라는 의미다.

브루어는 연구를 통해 인간 의식의 가장 시끄러운 측면이 디폴트 모드 네트워크와 연관된 뇌의 두 가지 중요한 영역에서 일어나는 활동과 대응된다는 사실을 발견했다. 전두엽 피질과 후방 대상 피질posterior cingulate cortex, PCC이다. 전두엽 피질이 당신의 이름과 지적 정체성을 언어화한 감각이라는 임무를 맡고 있다면, 후방 대상 피질은 '의미 있는felt' 자아 감각이라는 임무를 맡은 것에 가깝다. 이는 자의식이 만드는 이루 말할 수 없는 소음과 연관이 있다. 자기 이미지를 둘러싼 죄의식이나 불편함과 관련된 육체적 감각 말이다.

경험 많은 명상가인 브루어는 1인칭으로 직접 경험하는 것과 3인칭으로 신경 활동에 대해 보고하는 것 사이의 차이를 뚜렷이 알았다. 그래서 그는 혁신적인 '근거 이론grounded theory' 방법론을 적용하는 연구를 주도했는데, 신경 촬영을 현재 사건의 1인칭 개인적 묘사와 결합하는 것이다. 예를 들어 그는 연구 참가자들이 fMRI나 EEG 기계 안에서 명상 실천을 몇 분 정도씩 '단기'로 하도록 했다. 그리고 그들에게 물었다. "당신의 경험 속에서 어떤 일이 일어났나요?" 브루어는 대부분 연구 참가자들이 정신적 또는 감정적 **수축** 상태에 들어갔다고 설명한 지점에서 디폴트 모드 네트워크에 불이 들어온다는 사실을 발견했다.

수축 상태란 참가자들이 명상을 하다가 좌절하고 그것을 어떻게든 해내려고 엄청나게 노력할 때와 같은 순간이었다. 대조적으로 그는 참가자들이 편안함과 수월함, 자애심의 느낌인 **확장**과 연관된 정신적 및 감정적 상태에 들어갈 때 디폴트 모드 네트워크 그리고 특히 후방 대상 피질이 편안해진다는 것을 발견했다.

브루어는 연구를 진행할 때 평소에 명상하지 **않는** 사람들을 통제변수로 사용했다. 이 참가자들은 아침에 명상 실천을 배웠고, 오후에 스캐너 안으로 미끄러져 들어가서 배운 것을 실천했다. 브루어는 최근 인터뷰에서 명상 스승이자 저자인 마이클 태프트Michael Taft에게 이렇게 말했다. "그들은 경험 많은 명상가들보다 여러 방면에서 사실상 더 흥미로웠습니다."

브루어의 말에 따르면 초보 명상가들 중 여러 명이 후방 대상 피질 영역에서 붉은색(활성화)을 파란색(비활성화)으로 뇌 활동을 말 그대로 완전히 뒤집었다.[9] 겨우 9분(3분씩 세 번)의 신경 촬영 피드백을 받고 나서 그렇게 하는 법을 익힌 것이다. 그들은 배운 것을 바로 실험에 적용했다. 그는 참가자들이 **자기만의 방식으로 명상에 들어가고 나오는 것**이 어떤 느낌인지를 배우고 있다고 추측했다. 참가자들은 일시적으로 후방 대상 피질 활동을 감소시킬 수 있었다. 즉, '나 네트워크'를 관리하는 데 어느 정도 유망한 잠재력을 보였다.

딱 한 번의 명상 세션도 우리의 시끄러운 디폴트 환경을 초월하는 **정신적 상태**를 불러온다. 그러나 명상이나 다른 형태의 집중을 장기적으로 실천하는 것은 어쩌면 조용함이라는 더 지속적인 **정신적 특성**을 만들 수도 있다. 2021년 연구에서 하버드 대학교 박사후 연구원인 캐스린 데바니Kathryn Devaney와 연구 팀은 경험 많은 비파사나Vipassana 명상가와 통제 집단 피험자에게 두 종류의 임무를 줬다. 하나는 집중하는(주의 네트워크가 힘든 일을 해야 하는) 임무이고, 다른 하나는 직접적인 임무 없이 휴식하는(디폴트 모드 네트워크가 활성화되는) 임무였다.

연구진은 휴식 임무를 수행하는 동안 명상가들이 통제 집단보다 디폴트 모드 네트워크에서 더 적은 활동을 보인다는 사실을 발견했다.[10] 데바니를 비롯한 공저자들은 연구에서 발견한 내용을 다음과 같이 요약했다. "장기적 명상 실천은 곱씹기를 잘하는 디폴트 모드 네트워크에 대해 효과적인 억압 통제력을 얻음으로써 뇌 건강과 정신적 행복에 기여합니다." 브루어도 마찬가지로 노련한 명상 실천가들이 심지어 휴식하는 기간에도 디폴트 모드 네트워크를 덜 활성화되게 하기 위해 오랜 시간에 걸쳐 뇌의 배선을 바꿀 수 있다는 사실을 발견했다.[11]

좋은 소식임은 분명하다. **우리의 디폴트 상태를 덜 시끄럽게 만들 수 있다.** 우리는 그렇게 할 기술을 개발할 수 있고, 연습을 통해 우리의 내면적 환경을 덜 수축적이고 더 확장적으로 만들기 위한 능력을 쌓을 수 있다. 전두엽 피질과 후방 대상 피질을 연구함으로써 간헐적이고 일시적인 '음소거 버튼'뿐만 아니라 우리 의식의 환경 전반에서 일상 소음을 줄이는 방법을 발견할 수 있다.

이 모든 연구는 마음속 침묵에 대해 다소 반직관적이다. 우리가 일상적으로 '휴식'에 대해 가지는 개념이 꼭 조용하지는 않다. 휴대전화를 끄고, 텔레비전과 컴퓨터를 비롯해 당신을 둘러싼 외부의 청각적, 정보적 방해의 모든 원인을 끈다고 상상해 보자. 좋은 시작이다. 하지만 만약 당신이 아직 아이스크림 통을 든 채 최악의 피해망상을 즐기고, 자기중심적 환상이 미친 듯 날뛰게 놓아둔 채 소파에 앉아 있다면 그건 의식에서의 진정한 침묵이 아니다. 사실상 멍하니 있는 것이 가장 시끄러운 상태일 수 있다.

그 정겨운 공상이 나쁘다는 말은 아니다. 하버드 대학교의 데바니와 공저자들이 인정하듯 모든 딴생각이 곱씹기는 아니다. 비현실적인 생각에도 종류가 있다. 말하자면 기억을 회상하는 것, 새로운 가능성을 상상하는 것, 몽글몽글한 구름이 토끼에서 용이 됐다가 다시 토끼로 돌아오는 모습을 지켜보는 것 등은 자기집착적이고 사색적인 마음의 우울한 우회로와는 거의 관련이 없다. 하지만 데바니와 그녀의 동료들은 명상이나 단순히 침묵에 의식적인 주의를 기울이는 일 같은 실천이 소음을 정기적으로 그리고 확실히 초월하는 데 도움이 된다고 결론 내리며 이렇게 썼다. "1차 발견은 디폴트 모드 네트워크 억제를 훈련하는 명상의 긍정적 효과와 일치한다."

만약 완벽한 '음소거 버튼'이 존재하지 않을지라도 우리는 소음을 완화하는 법을 배울 수 있다.

자기초월의 신경과학

"호흡과 함께 존재하는 몰입의 감각." 브루어의 실시간 fMRI 뉴로피드백neurofeedback(인간이 자기조절 기능을 가지고 있다는 원리에 근거해, 목표 뇌파 상태를 정한 뒤 이에 도달하도록 행동 양식을 조절하는 훈련.―옮긴이) 연구에서 경험 많은 명상가인 한 참가자는 특히 열렬했던 실천의 순간을 위와 같이 묘사했다. 이 특정한 순간은 그 참가자의 후방 대상 피질 활동에서 주목할 만한 감소가 보인 순간과 일치한다.

우리가 전형적으로 몰입을 물리적인 활동 상태(자말이 덩크슛을 할 때처럼)와 연관 짓긴 하지만 앉아서 하는 명상과도 연결성이 있다. 몰입은 호흡에 집중하는 연습처럼 현재의 순간을 딛고 서는 것이다. 즉, 마음과 몸의 통합이다. 사실 칙센트미하이도 몰입을 위한 훈련 방법으로서의 명상에 대해 종종 글을 썼다.

fMRI 연구에서 브루어와 다른 연구진은 연구 참가자들을 여러 종류의 명상에 참여하도록 했는데, 이때의 명상에는 다른 사람을 향한 연민이라는 스스로의 감정이나 의도에 집중하는 '자애심' 연습이 포함됐다. 표면상으로는 그런 연습이 호흡 알아차리기처럼 '몰입스러운' 활동과 꼭 동일한 물성을 보이지는 않는다.

하지만 연구를 통해 후방 대상 피질 활동에서 비슷한 감소를 일으킨다는 사실이 관찰됐다.

최근 대화를 나눌 때 브루어는 우리에게 알아차림과 자애심 연습이 하나의 핵심 요소를 공유한다고 지적했다. 이 요소는 몰입과 직접적인 연관이 있었다. 브루어는 자애심 연습의 핵심 장면을 언급하며 이렇게 물었다.

"누군가가 당신에게 친절히 대해 주던 순간을 떠올릴 때 어떤 기분인가요? 수축된 기분인가요, 확장된 기분인가요? 그리고 그냥 호흡이나 어떤 대상을 알아차리면서 마음속 수다에 사로잡히지 않은 상태로 휴식할 때는 어떤 기분인가요? 수축된 기분인가요, 확장된 기분인가요?"

우리에게 각 질문의 답은 명백했다. 확장이었다. 브루어의 연구는 사람이 이런 행동을 할 때 의식에 떠오르는 공통적인 특성이 있음을 보여 줬다. 이것은 단순히 신체적 몰입, 즉 현재 맡은 임무에 뇌가 극도로 집중해야 해서 쥐꼬리만 한 자기챙김 또는 걱정조차 즐길 수 없을 만큼 주의 자원이 부족할 때 오는 유익 스트레스가 아니다. 분리된 자아 감각에 집착하며 매달리지 않고 이를 넘어서는 확장의 느낌이다. 확장은 마음을 조용하게 한다.

학제 간 학술 연구에 최근 떠오르는 새 분야가 있다. 몰입, 마음챙김, 경외감awe, 신비주의적 체험 등을 아우르는 경험의 범주인 자기초월적 경험들 self-transcendent experiences, STEs [12]에 중점을 두는 분야다.

존스홉킨스 의과 대학의 데이비드 브라이스 예이든David Bryce Yaden과 그의 공동 연구자들은 최근 논문에서 자기초월적 경험을 "자기현저성의 감소 그리고(또는) 유대감의 증가를 보이는 일시적인 정신 상태"라고 설명했다.[13] 그들은 자기초월적 경험에 두 개의 하위 요소를 명시했다. 하나는 소멸적 요소로 자기현저성이 동반되는 실체적 자아 감각의 소멸과 자기경계의 해체 모두를 의미한다. 다른 하나는 상관적 요소로 자기 자신을 넘어서는 무언가와, 일반적으로는 다른 사람들 그리고 환경이나 주변 맥락의 측면들과 온전한 일체감을 느끼는 수준까지도 도달하는 유대감을 의미한다.

자기초월은 일종의 '적정 규모화'다. 우리를 둘러싼 세상과 서로 연결되는 느낌이 커지면서 자아의 중요성이 작아지는 것이다. 우리는 동시에 작아지고 **또** 커진다. 대양을 이루는 한 방울이지만 한편으로는 그 광대함의 일부다.

자기초월적 경험은 (거의 보편적으로) 우리에게 **확장**이라는 이 주관적인 감정을 선물한다. 여기서 그치지 않고 대개 다른 일도 한다. 바로 **우리들의 입을 다물게 한다.**

경외감을 생각해 보자. 캘리포니아 대학교 버클리UC Berkeley의 심리학자이자 공공의 선을 위한 과학 센터Greater Good Science Center 설립자인 대처 켈트너Dacher Keltner와 동료 조너선 하이트Jonathan Haidt는 경외감을 두 가지 요인의 조합으로 정의한다.[14] '인지된 광대함'과 '순응의 필요성'이다.

첫 번째인 인지된 광대함은 공간 면에서든, 시간 면에서든, 의미 면에서든 매우 광대하거나 자신의 준거 틀을 뛰어넘는 것들에 둘러싸여 있을 때다. 예를 들어 눈이 멀 정도로 번쩍이는 벼락에 놀랄 때다. 이 세상의 것 같지 않은 그랜드 캐니언Grand Canyon의 울퉁불퉁함을 바라볼 때다. 때로는 신성한 의식에 참여하거나 끈 이론 같은 개념을 사색하면서 우주의 방대함과 장엄함을 깨달을 때다. 입 밖에 낼 수 있는 반응이라고는 '와', '오' 또는 '음'밖에 없고, 아마 가장 적절한 반응은 침묵에 온몸을 내던지는 항복일 것이다.

경외감의 두 번째 특징인 순응의 필요성은 어떤 경험이나 깨달음이 '당신의 지식 구조를 뛰어넘어서 이해할 수 없을' 때다. 켈트너가 설명하듯 "당신은 할 말을 잃고 말문이 막힌 채로 남겨집니다." 이는 현실을 정돈된 범주에 넣을 능력이 없는 것이다. 오스트리아의 논리학자이자 수학철학 및 심리철학 분야의 선구자 루트비히 비트겐슈타인Ludwig Wittgenstein은 대표작 《논리-철학 논고(Tractatus Logico Philosophicus)》 말미에 이렇게 요약했다. "말할 수 없는 것에 대해서는 침묵하라. 제대로 알고 말할 수 없는 것은 침묵하며 피하라."[15] 그의 말은 마치 논리 계산으로 이루어진 터보 엔진이 우주 미스터리의 다정한 품속으로 쓰러지는 것 같다.

우리의 현재 체계를 능가하는 지식 구조와의 이런 만남은 스위스 심리학자 장 피아제Jean Piaget의 글을 연상시킨다. 그는 아이들의 세계관이 확장될 필요가 있을 때 발달도 이루어진다고 언급했다.[16] 아이들은 그래야만 하기 때문에 이전 패러다임을 초월한다. 아니면 더 정확하게는 그 패러다임을 초월하고 **동시에 포함**한다. 한마디로 어떤 관찰 또는 경험을 현존하는 정신 구조에 담지 못할 때 우리는 성장한다. 이것은 피아제와 그 시대의 다른 사람들이 믿었듯 청소년기에 이유 없이 일어나는 일이 아니라 우리 삶 전반에 걸쳐 일어나는 일이다. 새롭게 등장한 이론가들과 심리학자들이 이를 확인했다.[17]

공공의 선을 위한 과학 센터에 있는 켈트너의 동료 서머 앨런Summer Allen은 경외감을 느끼는 경험이 "우리의 주의를 우리 자신에게서 멀리 떨어뜨리고, 우리를 우리 자신보다 더 큰 무언가의 일부로 느끼게 하며, 다른 사람들에게 더 관대해지게 한다"고 썼다. 또한 심리학적으로 경외감을 통한 자기초월에는 "사람들에게 여유로운 시간이 더 많다는 느낌을 주고, 소속감을 더 많이 느끼게 하며, 비판적 사고와 회의주의를 늘리고, 긍정적인 분위기를 키우고, 물질주의를 줄인다"는 이점이 있다고 썼다.[18]

이 모든 요소는 브루어가 후방 대상 피질 활동의 감소로 찾은 일종의 **확장**을 의미한다. 할 말이 없고 우리 마음을 지배하려 하는 자아 감각도 없을 때, 수축적인 경향은 녹아 없어진다. 켈트너가 강조하듯 "경외감의 경험은 당신의 스트레스 생리를 진정시키고, 미주 신경을 활성화시키고, 옥시토신 분비를 촉발하고, 뇌의 도파민 네트워크를 활성화시킬 수 있다." 이어서 그는 이 생물학적 반응이 "세상을 향한 탐험을 돕고, 당신을 더 친절하고 감탄으로 가득 찬 사람으로 바꿀 수 있다"고 말했다.

'나 네트워크' 비활성화는 우리를 다시 침묵의 도덕적 차원으로, 즉 "조바심 내는 우리 보통 사람들이 침묵의 미덕을 안다면 이 세상 불행이 절반 가까이 사라질 것"이라는 간디의 생각으로 데려간다. 또는 "수천 명이나 되는 군중을 통해 에너지를 바꾸고 공감을 전달하는 대양 같다"고 침묵을 묘사한 말로트라의 감상이라고 볼 수도 있다. 아니면 리펀코트가 퀘이커교 업무 모임을 할 때 유대감 연습을 하면서 통합을 찾으려 활용한 침묵이라고 설명한 그것이라고 볼 수도 있다. 소음과 수축과 분열이라는 뇌의 일상적인 경험으로부터 물러나 침묵과 확장과 연결의 상태로 들어갈 때 그저 개인의 자아뿐만 아니라 관계, 커뮤니티, 사회 면에서의 변혁도 가능해진다.

2017년 논문에서 예이든과 공동 저자들은 자기초월의 경험 중에서도 가장 강렬한 종류를 다루었다. 바로 **신비주의적 경험**이다. 어떤 사람들은 신비주의적 경험을 하는 동안 주변과의 구분이 사라지고 통합되는 느낌을 받으며, 자아 감각이 완전히 사라져 버린다고 말한다. 그런 경험들은 원초적인 종교 체험, 우주 의식 cosmic consciousness, 그리스도 의식 Christ consciousness, 사토리 satori(깨달음이라는 뜻의 일본어로 득도한 상태라고도 번역할 수 있다.—옮긴이), 사마디 Samadhi(잡념을 버리고 단 하나에 정신을 집중하는 경지라는 뜻의 산스크리트어.—옮긴이), 비이원적이고 초월적인 경험

등 여러 이름으로 불린다. 이 각각의 경험은 파생돼 나온 전통에 따라 서로 다른 특징과 미묘한 의미를 가지지만, 신경과학자들과 심리학자들은 이들의 공통된 특징을 언급한다. 예를 들면 한 사람의 관점에서 장기적인 변화를 만드는 성향 같은 것이다.

100년도 더 전에 오늘날 미국 심리학의 아버지로 널리 알려진 하버드의 학자 윌리엄 제임스William James는 신비주의적 경험을 통합하는 특성들을 묘사했다.[19] 그에 따르면 그 특성에는 네 가지가 있다. 하나는 **순수 지성적 특성**이다. 신비주의적 경험은 사실적이고 진실되게 느껴지며 미래를 위한 현실의 기묘한 감각을 수반한다. 또 다른 특성은 **순간성**이다. 이런 경험은 짧게 지속되지만, 다시 겪는다면 이어지는 발전을 보일 가능성이 있다. 그리고 또 다른 특성은 **수동성**, 즉 압도되거나 항복하는 느낌이다. 그 주체는 마치 자신이 우월한 힘에 붙들리거나 꽉 쥐인 것처럼 느낀다.

제임스가 말하는 네 번째이자 가장 중요한 특성은 바로 **형언불가능성**이다. 바로 그 경험을 말로 표현하기가 불가능하다는 느낌이다.

제임스에게 신비주의적 경험이란 그저 정신에 유익한 무언가가 아니라 존재 전체에 대한 자각이었다. 그는 20세기로 넘어갈 무렵 에든버러 대학교University of Edinburgh를 꽉 채운 청중에게 신비주의적 경험을 강연하며 이렇게 말했다. "신비주의적 경험이 명백히 증명하는 단 한 가지는, 우리가 자신보다 더 큰 무언가와의 통합을 경험하고 그 통합 안에서 최고의 평화를 경험할 수 있다는 것입니다." 제임스는 이 '최고의 평화'에 계속 관심을 가지고 학술 연구의 주요 주제로 삼아 생의 마지막까지 탐구했다.

하지만 다른 학자들처럼 제임스도 신비주의적 경험의 과학이 극도로 연구하기 어렵다는 사실을 알았다. 왜냐하면 신비주의적 경험은 우리의 과학적 진단 장치나 계측 기기와는 전혀 동떨어진 환경에서 즉흥적으로 일어나기 때문이다. 심지어 브루어가 설명한 혁신적인 '근거 이론' 실험들조차도 진정한 신비주의적 경험에서 작용하는 신경생물학적 메커니즘을 해독하는 데는 그다지 도움이 되지 않는다. 제임스가 인정했듯 **그것들은 형언불가능하다.**

·······

우리는 최근 그레이스 보다Grace Boda에게 그녀가 아는 가장 깊은 침묵에 대해 물었다. 그녀의 눈이 금세 눈물로 차올랐고 이렇게 말했다. "전 이걸 마치 어제 일처럼 기억해요. 왜냐하면 제 인생의 경로를 바꿔 놓았거든요."

그녀는 이렇게 회상한다. "제가 여덟 살, 1학년 때예요. 쉬는 시간이죠. 학교에서 막 잔디를 깎은 참이었고 그래서 우리는 그때마다 항상 하던 놀이를 하고 있어요. 깎인 잔디를 큰 원 모양으로 긁어 모아 둥지를 만들고 새 놀이를 하는 거예요. 아이들이 모두 날개를 파닥거리며 돌아다니고 깍깍 소리를 내요. 소년 새들은 영역 다툼을 벌이고, 소녀 새들은 벌레 사냥을 하고요. 저는 1학년에서 가장 키가 작았기 때문에 아기 새 역할을 맡았어요. 그래서 저는 그냥 가만히 서서 짹짹거리고 있어야 해요. 하지만 사실 딴생각을 하면서 네잎 클로버를 찾고 있어요. 그러다가 갑자기 아무런 이유 없이 훅! 더 이상 제 몸에 있지 않게 돼요."

보다는 말을 늦췄다. "저는 제 자신이, 제 의식이 말 그대로 모든 것에 분배되는 경험을 했어요. '와, 내가 세상 만물이잖아' 하는 충격을 받은 순간을 기억해요. 이것을 표현하기에 적절한 말도 없어요. 당시 여덟 살밖에 되지 않은 저는 이렇게 이해했죠. '이건 신이 틀림없어.' (…) 그리고 깨달았어요. '나는 그 존재 안에 있구나.'"

보다는 순수한 선의 존재를 묘사했다. 그리고 그녀 자신이 **만물**이었으므로 그 존재이기도 했다. 그녀는 '자아'를 초월했고 일체 wholeness와 연결됐다. 비록 무언가가 그녀에게 질문을 **하고 있었지만** 말이다. "질문의 존재도 있었어요. 말로 된 질문은 아니었지만, 저는 알 수 있었죠. '넌 이것을 원하니? 너 **정말로** 이것을 원하니?'" 당시 그녀의 답은 명확했다. "전 알았어요. 제 존재의 모든 세포로, 저를 이루는 모든 것의 섬유질로요. 그게 절대적이라는 걸 말이죠. 저절로 이렇게 외쳤어요. '네! 진심으로요. 네! 맞아요!' 그리고 나서 다음으로 제가 아는 건, 쉬는 시간을 알리는 종소리예요. 펑! 현실로 깨어나 버렸죠. 고무 밴드가 끊기는 것 같은 느낌이었어요. 갑자기 쉬는 시간에 운동장에 서 있는 어린 소녀로서의 제 몸과 자아에 대한 인식 속으로 홱 들어왔어요. 친구들은 모두 시간 맞춰 교실로 들어가는 줄을 서기 위해 소리를 지르고 깍깍거리고 쨱쨱거리며 저를 지나쳐 뛰어가고 있었고요. 그리고 혼자 이렇게 생각하던 기억이 나요. '나는 앞으로 절대 이전과 같지 못할 거야.'"

보다는 이 신비주의적 경험이 그녀에게 보여 주던 것을 이해하고 싶었다. "저는 가톨릭교회에서 자랐기 때문에 사제가 되라는 부름을 받은 것이라고 생각했어요. 하지만 신부님에게 말씀드렸더니 그분이 제 머리를 토닥이며 이렇게 대답하셨죠. '여자아이는 사제가 될 수 없단다.'" 어쩌면 이 일이 그녀에게는 절망적일 수도 있었다. 하지만 아니었다. 그녀는 이렇게 말한다. "저는 그냥 그 주제에 대해 더 이상 말하지 않았어요. 저는 그 경험을 **결코** 의심한 적이 없었는데, 왜냐하면 너무 직접적이고 강력했거든요." 제임스가 말한 순수 지성과 비슷하다. "저는 **절대**, 한순간도 그 경험의 현실성을 의심한 적이 없어요."

이제 60대인 보다는 훌륭한 경영진 코치가 됐고 명료함, 방향성 또는 삶의 의미를 찾는 사람들의 직업적이자 영적인 조언가가 됐다. 그녀는 1학년 때의 경험에 대해 이렇게 말한다. "그 일은 입문이자 헌신이었어요. 그때 이후로 많은 경험이 있었지만, 그 첫 번째 경험이 제가 설명할 엄두도 나지 않는 방식으로 제 삶을 이끌었고 제 존재를 바꾸었죠. 이후 다른 모든 것이 그 방식을 따랐고요."

그녀는 그것을 설명할 엄두도 내지 못했는데, 왜냐하면 그 경험은 제임스의 말처럼 형언불가능했기 때문이다. "그 경험이 제 마음을 완전히 열어젖혔기 때문에 어떤 말도 들어맞지 않아요. 모든 단어가 산산이 부서졌어요. 단어는 정의 그 자체로 다른 무언가에 대한 것이니까요."

가장 깊은 침묵에 대해서라면 보다는 그것을 '의식 안의 장소'라고밖에 부를 수 없다. 50년 넘게 그것은 그녀가 끌려나온 우물, 즉 '내면의 고요함과 충만함 그리고 전체성과 하나됨'의 장소였다. 그녀가 경험한 이 장소는 **마음속의 황홀한 침묵**, 모든 인식 수준에서 소음의 근본적인 정화였다.

자, 그렇다면 질문이 하나 있다. 이런 사건을 신경생물학적으로 어떻게 설명할지 찾아내려 노력하는 게 의미가 있을까?

아마 없을 것이다.

우리의 관점에서 보다가 겪은 신비주의적 경험의 의미를 오직 외부적으로 관찰 가능한 현상으로만 볼 수는 없다. 하지만 그런 상태일 때 뇌와 신경계에서 어떤 일이 벌어지는지 신호를 찾는 중요한 탐험에 참여하면서 그 신비로움을 존중할 수는 있다.

보다가 운동장에서 겪은 즉흥적이고 신비주의적인 경험 속에서의 뇌 활동을 연구하기 위한 신경 영상 촬영은 불가능하다. 그러나 신경과학 분야에서 새로운 발전이 이루어지면서 우리는 이런 현상에 놀랄 만큼 가까워지고 있다. 특히 황금기를 맞은 환각 연구를 통해 자기초월의 신경과학 분야에 새로운 발견이 이루어지고 있다.

2009년, 로빈 카라트-해리스Robin Carhart-Harris는 영국 정부의 승인을 받아 실로사이빈psilocybin(멕시코산 버섯에서 얻는 환각 유발 물질.—옮긴이)이 뇌에 끼치는 영향을 연구했다. 이 연구 참가자들은 fMRI 기계 속으로 들어가 각자 인조 버섯을 받고 마법 양탄자에 올랐다. 그는 뇌 이미지가 많은 활동을 보일 것이라는 가설을 세웠다. 그는 폴란에게 참가자들의 뇌가 '꿈꾸는 뇌처럼' 보일 것이라고 말했다.[20] 그러나 그와 팀 동료들은 디폴트 모드 네트워크에서 혈류가 줄었다고 기록했다. '나 네트워크'의 상대적인 비활성화를 나타내는 결과였다.[21]

직관적으로 이해되는 결과다. 보다가 여덟 살 때 경험했듯, 환각과 엔테오젠entheogen(영적인 경험을 유발하는 마약성 물질.—옮긴이)으로 하는 경험의 공통 요소는 분리된 자아나 경직된 자아 정체성의 상실 또는 감소다.[22] 그녀가 어린 시절 겪은 일처럼 내면적 소음을 이렇게 과격하게 초월하면 장기적인 변화가 생길 수 있다. 단순한 **상태** 변화가 아니라 **특성** 변화가 이루어지는 것이다.

1962년, '성 금요일 실험Good Friday Experiment'에서 스무 명의 신학대학 학생들이 반으로 나뉘어 연구에 참여했다. 한쪽 집단은 실로사이빈을 받았고(당시에는 합법이었다), 다른 쪽 집단은 활성위약(실험할 약의 일부 부작용을 모방해 나타내는 약.—옮긴이)을 받았다. 그들은 모두 성 금요일 미사에 참여했다. 유명한 시민권 운동가이자 작가, 신학자인 하워드 서먼 목사Reverend Howard Thurman

는 연구에 축복을 내리며 그날의 예배를 드렸다.

실로사이빈을 받은 사람 중 하나인 마이크 영Mike Young은 실험에 자원했을 때만 해도 성직자로서의 미래에 대해 확실하지 않았다고 말했다. 실로사이빈이 약효를 보이는 동안 그는 죽었다가 다시 태어나는 신비주의적 경험을 했다. 그는 그것을 '아주 고통스럽고' 동시에 '영광스러운' 상태였다고 묘사했다. 영이 집으로 돌아왔을 때, 그의 아내는 무언가 근본적인 변화가 일어났음을 바로 알아챘다. 거의 50년이 지난 시점에도 영은 여전히 그 실험에 영향을 받은 상태였다. 그가 인터뷰에서 말했듯 "저는 유니테리언 유니버설리스트 교회의 성직자가 됐는데 이것의 원인은 (그는 여기서 잠시 멈췄다가 표현을 바꾸었다) 이것의 **부분적인** 원인은 그 약물 경험입니다." 실로사이빈이 **유일한** 이유는 아니었다. 하지만 그날 그의 안에서 무언가가 영원히 바뀌었다.

명망 있는 종교학자 휴스턴 스미스Huston Smith 또한 실험 참가자였고 실로사이빈을 받았다. 그는 이 경험이 조형적이었다고 자주 쓰거나 말했다. 그리고 그날을 생각할 때마다 '새로운 감사'를 느꼈다고 말했다. 35년 후, 그는 그 실험이 "개인의 방식으로 신성함을 경험할 수 있게 해 주어 그것에 대한 제 경험을 완성시켰다"고 말했다. 그리고 "신비주의의 전형적인 방식을 경험적으로 이해할 수 있게 된 그때부터 (…) 제 경험의 연장통이 영구적으로 확장됐다"고도 말했다.

물론 이것은 단순히 자신의 환각 경험을 털어놓는 증언이 아니다. 금식, 암송, 호흡 요법, 부복(엎드리기), 감각 상실 또는 (보다의 경험이 증명하듯) 순전히 즉흥적으로 일어난 미스터리를 통해서도 신비주의적 경험을 할 수 있다. 그러나 환각 작용은 신비주의적 경험의 과학을 이해하는 데 특히 도움되는 수단일 수 있는데, 왜냐하면 무작위 통제 실험에도 활용되기 때문이다. 이런 fMRI 실험은 신비주의적 경험이 뇌의 가장 시끄러운 부분들에서 활동이 감소하는 현상과 강력한 연관성이 있음을 보여 준다.

브루어는 노련한 명상가들의 뇌가 의식의 확장 상태에서 어떤 모습인지 처음 연구하기 시작했을 때, 그와 그의 팀이 증가된 활동을 찾아 여기저기 모두 살폈다고 말했다. 하지만 그들은 아무것도 찾을 수 없었다. 그는 이렇게 주장한다. "제 생각에 우리 뇌는 자기초월적 경험을 할 때 더 효율적입니다." 브루어가 '효율적'이라는 단어를 사용했다는 사실은 상당히 의미심장하다. 우리가 신비주의적 의식이라고 부를 수 있을 그것에는 놀라운 '유용성'이 있다.

'나'에 대한 시끄러운 생각들은 최고의 인지적 낭비다.

······

그렇다면 마음속 침묵이란 무엇일까?

전두엽 피질 활동의 감소일까? 후방 대상 피질 활동의 감소일까? 디폴트 모드 네트워크 전체의 활동 감소일까? 농구 코트에서 모든 수비수와 모든 자기지시적 생각을 제치고 벌어지는 몰입의 활성 상태일까? 우리가 존재의 광대함을 느끼고 그것을 담기 위해 우리의 오랜 정신적 모형을 포기해야 하는 수동 상태일까? 보통 사람들은 이해하지 못하는 분리된 감각과 자아의 자만심을 바로잡는 우주적 적정 규모화에 도달하게 해 줄 신비주의적 사건일까?

그렇다. 과학에 따르면 **위에 언급한 모든 것**에 해당한다.

신경 촬영 그리고 마음과 의식의 생물학적 기반에 대한 우리의 이해가 상당한 진보를 보인 덕분에 우리는 침묵의 의미에 대해 더 많은 측면을 분석할 수 있다. 특히 내면적 침묵에 대해서 말이다. 이는 좋은 일이다. 우리가 세상을 더 잘 이해할 수 있게 해 주기 때문이다.

하지만 우리가 단지 '신경과학의 황금기'에 산다고 해서 마음속 침묵의 미스터리에 대한 어떤 기계론적 이해에 도달했다는 뜻은 아니다. 인류사를 통틀어 가장 엄밀하고 논리적인 사고를 지녔던 사람들 중 하나인 비트겐슈타인이 말했듯 세상에는 우리가 결코 분석할 수 없을 것들, 결코 말로든 논리적으로든 설명할 수 없을 것들이 있다. 데시벨 미터나 수중 청음기, fMRI, EEG 같은 것들이 우리에게 해 줄 수 있는 이야기에는 한계가 있다.

그래도 괜찮다.

비트겐슈타인의 표현대로 우리가 반드시 '침묵에서 피해야만 할' 몇 가지는 분명 있다.

PART III

침묵의 정신

CHAPTER 7

왜 우리는 침묵을 무서워하는가

잠시 시간을 내 우리의 사고 실험에 참여해 보길 바란다. 사실 사고 실험이라기보다는 감정 실험에 더 가깝다.

당신의 삶 중 앞으로의 5년을 완전한 침묵 속에서 보내기로 결정했다고 상상해 보자.

어떤 실행 계획을 세울 필요도 없다. 생계를 어떻게 꾸려나갈지, 사랑하는 사람들을 어떻게 먹여 살릴지 걱정할 필요도 없다. 모든 현실적인 조정이 이루어졌다.

제일 먼저 든 생각은 무엇인가?

이런 일이 실제로 일어난다고 상상했을 때 어떤 감정이 생겨나는가? 당신의 몸은 어떻게 반응하는가? 외로울 것 같다는 불길한 예감이 드는가? 안도감을 느끼는가? 아니면 완전히 다른 무언가를 경험하는가? 아무 말도 하지 않는다면 당신의 내면 풍경이 어떻게 바뀔 것 같은가? 말이라는 것이 전혀 없다면 당신의 마음은 어디로 이끌리게 될까?

당신이 이 침묵의 바다로 용기 있게 나아가는 자신의 모습을 실제로 상상하는 동안 고려했으면 하는 질문이 하나 더 있다. 비록 우리는 (적어도 어느 정도는) 그 답을 이미 안다고 확신하지만.

이런 상상이 무서운가?

빈 공간을 채우고 싶은 강렬한 소망

사모스의 피타고라스 Pythagoras of Samos라는 이름을 들으면 혹시 중학교 수학 시간의 두려운 회상을 불러일으킬지도 모르겠다. 오늘날 이 그리스 철학자의 이름은 많은 사람에게 직각삼각형의 긴 변을 찾기 위한 기하학 정리로 기억된다. 하지만 피타고라스에게는 우리에게 가르쳐 줄 것이 더 많이 있다.

대략 2,500년 전에(고타마 붓다 Gautama Buddha와 공자 Confucius가 걸어 다니고 있던 때와 비슷한 시기에) 피타고라스는 오늘날 누군가는 불가능하다고 생각하는 일을 실천에 옮겼다. 신적인 사색과 정밀한 조사를 결합하며 과학과 영성 사이의 분명한 틈을 뛰어넘었다.

자신의 이름을 새긴 유명한 정리를 도출해 낸 것 말고도, 피타고라스는 현대 수학의 기본적 개념인 수의 비례와 기하학의 다섯 개 정다면체 이해를 개척했다. 그는 음들 사이의 진동수 비율이 3대 2 비율에 기반해 있다는 점에서 조율 시스템을 발견하기도 했는데, 이는 많은 학자들이 자연의 비율과 특히 조화를 잘 이룬다고 생각하는 비율이다. 피타고라스는 오늘날에도 기상학에서 사용하는 다섯 개 기후 지역으로 지구를 나눈 첫 번째 인물이다. 그는 샛별과 금성이 같은 행성임을 확인했다. 또한 지구가 평평하기보다는 구 모양이라고 가르친 역사상 첫 번째 사람으로 널리 인정받고 있다.

그러나 피타고라스는 소위 실증적인 연구자라고 불릴 만한 사람은 아니었다. 그는 입회자들을 훈련시켜 현실의 본질에 대해 비밀스럽게 전해져 내려오는 의문을 조사하게 하는 단체인 미스터리 학교의 지도자였다. 이 학교의 구성원들은 윤회, 즉 '영혼의 이주'에 대한 심령 과학을 연구했는데 환생을 이해하기 위한 뼈대였다. 숫자점과 점성술을 둘러싼 복잡한 교리를 발전시켰으며 모두 자연 속의 질서, 측정할 수 있는 우주의 조화를 나타내는 것이었다. 예를 들어 피타고라스는 **우주의 음악**을 사실로 받아들였다. 행성은 하늘에서 아름답지만 귀에 들리지 않는 선율을 만드는 특정 수학 방정식에 따라 움직인다는 개념이었다.

피타고라스 학교는 혁명적이었다. 당시의 엄격한 가부장제에 정면으로 도전했고, 첫 여성 수학자이자 천문학자로 알려진 알렉산드리아의 히파티아Hypatia of Alexandria의 지적 고향이었다. 이 학교는 설립자의 사망 이후로도 수백 년 동안 유지됐고, 소크라테

스와 플라톤 그리고 그들을 따르는 모든 스승들에게 영향을 미치며 서양 철학의 많은 부분의 기틀을 마련했다. 그리고 코페르니쿠스 Nicolaus Copernicus 와 뉴턴 Issac Newton 을 포함해 현대 과학 기초를 만든 수학자와 천문학자에게도 영향을 줬다.

어떤 사람들은 피타고라스가 철학자의 공식 소명, '지혜를 사랑할 것'을 처음으로 완수한 사람이었다고 말한다. 세계 미스터리 학교들의 학자인 맨리 P. 홀 Manly P. Hall 에 따르면 피타고라스는 '지혜'라는 용어를 무언가 구체적인 것을 의미할 때 사용했다. 그에게 지혜란 만물의 근원 또는 원인에 대한 이해[1]였다. 그는 우리가 지혜를 얻으려면 가시적인 것을 통해 외부로 드러나는 비가시적인 것을 직관적으로 인식하는 지점까지 그리고 지성 자체가 만물의 형태보다는 그 영혼과 **공명할** 수 있는 지점까지 지성을 길러야 한다고 봤다.

만약 누군가가 피타고라스 학교의 내부 학당에 들어가고 싶다면 식단 제한, 학습 요법, 개인 윤리, 생활 방식 등등 수많은 지침을 준수해야 한다. 만약 비전秘傳 교리에도 접근하고 싶다면 하나의 지침에 동의해야 하는데, 그 하나가 나머지 지침들보다 더 중요하다. **5년 동안의 묵언을 거쳐야만 한다.**

피타고라스는 학생들에게 이렇게 충고했다. "침묵하는 법을 배워라. 조용한 마음이 침묵을 듣고 흡수하도록 해라." 15세기 인문주의자 존 루클린 John Reuchlin 은 피타고라스가 침묵을 사색의 첫 번째 기초, 즉 모든 지혜의 전제 조건으로 봤다고 설명한다. 홀에 따르면 피타고라스는 자기만의 방식으로 심원한 침묵을 실천했다. 그는 정기적으로 몇 달씩 두루마리, 필기도구, 필경사, 동반자 없이 세속과는 멀리 떨어진 사찰로 가곤 했다. 그가 가져간 것이라고는 양귀비, 참깨, 수선화, 아욱, 해총 sea onion 껍질 말린 것, 보리 반죽, 콩, 야생 꿀을 섞은 전용 건강 식품밖에 없었다.

왜 피타고라스는 침묵을 지혜로 가는 열쇠로 봤을까? 왜 그는 학당 학생들에게 제대로 된 공부를 시작하기 전에 5년 동안 말하지 말고 침묵하라고 요구했을까? 이에 대한 피타고라스의 정확한 생각이나 그가 그런 요구를 하게 된 구체적인 근거를 기록했다고 알려진 자료는 없다.

하지만 우리가 그의 생각을 맞출 수 있을지도 모르겠다. 잠시 이 챕터의 시작에서 봤던 감정 실험으로 돌아가 보자.

5년 동안의 침묵이 당신의 마음 구조를 어떻게 바꿀까?

명상 피정에서, 자연에서 보내는 장기간의 휴식 속에서, 침묵하며 사색을 실천하는 경험에서 우리는 몇 가지 단서를 얻었다. 물론 침묵은 우리가 스스로를 직면하게 만든다. 우리는 방해받지 않고 자기 자신의 내면적 소음을 다루는 법을 배워야 한다. 이를 통해 우리는 자신의 안에서 그리고 밖에서 정말로 어떤 일이 일어나고 있는지에 귀를 기울일 수 있다. 판단과 추측과 수행의 부재 속에서 마음은 마치 자석에 이끌리는 나침반처럼 진실을 향해 고개를 돌린다.

하지만 이 과정이 쉽게 들리지는 않았으면 좋겠다. 심원한 침묵 속에서 우리는 먼저 습관적인 행동 양식, 사고 형태, 환상, 야망, 욕망, 환각으로 이루어진 더미를 불태운다. 침묵 속에서 우리는 달아나고 싶은 동시에 무엇이든 해서 공간을 채우고 싶은 강렬한 소망을 느꼈다.

영어에서는 '전환diversion'이라는 단어가 여흥의 의미로 쓰인다. 스페인어와 다른 로망스어에서는 비슷한 단어인 'divertir'가 '즐겁게 하다', '재미있게 하다'라는 의미를 가진다. 여기서 의문이 생긴다. 우리는 좋은 시간을 보내기 위해 대체 무엇으로부터 스스로를 **전환시키고** 있는 걸까? 지루함? 상실감? 필연적인 죽음? 깊은 침묵과 친해진다는 건 이런 모든 불편함과 함께 방에 홀로 앉아 있는 것이다. 그리고 내측 전두엽과 후방 대상 피질처럼 '나'라는 구별된 감각을 보호하고 장식하는 데 특화된 뇌 영역들이 에너지를 얻지 못하게 하는 것이다.

니체는《도덕의 계보(The Genealogy of Morals)》에서 'horror vacui', 즉 '진공의 공포 horror of the vacuum'에 대해 쓴다. 이것은 인간이 감각 데이터나 정신적 자극의 부재 속에서 느끼는 두려움이다. 이 현상은 사실이다. 2014년 연구에서 버지니아 대학교University of Virginia의 사회심리학자 티모시 윌슨Timothy Wilson은 학부생과 지역 주민 자원자를 빈 방에 휴대전화나 오락거리 없이 혼자 15분 동안 내버려두었다.[1] 참가자에게는 선택지가 있었다. 침묵 속에 홀로 앉아 있을 수도 있었고, 고통스러운 전기 충격을 가하게 하는 단추를 누를 수도 있었다. 모든 참가자가 처음에는 전기 충격을 받지 않기 위해 돈이라도 내겠다고 말했지만, 마지막에는 남성 67퍼센트와 여성 25퍼센트가 침묵 속에 앉아 있느니 스스로 전기 충격 가하는 것을 선택했다.

이 실험은 고작 15분이었는데 5년이라고 상상해 보자.

크리스천 신비주의 전통에는 오랜 기간 깊은 침묵 속에서 갈망과 혐오의 조급한 난폭성을 마주하는 단어가 있다. 바로 '영혼의 어두운 밤'이다. 불교에서는 같은 현상이 '공허의 구렁텅이'라고 한다.

침묵은 이런 의미에서 무섭다.

하지만 우리가 그 반대 면에서는 무엇을 발견하게 될까?

알 수 없음의 두려움

스위스 작가이자 철학자인 피카르트는 침묵이 "기본적이고 객관적인 현실이며, 이것은 다른 무언가로 역추적될 수 없다. 다른 무언가로 대체될 수도 없다. 침묵은 다른 무언가와 교환될 수 없다. 창조주 자신을 제외하고는 침묵 뒤에 그것과 연결될 수 있는 것은 없다"[2]고 말했다.

독일 시인이자 극작가, 철학자인 요한 볼프강 폰 괴테 Johann Wolfgang von Goethe는 정확히 이런 현실의 범주를 가리키는 구체적인 단어를 알았다. '기본 현상 basic phenomenon'이다. 괴테는 이 기본 현상(어떤 다른 것에도 의존하지 않는 현상) 범주에 들어맞는 다른 항목을 강조했는데, 여기에는 사랑, 죽음 그리고 삶 그 자체가 포함된다. 이 인상적인 항목 중에서도 침묵은 첫 번째로 목록에 올라야 한다. 침묵은 다른 모든 것의 산실과도 같은 현상이다. 피카르트는 이렇게 썼다. "언어와 말 이외에 아무것도 없는 세상은 상상할 수 없지만, 침묵 이외에 아무것도 없는 세상은 상상할 수 있다. 침묵은 그 자체로 긍정적이고 완전한 세상이며 그 안에 모든 것이 들어 있다. 또한 침묵은 다른 것을 기다리지 않는다. 언제나 그 자체로서 온전히 존재하며 침묵이 나타나는 공간 안을 완전히 채운다."

괴테가 설명했듯 "기본 현상이 우리의 감각에 드러날 때, 우리는 일종의 부끄러움과 심지어 두려움까지 느낀다." 그러지 않을 수가 있겠는가? 그가 묘사한 그 모든 기본 현상(사랑, 죽음, 삶)은 그 자체의 관점에서 두려울 수 있다. 기분 전환과 착각에 만족하는 우리의 작은 자아는 현실의 진정한 광대함 앞에서 할퀴고 긁고 떤다. 그중에서도 기본 현상의 어머니인 침묵은 가장 무서울 테다. 특히 우리는 감각적 주의 전환의 24시간 뷔페나 다름없는 현대 세상에 익숙하기 때문이다.

괴테의 '기본 현상'과 니체의 **진공의 공포**는 침묵과 두려움 사이의 관계를 묘사하는 다소 추상적인 방법이다. 더 이해하기 쉬운 설명을 살펴보자. 공포 영화다.

한 불쌍한 주인공이 칠흑처럼 어두운 소나무 숲속에서 탐욕스러운 육식 동물이나 사슬톱을 든 미친 사람에게 쫓기는 장면을 보고 있다고 하자. 영화 제작자와 음향 편집자는 이런 장면에서 특정 수준의 공포를 불러일으키려고 소리나 정보를 완전히 없애 버리기도 한다. 왜냐하면 침묵은 **비교할 기준**을 없애 버리기 때문이다. 침묵 속에서는 우리가 기댈 만한 난간은 줄어들고 현재 벌어지는 상황을 이해하는 데 도움을 줄 힌트도 적어진다.

알폰소 쿠아론Alfonso Cuarón의 2013년 아카데미상 수상 영화 〈그래비티Gravity〉에서 빠른 속도로 날아온 잔해가 우주 왕복선에 부딪힌다. 샌드라 불록Sandra Bullock이 연기한 주인공은 우주복을 입은 채 칠흑 같은 우주의 진공 속으로 혼자 굴러떨어진다. 그녀의 유일한 생명줄인 우주선이 극적으로 파괴되는 장면을 볼 때 가장 무서운 점은 그 일이 완전한 침묵 속에 일어난다는 것이다. 폭발의 음파는 우주에서 전달되지 않는다. 그 장면은 단순히 색달라서 으스스한 것이 아니다. 정말로 무슨 일이 일어나고 있는지 알 수가 없다는 느낌을 주기 때문에 으스스하다.

침묵의 공포는 알 수 없음의 공포다. 하지만 무엇을 **알게 될지**에 대한 공포이기도 하다.

이 공포는 외계 생명체가 등장하는 영화뿐만 아니라 재미없는 일상에도 적용된다. 예를 들어 15살 학생에게 일상에서 겪는 공포를 말해 보라고 하면 아마 '어색한 침묵'에 대해 듣게 될 확률이 높다. 공통의 대화 거리가 없는 사람과 대면하게 되는 것 말이다. 대본이 없다. 주제도 없다. 그저 다른 곳으로 돌릴 수 없는 타인의 존재가 부여하는 묵직한 아픔만 있을 뿐이다. 그래도 성인이 되고 나서는 이런 불편함을 극복할 필요가 없다.

리와 남매 사이이자 '99% 보이지 않는99% Invisible'이라는 팟캐스트의 제작자, 진행자인 로먼 마스Roman Mars는 룸 톤room tone(편집할 때 전환 구간을 부드럽게 연결하기 위해 사용하는 녹음본)을 포착하는 일이 인터뷰할 때 대체로 가장 불편한 부분이라고 말했다. 룸 톤을 녹음하려면 방에 있는 모든 사람들이 1분 정도 조용히 해야 한다. 그리고 예외 없이 누군가는(그리고 마스는 그게 아마 본인일 거라고 자백했다) 거의 30초도 지나기 전에 침묵을 깨고 이렇게 말하곤 한다. "음, 이 정도면 될 것 같은데요."

공백 안에 다른 사람과 함께 있는 일은 아주 힘들다.

하지만 그 안에 순전히 혼자 있는 일은 더 힘들다.

이 세상에 공포 영화가 태어나기 약 1,700년 전, 황야의 교부이자 모든 기독교 수도원 전통의 전신인 성 안토니우스Saint Anthony는 프레디 크루거Freddy Krueger(〈엘름 가의 악몽〉이라는 공포 영화의 주인공이자 살인마. ─옮긴이)와 이미 치열한 접전을 벌였다. 3세기에 태어나 4세기에 세상을 떠난 이 신비주의자는 이집트 사막에서 20년을 혼자 보냈다. 그는 거의 확실히 자기 초월의 축복을 겪었는데, 그가 침묵의 경험에 대해 남긴 기록을 보면 1970년 초현실주의 공포 영화가 연상된다.

마티아스 그뤼발트Matthias Grünewald의 16세기 작품 〈이젠하임 제단화Isenheim Altarpiece〉 중 일부인 〈성 안토니우스의 유혹The Temptation of Saint Anthony〉은 푸른 망토를 입고 수염을 기른 현자가 이빨을 드러낸 흉포한 짐승들에 잔인하게 질질 끌려가는 모습을 보여 준다. 짐승들은 그의 머리를 잡아당기고 위협적인 막대기로 그를 찌른다. 이 모든 것의 배경에는 나뭇가지가 불타고 하늘이 흐릿해 마치 종말이라도 온 듯하다. 〈성 안토니우스의 유혹〉을 보면서 정신심리학자 사르델로는 짐승들의 상징주의에 대해 이렇게 말한다. "침묵으로 들어가면서 우리가 불안, 두려움, 환상, 어리석은 생각, 웅웅대는 충동을 마주한다"[3]고 말이다. 침묵의 한가운데서 이런 생각과 충동은 몹시 고통스러울 수 있다.

안토니우스가 그림 속에서 이 초자연적인 짐승들을 죽이려고 노력하지 않는다는 점에 주목해야 한다. 심지어 도망가지도 않는다. 안토니우스를 보면서 당신은 두려운 존재에서 벗어나거나 그들을 싸워 물리치려 해 봤자 소용없다는 분명한 메시지를 받는다. 사르델로는 이렇게 말한다. "우리(관람자들)는 짐승들이 왠지 우리가 온전해지는 데 필요한 부분 같다고 의심한다."

강렬한 침묵 속에서 우리는 흉포한 짐승들을 표면으로 드러낸다. 정신의 하층에 숨은 굶주린 포식자들을 불러낸다. 시끄러운 방해(주의 전환) 속에서 살아간다면, 우리는 짐승들이 보이지 않는 곳에 큰 피해를 입히며 남모르게 미친 듯이 날뛰도록 내버려 두는 것이다. 심원한 침묵으로 들어감으로써 그 짐승들을 꼭 죽이려는 것이 아니다. 우리는 그 짐승들을 심연에서 일으켜 빛으로 데려가려는 것이다. 어쩌면 짐승들의 친구가 돼 줄지도 모른다.

우리는 최근 할리팩스와 이야기를 나눴는데, 그녀는 침묵이 어떻게 두려움과 동시에 영양분이 될 수 있는지를 강조했다. 그녀는 《Being with Dying(죽음과 함께하기)》에서 이렇게 썼다. "우리가 습관과도 같은 정신적, 신체적 활동을 멈추고 조용히 앉을 때, 어려움은 종종 더 눈에 잘 보이게 됩니다. 우리는 고통에 훨씬 더 민감해지고 무너질 위험이 높다고 느끼게 되죠."[4] 그녀는 이어 이렇게 말했다. "아마 무너지는 것은 자아(작고 분리된 자신으로서의 정체성)이며 우리의 건강한 부분은 이를 반겨야 해요."

할리팩스는 침묵과의 직접적인 만남을 치료제로 여긴다. 그녀가 자신의 책 《The Fruitful Darkness(유익한 어둠)》에 이렇게 썼다. "만약 우리에게 용기가 있다면 우리는 사회악과 자기중심적 소외의 고통에 대한 치료제로서 침묵을 받아들이게 될 거예요. 침묵, 신성한 침묵 속에서 우리는 겨울 나무처럼 벌거벗은 채 서죠. 피부 아래 모든 비밀을 내보이며 말이에요. 그리고 겨울 나무처럼 우리는 죽은 것처럼 보이지만 살아 있을 겁니다."[5]

비탄 속의 침묵

가끔은 힘겨운 침묵에 들어갈 수밖에 없을 때가 있다. 때로 삶은 우리에게 침묵을 떠안긴다.

2021년 4월 7일 아침, 저스틴은 아끼는 친구들 중 한 명이

35세 생일을 얼마 남겨 두지 않은 채 수면 중에 갑작스레 사망했다는 소식을 들었다. 이 친구는 저스틴이 자신의 생각과 삶의 방식을 거리낌 없이 털어놓을 수 있는 사람이었다. 그는 저스틴을 배꼽이 빠지도록 웃게 만들 수 있었고, 때로는 너무 웃어서 자신의 모든 방어적인 태도나 걱정에 대해 잊어버릴 정도였다. 두 사람은 초등학교 3학년 이후로 가장 친한 친구였다. 뒷마당에서 처음으로 비틀스Beatles 노래를 함께 부르고, 누가 가장 길고 화려한 생선 튀김 샌드위치를 만들 수 있는지를 놓고 친선 경기를 벌이던 그 순간부터. 수십 년에 걸쳐 두 사람은 함께 존재하되 아무 말도 하지 않는 독특한 능력을 공유하게 됐다.

  친구 소식을 들었을 때, 저스틴은 이른 아침 뒷마당에 있는 큰 향나무 옆에서 가운 차림으로 선 채 형언할 수 없을 정도로 강한 열망을 느꼈다. 친구에게 말하고 싶었고, 마지막 한마디를 하고 싶었고, 그를 웃기고 싶었고, 자신의 사랑을 표현하고 싶었다. 하지만 그럴 수 없었다. 문은 닫혔다. 침묵 속으로 들어가는 것 말고는 갈 곳이 없었다. 그래서 저스틴은 그 속에 서 있었다. 마치 몇 시간으로 늘어난 것처럼 느껴진 몇 분 동안 침묵은 손에 만져질 듯했다. 그 침묵은 짙었다. 그 침묵은 (슬픔과 감상과 동요와 감사로) 거의 터질 것 같은 지점까지 차올랐다. 마치 침묵이 자체 색깔(갈색이 도는 초록색 색조의 혼합)을 가진 것 같았다. 저스틴이 할 수 있는 일이라고는 그 침묵을 쥐는 것밖에 없었다. 그 침묵을 느끼고, 침묵 속으로 울부짖는 것밖에.

침묵은 슬픔을 담는 원초적인 그릇이다. 우리가 감정과 기억 속에 가장 온전히 존재할 수 있는 공간이다. 도망쳐서 기분 전환할 거리를 찾는 것도 나쁘지 않겠지만, 침묵은 (우리가 그것과 함께 머무를 수만 있다면) 상실을 대사代謝하는 방법을 안다. 언어의 실패를 인정할 때 그 의미를 알 수 있다. 작가이자 정신치료사이며 유대교 신비주의자인 에스텔 프랭클 Estelle Frankel은 왜 전 세계의 문화가 개인적, 집단적 애도의 순간에 침묵의 역할을 기리는지에 대한 통찰을 제공했다.

> 유대교 법에 따르면 유족을 방문하는 사람은 침묵해야 한다. 누군가가 말을 걸지 않는 한 먼저 말해서는 안 된다. 애도하는 이들이 침묵할 신성한 공간을 확보해야만 그들이 자신의 슬픔 속에 존재할 수 있다. 침묵 속에서 우리는 좋은 의도이지만 종종 어색한 말들로 유족의 경험을 하찮게 여길 위험을 겪지 않아도 된다.[6]

리도 이 책을 쓰는 도중 갑작스러운 상실을 겪었다. 2020년 11월 리의 아버지가 코로나19로 돌아가셨다. 오하이오에서 코로나 환자가 급증했고, 미국 내 사망자 수가 막 25만 명을 넘어선 참이었다. 다른 많은 사람처럼 그녀의 아버지도 중환자실에서 홀로 죽음을 맞이했다.

비행기 예약과 병원 면회도 불가능했기 때문에 아버지의 죽음에 앞선 그리고 뒤따른 나날들 동안 리는 불이 탁탁거리는 벽난로를 응시하며 거실에 미동도 없이 앉아 있었다. 그녀의 딸 에바 Ava와 남편 마이클 Michael은 꾸준히 그녀의 곁을 지키며 소파나 바닥에 함께 웅크리고 앉아 있곤 했다. 대화는 거의 이루어지지 않았다. 그녀는 네 살 때부터 아버지와 거리가 멀어졌었다. 그녀에게 아버지는 평생 부재 중이었다. 그러니 사실 할 만한 이야기도 **거의 없었다.**

리의 지인들은 부모를 잃는다는 것에 대한 생각을 많이 들려줬다. 하지만 이 부녀 관계의 실상을 모르는 상황에서 에스텔 프랭클이 묘사한 것과 같은 '좋은 의도이지만 종종 어색한 말'은 리에게 그녀가 사실 평생에 걸쳐 아버지를 슬프게 했다는 고통스러운 기억을 떠오르게 했다. 침묵 속에서 리는 자신이 **원래 존재한 적이 없고 앞으로도 존재하지 않을** 관계의 상실을 애도하고 있다는 사실을 깨달았다. 결국 그 슬픔을 묘사할 만한 말이 떠오를 테지만 가장 먼저 그녀를 위로한 것은 침묵이었다.

윌리엄 블레이크 William Blake는 "슬픔이 깊어질수록 기쁨이 커진다"고 했다. 그는 이 세상 모든 범위의 슬픔을 경험함으로써 모든 범위의 기쁨도 경험해 보라고 조언한다. 이것은 침묵이라는 존재가 **삶** 자체의 존재가 되는 방법들 중 하나다. 그 존재를 느낀다는 것은 할리팩스가 묘사한 '치료제'를 먹는다는 말이다. 그 존재를 느낀다는 것은 인간으로서 겪는 이 세상 모든 경험에 마음을 터놓는다는 말이다. 이것은 침묵의 '어두운 면'이 아니다. 사르델로가 안토니우스의 시련에 대해 말한 대로 우리의 온전함이다.

비록 괴로움으로, 심지어 두려움으로 가득 차 몹시 불편할지라도 침묵 속에서 돌본 슬픔은 기쁨이 꽃피는 비옥한 땅이 될 수 있다.

조용하고 여린 목소리

고대 그리스의 델피에 있는 아폴로 신전에는 세 단어로 된 글이 새겨져 있는데, 때로는 이 말을 피타고라스가 했다고 전해지곤 한다. "너 자신을 알라." 우리는 특히 유대교, 기독교, 이슬람교, 불교, 도교 경전에서 이와 같은 가르침을 다양한 방식으로 소중히 모신다는 사실을 알게 됐다. 모두 공통적으로 당신 너머에 존재하는 것을 이해하기 전에 스스로의 생각, 말 그리고 행동을 살피라고 조언한다.

챕터 2에서 우리는 하빕이 예수회 신입으로 첫 침묵 피정에 참가했을 때 몇 주에 걸쳐 계속된 불안과 의심을 어떻게 견뎠는지 설명했다. 그는 침묵을 통해 자기 자신을 살펴봤고 마음속 고통의 원천을 찾았다. 그는 다른 사람들이 자신을 어떻게 생각할지에 수행의 기준을 두었다. 그가 침묵을 받아들이자 의식 속에 자연스럽게 이 질문이 떠올랐다. '당신은 무엇을 원하는가?'

그리고 진실된 대답이 도착했다. '내가 존재하는 바로 그곳에 존재하는 것.'

15분도 안 되어 스스로에게 전기 충격을 가한 버지니아 대학교 학생들의 연구가 보여 주듯, 침묵 속에서의 시간이 언제나 자기지식 self-knowledge 으로 가는 간단한 길은 아니다. 침묵 속으로 바로 깊이 파고드는 것은 내면의 소음을 증폭시킬 수 있다. 가장 깊은 침묵을 만나는 것은 하빕이 말하듯 사회적으로 조정된 뇌의 '잡음'과는 다르게 '마음속에 진정으로 진실되게 존재하는 것'의 '신호'를 포착하는 활동적인 과정이다. 그러나 우리가 그렇게 자주 이 과정을 피하게 되는 이유가 있다. 그러기 위해서는 용기가 필요하기 때문이다.

파블로 네루다 Pablo Neruda 는 이렇게 썼다.

> 우리의 삶을 계속 움직이는 것에
> 우리가 그토록 열중하지만 않는다면
> 그리고 한 번쯤 아무것도 안 할 수 있다면
> 아마도 거대한 침묵이
> 이 슬픔을 옅어지게 할지도 모른다
> 우리 자신을 결코 이해하지 못한다는 슬픔을.[7]

우리가 찾아낸 바에 따르면 네루다가 "우리 자신을 결코 이해하지 못한다는 슬픔"이라고 표현한 것은 우리 마음속 구석구석에 밴 태초의 두려움에 맞서는 방어 기제다. 그 두려움이란 바로 **우리 자신은 우리가 생각하는 사람이 아니라는 것**이다. 그는 우리가 만약 진정으로 **주의를 기울인다면** 발견할지도 모를 무언가로부터 어떻게 스스로를 보호하고자 하는지를 설명하고 있다. 마음의 깊숙한 곳에서 꼭 무언가 '나쁜' 것을 발견할지도 모른다는 의미는 아니다. 그냥 이상하거나 불편한 것, 쉽게 설명하거나 통제할 수 없는 것을 마주치게 될 수도 있다.

우리는 진정으로 내면을 들여다보고 마음속 깊이 있는 것, 진정으로 원하는 것에 대한 어려운 질문을 자신에게 하기보다는 전기 충격 버튼 같은 것으로 주의 전환하는 편을 자주 택한다. 하지만 네루다가 이야기하듯 우리 자신을 이해하는 것을 향한 여정은 '이 슬픔을 옅어지게 하는 데' 필요하다. 어쩌면 심지어 그것이 기쁨을 찾는 전제 조건일지도 모른다.

유대-기독교 전통에는 내면적으로 심원한 주의를 기울일 때 무엇을 만나는지 묘사하는 신비한 구절이 있다. 에스텔 프랭클은 이렇게 썼다. "또한 경전에는 신의 목소리를 말하는 침묵, 즉 콜 드마마 다카$^{kol\ dmamah\ dakah}$로 지칭한다. '조용하고 여린 목소리'로 가장 자주 번역되는 이 히브리어 구절은 신성한 계시가 품은 핵심적인 역설을 표현한다. 신의 목소리, 즉 콜^{kol}은 드마마^{dmamah}의 목소리, 다시 말해 침묵과 고요함이다."

이 표현이 파생된 구약 성서의 구절은 이렇다.

> 그리고 야훼께서 지나가시는데 크고 강한 바람 한 줄기가 일어 산을 뒤흔들고 야훼 앞에 있는 바위를 산산조각 냈다. 그러나 야훼께서는 바람 가운데 계시지 않았다. 바람이 지나간 다음에 지진이 일

어났다. 그러나 야훼께서는 지진 가운데도 계시지 않았다. 지진 다음에 불이 일어났다. 그러나 야훼께서는 불길 가운데도 계시지 않았다. 불길이 지나간 다음, 조용하고 여린 소리가 들려왔다.

― 〈열왕기 상〉 19장 11, 12절

이 구절에는 심지어 번역을 해도 최면에 빠지게 하는 특성이 있다. 마치 타악기 같은 리듬이 느껴진다. 오늘날 우리가 사회적 대변동과 기후 변화의 한가운데 있다는 점을 고려하면 지진과 불과 바람에 대한 이 묘사에는 아픔이 더해진다. 예언자 엘리야Elijah는 역경을 맞닥뜨렸고, 이를 겪는 동안 그가 유지하던 평상심이 한 층씩 마모됐다. 그러고 나서 그 모든 일이 일어난 후에 그는 신성한 존재가 있는 곳을 알아차렸다. 바로 '조용하고 여린 목소리' 안이다. 성서학자들은 이 존재를 때로 '연약한 침묵의 목소리'로 번역한다.

시몬 캠벨Simone Campbell 수녀는 변호사이자 빈곤 퇴치 지지자이며 비영리 상무 이사다. 가톨릭교회에 속해 있지만, 여성의 생식 건강과 경제적 정의 문제에 대해 목소리를 높이며 교회에 도전장을 던진 인물이다. 캠벨 수녀는 갈등과 전 세계에서 끊임없이 벌어지는 사건에 마모된다는 것이 어떤지 잘 안다. 그녀는 삶에서 회복력과 명료함을 얻는 원천으로서 다음과 같이 단순한 실천을 한다고 설명한다. 침묵 속에 앉아 경계심을 낮추고 '아주 작은 목소리'라고 그녀 자신이 이름 붙인 소리를 듣는다. 하지만 그녀의 말대로 이 실천을 전형적인 마음챙김으로 볼 수는 없다. 이는 신앙에서 나오는 예측 불가능한 행위다. 캠벨 수녀는 이렇게 말한다. "경청은 위험한 일입니다. 대부분 우리 각자를 어떤 방식으로든 바뀌게 하거든요."

변화는 두려울 수 있다. 이것 또한 할리팩스가 이야기하는 '치료제'의 일부다. 침묵 속에서 우리 자신을 마주한다는 것은 곧 숨은 진실을 더 잘 알아차리는 용기를 가진다는 말이다. 앞에서 다룬 '조용하고 여린 목소리' 이야기는 신성한 계시 중에서도 성서와 관련 있는 종류였지만, 우리가 여기서 정말로 이야기하고자 하는 것은 더 친숙하고 접근 가능한 무언가, 바로 **직관**이다. 엘리야가 위대한 예언자이긴 했지만, 우리 각자도 자신의 의식 속에서 조용한 신호와 통찰을 인지하는 능력을 가지고 있다. 앞에서 하빕이 '마음속에 진정으로 진실되게 존재하는 것'을 분별하는 능력으로 설명했던 그것이다. 이 능력은 우리 자신을 알게 되는 데 필수적인 요소다.

잠깐 동안의 수도승 생활

사람들에게 그들이 아는 가장 깊은 침묵에 대해 말해 달라고 요청했을 때, 우리는 종종 찰나의 순간만 머물고 사라진 초월적 경험을 듣곤 했다. 예를 들면 여섯 살 보다가 운동장에서 무한성을 엿본 일이나, 교회 신도석에서 예상치 못한 황홀경을 겪는 일이나, 환각 상태에서 자아가 소멸하는 감각을 느끼는 일 같은 즉흥적이고 신비주의적인 사건들 말이다. 이런 순간에는 특별히 심혈관 질환이 있지도 않은데 가슴이 격렬하고 빠르게 뛰기 시작한다. 친숙한 자아의 상실이 신체 반응으로 나타나는 것이다. 이런 순간적인 경험에서 대부분의 사람들은 우주의 베일이 걷히는 듯한 침묵을 묘사한다. 놀라운 명료함이 다가오고 몸이 떨리기 시작한다.

우리는 신비주의적 사건, 몰입 상태, 경외감 등을 포함하는 자기초월적 경험의 의미를 과학적, 심리학적, 종교적으로 탐구했다. 그리고 이런 순간적인 사건과 피타고라스가 학교에 요구했던 것 같은 장기적 묵언 수행들 사이에 주목할 만한 유사점이 있음을 알아차렸다. 내면으로의 전환 그리고 주의 전환의 불가능성이다. 다른 사람을 위해 수행하거나 상황과 사건을 통제하려는 전형적인 충동이 소멸한다.

존스홉킨스 대학교 의과 대학의 예이든이 '자기현저성의 감소(자아적 자신 egoic self 의 중요도가 낮아짐)'[8]라고 부른 '적정 규모화'가 이루어진다. 그리고 윌리엄 제임스가 순수지성적 특성이라고 부른 것 또는 '총체적인 지성으로 헤아릴 수 없는 진실의 깊이를 간파하는 통찰력'으로 묘사한 것이 있다. 긴 침묵에서처럼 순식간에 지나가 버리는 심원한 침묵의 경험 속에도 이런 상태가 존재한다.

문제는 그 상태가 심하게 응축됐다는 것이다.

2019년 샌프란시스코에서 열린 위즈덤 2.0 콘퍼런스Wisdom 2.0 Conference에 폴란, 켈트너와 함께 패널로 참석한 할리팩스는 잘 알려지지 않은 경외감의 한 측면을 소개했다.[9] "제가 생각하기에 경외감 특징 중 두려움은 언제나 다루어지지 않는 것 같습니다. 우리는 알려지지 않은 것, 알 수 없는 것, 수수께끼 같은 것, 이제 막 시작된 것에 노출될 때 두려움을 느낍니다. 자아에 위협을 느끼는 순간을 만나는 거죠." 그녀는 이렇게 이어간다. "자아는 해체되며 그런 일이 벌어지는 것을 피하기 위해 가능한 모든 행동을 취할 것입니다."

즉 두려움은 자연스러운 결과다. 경외감에 대해 광범위한 조사가 이루어졌음에도, 켈트너는 사람들이 경험한 경외감 중 약 21퍼센트가 두려움이라는 감정으로 정의된다고 추정한다. 고대 영어와 고대 스칸디나비아어에 뿌리를 둔 단어인 '경외감awe'의 어원은 특히 신성한 존재를 향한 공포와 두려움을 가리킨다. 영어에서 이 단어의 의미가 진화하면서 경외감을 느끼는 원인에 '엄숙하고 경건한 감탄, 잠재적인 두려움이 어려 있는 상태, 자연의 장엄함에서 받는 감명'처럼 더 세속적인 의미도 포함되기 시작했다.

경외감(켈트너가 지난 챕터에서 인지된 광대함과 순응의 필요성의 상태라고 표현했던 것)은 우리가 침묵에서 두려움을 느끼는 이유의 본질에 다다른다. 경외감은 우리가 가진 지식의 기반을 뒤

흔든다. 우리에게 변화하라고 요구한다. 이전 챕터에서 봤듯 다양한 자기초월적 경험들의 신경생물학적 공통분모는 분리된 자아 감각과 연관된 뇌의 부위인 내측 전두엽 피질과 후방 대상 피질 활동의 현저한 감소다. 여기서 중요한 질문이 생긴다. **자아의 어느 부분이 실제로 그런 경험에 겁을 먹는가?** 두려움을 느끼는 주체가 꼭 **당신**일 필요는 없다. 그것은 시끄러운 디폴트 모드 네트워크, 즉 제한된 자아-자신 ego-self이다. 다가오는 소멸을 감지하는 '나 네트워크'다.

경험이 풍부한 유대교 신비주의 스승인 에스텔 프랭클은 음악가이기도 하다. 그녀는 음악이 두려움을 어떻게 이해하고 대처해야 하는지를 잘 보여 주는 비유라고 봤다. "두려움에는 여러 옥타브가 있어요. 낮은 옥타브는 자기보호죠. 생존 메커니즘입니다. 그리고 더 높은 옥타브는 초월이고요. 우리는 개인적인 두려움을 받아들이고, 기도나 명상 속에서 그것을 통해 장엄함을 알게 됩니다. 여전히 두려움의 일종이긴 하지만 자아의 해체에서 오는 전율인 거죠."

에스텔 프랭클은 또한 이렇게 말했다. "두려움은 우리의 우주를 줄어들게 해요. 더 높은 옥타브인 경외감은 그것을 확장하고요. 개별적 자아는 자아를 초월합니다. 불평불만 많은 입이 떠들어 대기는커녕 떡 벌어지고 말지요. 우리는 말을 잃게 됩니다."
그러므로 경외감을 촉발하는 것이 즉흥적이고 순간적인 광대함과 감탄의 경험이든 느리고 고의적인 5년의 피정이든, 결과는 놀랍도록 비슷하다. 익숙한 소음이 무섭도록 잦아들고 더 크고, 충만하며, 진짜 같은 경험의 개방과 동조가 일어난다.

피타고라스를 다시 만나다

만약 피타고라스가 오늘날 살아 있다면 아마 주요 대학교 교수 자리에 걸맞은 후보로도 오르지 못할 것이다. 그가 주장했던 점성술, 숫자점 규칙, 특이한 식단 추천은 기성 경험주의자의 틀에 맞지 않는다. 그러나 그는 자연의 조화에 대한 관심을 인간 삶에 진정한 개선을 만든 통찰로 변환할 수 있었다. 지금이라면 아무도 가능하지 않을 방식으로 말이다. 신비주의자이자 과학자이며 선생이었던 피타고라스는 숭고한 것과 일상적인 것, 정신적인 것과 물질적인 것을 합친다는 게 어떤 의미인지, 게다가 현대의 모든 중학교 수학 교과서에 등장한다는 게 어떤 의미인지를 확실히 보여 줬다.

피타고라스의 통찰은 지혜의 현대적 관점에 역행한다. 오늘날 가장 지배적인 세계관(GDP 성장과 정신적인 것들의 최대 생산에 중점을 둔 패러다임)에서 현실에 대한 이해는 다량의 데이터 수집과 분석, 끝없는 토론, 동료 심사를 받은 학술지에 논문 출간, 공공 광장에서 거들먹거리기에서 나온다. 심지어 영성과 종교의 영역에서도 종종 설교, 가르침, 매체 강론 등 경전과 철학 분석을 통해 지혜를 증명한다. 우리가 오늘날 지혜로 간주하는 것들에는 공통분모가 있다. **생각하기, 글쓰기, 말하기**다.

피타고라스학파의 시각에서는 지혜로워지는 과정에 이와 다른 핵심 요소가 있다. **비우기, 열기, 받기**다. 물론 피타고라스학파는 극도로 엄격한 질서와 실천으로 규정됐다. 그들도 토론하고 분석했다. 하지만 의식을 명료하게 하는 데 대한 그들의 전반적인 이론은 현대 혁신가들이 호언장담하는 생산성의 비결보다는 신비주의적 황홀경에 더 가깝다. 여기서 우리가 얻을 수 있는 교훈은 매우 시의적절하고 중요하다.

이 시대를 사는 우리 인류는 피상적인 것에 지쳤다. 우리는 깊은 원인을 밝히기보다는 증상을 공격하는 약에 질려버렸다. 그리고 기후 변화, 양극화, 집단 문제들에 대한 영구적인 해결책이 킬러 앱 killer app(특정 운영 체제를 보급시키는 계기가 될 정도로 많은 인기를 얻는 소프트웨어. —옮긴이)이나 기적의 신약, 복잡한 알고리즘에서 나오지 않을 것이라는 사실을 깨닫게 됐다. 우리는 최근 '생활의 지혜'의 한계에 부딪혔고, 가장 영리한 제로섬 정치 전략에 신뢰를 잃었다. 오늘날 피타고라스가 가장 가치를 높게 쳤던 것, 즉 **물질의 원천으로 들어가는 통찰**이 우리에게도 필요하다는 사실이 자명해진다. 우리는 이 가장 깊은 곳에서 부글부글 솟아오르는 해답이 필요하다.

이것을 염두에 두고, 우리는 기록된 모든 역사상 가장 창의적인 천재 중 한 명인 피타고라스의 주장을 생각해야 한다.

침묵 속으로 깊게 들어가라.

그것을 흡수하라.

그것이 주는 두려움을 받아들이라.

그것이 당신을 개조하고 당신의 인식을 확장하게 하라.

CHAPTER
8

연꽃과 들꽃의 가르침

"말은 은으로 만들어졌고, 침묵은 금으로 만들어졌다."

이 책을 시작하면서 우리는 "말은 시간에 대한 것이고, 침묵은 영원에 대한 것이다"라는 격언에 대해 스코틀랜드 철학자이자 수학자 칼라일의 해석을 공유했다.

은과 금에 대한, 시간과 영원에 대한 이야기가 비교처럼(마치 하나가 다른 하나보다 더 가치 있다는 말처럼) 들릴지도 모르지만, 우리는 이것을 꼭 그렇게 이해하지는 않는다. 칼라일은 말의 신성함을 폄하하는 것이 아니다. 은이 귀중한 금속이듯, 시간도 신성한 미스터리다. 하지만 시간은 우리 인간이 일상을 살아가면서 실용적인 방식으로 측정하고 관리하는 미스터리다. 말도 시간처럼 모든 곳에 내재한다. 그리고 침묵은 마치 영원처럼 초월적이다.

오늘날 정신적 자극이 대량 확산하는 가운데 우리가 침묵의 결핍을 마주하고 있음은 자명하다. 어떻게 우리가 이렇게 많은 생각과 말의 대조를 찾을 수 있을까? 어떻게 우리가 급박한 일과 소음에 흠뻑 젖은 삶을 적절한 양의 영원으로 채울 수 있을까?

전 세계에서 종교적 그리고 철학적 전통은 서로 다른 세계 사이의 몰입 상태로서 말과 침묵의 균형을 강조한다. 종교 전통에서는 주로《성서》나《코란》, 불교 경전처럼 글로 쓰인 성전을 신성시하지만, 대부분 단어와 개념이 미지 속으로 녹아드는 공간의 신성함 또한 인식한다. 예를 들면 유대교 신비주의는《토라》에 쓰인 '검은 불 black fire'을 소중히 여기지만, 토라의 열린 흰색 공간도 동등하게 중요하다고 생각한다. 이것은 '흰색 불 white fire'로 불리며 말 없는 침묵의 영원한 왕국이다.

우리는 위대한 종교적, 철학적 전통 중 다수가 침묵을 그저 **지혜로 가는 길**로 보지 않는다는 사실을 알게 됐다. 여러 전통을 통틀어 가장 깊은 명상 실천에서 우리는 침묵을 **지혜의 본질 그 자체**로 인식하는 모습을 만났다. 루미 Rumi(페르시아 문학에서 신비주의를 대표하는 이란의 13세기 시인. —옮긴이)는 침묵을 '신의 목소리'라고 그리고 다른 모든 것은 '형편없는 번역'이라고 불렀다. 오글랄라 라코타 Oglala Lakhota 족의 위대한 선지자이자 치료사인 블랙 엘크 Black Elk는 이렇게 질문했다. "침묵이 바로 위대한 영혼 자신의 목소리가 아닌가?"《도덕경》에는 "당신이 말할 수 있는 이름은 진정한 이름이 아니다"라는 말이 있고, 카발라 Kabbalah(전승, 구전이라는 뜻으로 중세 유대교의 신비주의 사상을 말한다. —옮긴이) 분석을 보면 "근원 Source이자 모든 존재의 신성한 자궁으로서의 고요하고 비옥한 빈 공간"이 언급돼 있다.

인도의 사두(수행 활동을 하는 고행자를 부르는 말. ─옮긴이)에서 오스트레일리아 원주민의 통과의례까지 사실상 모든 종교적, 영적 전통에서 침묵을 신성한 영적 만남으로 소중히 여긴다. 왜 그럴까? 왜 지혜의 전통이 침묵을 깨달음의 수단으로서뿐만 아니라 궁극적으로 깨달음 그 자체로서 침묵을 강조하는가?

생각을 멈추는 순간의 깨달음

선불교에서 중요한 의미를 가지는 대승불교 경전《능가경 楞伽經》에서 부처는 "의미와 완벽한 일치를 이루는 말을 찾는 데 집착하지 마라. 진실은 글자를 따르지 않기 때문이다"라고 가르친다.[1] 또한 "사람이 손가락 끝으로 누군가에게 무언가를 가리켜 보일 때, 가리킨 물체가 아니라 손가락 끝이 잘못 주목받을 수 있다"고 말한다. 부처의 말에 따르면 궁극적 현실을 온전히 파악하고자 하는 사람은 말로 표현될 수 있는 것 이상의 무언가가 존재할 가능성을 고려해야만 한다.

선불교 스승 틱 낫 한은 이 경전 구절을 이렇게 해석했다. "달을 가리키는 손가락은 달이 아니다. 손가락은 달을 찾기 위해 어디를 봐야 할지 아는 데 필요하지만, 만약 당신이 손가락을 달 자체로 오해한다면 진짜 달을 영원히 알 수 없을 것이다. 가르침은 진실을 묘사하는 수단에 불과하다. 그것을 진실 그 자체로 오해해서는 안 된다."² 이러한 부처의 가르침은 말이 아직 우리 삶에서 중요한 위치에 있다는 점은 인정하지만, 존재의 더 확장된 수준을 추구한다.

우리의 언어가 작용하는 방식에도 과학이 있다. 언어는 명명되지 않은 것과 명명된 것을 구분하는데, 우리가 무엇이 무엇인지를 분별할 수 있기 위해서다. 사실 히브리어로 단어 'word'는 'milah'인데, '할례하다' 또는 '자르다'라는 의미다. 우리는 묘사하고 나타내기 위해서 언어로 나누고 분해한다. 인간 세상 전체는 우리가 **의미하는 바를 나타낼** 수 있는 능력에 달려 있다. 마치 달을 가리킨 손가락처럼 말이다.

그러나 우리가 표현할 수 있는 것의 아래, 사이, 위에는 사물에 이름을 붙여 구별하는 수준을 뛰어넘는 현실의 다른 수준이 존재한다. 우리는 에스텔 프랭클에게 이 개념에 대해 더 깊이 설명해 달라고 부탁했다. 그녀는 이렇게 말했다. "제가 생각 모드, 즉 언어 속에 있을 때면 모든 것이 부서집니다. 저는 '앎 knowing' 속에 있죠. 하지만 침묵 속에 있을 때면 저는 '**알지 못함** not knowing' 속에 있습니다. 개념적 사고를 뛰어넘는 거예요."

마치 아기처럼 세상을 보고 느낀다고 상상해 보자. 침을 질질 흘리는 커다란 개나 폭신하게 꽃이 핀 나무를 보게 됐다고 상상해 보자. 눈앞에 있는 그것의 이름이나 사전에 형성된 개념을 거치지 않은 상태다. 아기의 경험은 **무엇이 무엇인지** what's what 가 아니라 **무엇이 있는지** what is 로 정의된다. 삶에서 날씨의 변화를 느끼거나 낯선 소리를 들을 때 당신은 마치 아기가 세상을 인식하듯 '알고 있는' 모든 것보다 더 깊이 들어가는 경험 수준에 귀를 기울일 수 있는가?

이 현상을 포착하는 용어인 '개념적 덧씌우기 conceptual overlay'를 우리에게 처음 알려 준 사람은 명상 스승이자 저자인 태프트다. 그는 우리가 대부분의 사물을 마주할 때 어떤 일이 일어나는지를 가지고 이 현상을 설명했다. 우리는 감각을 사용해 사물을 온전히 **관찰하고 경험하기**보다는 그것에 대해 **생각한다**. 특히 그 사물이 친숙할 때 더욱 그렇다. "인간의 뇌는 그런 식으로 진화했습니다. 에너지를 절약하기 위해서죠." 태프트는 우리를 안심시켰다. "만약 당신이 출근길에 마주치는 모든 사물을 완전한 감각적 명료함으로 살펴보려 한다면 (…) 직장에 도착하지 못할 겁니다. 아주 행복한 사람이 될 수는 있겠지만 어디에도 정시에 도착하지는 못하겠죠."

태프트는 우리가 개념적 덧씌우기(정신적 속기連記)를 넘어서는 것이 얼마나 가치 있는지 설명했다. 그렇게 함으로써 그는 '감각적 명료성'이라고 부르는 더 높은 수준의 인식을 찾을 수 있다고 말했다. 스스로를 아주 잠시라도 '알지 못함'의 상태에 멈춰 있게 하면 우리는 감각을 통해 **직접적으로** 달을 만날 수 있다. 우리는 '달의 개념'에 만족하지 않을 것이다. 달 대신 그것을 가리키는 손가락을 바라보지 않을 것이다.

'알지 못함'의 상태에 멈추고 감각적 명료함에 몰두할 때, 우리는 그것에 대해 생각하는 것도, **기억하는** 것도, **두려워하는** 것도, **선호하는** 것도 아닌 **그것의 상태**와 더 직접적인 관계를 맺는다.

어쩌면 이 가르침의 핵심을 누구보다 간단명료하게 이해한 사람은 영화 〈용쟁호투 Enter the Dragon〉에서의 브루스 리 Bruce Lee (이소룡)일지도 모르겠다. 영화에서 그는 한 제자를 가르친 후 무엇을 배웠는지 묻는다. 제자는 손을 턱에 괴고 이렇게 말한다. "생각 좀 해 보겠습니다." 그는 제자의 정수리를 후려치고는 말한다. "생각하지 마! 느끼란 말이야. 손가락에 집중하지 말라고. 안 그러면 모든 하늘의 영광을 놓치고 말 테니까." 그는 제자가 개념적 덧씌우기에서 멀어지고 감각적 명료함을 향하도록 인도한다.

저스틴은 19살 때 오래된 선불교 책에서 손가락과 달 비유를 처음 접했다. 그는 명상에 흥미를 느꼈지만 진저리 날 정도로 많은 수다와 자극적인 정치 활동, 회의적 세속주의, 수많은 텔레비전에 푹 젖은 미국 교외 지역의 양육 패러다임에서 어떻게 벗어날지에 대해서는 아직 확신이 없었다. 손가락과 달의 이미지는 더 깊은 침묵으로의 초대장이었다. 무언가를 수행하거나 증명하거나 미리 설정해 둔 삶의 목표에서 끊임없이 진전을 보일 필요는 없다고 확인받는 일은 드물었다. 아이일 때부터 불안함의 소음(과거 곱씹기와 미래 걱정들)을 종종 겪었기 때문에 그는 이 가르침에서 위안을 찾았다. 시간에 쫓기며 초조해하도록 길든 그의 마음에 이것은 영원으로 가는 휴식으로의 초대장이나 다름없었다.

리가 처음 명상 피정에 참석하기 시작했을 때 몇몇 스승은 장기간 실천에 들어가기 전에 명확하고 분명한 목적을 정하는 것이 중요하다고 강조하곤 했다. 그녀는 기록했다. 사실 그 가르침을 과할 정도로 진지하게 받아들였다. 그녀는 몇 시간 동안 기록했다. 각 피정에서 고려해야 할 주제를 완벽히 썼다. 연애할 때 독이 되는 패턴, 부모가 되는 것의 장점과 단점, 커리어의 다음 단계 같은 것들이었다.

미동도 없던 명상 홀에 파리 한 마리가 날아 들어온 날, 리는 완벽한 목적을 마련했다. 하지만 파리가 리의 머리 위에 앉았고, 그 다음에는 이웃한 사람 머리 위에 그리고 또 다른 사람의 머리 위에 앉았다가 다시 리의 머리 위에 앉았다. 정말 짜증 나는 일이었다. 리가 발휘했던 모든 평정심이 파리가 돌아올 때마다 수포로 돌아갔다. 리의 의식은 어떻게 저 웅웅대는 작은 위협을 쳐낼지 (가급적이면 아무도 알아채지 못하게)에 대한 환상에 잡아먹혔다.

잠시 후, 그녀는 그날 자신의 목표를 전혀 이루지 못했음을 깨달았다. 파리가 모든 것을 망쳐 놓았다. 그녀는 순간 멈춰 그 어이 없는 상황이 모두 자신의 마음을 꿰뚫게 내버려두었다. 그리고 자신의 오만함에 미소를 띠었다. 다시 한번, 그녀는 다소 확대 해석되고 미래지향적인 개인적 염원이 피정의 전체 주안점이 되게 하려고 노력했다. 피정 자체의 초점을 현재의 순간에 맞췄어야 했는데도 말이다. 리는 현재 벌어지고 있는 경험의 현실보다는 그 피정의 목적이 무엇인지 언어적으로, 지적으로 생각했던 것에 집중했다.

파리가 그녀를 소음 밖으로 끌어냈다.

알지 못함의 구름 속에 떠 있기

'명상'은 거의 언제나 침묵을 함축한다. 파리가 웅웅거리긴 해도 그 단어를 들으면 방석 위에 조용히 앉아 있는 모습이 떠오른다. 마음속에서 '개념적 덧씌우기'를 초월하려 분투하면서 그리고 **지금 존재하는 것과의 조화를 추구하면서**.

반면 '기도'는 더 활동적인 심상을 불러일으킨다. 손을 모은 모습, 구절을 암송하는 모습 같은 것 말이다. 대부분 말로 무언가를 부탁하는 행위 또는 적어도 내면적 독백 안에서 이루어지는 것으로 이해된다. 이 단어는 강렬한 감정을 유발한다. 심지어 독실한 사람들 사이에서도 개인적인 소원을 신에게 들어달라고 하는 것이 분별 있는 행동인가에 대해서는 관점이 다양하다. 우리가 누구라고 세상의 궁극적인 질서에 영향을 끼치겠는가.

1945년, 영국 소설가이자 철학자인 올더스 헉슬리 Aldous Huxley 가 《영원의 철학(The Perennial Philosophy)》이라는 책을 출간했다. 그는 이 책에서 세상의 위대한 종교적 전통들의 신비주의적 핵심을 밝히고자 했다.[3] 그는 기도가 그저 하나의 실천이 아니라 네 가지의 실천이라고 설명한다.

첫째는 탄원(스스로를 위해 원하는 바를 요청하는 것), 둘째는 대도(다른 사람을 위해 원하는 바를 요청하는 것), 셋째는 경배(신성을 찬미하는 것), 넷째는 사색(자신을 비우고 그저 듣는 것)이다. 헉슬리는 사색을 더 구체적으로 "내재적이고 초월적인 신성한 근본 바탕에 영혼이 스스로를 열어 내 보이는 깨어 있는 수동성"으로 표현했다. 사색은 우리가 어떤 방식으로든 세상의 질서를 바꿀 수 있다고 상정하지 않는다. 대신 '개념적 덧씌우기'를 줄이고 무엇이 존재하는지에 귀를 기울이자는 말이다.

어떤 의미에서는 사색이 명상과 유사하지만, 생각이나 감각 또는 호흡이 들어오고 나가는 흐름을 관찰하는 것과는 다소 다르다. 자기만의 중개자를 더 위대한 신비함에 넘겨주는 준비로서 자아의 조용함을 찾는다. 손가락을 달과 구별하는 것뿐만 아니라 어쩌면 달빛 속으로 들어가게 해 주는 것이기도 하다. 사색의 의미를 되돌아보면서 헉슬리는 요점을 다음과 같이 제시한다. "최고의 기도는 가장 수동적이다."

저자 미상의 14세기 종교적 걸작 《The Cloud of Unknowing (알지 못함의 구름)》은 가장 수동적인 기도에 대한 헉슬리의 관점과 비슷하게 몰입형 사색 상태로 들어가는 방법에 대해 이런 조언을 한다. "처음 사색을 실천할 때, 당신은 마치 알지 못함의 구름처럼 오직 어둠만을 경험하게 될 것이다."[4] 자신의 방위를 찾고 자신의 감각과 지성으로 길을 찾으려 노력하기보다는 **모든 것을 잊어야 한다**. 익명의 저자는 단순히 '부드러운 동요'에 귀를 기울이라고 말한다. 감정 속으로 들어가도록 내버려두라고 말이다. 삶의 상황적, 물질적 내용을 설명하는 개념은 모두 버리고 삶의 본질, 삶의 원천 자체를 향한 완전한 경배 속에 떠 있으라.

이 영적인 글이 말하고자 하는 바는 궁극적인 실체(혹은 자연이나 신성, 신)가 우리의 지성 너머에 있다는 것이다. 최고의 실체는 오직 직접적으로 느낀 사랑의 경험을 통해서만 인식할 수 있다. 말이나 생각을 통해서가 아니라 대단히 수용적인 주의를 통해서다.

프란치스코회 수사이자 사회참여적인 신비주의 스승 리처드 로어 Richard Rohr는 알지 못함의 구름 속에 떠 있는 상태를 추구한다고 해서 개념, 이미지, 단어 등에 작용하는 정신, 즉 '생각하는 정신 thinking mind'을 무시하거나 깎아내리려는 것이 아니라고 강조했다. 그저 시간에 매인 마음으로는 영원까지 닿을 수 없음을 인지하는 것이다. 로어는 이렇게 말했다. "신은 개념으로 이해할 수 없는 곳에 있다. 더 높은 곳에 닿기 위해서 우리는 역설, 미스터리 또는 알지 못함과 말로 표현할 수 없음의 지혜를 수용해야 한다."

선불교 전통에는 이런 이야기가 전해진다. 부처가 영취산 Vulture Peak에서 설교하기 위해 도착하자, 그 말씀을 듣기 위해 수도승, 보살, 제파(부처의 제자.―옮긴이), 하늘의 존재 그리고 동물이 모두

모였다. 그들은 부처가 무슨 말을 할지 집중하며 진지한 기대 속에 서 있었다. 부처는 자리에서 일어나 한 송이 흰 꽃을 모두가 볼 수 있도록 높이 들어올렸다. 그러고는 꽃을 엄지와 검지로 잡고 빙글빙글 돌렸다. 그것이 전부였다. 꽃 한 송이를 들고 있는 단순한 동작이 설교의 전부였다.

설교를 듣고 있던 마하카시야파Mahakashyapa라는 제자가 진지한 분위기를 깨고 옅은 미소를 보인다. 그 순간 가르침이 그에게 전송됐다. 한마디 말도 없이 깨우친 것이다.

부처의 시대로부터 약 500년이 지난 후, 예수가 갈릴리해 Sea of Galilee 옆에서 제자들 앞에 섰다. 제자들 대부분이 음식을 비롯한 물질적 욕구에 사로잡혀 있을 때였다. 〈마태오 복음〉에 기록된 대로라면 예수는 산상설교에서 이렇게 말했다. "들꽃이 어떻게 자라는가 살펴보아라. 그것들은 수고도 하지 않고 길쌈도 하지 않는다. 그러나 온갖 영화를 누린 솔로몬도 이 꽃 한 송이만큼 화려하게 차려입지 못하였다."

예수는 제자들에게 불안해하지 말고 창조의 풍요를 믿으라고 말한다. 그리고 그러려면 구체적으로 어떻게 해야 하는지 보여준다. 들꽃을 바라보라. 꽃처럼 살라.

우리가 살아남기 위해서는 햇빛과 물보다 더 많은 것이 필요할 수 있다. 하지만 우리의 진정한 본질은 똑같은 신성한 단순성 속에 있다. 얼마나 급진적인 생각인가. 만약 최고의 지혜를 깨닫고 싶다면 말하지 않는 존재들을 보자. 그리고 그것들을 당신의 롤 모델로 만들어 보자.

종교사 전체에 걸쳐 앎을 얻고자 할 때 말, 생각, 분별을 거치는 긍정 kataphatic 방식과 침묵, 상징, 통일성을 거치는 부정 apophatic 방식 사이에서 균형을 잡는 행동이 있다. 말과 침묵, 시간과 영원처럼 긍정 방식과 부정 방식도 각자의 자리가 있고 각자의 중요성이 있다.[5] 하지만 종교 개혁과 계몽주의 이후 대부분의 서양 종교 전통은 단어와 이미지 그리고 차이점에 우선순위를 주는 방향으로 변화했다. 유럽 계몽주의가 합리주의와 문자우선주의를 강조하면서 교회 지도자들은 형언할 수 없는 것과의 황홀한 만남보다는 설교와 경전 분석에 대한 **긍정**을 강조하는 쪽으로 확실히 기울게 됐다. 경험주의와 이성, 언어적 경쟁이 지배하는 세상에서 무형적이고 직관적인 침묵의 방식이 어떻게 이길 수 있겠는가?

우리가 앞에서 다룬 부처와 예수의 가르침(연꽃과 들꽃의 가르침)은 전 세계 지혜 전통의 핵심을 이루는 **부정** 방식의 본질을 나타낸다. 로어는 이 형언할 수 없는 것과의 살아 있는 연결이 종교에 얼마나 필요한지 강조한다. 신비주의적 영성을 '역동적이고, 창의적이고, 비폭력적인 것'으로 만드는 일은 바로 이런 '열린 결말적 특성'이다. 이는 융통성 없는 확신, 근본주의자의 시끄러운 판단, 광신적인 종교와 극적인 대조를 보인다.

가장 활동적인 수용의 힘

연꽃과 들꽃의 가르침은 "최고의 기도는 가장 수동적이다"라는 헉슬리의 관념을 분명히 보여 준다. 자애로움이 느껴지는 이들의 가르침은 존재로 가는 길을 안내하고 어떻게 자기참조적인 생각과 과거 및 미래에 대한 집착에서 오는 소음을 초월할지 보여 준다. 하지만 우리는 '수동적'이라는 단어를 그다지 확신할 수 없다.

물론 무언의 사색에는 수용성이 있다. 꽃은 소리나 움직임을 만든다는 의미에서 '활동적'이지 않다. 그러나 꽃을 본받는다는 것은 평범한 인간의 상태에서 근본적으로 벗어나는 행위다. 그것을 '수동적'이라고 부르기는 어렵다.

피타고라스가 학생들에게 했던 조언("조용한 마음이 침묵을 듣고 흡수하도록 해라")은 우리에게 이상하게도 커스트 교수가 쥐를 통해 발견했던 그 실험을 떠올리게 한다. 커스트는 어떻게 침묵 속에서 들으려고 노력하는 것이 청각 피질을 활성화하는지, 즉 어떤 것의 부재에 귀를 기울이는 행동이 어떻게 뇌세포 발달을 자극하는지 설명했다. 가장 강렬한 수용성으로 들어갈 때 마음은 확장된다. 심원하고 조용한 주의 상태에서 우리는 커스트가 설명한 유익 스트레스를 경험했다. 비록 깊은 침묵에 대한 경청이 수용적인 실천이라 해도 그것은 활동적이다. 신화학자이자 팟캐스트 '에메랄드The Emerald' 진행자인 조시 슈레이Josh Schrei가 우리에게 최근 이렇게 말했다. "집중된 주의 상태의 침묵은 깨어 있는 동시에 쉬고 있습니다."

앞에서 우리는 'nada'라는 단어를 살펴봤다. 몇몇 로망스어에서는 그 단어가 '아무것도 아닌 것'을 의미하는데 산스크리트어에서는 '소리'를 의미한다. 나다 요가 실천은 곧 강렬하고 활동적인 듣기의 실천이다. 이상적으로는 아무것도 들리지 않을 때까지 내부적, 외부적 소음의 다이얼을 돌려 낮추면서 모든 것의 본질, 즉 삶의 맥박을 들으려는 것이다. 어떤 이들은 이것이 인간에게 최고의 창조적인 활동이라고 이해한다.

힌두 전통에서 가장 신성한 지식은 신의 계시에서 만들어진 것을 의미하는 슈루티^{shruti}다. 여기에는 4베다(《Rig-Veda(리그베다)》, 《Sama-Veda(사마베다)》, 《Yajur-Veda(야주르베다)》, 《Atharva-Veda(아타르바베다)》를 합쳐 4베다가 된다.─옮긴이)가 포함되며 그 이후의 글은 스므리티^{smriti}, 즉 분석과 설명으로 여긴다.

스므리티가 '기억되는 것'이라는 뜻인 반면, 슈루티는 '들리는 것'이라는 뜻이다. 슈루티가 우위에 선다는 점은 가장 존경받는 기초 지식이 생각을 통해서나 명상 속에서 섬광처럼 스쳐 간 통찰을 통해서 이 땅에 온 것이 아니었음을 시사한다. 그것은 **듣기**를 통해 이루어졌다. 무엇이 존재하는지를 조용한 마음이 흡수하게 함으로써 이루어졌다. 자연을 향해, 공기를 향해, 필수적인 삶의 진동을 향해 상상 가능한 가장 깊은 주의를 기울임으로써 이루어졌다. 고대의 현자들은 **경청**했다.

유대교 예배의 중심은 '신은 하나'임을 확언하는 기도다. 이는 시마^{Shema}로 불리는데, 문자 그대로 '귀 기울이다' 또는 '듣다'라는 뜻이다. 에스텔 프랭클의 말에 따르면 예배 참석자는 기도 중에 1만 개의 존재를 보지 않도록 시야를 닫기 위해 눈을 가리라고 지시받는다. 그녀는 우리에게 이렇게 말한다. "들으세요. 완전한 일체에 귀를 기울이세요. 들어 보세요." 이것이 바로 당신이 신의 하나됨을 인지하는 방법이다. 그녀의 말대로라면 청각에 능동적으로 주의를 기울이는 이유는 신성 속으로 녹아드는 데 모든 주의를 집중하기 위해서다.

에스텔 프랭클은 유대교가 '청각적인 종교'라고 말한다. 힌두교에서 슈루티를 통하듯, 유대교에서 최고의 깨달음도 가장 활동적인 듣기를 통해 일어난다. 그녀는 이렇게 말했다. "소리 속에서 당신은 다양한 소리를 듣겠지만 그것들은 모두 경험 속에서 하나가 됩니다." 이런 온전함의 인식은 최고 형태의 기도를 표현하는 또 다른 방법이다.

우리는 고대 인도의 가장 위대한 현자들이나 신비주의 스승들이 정확히 어떻게 시대를 초월한 계시를 받거나 신성 속으로 녹아들 만큼 귀를 기울일 수 있었는지 이해한 척하지 않을 것이다. 하지만 경험을 바탕으로 추측해 볼 수는 있다. 그들은 **실천**했을 것이다. 그들은 침묵 속에 있도록 철저한 준비를 했다.

슈레이가 말하듯 "현자들은 자연 속에 살았습니다. 노래를 아주 많이 불렀고요. 특정한 식단을 지켰습니다. 이 모든 것이 **조율**

CHAPTER 8. 연꽃과 들꽃의 가르침

을 불러왔어요. (…) 그들은 신성한 소리를 듣는 그릇을 마련하기 위해 특정한 실천 요법을 지켰습니다." 슈레이는 사실상 모든 지혜의 전통이 사회 질서 유지를 벗어난 이유로 거짓말을 하거나 지나친 물질주의적 태도를 보이거나 다른 사람을 해치는 등의 행동을 피하며 윤리와 도덕성을 강조한다고 설명한다. "윤리적 실천은 조화로운 침묵을 경험하기 위해 꼭 필요합니다. 만약 당신이 거짓말을 많이 한다면 내면적 소음에 사로잡힐 겁니다."

하지만 인도의 고대 현자들이나 유대교의 위대한 스승들(또는 어떤 전통에서든 명상의 대가들)이 어느 날 갑자기 바닥에 주저앉아 신성한 계시를 듣게 된 것이 아니다. 그들은 스스로를 준비시켰다. 다양한 전통에서 현자들은 예외 없이 모든 소음을 넘어서는 곳, 더 이상 자아에 봉사하지 않는 곳, 슈레이의 표현에 따르면 몸 전체가 **소리굽쇠처럼** 될 수 있는 곳에 도달하려는 목적을 중심으로 자신들의 전체 삶을 조직했다.

어떤 의미로 가장 깊은 종류의 듣기는 수동적이다. 그것은 수용하는 행위다. 헉슬리의 말을 바꿔 표현하면 우주에 "스스로를 열어 내 보이는 것"이다. 하지만 소음을 극복하기 위해, 현재 순간의 장엄함에 완전히 집중할 수 있기 위해 한 사람의 전체 삶을 정돈하는 실천은 논쟁의 여지 없이 **활동적**이다.

빈 공간에 귀 기울이기

다시 한번 우리가 이전 챕터에서 제시했던 감정 실험으로 잠시 돌아가 보자.

5년 동안의 침묵이 당신의 마음 구조를 어떻게 바꿀까?

우리는 이런 깊은 침묵을 상상할 때, 당연히 논쟁을 펼치거나 의견을 형성하는 데 훨씬 적은 에너지를 쏟는 모습을 떠올린다. 분별과 명명이 이루어지는 '개념적 덧씌우기'를 덜 강조하는 상상을 한다. 즉, 손가락에 주의를 덜 기울이고 달의 감각에 주의를 더 기울이는 상상을 한다. 우리는 5년의 침묵이 삶의 기본 진동을 들을 수 있었던 고대 인도 현자들에게 우리를 조금 더 가까이 데려가 줄 것이라고 상상한다.

침묵 속에서 비교적 적은 시간을 보내더라도 우리는 마음이 어떻게 각자의 선호와 이름표와 불확실한 시나리오에서 멀어져 존재의 더 높은 수준을 향해 자연히 끌리는지를 깨닫곤 한다. 어떨 때는 아주 짧은 순간의 침묵에서 '틈새에' 존재하는 평범한 공간을 인정하면서 이런 '재설정'을 엿보는 경험을 한다.

빈 공간(침묵의 공간)에 귀를 기울이는 것의 가치는 여러 면에서 일본 전통 문화의 핵심으로 드러난다. 일본의 미학, 건축, 의식, 소통 방식에서 이를 발견할 수 있다. 단순히 양식 면에서만 선호되는 것이 아니라 앎의 부정 방식의 표현이다.

일본어의 '마間'라는 단어에는 '문'을 뜻하는 한자와 '태양'을 뜻하는 한자가 결합한다. 이렇게 합친 한자는 어떤 상을 만든다. 사원 입구의 길고 넓은 판들 사이로 황금색 빛이 흘러나오는 모습이다.

'마'의 통상적인 정의는 부정적인 공간이다. 또한 틈이나 잠시 멈춤, 심지어 침묵 자체로 설명되기도 한다. 침묵처럼 '마'도 부재 이상의 어떤 것이다. 아마 '순수한 가능성'이라는 표현이 '마'를 더 적절히 설명할 것이다. 그것은 공간과 시간 모두를 통해 뿜어 나와 인식을 확장한다.

'마'는 음악에서 음표 사이의 간격을 의미한다. 박자와 선율을 인지 가능하게 만드는 공간 말이다. 그것은 모든 소리가 발생하고 돌아오는 원천이 되는 시간과 진동의 존재다. 케이지의 〈4분 33초〉는 '마'의 순수한 표현이다.

일본 전통 꽃꽂이 예술인 이케바나 ikebana에서 '마'는 꽃과 나뭇가지의 형태, 색, 질감과 함께 그것들 사이와 주변의 빈 공간 사이에 존재하는 역동적인 균형을 의미한다. 꽃과 가지 같은 대상뿐만 아니라, 그 사이의 공간인 '마' 역시 동등하게 중요하다. 감상자는 한 걸음 물러서서 작품 전체를 온전히 받아들이도록 권장된다.

비슷하게 '마'는 일본 서예, 하이쿠(일본 전통 단시 短詩.—옮긴이), 회화, 정원, 전통 이야기, 춤, 연극의 핵심 요소다. 목적은 '마'의 보이지 않는 에너지를 상세한 설명이 담긴 대화나 디자인만큼 극적이고 압도적이게 만드는 것이다.

아무 말 없이 목례로 시작해 최대 4시간의 조용한 집중으로 이어지는 정식 다도는 '마'를 수행하는 의식이나 다름없다. 함께 침묵을 감상하는 것이다. 학자 오카쿠라 카쿠조Okakura Kakuzō가 1906년 고전 에세이 《차의 책(The Book of Tea)》에서 강조하듯, 정규 의식은 침묵과 함께 이루어지며 이때 침묵은 일상적인 것과 신성한 것을 연결하는 길이다. 의식을 치르는 동안 먹고 마시고 씻는 일상적인 행동을 예리한 인식에 대한 숭배로 가득 채우는 것이다.

'마'는 너무나 중요하게 여겨져 일본어로 '마'가 **없는** 사람은 마누케間抜け, 즉 얼간이라고 불린다.

'마'의 뿌리는 깊다. 이는 부분적으로 불교의 여러 학파에서 공통적으로 강조하는 공空과 무아無我의 원리에서 비롯되었다. 또한 일본의 토착 종교인 신토shintoism에서도 영향을 받았는데, 신토는 관계 속의 조화와 자연과의 균형을 중시한다. 신토는 모든 요소 물, 나무, 바위, 바람이 고유한 의지를 지닌 영혼으로 존재하는 애니미즘적 종교다. 충분한 '마'가 없으면, 영혼은 지상으로 내려오지 않는다.

'마'는 농업에도 뿌리를 둔다. 만약 씨앗을 서로 너무 가깝게 심으면 농작물이 잘 자라지 않을 것이다. '마'의 공간을 만들기 위해 과도한 이파리를 정리하고 제거하는 '솎아내기'를 해야 한다. 빈 공간은 삶이 번영하는 데 필수적 전제조건이다. 그래야 물, 햇빛, 흙, 공기처럼 자라나는 묘목에 필요한 요소들이 도달할 수 있다. 물론 이런 공간은 일본처럼 좁고 인구 밀도가 높은 열도에서 특히 가치 있다.

일본 문화를 받들어 모시자는 이야기가 아니다. 만약 꽉 차고, 웅웅거리고, 고도로 상업적이고, 각종 애니메이션과 헬로 키티로 장식된 도쿄 중심부를 걸어 봤다면, 그곳이 지구에서 가장 청각적으로 시끄럽고 정보적으로 압도적인 장소 중 하나라는 사실을 알 것이다. 하지만 오늘날 일본에서 당신은 여전히 침묵을 신성히 받드는 전통 문화적 요소를 찾을 수 있다. 사람들이 '사이'의 빈 공간에 귀를 기울이게 하기 위해 사회가 일부러 만든 신호를 찾을 수 있다.

차 사고가 나기 몇 년 전, 풀러가 아직 활발한 워커홀릭이었을 때, 그녀는 교육 때문에 정기적으로 일본에 가곤 했다. 풀러는 학생들을 만나 형식적인 질문을 했다. "오늘 아침 기분 어때요?" 이 질문은 대부분 긴 침묵이 이어진 후에야 답변을 받곤 했다.

풀러는 우리에게 말했다. "저는 항상 이렇게 생각했어요. '다들 내 말을 이해하지 못하는 것 같은데 다른 방식으로 말해 봐야겠어.' 그때 일본인 동료 유리 모리카와Yuri Morikawa가 저를 팔꿈치로 친근하게 쿡 찌르고는 이렇게 말했죠. '인사하실 때 그 사람과 잠깐 침묵하는 시간을 가져 보세요.'"

유리는 풀러에게 '마'를 가르쳤다. 풀러가 "오늘 아침 기분 어때요?"라고 물었을 때, 질문을 받은 학생들은 내면으로 들어가서 그 순간 **실제로** 자신의 기분이 어떤지 느껴 보는 기회로 받아들이곤 했다. 그리고 다시 질문에 대답하기까지 시간이 좀 걸렸다.

방금 만난 사람과의 대화에는 침묵을 막는 장애물이 없었기 때문에 그들은 말 없는 공간을 대화의 일부로 받아들였다.

풀러는 이제 당시의 이야기를 하며 웃는다. 세계를 여행했고 다른 문화 간 소통을 폭넓게 연구한 사람인 그녀에게도 실전에서 이 일은 근본적으로 새로웠다. 그녀는 옆구리에 팔꿈치 공격을 너무나 많이 받아야 했다.

시간이 흐르면서 풀러는 겉으로 문화적 기행奇行처럼 보이는 이것이 사실 심오한 무언가의 표현이라는 사실을 인식하게 됐다. 다른 사람의 침묵 속에서 느끼는 편안함이 만남에 존재와 진정성을 불러온다는 사실을 발견했다. 침묵은 가장 빠르고 시끄러운 횡포에 대한 해독제다. 만약 풀러가 문화적 환경에서 생겨난 자신의 충동을 극복하고 중간에 끼어들어 공간을 채우려 하지 않았다면 이런 만남들에 황금빛 햇살이 들어왔을 것이다. 순수한 가능성을 위해 길을 열어 줄 수 있었을 것이다.

･･･････

사회가 오늘날처럼 항상 시끄러웠던 것은 아니다. 하지만 **어떻게 내부적, 외부적 소음 한가운데서도 침묵을 알 수 있는가?**라는 우리의 의문이 아주 오래된 것도 어쨌든 사실이다.

프란치스코 교황은 이렇게 말했다. "내부의 소음은 어떤 사람이든 물건이든 따뜻이 받아들일 수 없게 만듭니다." 인류와 자연을 따뜻하게 받아들이는 것(삶을 긍정하는 것)에는 기꺼이 알지 못함 속에 떠 있고, 기꺼이 꽃처럼 살고, 기꺼이 침묵의 신비함 속에 서 있을 마음이 필요하다.

약간의 영원으로 삶을 가득 채우기 위해 종교인이 되거나 비밀 철학 협회의 회원이 될 필요는 없다. 앞으로 나올 장에서 우리는 소음의 세상에서 침묵을 찾는 실습을 시작할 것이다. 심리학이나 조직 설계 같은 분야에서 정보를 얻은 '일상 속의 조용함'과 신비주의적 근원에서 얻은 가르침을 현대의 삶에 적용하는 '열광적인 침묵' 모두를 찾아볼 것이다.

PART IV

침묵의 내면

CHAPTER 9

침묵 찾는 실전 가이드

욕설과 헐뜯는 말들이 오간다. 강철 봉들이 금속성 소음을 낸다. 오래된 텔레비전과 지직거리는 라디오의 시끄러운 소리, 결국 쿵쿵거리는 음악과 스포츠 해설의 위압적인 불협화음이 된다.

단 한 층의 철망이 그 모든 소음을 막아내고 있다.

2007년, 산 쿠엔틴 교도소에 사형수로 복역 중이던 마스터스가 사실 범죄를 저지르지 않았음을 암시하는 증거들이 쌓여 갔다. 캘리포니아 대법원은 검사들에게 마스터스 사건의 모든 증거를 재검토하라는, 다시 말해 재심을 위한 사전 준비를 명령했다. 한 활동가 단체는 마스터스가 사실 무죄임을 빈틈없이 증명하는 소송을 내고 공표했다. 그가 20년도 더 전에 교도관 살해 음모의 희생양이 됐다는 것이다.

그동안 감옥에서 마스터스는 좋은 사람, 다른 사람들의 이야기를 들어주고 그들을 상담해 주는 사람으로 인정받았다. 심지어 교도소 직원들에게도 말이다.

그의 사건이 항소심으로 넘어가면서 마스터스는 '교정 센터'라고 불리는 독방에서 동쪽 건물로 이감됐다. 그곳에는 외부 공간도 더 많고, 가끔 전화도 사용할 수 있으며, 초콜릿 바와 라면을 파는 매점에도 갈 수 있는 등 수감자들이 상대적으로 더 많은 자유를 누릴 수 있는 곳이었다.

마스터스는 산 쿠엔틴 교도소 역사상 가장 긴 기간인 22년 동안 독방에 감금돼 있었다. 교정 센터에서 동쪽 건물로 이감된 것은 개인적인 승리의 시간이었다. 하지만 마스터스가 동쪽 건물에 도착하자 소음이 그를 덮쳤다. 그는 발작을 일으켰는데, 수십 년 동안 처음이었고 인생을 통틀어 최악이었다. 누구에게든 독방을 추천하지는 않았겠지만, 그는 두꺼운 독방 문이 외부 소음을 관리하는 데 도움이 됐다는 사실을 깨달았다. 동쪽 건물에서는 그런 소리 장벽이 없었다. 그는 다시금 소음에 익숙해지기 위해 많은 시행착오를 겪어야 했다.

마스터스는 최근에 출간된 평전의 제목대로[1] 사형대의 불자 Buddhist on Death Row(데이비드 셰프 David Sheff가 마스터스의 삶에 대해 쓴 평전의 제목이 《Buddhist on Death Row》이고, 마스터스가 저자로서 직접 쓴 자서전은 《That Bird Has My Wings》다. —옮긴이) 로 알려져 있다.

그는 1991년 티베트 스승 착두 툴쿠 린포체 Chagdud Tulku Rinpoche

에게 서약을 했다. 수십 년 동안 마스터스는 미국의 여승이자 대중적인 저자 페마 쵸드론Pema Chödrön의 중요한 제자였는데, 그는 쵸드론을 애정 어리게 '마마Mama'라고 불렀다. 마스터스는 자서전을 출간했을 뿐 아니라 어려운 상황에서도 마음을 다스리는 작업에 대해 쓴 시로 펜PEN 상을 받았다. 보살을 꿈꾸는 불자로서, 마스터스는 모든 지각 있는 존재의 고통을 소멸시키기 위해 그가 할 수 있는 것을 하려 노력한다. 몇 년에 걸쳐 그는 170년 전에 지어진 산 쿠엔틴 주립 교도소의 근엄한 최고 보안 시설이 어쩌면 이 일을 하기에 어디에도 못지 않을 명당일지도 모른다는 깨달음에 도달했다.

우리가 마스터스와 이야기를 나눴을 때 그의 사건은 아직 항소심 중이었다. 그는 어떻게 산 쿠엔틴의 소음이 그저 청각적이지 않은지를 말했다. 그곳의 소음은 상상할 수 있는 한 가장 치명적인 내면적 소음 중 일부인, 두려움의 진동이다. 다가오는 공판, 행동 검토, 교도관과 성미 고약한 수감자 간에 벌어지는 매일의 상호작용에 대한 두려움이다. 어떤 이들에게는 사형선고가 다가오는 데 대한 존재적 불안이다. 그리고 거의 모든 사람에게(마스터스를 포함해) 폭력적인 가정이나 태만한 위탁 보호 시스템에서 얻은 어린 시절 트라우마와 아직 남아 있는 감정적 유령의 반향이다.

마스터스는 우리에게 이렇게 말했다. "이곳에서는 마음을 조용하게 **해야만 합니다**. 그러지 않으면 미쳐 버릴 테니까요."

1981년 19살의 나이로 교도소 안에 처음 발을 들였을 때, 마스터스는 머리 위로 손을 뻗어 쉽게 천장에 손바닥을 딱 붙일 수 있었다. 그는 '마치 산 채로 땅에 묻힌 것 같다'고 생각했다. 교도소가 마치 관처럼 느껴졌다. 그는 이 생각이 미치광이가 되는 지름길임을 알았다. 만약 그 길을 선택하기만 한다면 말이다.

그와 최근에 통화했을 때도 그의 목소리 너머로 분노와 활기가 뒤섞인 외침이 끊임없이 들려왔다.

"이 건물 사람들은 **꼭 제가 명상하려고만 하면** 시끄러워지곤 하더군요." 마스터스는 농담조로 말했다. "제 생각에는 대단한 음모 같은 것이 있는 듯합니다." 그는 이제 그저 웃어넘긴다. 건물 사람들이 어떻게 항상 그가 언제 명상하는지를 **정확히** 알아낸다는 건 불가능하기 때문이다. 시간이 지나면서 그는 소음의 주요한 원천이 자신의 내면적 수다라는 것을 이해하게 됐다. 그는 이렇게 말했다. "그냥 제가 제 마음속에서 시끄럽게 구는 거였어요. 소음에 대한 제 **반응**이 아마 가장 시끄러웠을 겁니다."

이 현실을 이해하는 것과 다른 길을 고려하는 것은 다른 문제다. 하지만 마스터스는 동쪽 건물에서 살아남기 위해서는 이 난관에 대처하는 방법을 찾아야 한다고 생각했다. "**저는 소음에 대한 제 반응을 조용하게 만듦으로써** 소음을 조용하게 만들기 시작했습니다."

요즘 마스터스는 동쪽 건물에서 가장 거친 소음에도 동요하지 않는다. 소음에 대처하는 방법을 찾았기 때문이다. 그는 정기적인 좌선 명상뿐 아니라 조용함을 찾기 위한 여러 실천을 한다. 예를 들어 레이더스Raiders와 49er(미식 축구 팀인 라스베이거스 레이더스와 샌프란시스코 포티나이너스를 의미한다.—옮긴이)의 경기 때처럼 누구도 그의 이름을 부르거나 그가 무엇을 하고 있는지 신경 쓰지 않을 때 《Finding Freedom(자유를 찾아서)》 원고를 썼다.[2] 교도소 안에서 점핑 잭jumping jacks이나 요가를 하면서 조용함을 찾는다. 천문학 공부를 하기도 하고, 일식을 볼 수 있는 다음 야외 운동 시간이 언제일지 계획할 때 조용함을 찾기도 한다. 마스터스가 처한 상황에는 스스로의 인식과 반응을 관리하기 위한 순간순간의 수련이 필요하다. 이것이 그가 소음 위에 머무는 방법이다.

마스터스는 친구이자 수사관인 멜로디Melody가 몇십 년 전 그에게 명상을 소개해 주던 때를 기억한다. 그는 이렇게 물었다. "미쳤어요? 제가 죽는 꼴을 보고 싶으신 건가요?" 그는 교도소에서 하지 말아야 할 행동 첫 번째가 바로 눈을 감는 것이라고 설명했다. 몇 년 동안 개인적인 좌절과 뜻하지 않은 사건들을 겪고 나서야 그는 사색적 실천을 하게 됐다.

마스터스는 이렇게 말했다. "이곳 사람들은 대부분 '명상'이라는 단어에 동질감을 가질 수가 없습니다." 또한 대개는 "와, 이거 멋진데"라고 생각하지 않는다고 웃으며 이야기했다. "그들은 항상 처음에는 '명상하는 척하고 있네'라고 생각할 겁니다. 왜냐하면 당신이 그렇게 조용히 있을 수가 없다고 생각하거든요…. 그들은 당신이 실수하기만을 기다리고 있죠."

마스터스는 산 쿠엔틴의 누구에게도 자신을 따라 하라고 설득하지 않지만, 가끔은 사람들이 그에게 조언을 구하러 온다. "제 경험에 의하면 무언가를 하기 전에 곤경에 처해 봐야 합니다." 대부분은 마스터스가 동료 수감자에게 침묵을 소개해 줄 틈을 찾게 되는 것도 그 동료가 곤경에 처한 후였다. 그는 전형적인 시나리오를 설명해 줬다.

평소 손끝만 닿아도 폭발할 듯한 성질을 가진 한 남자가 교도관들에게 욕설을 했다는 이유로 독방에 던져지기 직전이었다. 마스터스는 자신이 한때 그런 사람이었다고 인정했다. 변화를 유발할 수 있는 또 다른 시나리오는 수감자가 사랑하는 사람을 잃을 때다. 비통함은 좋은 평형추다. 이런 사람들은 그를 찾아와 이렇게 묻는다. "대체 그거 어떻게 하는 거야? 지금 머릿속이 너무 복잡한데."

마스터스는 그들에게 수트라를 읽으라거나 만트라를 공부하라고 하지 않는다. 대신 고통과 혼란 속에서 스스로를 위해 작은 조용함을 찾는 법을 상담해 준다. 그의 말에 따르면 정말 중요한 단계는 그들이 말하기, 불평하기, 비난하기, 집착하기의 한계를 깨닫는 순간이다. 대개 '이제는 나도 입 좀 다물어야겠는데' 같은 포부로 표현된다. 마스터스는 이것이 아주 좋은 시작이며, 우리 모두 '더 이상의 악의를 만들지 않고자 하는' 지점에 도달해야 한다고 덧붙였다.

......

마스터스는 산 쿠엔틴 교도소의 소음에 대처하는 실천을 생각하면서, 놀라울 정도로 중요한 자원 하나가 그의 내면에 생겨났다는 사실을 깨닫는다. 바로 연민 compassion이다.

몇 년에 걸쳐 의식 속에서 찾은 조용함을 통해 그는 주변에 실제로 벌어지는 일에 더 많은 주의를 기울이기 시작했다. 이전에는 운동장에서 농구나 근력 운동을 함께 하면서 시간을 보내는 사람들에 대해 많이 생각한 적이 없었다. 하지만 마음속 소음이 물러나면서 그는 그들의 손이나 얼굴에서 희미한 상처들을 알아채기 시작했다. 그런 상처 하나마다 그들만의 이야기가 있을 것이라고 직감했고, 조심스럽고 예의 있게 질문하기 시작했다. 어떤 사람들은 불쾌해했지만 몇몇 사람들은 사연을 털어놓았고, 그 사연이란 것에는 종종 어릴 때 얻어맞거나 방치된 경험이 담겨 있었다. 마스터스는 침묵에 도덕적 차원이 있다는 생각을 했다. 그것을 통해 혼자만의 여행을 벗어나 약간의 공감을 기를 수 있었다.

이전에 건물의 모든 소동이 명상 실천을 방해하던 시절, 마스터스는 도덕적 판단으로 가득 찬 생각에 사로잡히곤 했다. "이런 생각을 자주 했어요. '이놈들은 미쳤어.' 하지만 시간이 지나면서 '이 사람들은 한두 평밖에 되지 않는 교도소에 갇혀 사형될 날만 기다리고 있다'는 사실을 떠올렸어요. 이 사람들은 그저 비명과 고함으로 본성의 일부를 표출하며 문제에 대처하고 있다고 생각하게 됐죠. 그리고 이런 상황에서는 그들의 행동이 꽤 정상일지도 모른다는 사실을 깨달았어요."

어느 날, 마스터스는 자기 자신에게 물었다. "이 사람들이 고통받는 원인은 무엇이지?" 그는 각 수감자의 구체적인 정보를 살펴본 뒤, 멀리 떨어져 더 큰 그림을 봤다. 곧 그의 질문이 모든 고통의 근원에 대한 것임을 깨달았다. 그는 궁금했다. '여기서 **정말로** 무슨 일이 벌어지고 있는 것일까?', '그들의 상처는 언제 어디서 시작됐을까?' 그는 다시 자신의 현실을 확대해 들여다봤다. '나는 무엇 때문에 고통받고 있는가?' 그 지점에서 그는 자신과 다른 수감자들이 그다지 다르지 않음을 깨달았다. 그래서 더 경청하기로 결심했다.

마스터스는 우리에게 이렇게 말했다. "**진정으로** 들으려면 마음을 조용하게 해야 합니다."

몇 년의 실천 끝에 마스터스는 그동안 소음 때문에 스스로가 냉담해졌다는 사실을 깨달았다. 무의식중에 마치 자신이 어느 수도원에라도 있는 것처럼 행세했고, 산 쿠엔틴의 소리 풍경을 인식하지 않으려 했다. 그는 현실에 저항하는 것을 그만두어야겠다는 결론을 내렸다. 자신의 삶을 받아들여야 했다. 다른 사람들을 자신의 마음속으로 받아들여야 했다. 건물에서 들려오는 그 모든 '비명과 고함'이 그가 내면적으로 소리와 자극 쪽을 지향하도록 바뀌었다. 그는 이렇게 말한다. "저는 여러 가지를 더 온화한 방식으로 느끼기 시작했습니다."

마스터스는 잠시 멈추고 회상했다. "저는 소음을 조용히 하도록 소음을 불러들이기 시작한 겁니다."

……

2020년 말, 마스터스와 처음 이야기를 나눴을 때 그는 그해 초에 어떻게 가장 깊은 침묵을 경험했었는지 들려 줬다. 마스터스는 코로나19에 걸렸다. 그것도 **아주 심하게**. 처음 두세 달은 운 좋게 피해 갔지만, 결국 산 쿠엔틴 교도소에도 바이러스가 급속히 퍼졌다. 그후 처음 며칠 동안 그는 당뇨병이 있는 옆 교도소 수감자를 안심시켰고, 그러다가 그 사람이 점점 약해지면서 결국 죽는 것을 지켜봤다고 했다. "그때쯤 저도 아팠기 때문에 무서워 죽겠더군요." 산 쿠엔틴의 상황은 대단히 심각했다. 〈뉴욕타임스〉는 코로나19를 대대적으로 보도했다.

> 수많은 고령의 수감자들이 교도소 밖에 '면역 손상'이라고 손으로 쓴 팻말을 내걸었습니다. 교도관들이 주위에 올 때 마스크를 끼게 하기 위해서입니다. 한 수감자에 따르면 다른 수감자들은 바이러스에 걸리는 것이 두려워 교도소 밖으로 나오기를 거부한다고 합니다. 또한 최근 며칠 동안 바이러스에 걸린 수감자들이 일어날 수 없는 상태가 될 때마다 교도관들의 무전기에는 '사람이 쓰러졌다!'는 고함이 계속 들려왔습니다.[3]

마스터스는 열이 올랐고 편두통이 심해졌다. 코로나19가 처음 미국에서 발병하고 난 뒤 겨우 3개월 지났을 때였고, 모든 치료가 예비 단계에 머물러 있었다. 그는 한 의사가 교도소로 와 처방약이 든 병을 하나 줬던 것을 기억한다. 병 뒷면에 약의 부작용이 적혀 있었다. "그것을 힐끗 보자마자 '이 알약이 나를 **죽이겠군!**'이라는 생각이 들었습니다. (…) 간 통증, 두통, 심장 통증, 고혈압, 심장마비 위험, 발과 다리 저림 등등을 주의하라…. 그리고 곧 이런 생각이 들었죠. '이거 **정체가** 대체 뭐야?'" 피로, 질병, 슬픔이 섞인 꿈같은 상태에서 그는 그저 병에 붙은 라벨을 응시하며 고통스러운 부작용 목록을 읽고 또 읽었다. 그와 똑같은 질병으로 고통받고 있는 전 세계의 모든 이들에게로 마음이 향하는 동안.

그때 그의 머릿속에 이런 말이 떠올랐다. '지금 이건 네 일이 아니야.' 그 순간 마스터스의 의식은 마치 산 쿠엔틴에서 맨 처음 코로나19로 사망한 옆 교도소 수감자처럼 기저 질환을 가지고 있던 모든 사람에게로 확장됐다. 그는 깨달았다. '지금 이 순간, 너보다 더 아픈 사람이 너무나도 많잖아.'

그는 바로 그 순간 심장이 약해 심장마비를 겪고 있을 사람들을 생각했다. 아이를 잃게 될, 바로 그 순간 아이를 잃고 있을지도 모를 모든 어머니들을 생각했다. 마스터스의 마음이 활짝 열렸다. 그는 그 사람들의 고통에 합류했고, 그 자신보다 훨씬 더 큰 무언가에 포함된 기분이 들었다. 그의 말을 그대로 옮기자면 이렇다.

마치 고통을 겪고 있는 너무나도 많은 사람에게 애도를 표하는 것 같았고, 거기서 나아가 끊임없이 저 스스로에게 말하기 시작했습니다. "너는 혼자가 아니야. 혼자가 아니야. (…) 이겨 낼 수 있어."

그러자 저는 이내 조용해졌습니다. 제가 깨어 있는지 자고 있는지도 알지 못했습니다. 그 정도로 조용했던 거죠. 그 질병에서 벗어나기 위해서는 그런 기분을 느껴야 했습니다.

우리는 마스터스와 이 경험의 의미에 대해 아주 오랫동안 이야기를 나눴다. 이상하고, 갑작스럽고, 치유되는 침묵과의 만남에 대해. 그는 그에게 번쩍 찾아온 한 줄기 통찰을 설명하며 이렇게 말했다. "저는 그런 종류의 일들을 기적이라고 부르지 않습니다. 하지만 제게 그것은 선물이었어요. 제가 그것을 인식하고 받을 수 있는 상황에 있었다는 자체가 말입니다."

내 통제 권역 안에는 무엇이 있는가

소음의 세상에서 어떻게 침묵을 찾을 수 있을까?

답은 사람마다 다를 것이다. 때로 그 침묵은 즉흥적이다. 하지만 대개는 의식적인 노력의 결과물이다.

인간으로서 우리 각자는 조용함을 찾는 서로 다른 수단을 가지고 있다. 명상 스승인 마스터스조차도 명상하며 혼자 앉아 있는 것이 유일한 방법은 아니라고 말할 것이다.

어떻게 매일을 보내고 삶을 구성할지 선택할 때도 우리는 각자 다른 수준의 자율성을 가진다. 홀로 아이를 키우면서 최저 임금을 받으며 정규직으로 일하는 사람은 은퇴자, 대학생, 자영업자와 다르게 자신의 하루 일과를 마음대로 정할 수 없다. 이렇게 상이한 자율성 수준은 우리가 일상 속에서 언제, 어떻게 침묵을 찾을 수 있는지에 영향을 끼친다.

마스터스는 이 자율성 범위의 가장 끝에 있는 사람이다. 그는 하루 중 23시간을 교도소에서 보낸다. 교도소 체계가 삶의 거의 모든 측면을 통제한다. 거기에는 그가 샤워를 해도 되는지까지 포함된다. 마스터스에게는 사실상 자신을 둘러싼 소음과 방해 수준에 통제력이 전혀 없다. 하지만 그는 자신의 삶에서 소음을 관리하는 데 능숙해졌다. 그는 침묵의 기간을 관장할 수 있다. 웅웅대는 불안과 두려움의 진동을 조절할 수 있다. 비록 조용하고 고요한 순간이 희소하지만, 그는 깊은 주의력을 발휘해 그런 순간으로 들어갈 수 있다.

아마 가장 중요한 점은 자비로운 침묵이 삶을 축복할 때 그가 온전히 존재할 수 있었다는 것이다. 마치 약병에 붙은 라벨을 읽고 '지금 이건 네 일이 아니야'라는 말을 들었을 때처럼. 마스터스의 말대로라면, 그는 감사한 마음을 품은 채 '그것을 인식하고' 또 '그것을 수용할' 수 있었다.

침묵 전문가를 찾고 있다면 확실한 장소는 수도원 생활을 하는 수도승이나 산장에 사는 은둔자 사이일 것이다. 하지만 그러면 아주 중요한 사실을 놓치게 된다. 우리는 마스터스에게 기대를 건다. 왜냐하면 그는 극도로 시끄럽고 참혹한 장소에 살기 때문이다. 멀리 히말라야 산속에 은둔하는 사람들에게서 침묵을 찾는 것도 하나의 방법이지만, 불안과 오염된 소리 풍경, 두려움, 트라우마 한가운데서 찾는 것도 또 다른 방법이다. 오히려 그쪽이 지금 살아 있는 대부분의 사람들과 연관이 있을 테니까.

마스터스에게 침묵을 찾는 데 가장 중요한 점은 그의 **통제 권역** sphere of control 을4 결정하는 것이었다. 처음 '마치 산 채로 땅에 묻힌 것 같다'고 생각했을 때, 그는 본능적으로 알았다. 이런 생각의 고리가 재앙과도 같다는 것을 말이다. 거기에 진실의 일면이 담겨 있는 것처럼 보였을지라도. 그가 통제력을 가져야 했다. 그 생각을 뿌리 뽑을 의지력을 찾아야 했다. 그리고 마스터스는 그렇게 했다. 불교적 실천을 통해 공식적인 마음 훈련을 시작하기 몇 년 전이었지만, 당시에도 그에게는 개인적인 좌우명이 있었다. 펑커델릭 Funkadelic의 리더 조지 클린턴 George Clinton의 노래 제목이었던 〈마음이 자유로워지면 몸은 따라온다 Free Your Mind and Your Ass Will Follow〉였다. 그제서야 그는 자신의 상황에 대한 통제력의 윤곽을 이해하는 데 한 걸음 나아갈 수 있었다. 그제서야 그는 약간의 자유를 찾을 수 있었다.

우리는 대개 '통제'라는 단어에 회의적이다.

우리는 확률적인 세상에 살고 있다. 이곳에서는 우리 뱃속의

미생물부터 연방준비제도이사회의 금리 정책, 하늘의 행성과 별의 배치까지 수억 가지의 보이거나 보이지 않는 힘이 우리 주변의 모든 것을 형성한다. 그럼에도 이 **통제 권역** 개념은 우리가 시끄러운 세상에서 길을 찾으려 노력할 때 아주 유용할 수 있다.

리는 저스틴이 곤경에서 빠져나올 수 있도록 도와주기 위해 **통제 권역** 개념을 제안한 적이 있다. 당시 저스틴은 활화산 같은 사람과 일적으로 얽혀 있었다. 정치 분야에서 영향력 있지만 아주 변덕스러운 사람이었다. 그 일은 저스틴이 믿음을 가졌던 긍정적인 사회적 명분을 지지했고, 성장기 자녀들이 있는 가족을 위해 재정적으로도 좋은 기회였다. 하지만 그 일이 그의 세상에 계속해서 소음을 만들었다.

어떤 소음은 아주 일상적이다. 과도하게 많은 이메일과 문자메시지, 전화 통화, 화상회의 등등. 하지만 더 미묘한 것들도 있다. 5분 대기조처럼 언제나 응답하기를 바라는 해로운 기대 그리고 평범한 대화를 긴장으로, 심지어 노골적인 적대나 논쟁으로 바꾸는 경향 같은 것 말이다. 갈등을 피하기 위해 저스틴은 휴대전화를 가까이 두고 호출기를 켜 두었다. 그런 아부하는 태도가 긴장을 완화하는 데 도움이 되리라는 희망에 강박적으로 호출기를 확인했다. 하지만 그렇지 않았다. 저스틴이 노력에 노력을 거듭하는 동안 그의 의식 속 소음도 자라났다. 그의 내면적 독백이 불편한 대화들을 반복 재생했고 종말과도 같은 시나리오를 보여줬다. 신경이 고전압 전깃줄처럼 웅웅댔다.

저스틴은 스트레스가 많은 일들이 낯설지 않았고, 오랫동안 명상 스승이자 학생이었다. 그래서 꽤 괜찮은 일련의 대처 메커니즘을 마련해 두고 있었다. 아니, 그 스스로는 그렇다고 생각했다. 짧은 명상을 위해 떠나 있거나 어떤 인지 재형성 전략을 도입할 때면, 그는 자신이 순탄한 항해로 돌아왔다고 생각하곤 했다. 하지만 또다시 고객에게 돌아가거나 내면적 소음의 또다른 회오리 속으로 휩쓸려 들어가곤 했다. 그는 이런 패턴이 어떻게 악순환으로 이어지는지 알게 됐다. 원치 않는 대화가 이루어지고, 밤낮 없이 전자 기기를 확인하면서 더 많은 걱정과 집착이 이어졌다. 기진맥진한 그는 친구들과 통화하며 거친 위로를 건네거나, 늦은 밤 폭식에서 위안을 찾거나, 넷플릭스를 틀고 라틴아메리카에서 가장 맛있는 해변 푸드 트럭들을 보면서 더 많은 소음으로 그 엉망진창을 덮곤 했다.

그 소용돌이 속에서 저스틴은 자기 자신에 대해 무언가 대단히 불편한 사실을 알아차렸다. 그런 순간들이 닥칠 때마다 그는 침묵을 찾으려 **할 수 있었음에도** 노력하지 않았다. 스스로를 대면하고 싶지 않았다. 현실을 직면하는 것보다 기분 전환을 찾는 편이 더 나았다.

리는 전화로 저스틴에게 안부를 묻다가 그 상황에서 **그가 갈망하는 것이 무엇인지** 물었다. 그가 상상할 수 있는 최상의 시나리오는 무엇이었는가? 저스틴은 사막에 높이 뜬 태양 아래 잠시 자리를 잡았다. 몇 번의 깊은 호흡을 들이마셨다. 그는 잠깐의 휴식이나 일과 삶의 균형 같은 것을 갈망하지 않았다. 그는 특정한 감정, 거의 에너지에 가까운 것을 갈망했다. 이른 아침 잔잔한 대양 앞에 서 있는 이미지가 떠올랐다. 그가 이 갈망을 묘사하자, 리는 그가 가장 **두려워하는 것이 무엇인지** 물었다. 그는 이런 소음을 계속 견뎌야 한다는 것과 대양 같은 '재설정'의 감정으로부터 떨어져 있어야 한다는 것이 두렵다고 말했다.

리는 저스틴에게 이미지를 하나 제시했다. **궁수의 과녁**이었다. 그리고 그에게 이렇게 말했다. 안쪽의 원은 그가 **통제**할 수 있는 것이고, 중간의 원은 그가 **영향을 끼칠** 수 있는 것이고, 바깥쪽의 원은 **다른 모든 것**이라고. 리는 안쪽의 두 가지 원에 집중하라고 말했다.

저스틴에게 이것은 "일단 일자리부터 구하고 그다음에 때려치워 Take this job and shove it (조니 페이첵 Johnny Paycheck이라는 컨트리 가수의 노래 제목. —옮긴이)" 같은 순간이 아니었다. 적어도 단기적으로는 이 위치에서 떠날 수 없었다. 그래서 그는 자신의 **통제 권역** 안에 무엇이 있는지 그리고 **영향 권역** 안에 무엇이 있는지 더 체계적으로 바라보기 시작했다. 삶에 필요한 조용함을 되찾을 자율성을 아직 발휘할 수 있는 부분 말이다.

통제 권역 틀을 이용해 저스틴은 소음이 발생할 조짐을 보일 때 몸의 감각과 마음의 수다에 주의를 더 기울여 봤다. 가끔 즉흥적으로 집중하는 연습을 하기보다는 다양한 전략 조합을 활용해 매일의 침묵을 찾아보는 훈련을 했다. 오래전에 배웠던 호흡 연습과 태양광 아래의 짧은 휴식, 정기적으로 휴대전화 없이 떠나는 하이킹 등이 있었다. 또한 지금과 같은 업무 조정을 계속할 수 있을지 더 많이 걱정한다고 해서 그가 상황에 **영향을 끼칠** 수 있을지도 생각했다. 소음이 자신의 마음과 몸에 어떤 결과를 남길지 곰곰이 생각한 후, 그는 고객과 새로운 규칙에 대해 다시 논의했다. 대화는 그가 예상했던 것보다 더 좋게 흘러갔다. 마침내 저스틴은 삶에서 약간의 침묵을 누릴 가능성을 되찾았다.

가장 중요한 점이 있다. 저스틴은 무언가 소중한 것이 실제로 그의 **통제 권역** 안에 있음을 발견했다. 마스터스가 말했듯 그도 소음에 대한 반응을 조용하게 함으로써 소음을 조용하게 할 수 있었다. 그는 자신의 인지와 반응을 더 익숙하게 연구했다. 소음 자체가 악당은 아니었다. 물론 때로는 짜증 나고 심지어 고통스럽기도 했다. 그러나 소음은 기저 환경에서 무언가 변화해야 한다는 점을 시사했다. 약간의 거리를 두고 지켜보자 저스틴은 소음 중에서도 최악인 내면적 소음이 고객에 관해서도, 일 자체에 관해서도 잘못된 방식으로 움직인다는 사실을 깨달았다. 그는 결과에 너무 큰 애착을 보였다. 그리고 변화를 만드는 힘은 온전히 저스틴에게 있었다.

······

우리가 바꿀 수 있는 것과 바꿀 수 없는 것을 아는 순간, 일종의 해방감이 찾아온다. 주식 시장이나 세계의 문화적 선호도 같은 복잡한 시스템은 우리가 개인적으로 **영향**을 끼칠 수 있는 영역 밖에 있다. 앞에서 언급한 과녁에서 보자면 **다른 모든 것**의 원에 해당한다. 지역의 투표 방식이나 배우자의 행동 같은 문제는 때때로 우리가 **영향을 줄 수 있는** 사건의 영역에 해당한다. 하지만 당신이 앙겔라 메르켈Angela Merkel이나 워런 버핏Warren Buffett, 비욘세Beyoncé가 아니라면 당신이 **통제할 수 있는** 요인의 수는 아마 적을 것이다. 하지만 그래도 괜찮다. 사실상 우리에게 필요한 건 과녁 중앙부의 작은 공간이다. 가장 중요한 일들은 안쪽에서 일어나기 때문이다.

이 세상의 소음을 초월하기 위해서는 고급 맞춤 귀마개나 휴대전화가 터지지 않는 산장에서 하는 '디지털 디톡스' 이상의 것이 필요하다. 저스틴이 경험했듯 심장과 마음의 '활쏘기'가 필요하다. 많이 연습할수록 활과 화살을 더 잘 다루게 되는 것처럼 이런 활쏘기도 많이 할수록 개선된다.

살면서 어느 정도의 소음은 피할 수 없다. 하지만 고요한 내면적 소리 풍경을, 조용한 의식을 우리의 목표로 삼을 수 있다. 우리의 **통제 권역**과 **영향 권역**에 무엇이 있는지 밝힐 수 있고, 그에 맞춰 **다른 모든 것**이 아닌 우리가 원하는 것이 있는 쪽으로 삶의 방향을 트는 전략을 세울 수 있다.

우리는 이제 침묵을 찾는 구체적인 전략을 살펴볼 것이다. 하지만 이 전략을 적용하기 전에 언제 필요한지 알아야 한다. 다른 말로 하면 언제 너무 많은 소음이 있다고 볼 수 있는지를 말이다.

소음의 신호에 주의 기울이기

마스터스는 매일의 실천을 할 때 소음에 대처하려 노력하면서 엄격한 형식을 두지 않는다. 즉, **통제**나 **영향**을 언제, 어떻게 적용할지 파악하면서 그는 반드시 필요한 시작점이 있다고 강조한다. 바로 **주의 기울이기**다. 그는 머릿속 생각과 몸의 감각을 찬찬히 살핀다. 그리고 우리가 끊임없이 방향을 틀어 올바른 경로로 갈 수 있도록 아주 작은 신호라도 찾아봐야 한다고 강조한다.

챕터 4에서 우리는 신호와 소음을 어떻게 구별해야 할지 다뤘다. 소리와 자극 중에서도 당신에게 무엇이 필요한지를 보여 주는 종류와 우리 의식에 불필요한 주장을 하는 종류를 구별해 봤다. 우리 내면에는 스스로의 마음과 몸 안에서 찾을 수 있는 중요한 신호가 있다. 너무 많은 소음이 스며들도록 방치했음을 알리는 개인적 신호다. 즉, 우리가 지나치게 많은 자극이나 방해를 받게 됐다는 것이다. 이런 신호를 인식하고 그에 따라 행동할 수 있는지가 중요하다. 마스터스는 하나의 예시를 우리에게 소개했다.

"요새는 아주 작고 사소한 것들이 저를 괴롭힙니다. 제가 아침 식사를 받고 나서 다시 식판을 봤더니 버터가 없어졌을 때처럼 말이죠." 그는 당시 상황을 이렇게 설명했다.

"버터 어디 갔어?"

그들은 이렇게 말합니다. "너 버터 안 가져왔어, 마스터스."

더 나쁜 상황도 있어요. "거기 식판 위에 있잖아."

실제로는 없는데 말입니다.

그게 매번 저를 짜증 나게 해요. 허를 찔리죠. 그렇게 큰일이 아닌데도 세상에서 가장 큰일처럼 받아들여요. 무슨 말인지 아시죠?

마스터스에게 '작고 사소한 것들에 꽂혀 버리는' 감정은 초기 신호다. 좋은 소식은 몇 년 동안 연습을 해 오다 보니 어떻게 하면 빠르게 재조정되는지 알았다. 그는 '꽂혀 버린' 상태임을 알려 주는 신호를 감지하기 위해 자신의 생각을, 감정을, 행동을 이해하는 것을 개인적인 목표로 삼았다. 이런 자기인식이 산 쿠엔틴(또는 이 문제에서는 바깥)에서는 흔치 않지만, 마스터스는 생존을 위해 필요하다고 생각했다. 활기 넘치던 그의 말투가 이런 말을 하면서 진지해졌다. "당신의 삶 전체가 바뀌는 데 2초밖에 걸리지 않습니다. 특히 이곳에서는요. (…) 2초 후에 제가 어디 지하 감옥 안에 있을 수도 있으니까요."

마스터스가 너무 '자신의 머릿속에만' 있을 때도 과잉 소음을 알리는 주요 신호가 발생한다. 즉, 무엇이 옳고 그른지, 누구를 비난해야 하는지, 삶이 왜 이런 방식으로 흘러가야 하는지 머리로 정당화하는 데 사로잡혀 있을 때 말이다.

"논리는 여행이에요. 아시나요?" 그는 웃으며 말했다.

문제는 생각 그 자체가 아니다. 과잉 생각이 가져오는 고통이 문제다. 마스터스는 이렇게 설명했다. "우리는 자기 자신을 정말로, 너무나 잘 흔들어 놓는 방법이 뭔지 알아요. 그 방면에서는 전문가죠."

하지만 그는 우리가 너무 많이 생각한다고 덧붙였다. "주변 사람들을 아끼고, 자신이 지지하는 명분을 신경 쓰니까요." 그 신호들이 문제가 아니다. 신호는 우리에게 아주 중요한 무언가를 말해 준다. 마스터스는 우리에게 신호를 억압하라고 조언하는 것이 아니다. 세심한 주의를 기울이고 그에 따라 우리의 반응을 관리하라는 것이다.

마스터스처럼 우리도 자신만의 신호를 연구하고 있다. 우리는 외부적 자극과 내부적 수다가 너무 많다고 알려 주는 명백한 신호를 인식한다. 과민성과 동요, 사고과 행동의 경직성, 자동반사적 방어, 듣기에 대한 혐오(우리의 배우자나 연인이 증명할 것이다) 등이다. 이런 신호는 목이나 횡격막, 엉덩이, 아래허리가 뻣뻣해지는 증상과 함께 찾아오곤 한다. 때로는 호흡이 얕아지거나 급해지는 느낌이 든다.

이런 육체적인 감각은 그 자체로도 중요한 신호다. 우리 의식 가장자리에는 분노나 절망처럼 시끄러운 감정들(내가 세상에서 가장 하찮은 존재 같은 기분이 들게 하는 것들)이 산다. 이런 감정으로 인해 리가 한밤중에 공황 발작을 겪을 수도 있다. 저스틴은 만성적인 고통이 될 정도로 턱을 앙다물 것이다. 이런 신호에 대한 우리의 자동적인 반응은 어디서든, 언제든 일어난다. 하지만 이것은 더 깊은 부조화의 핵심 지표이며, 무시해 버리면 계속 일어날 가능성이 크다. 만약 바꿔어야 할 무언가가 있다면 그런 신호들이 더 커지고 당신의 주의를 더 잡아끌 것이다.

우리는 신호가 우리를 찾아오기를 기다릴 수도 있고, 주도적으로 그것을 찾아 나설 수도 있다. 이때 다음과 같은 질문을 해서 소음의 상세한 목록을 만들 수도 있다.

바로 지금 소음이 어떤 모습인가? 청각적, 정보적, 내면적으로?

지금 무엇을 느끼는가? 어떤 신호가 발생하는가?

소음이 몸에서 어떻게 느껴지는가? 기분에서, 관점에서, 초점에서 소음이 어떻게 스스로를 드러내 보이는가?

소음이 일과 행동에 어떻게 반영되는가? 관계의 분위기에는 어떤가?

일단 삶의 소음이 실제로 어떤지를 느끼면 얼마나 작은 변화든 그것을 만들어야 하는 중개자에게 적용시킬 수 있다. 그것은 우리의 목적을 위해 빨고, 헹구고, 반복하기를 되풀이하는 과정이다. 즉, 목표를 설정하고, **통제 권역**과 **영향 권역**을 평가하고, 신호를 알아채고, 반복하는 것이다.

······

　마스터스는 극한의 소음 중에서도 침묵을 찾는 기본 원칙들을 알려 준다. 그는 우리가 청각적, 정보적, 내면적으로 경험하는 소음의 본성을 연구한다. 또한 들어오는 신호를 정확하게 감지하고 그 사이로 길을 안내하는 전략을 나눈다.

　앞으로 나올 내용에서 우리는 이 기반을 세우고 침묵을 찾는 실전 가이드를 제시할 것이다. 내부적, 외부적 소리 풍경의 목록을 어떻게 만들지 구체적으로 살펴보고 개인으로서, 가족으로서, 팀으로서, 사회로서 소음을 넘어서는 데 통제와 영향을 적용하기 위한 실천 아이디어를 살펴볼 것이다. 또한 **바로 그 순간에 소음을 관리하는 실천과 하루 또는 한 주에 걸쳐 침묵을 찾는 의식, 일년 이상에 걸쳐** 우리의 삶에 변화를 가져올 황홀한 침묵을 만날 가능성을 살펴볼 것이다.

CHAPTER
10

심원한 침묵 속으로

리에게는 고백할 것이 있다.

그녀는 흡연자였다. 사실 흡연자였다는 고백 자체가 그다지 대단하지는 않다. 그녀가 애연가였다는 것이 문제다. 리는 담배가 입술에 매달려 있을 때의 부드러운 입맞춤을 사랑했다. 담배를 처음 빨아들일 때 나는 '치익' 소리를 사랑했다. 담배 연기가 햇살 속으로 소용돌이치며 피어오르는 모습을 사랑했다. 그녀의 가족이 믿고 있는 것과는 반대로 리에게 숨을 깊게 들이쉬고 내쉬는 법을 가르쳐 준 것은 (요가가 아니라) 흡연이었다.

그렇지만 담배를 끊을 이유는 충분했다. 끈질긴 기침, 계속 오르는 담뱃값, 밤에 침대 속으로 파고들 때 머리카락에서 나는 연기 냄새. 그리고 물론 무엇보다 오래 건강한 삶을 살고 싶은 그녀의 소망이다.

금연하는 데 그렇게 오래 걸린 이유에 대해 돌아보면 흡연이 선사하는 아주 큰 혜택에서 떠날 수 없었기 때문이 아닐까 한다. **그때 누리는 잠깐의 침묵** 말이다. 단순하게만 계산해 봐도 그런 잠깐의 시간이 모여 하루에 2시간 30분이 된다. 잠깐이라기보다는 꽤 큰 구멍에 가깝다. 최근 몇십 년 동안 대부분의 흡연자들은 중독을 끊어낼 때 하루 중 사회적으로 허용된 휴식도 끊어야 했다. 특히 직장에서 말이다.

최근 에든버러 대학교와 영국의 대표적인 독립 사회 연구 기관의 스코틀랜드 지부 학자들은 오늘날 젊은 사람들이 담배를 선택하는 이유에 대한 질적 연구를 발표했다.[1] 그들은 한 연구 참가자가 실제로 한 말을 출판물 제목으로 사용했다. "담배를 피운다고 말해라, 그러면 휴식을 더 많이 가질 수 있다." 연구진은 "특정 직업 환경, 특히 서비스업과 콜센터와 같은 끊임없이 일이 밀려드는 직업에서는 흡연자라는 것이 짧은 휴식을 취할 수 있는 중요한 혜택을 가져다줬고, 경우에 따라서는 휴식을 취할 수 있는 유일한 방법이었다"고 밝혔다. 저자들은 이를 더욱 상세히 설명하며 "이러한 직업은 대개 저임금, 저숙련 직종이며, 일반적으로 노동권이 더 열악한 환경에 속한다"고 덧붙였다.

이 연구 결과에 대해 잠시 생각해 보자. 많은 사람이 단지 일터에서 벗어나 휴식을 취할 다른 방법이 없다는 이유로 증명된 발암물질을 의식적으로 선택한다. 이것은 조용한 시간을 향한 인간의 충족되지 않은 욕구에 대해 많은 의미를 품는다.

이런 의문도 떠오른다. **흡연 휴식을 무엇으로 건강하게 대체할 수 있을까?** 다시 말해 직장, 가정, 머릿속 걱정에서 오는 소음에 압도되는 기분을 느낄 때 당신은 무엇을 하고, 어디를 가고, 어떻게 재설정 버튼을 누르는가?

매일 필요한 잠깐의 침묵을 어디서 찾을 수 있을까? 컴퓨터에서 5분 동안 떨어져 있을 수도 있다. 아이가 장난감에 정신을 빼앗긴 15초밖에 없을 수도 있다. 얼마나 짧은 순간이든 침묵의 양에 집중하지 말고 침묵의 질에 대해 생각해 보자. 모든 소리와 자극 사이에 있는 공간으로 얼마나 깊게 뛰어들 수 있는가?

이 챕터에서 우리는 하루 동안 잠깐의 침묵을 찾는 다양한 전략을 알아볼 것이다. 엄격하게 이 전략을 따르라는 지시라기보다는 당신이 보조로 삼을 만한 아이디어와 영감에 가깝다. 당신이 자신의 생활 환경, 선호, 욕구를 안다면 말이다. 그리고 자신의 **통제 권역**과 **영향 권역**에 무엇이 있는지 안다면 말이다. 여기서 우리가 유용하고 매력적인 전략을 적용하라고 추천하기는 하지만 '아니! 그건 아니야!'라는 강력한 반응이 생긴다면 그 반응을 조금 더 자세히 들여다봐야 한다는 사실을 기억해야 한다. 무엇이든 강력한 반응을 유발한다면 당신에게 알려 주고 싶은 것이 있기 때문이다.

아직은 가장 심원하고 변혁적인 침묵을 찾는 작업에 들어가지는 않을 것이다. 그 내용은 다음 챕터에 등장한다. 하지만 기억해야 한다. 가장 심원한 침묵이 찾아왔을 때 이런 순간순간의 실천,

즉 잠깐의 침묵이 그것을 인지하고 수용할 우리의 능력을 차근차근 쌓는다.

마찬가지로 아직은 관계에서, 가족에서, 조직에서 소음을 관리하는 연습에 바로 뛰어들지 않을 것이다. 이런 이야기도 나중에 등장한다. 일단 앞으로 나올 내용의 기반을 만들기 위해 대부분 우리의 통제 권역 안에 있는 개별적 실천에서 시작하고자 한다.

탐색을 시작하기 전에 당신에게 알리고 싶은 몇 가지 전반적인 권고사항이 있다.

첫째, **열린 마음을 가지라**. 사슬톱으로 조각 작업을 하면서 내면의 몰입적 침묵을 찾은 사람을 기억하는가? 털털거리는 모터와 날아다니는 부스러기 사이에서 그 사람의 내면적 소음은 녹아 없어진다. 조슈아 스미스는 우리에게 이렇게 말했다. "누군가가 조용하다고 **생각하는** 그것이 바로 조용함입니다." 그러니 침묵을 찾기 위한 실천을 살펴보는 동안, 한 사람의 소음이 다른 사람의 조용함일 수도 있다는 점을 기억하라. 당신이 좀 특이한 스타일이라고 해도 괜찮다.

둘째, **실천을 아주 많이 시도하라**. 세상의 소음은 많은 형태를 띠고 여러 수준에서 작동한다. 다양한 지형을 읽기 위해서는 당연히 다양한 도구가 필요하다. 당신이 맞닥뜨린 소음의 종류, 당신의 위치, 당신의 기분, 특정한 순간에 당신의 **통제 권역**이나 **영향 권역**에서 일어나는 일에 따라 다른 실천법을 생각해야 할지도 모른다.

셋째, **모든 신호를 알아차리라**. 우리 마음과 몸에 너무 많은 소음이 찾아왔음을 알리는 신호를 유념할 필요가 있듯 **긍정적인 내면적 신호에도** 주의를 기울일 가치가 있다. 그런 신호는 우리가 조용함을 통해 휴식을, 영양분을, 명료함을 찾고 있음을 나타내기 때문이다. 가끔은 이런 기분 좋은 신호가 더 감지하기 어렵다. 우리 대부분은 원치 않거나 기분 나쁜 자극을 알아채는 데 선수다. 인지과학자들은 이것을 부정적 편향(또는 긍정-부정 비대칭)이라고 부르며, 어떨 때는 이것이 우리의 생존에 중요하다. 하지만 환영 신호도 동등하게 가치 있는 기준점이다. 이런 신호를 통해 우리가 언제 제대로 진행하고 있는지, 무엇이 우리의 삶에서 효과가 있는지, 어떻게 효과적인 것을 기반에 쌓아 나갈지 볼 수 있다.

넷째, 마지막으로 **당신에게 즐거움을 가져다주는 일을 하라**. 우리가 이 책을 쓰기로 결정한 이유에는 마음챙김 실천이 너무 많은 사람에게 '해야 하는 것'이 됐고 심지어 때로는 자기혐오를 위한 몽둥이가 된다는 점이다. 리는 딸이 속한 배구 팀의 동료 학부모 자나Zana를 만났을 때 이 원칙이 바로 떠올랐다. 두 사람은 빠르게 친해졌다. 자나는 최근 샌프란시스코 기반의 대형 로펌에서 파트너가 됐다. 두 딸을 혼자 키우면서 힘들게 통근을 했고 주당 70시간까지 일했다. 그런데도 그녀는 경기를 거의 놓치지 않았다. 리가 침묵에 대한 책을 쓴다는 이야기를 듣자, 자나는 명상 실천을 하지 않는 것에 대해 스스로를 질책하는 장광설을 늘어놓기 시작했다. "알아! 안다고! 나야말로 명상할 필요가 있는 사람

이야! 정말 그걸 해야만 해. 계속 하려고 노력했어. 대체 내가 **왜** 명상을 안 하는지 모르겠어!" 친목 모임에서 이런 스스로에 대한 부끄러움을 흔히 볼 수 있다. 하지만 꼭 그럴 필요는 없다.

    이 책에서 추천하는 실천은 휴식을, 풍요로움을, (감히 바라건대) 즐거움을 줄 수 있고 그래야만 한다. 앞으로 어떤 규율에 가까운 것들이 제시될 가능성이 크지만, 당신이 기꺼이 지킬 수 있는 실천을 선택하라. 또 지키지 않을 실천에 대해 스스로를 괴롭히지 마라.

    앞으로 나올 원칙과 이야기를 살펴보면서 이 네 가지 조언을 잊지 말고 당신의 삶에 어떤 것을 매끄럽게, 심지어 행복하게 통합할 수 있을지 생각해 보자.

아이디어 1: 그저 들으라

2020년 5월이었다. 전 세계가 봉쇄됐다. 도시의 거리는 텅텅 비었다. 하늘은 조용했고 공항은 문을 닫았다. 하지만 우리 중 많은 이들에게, 삶은 그 어느 때보다 시끄러웠다.

    저스틴은 몽구스 같은 반사 속도로 음소거 버튼을 누르고 또 눌렀다. 전화 회의를 함께하고 있는 동료들에게 그의 집을 장악한 야생의 소리 풍경을 숨기기 위해서였다. 아기가 울고 있었고, 오트밀이 냄비에 눌어붙고 있었고, 로봇 청소기가 윙윙거렸고,

디즈니 뮤지컬이 귀청 떨어질 만큼 크게 울려퍼지고 있었다. 저스틴의 세 살 난 딸에게는 배터리로 작동하는 인터랙티브 북(아이가 직접 상호작용할 수 있게 만든 책.—옮긴이)이 있었는데, 내장 스피커에서 째지는 소리로 〈겨울왕국〉에 나오는 음악을 틀 수 있었다. 그리고 어느 날, 딸이 그 음악을 무한 반복으로 틀어놓았다. 분명 1시간은 족히 됐을 것이다.

저스틴은 이제 그만 끄라고 위압적으로 말하려다가 갑자기 이 짜증 나는 노래에 의미 있는 메시지가 담겨 있음을 깨달았다. "Let it go! Let it go!(다 잊어! 다 잊어!)" 이디나 멘젤 Idina Menzel 이 하늘로 비상하는 듯한 메조 소프라노 목소리로 힘차게 노래를 불렀다.

저스틴은 충고를 받아들였다. 그는 한낮의 태양 아래로 걸어 나가 잠시 동안 업무와 집안일에 대해 잊어버렸다. 뒷마당에서 그는 멀리 자동차가 지나가는 소리와 새가 드문드문 조용하게 노래하는 소리를 들었다. 봄에 막 돋아난 잎사귀에 산들바람이 스치는 소리를 들었다. 그는 명상 자체를 하려고 하지 않았다. 그저 들었다. **특별히 아무것에도 귀를 기울이지 않으면서.**

앞에서 '소리의 요가 yoga of sound'라고도 알려진 수천 년 된 인도 전통 나다 요가에 대해 언급한 적이 있다. 어떤 스승은 이것을 '침묵의 소리 sound of silence'에 귀를 기울이는 것으로도 설명한다. 상좌부 불교 스승 아잔 아마로 Ajahn Amaro는 나다 요가 실천하는 법을 이렇게 설명했다.

"듣기 쪽으로 주의를 돌려 보십시오. 만약 주변 소리를 주의 깊게 들어 본다면, 아마 배경에서 백색 소음처럼 계속되는 높은 음역대의 내면적 소리를 들을 수 있을 겁니다."[2] 아마로는 이렇게 덧붙였다. "그 정체를 정확히 알아내려는 노력의 일환으로 이 내면적 진동을 이론화할 필요는 없습니다. 그저 그것에 주의를 돌려보세요. 당신은 귀를 기울이는 단순한 행동을 다른 형태의 명상 실천으로 활용할 수 있습니다. 그러니 내면적 소리에 주의를 기울이고 그것이 당신 의식의 모든 영역을 채우게 해 보세요."

당신의 내면과 당신을 둘러싼 환경에 존재하는 것을 그저 듣는 이 실천(주의력과 귀를 함께 여는 행위)에는 정화하고 각성시키는 효과가 있다. 커스트가 조사에서 발견한 사실과도 비슷하다. 바로 **아무것에도 귀를 기울이지 않고 듣는** 행위가 신경 발달을 가속한다는 사실 말이다. **그저 들을 때,** 우리는 그 소리가 어디서 왔는지를 가지고 스스로를 괴롭히지 않는다. 대신 귀, 주의력, 몸 그리고 존재 등 모든 도구를 사용해 삶의 진동에 귀를 기울인다.

그렇게 하는 데 올바른 방식이 하나만 있는 것은 아니다. 제이 뉴턴-스몰Jay Newton-Small은 나다 요가에 대해 들어 본 적이 없다. 하지만 그녀는 혼자서 이 실천의 변형을 발견했고, 거기서 몇 년째 도움을 받고 있다. 그녀는 오랫동안 〈타임Time〉의 워싱턴 특파원이었고, 〈블룸버그 뉴스Bloomberg News〉의 리포터였다. 이제는 스토리텔링을 이용해 건강 관리를 개선하는 회사 설립자다.

뉴턴-스몰은 수십 년 동안 스트레스도 높고 소음 수준도 높은 환경인 뉴욕과 워싱턴 D.C.에서 일하며, 귀를 기울일 여유가 있다면 실제로 들을 수 있는 소리인 '잡음'이 삶의 강도에 따라 어떻게 증폭되는지 깨닫기 시작했다. 그래서 항상 하루 일과를 마치고 집에 오면 소파에 앉아 귀에서 울리는 소리를 그저 들었다. 처음 1, 2분 정도는 대체로 웅웅거리는 소리로 이루어진 벽 같은 것이 몸 전체적으로 느껴졌다. 하지만 '그저 듣기'를 5분 정도 하고 나면 소리 크기가 줄어든다는 것을 알아차렸다. 그러고 나서 그녀는 소파에서 일어나 저녁 식사를 준비하러 갔다.

뉴턴-스몰은 중요한 무언가를 알게 됐다. 듣는 행위 자체가 소음을 감소시켰다. 하루의 끝에서 그녀의 귀에 울리는 소리는 정신 없이 흘러간 그날 뒤에 남은 잔여 긴장의 대용물이었다. 그녀가 그 에너지에 주의를 기울이며 그저 함께 앉아 있자, 그것은 대부분 녹아 없어졌다. 그녀의 신경 시스템이 균형 상태로 돌아왔다. 세상의 소음은 조금 더 다루어 볼 만한 것이 됐다.

그저 듣는 것(단순히 소음과 침묵을 알아차리는 것)은 우리 대부분의 **통제 권역** 안에 있다. 2~3분 정도만 할애해 보자. 저스틴이 2020년 어느 봄날에 그랬듯 밖으로 나가거나 또는 뉴턴-스몰이 정기적으로 그러듯 일을 마치고 소파에 앉아 보자. 잠시 멈춰 당신 주변 그리고 당신 안의 소리를 들어 보자. 주의를 기울이자. 모두 잊자.

아이디어 2: 침묵이 주는 작은 선물

봄이 되면 리가 살고 있는 곳에서는 캘리포니아 참나무의 노란 이파리들이 여름의 성장을 준비하기 위해 땅으로 조용히 떨어진다. 그러고 나면 마치 시계처럼 정확하게 자그마한 연소 엔진들의 불협화음이 시작된다. 리가 사는 동네에서 낙엽 송풍기 소리는 단순한 배경 소음 이상이다. 악명이 너무 높은 나머지 이웃 도시 버클리에서는 송풍기 사용을 아예 금지해 버렸다.

아마 당신에게도 비슷한 일이 있을지 모른다. 뉴욕에서는 쓰레기 수거 차량이 종종 그 대상이 된다. 뉴델리에서는 자동차 경적 소리다. 인구가 빽빽하게 밀집된 장소라면 어디에나 그런 요소가 있고, 인간이 만든 음향적 골칫거리가 있다. 물론 우리는 이런 소음을 상대적으로 인식한다. 음향 컨설턴트 아르준 섕커 Arjun Shankar의 말처럼.

> 내가 우리 집 잔디를 깎으면 소리고,
> 이웃이 자기 집 잔디를 깎으면 소음이고,
> 이웃이 우리 집 잔디를 깎으면 음악이다.

리에게 다른 사람의 송풍기가 내는 불협화음은 명백히 소음이다. 하지만 가끔 한 번씩은 한숨 돌리는 순간이 찾아온다. 아마 1분일 수도 있다. 어쩌면 10초에 불과할 수도 있다. 하지만 모든 소음이 갑자기 멈춘다. 리가 그 일시적인 멈춤을 인지한다면 그것은 선물이다. 그녀의 편도체가 차분해진다. 호흡이 깊어진다. 이것은 마치 극도로 압축된 수행과도 같다. 송풍기 이야기를 통해 우리는 인간 경험에 대해 더 넓은 질문을 할 수 있다.

소음이 멈출 때, 우리는 어떻게 그 순간을 음미할 것인가?

이런 '작은 선물'이 예상치 못하게 찾아올 때 우리는 어떻게 그것을 최대로 활용할 것인가?

아마 가장 중요한 질문이겠지만, 애초에 우리는 이런 선물을 어떻게 인지하고 받아들이는가?

브리짓 밴 배런Brigitte van Baren은 대기업 경영진이 자신의 A유형 성격(심혈관 질환 발병 확률과 관련된 성격 유형 분류로 분노를 의미하는 anger의 첫 글자를 딴 A유형은 조급하고 경쟁적이며 화를 잘 내는 성격을 가진 사람들이다. ─옮긴이)을 극복하고, 예상치 못하게 찾아오는 작은 침묵의 순간을 존중하도록 돕는 일을 통해 경력을 쌓았다.

1992년, 네덜란드에 본사를 둔 배런의 자문 회사는 처음으로 선불교 실천을 기업 문화에 공개적으로 도입한 조직들 중 하나가 됐다. 그녀의 일에서 핵심 요소는 고객들의 계획이 작게든 크게든 좌절을 맞닥뜨렸을 때 그것을 받아들이고 심지어 그것에 감사하라고 가르치는 일이다. 그녀와 함께 일하는 거의 모든 사람들은 '낭비된 시간'을 극도로 싫어한다. 비행기나 열차 지연, 지각, 줄 서기, 통화 중 대기 그리고 계획에 없던 다른 모든 침묵을 혐오했다.

배런은 우리에게 이렇게 이야기했다. "고객들은 자신들이 모든 걸 통제하고 있다고 **생각하고**, 통제하는 위치에 있고 **싶어해요**. 하지만 사실 그들은 통제하는 위치에 있지 않죠." 그녀는 시간이 낭비되고 있다고 생각할 때 두 가지 선택지가 있다고 설명한다. 첫째는 좌절하고 감정적인 상태가 되어서 에너지를 잃는 것이고, 둘째는 이 시간을 침묵 속에서 명료함과 회복을 찾는 기회로 삼는 것이다.

배런은 이런 말로 고객들을 일깨웠다. "침묵은 항상 당신과 함께 있어요." 이처럼 명백한 지연은 선물이다. 고객들이 그것을 선물로 바라보기만 한다면 말이다. 그녀는 우리의 가장 큰 자산 중 하나가 침묵에 접근하는 능력, 특히 뜻밖의 어떤 일이 일어났을 때 그렇게 할 능력이라고 믿는다. 이 기술을 함양하기 위해 브리짓은 계획에 차질이 생기는 순간에 다음과 같이 간단한 지침을 실천해 보도록 제안한다.

- 당신이 모든 것을 완전히 통제할 수 있는 위치에 있지 않다는 사실을 부드럽게 일깨워 주는 알림으로 이 사건을 받아들이라.
- 이런 지연에 좌절하는 대신, 체계 없는 순간을 음미할 기회로 다시 만들어 보라. 그 빈 공간을 채우고 싶은 유혹을 피하라.
- 스스로에게 물으라. '이 순간을 어떻게 재충전 기회로 활용할 수 있을까?'

배런의 말대로 만약 이런 순간을 작은 선물로 받아들인다면 아마 그런 순간을 만날 때 두려움을 느끼는 대신 기대감을 품게 될 것이다.

저스틴은 최근 차 안에서 팟캐스트 에피소드를 듣는 데 푹 빠져 있다가 뚜렷한 이유 없이 재생이 멈추는 일을 겪었다. '누가 전화를 걸었나?' 그는 궁금했다. '블루투스 연결이 끊어졌나?' 그는 브루어가 내면적 소음의 대용물이라고 말한 생리학적, 심리학적 **수축**을 느꼈다. 약 3초 후 팟캐스트가 다시 연결됐을 때, 그는 몸이 다시 균형을 찾아가는 것을 느꼈다. 하지만 되돌아보니 궁금해졌다. **왜 그는 예상치 못했던 틈을 받아들이고 느긋이 쉬지 못했을까?** 소리와 자극이 물러나는 순간에 수축 대신 확장의 감정 속으로 들어가도록 스스로를 훈련시킬 수 있을까?

마스터스가 '마마'라고 부르는 불교 스승이자 저자 쵸드론은 열린 공간에서 심지어 모든 것이 허물어질 때[3]에도 휴식하는 능력을 쌓는 방법에 대해 썼다. 그녀는 '모든 것이 허물어질 때'라는 표현을 통해 삶의 중요한 상황을 언급한다. 직업을 잃거나 예상치 못한 관계의 파경을 맞을 때처럼 우리의 실재 지도 reality map(현실을 지각하고 경험하는 주관적인 세계.—옮긴이)가 사라지고 삶의 자세를 잃어버리는 것 같은 상황 말이다. 우리가 여기서 이야기하는 사례는 그런 중요한 사건의 아주 작은 축소판이지만, 이에 반응하는 기본 메커니즘은 비슷하다. 판단 기준을 잃었을 때 우리는 그 빈 공간을 채우려는 충동을 피할 수 있을까? 우리가 스스로를 열어 내보일 수 있을까? 침묵에 항복하고 우리 자신을 넘겨줄 수 있을까?

 낙엽 송풍기가 잠시 멈추는 것 같은 사소한 순간에서 인간의 필멸성을 고민하는 것 같은 더 큰 순간까지. 이상할 정도로 비슷한 일련의 질문들이 떠오른다. **어떻게 하면 우리를 찾아오는 침묵을 더 잘 지각하고 수용할 수 있을까?** 그저 듣는 실천을 할 때 가장 중요한 첫 번째 요소는 **알아차리는 것**이다. 즉, 예상치 못한 이런 틈이 생기는 순간에 주의를 기울이는 것이다. 이렇게 진정으로 알아차릴 때 우리는 제대로 인식할 수 있다. 이런 틈을 선물로 중요하게 생각하며 우리의 태도를 이런 열린 공간 쪽으로 변화시킬 수 있다.

아이디어 3: 하루 세 번의 호흡이 나를 바꾼다

수피교 스승 칸은 이렇게 말했다. "침묵을 어디서 찾냐고요? 저는 **사이**에서 찾습니다. 호흡 속에서요."

 칸의 영적 계보에 따르면 호흡은 당신이 내면적 상태에 대해 알아야 하는 모든 것을 말해 준다. "만약 호흡의 신비주의를 연구한다면 호흡의 리듬을 방해하는 모든 불편한 감정(그것을 이렇게 부르고 싶다면)을 보게 될 겁니다." 그는 나아가 이렇게 설명했다. "당신이 외롭다면 뱉는 호흡이 막힐 겁니다. 만약 화가 났다면 마시는 호흡이 막힐 것이고요. 이런 식이죠."

칸이 말하는 '호흡 사이 in between-in the breath'는 마시는 호흡과 뱉는 호흡 사이의 순간, 하나에서 다른 하나로 넘어가는 '전환 swing'을 이야기하고 있다. "저는 제가 어디에 있든, 붐비는 공항에 있든 어디든 그 순간에도 호흡을 통해 의식으로 들어갈 수 있고 침묵으로 가는 길을 찾을 수 있습니다." 그는 이렇게 덧붙였다. "리드미컬하게 호흡하는 습관을 들이는 것은 만병통치약입니다." 전환하는 호흡의 특성은 진단적이자 치료적이다.

호흡의 이 전환은 몇 초마다 계속 일어난다. 그리고 어떤 순간에도 그 속으로 충분히 깊게 들어갈 수 있다면 우리는 팽창하는 침묵을 만날 수 있다. 칸은 우리가 그것에 최소한 약간의 주의는 기울여야 한다고 생각한다.

1999년, 스티븐 드베리 Stephen DeBerry는 침묵을 위한 시간이 없었다. 호흡에 대해 생각할 시간조차 없었다. 그는 자기 자신을 실컷 비웃으며 이렇게 말했다. "그냥 너무 바빠요. 그리고 저라는 사람은 너무 중요하죠. 아무래도 CEO니까요."

드베리는 인류학 전공자에, 누군가의 아버지이고, 엘리트 운동선수이자, 기술 분야에서 사회적 임팩트 투자(수익을 창출하면서 동시에 환경이나 복지 등 사회적 문제에도 긍정적인 영향을 미치는 기업에 투자하는 것.―옮긴이)를 개척한 인물이다. 얼마 전에 그는 잡지 〈에보니 Ebony〉와 〈루트/워싱턴 포스트 The Root/Washington Post〉에 미국에서 가장 영향력 있는 아프리카계 미국인 100명에 이름을 올렸다. 지금도 그렇지만 그때도 그는 바빴고, 찾아가야 할 곳이 많았고, 중요했다.

힘든 시기였던 1999년, 드베리는 요가 선생이기도 한 비서와 함께 일하고 있었다. 그는 비서가 부드럽게 개입하던 순간을 이렇게 이야기했다. "이런 식이었어요. '좋아요, 중요한 인물 드베리 씨, 당신에게 알려드릴 비법이 있어요. 하루를 보내다가 문득 생각이 날 때, **세 번의 호흡**을 하세요. 어쨌든 항상 숨을 쉬고 있긴 하지만, 그냥 주의를 기울여 보세요.' 그녀는 이렇게 강조하더군요. '딱 세 번이요. 아무리 바쁘셔도 그 정도를 할 시간은 있으시겠죠?'라고요." 그녀가 비법과 효율에 집착하는 실리콘 밸리 방식으로 말했기 때문에 드베리는 그 말을 들을 수밖에 없었다.

드베리는 비서의 말을 곱씹었고 곧 깨달았다. "그래, 어쨌든 **항상** 숨은 쉬고 있잖아. 그냥 호흡에 주의를 기울이는 것 정도는 할 수는 있지." 그는 우리에게 이렇게 말했다. "그리고 그게 저를 바꿔 놓았어요." 그는 의식 속에 이 변화가 일어나지 않았더라면 그 시기를 건강하게 견뎌낼 수 없었을지도 모른다고 말했다.

그때 이후로 드베리는 순간순간 호흡에 집중하는 것을 내면의 침묵으로 가는 언제든 접근 가능한 통로로 삼았다. 그는 이 조언을 따랐다. "세 번의 호흡을 이어서 하라. 주의를 기울여라. 그게 전부다." 그는 회의 중에도, 출퇴근길에도, 심지어 우리와 대화하면서도 이를 실천했다. 그는 일상의 치열함 속에서도 이 공간에서 침묵을 발견했다. "벌써 20년이 넘었어요." 그는 스스로 감탄하며 말했다. "그리고 저는 여전히 같은 방식으로 침묵을 찾고 있어요." 우리는 드베리의 접근 방식이 단순하다는 점을 좋아한다. 그저 이미 하고 있는 호흡 중 몇 번에 더 주의를 기울이기만 하면 된다.

들이마시고 내쉬는 움직임에(그리고 특히 그 사이의 공간에) 주의를 기울이면 의식에 조용함이 생겨난다. 무슨 일이 일어나고 있는지 그저 알아차리게 된다. 그리고 만약 당신에게 조용한 시간이 몇 분 정도 있고 거기에 여분의 노력을 조금 더할 생각이 있다면, 호흡 속으로 깊게 들어갈 수도 있고 더 심오한 내면적 침묵을 만날 수도 있다.

특이하면서도 상당히 인기 있는 네덜란드의 웰니스 전문가 윔 호프Wim Hof(얼음물에 몸을 담그거나 윗옷을 입지 않은 채 에베레스트산 오르기를 좋아해서 아이스맨Iceman이라고도 알려져 있다)는 일종의 요가식 호흡 실천을 대중화했다. 깊게 들이마시고 짧게 내쉰 뒤 폐가 완전히 빈 상태로 참을 수 있을 때까지 참는 것을 약 서른 번 반복하는 것이 핵심이다.

저스틴은 이런 호흡 실천을 할 때(몸에 산소를 가능한 한 가득 채웠다가 1~2분에 걸쳐 전부 내보내는 것), 때로 풍요로운 내면적 침묵의 상태에 도달한다. 마치 무언가를 해야 한다는, 심지어 호흡해야 한다는 의무 자체를 잠깐 거부하는 것 같은 상태다. 공기를 급히 들이마시려 헐떡거리지 않고 최소 30초 동안 고요한 공간에 남아 있으려면 저스틴은 시끄러운 생각을 즐길 수 없다. 과거나 미래로 마음이 방황하게 놓아둘 수 없다. 현재에 머물러야 한다. 그러지 않으면 횡격막 반사가 일어나 그에게 곱씹는 생각으로 방향이 틀어지고 있다는 자동 피드백을 줄 것이다. 내면적 침묵은 이 실천을 하기 위한 전제 조건이다.

조용함을 위해 의식을 훈련하는 요가식 호흡 실천은 수십 가지 종류에 다양한 강도로 존재한다. 몸을 진정시키고 마음을 조용하게 하는 기술을 배우기 위해 당신은 어쩌면 선생님과 함께 프라나야마 전통 수련법을 공부하거나 단순히 박스 호흡(숨을 들이마시고, 참고, 내쉬고, 다시 참는 것을 각각 4초 동안 실시하는 호흡법. —옮긴이)이나 횡격막 호흡(복식 호흡이라고도 하며, 숨을 쉴 때마다 배근육을 폈다 오므렸다 하며 횡격막을 움직이는 호흡법. —옮긴이) 같은 실천을 검색해 볼 수도 있다. 대부분은 직장에서 일반적으로 가지는 흡연 휴식보다 더 많은 시간이 필요하다.

순간순간 호흡에 대한 인식을 통합하든, 보다 진지한 호흡 실천에 집중한 연습이든 상관없다. 들이쉬고 내쉬는 숨을 통해 우리는 가장 즉각적이고 직접적이며 쉽게 접근할 수 있는 침묵과 만난다. 호흡은 더 깊은 감각과 신체 인식을 향한 단순한 길이며, 내면의 확장감을 느끼는 방법이기도 하다. 우리는 이 실천을 항상 하고 있는 것, **호흡**의 연장선이라고 생각한다. 그저 더 깊을 뿐이다.

아이디어 4: 움직일수록 고요해지는 마음

루스 데니슨Ruth Denison은 21세기의 선구자적인 비파사나 강사이자 서양에서 처음으로 불교 스승이 된 여성들 중 하나다. 그녀는 1960년대 일본에서 선불교를 공부하고 미얀마의 비파사나 대가인 우 바 킨U Ba Khin으로부터 전수받았다. 이 말은 곧 데니슨이 명상 실천의 근엄함이 강조되던 시대를 겪었다는 의미다. 앉는 자세도 엄격하게 고수하던 시대다. 움직임은(심지어 명상 주기 사이의 스트레칭조차도) 대체로 금지됐다. 신체적 정지가 고귀한 침묵Noble Silence(부처가 사용했다고 알려진 표현으로 몸과 말, 마음이라는 존재의 세 가지 측면에서의 침묵을 말한다.—옮긴이)의 자질로 여겨졌다.

계보의 전통을 준수한 세계적으로 존경받는 스승이었지만, 데니슨은 몇 가지 오래된 규범을 깼다. 예를 들어 만약 당신이 데니슨의 미국 학생들 수업 시간에 방문하러 간다면 아마 그녀가 지역 수영장의 수중 발레 시간에 가기 위해 사람들을 모으는 모습을 발견할 것이다. 어떤 날에는 학생들이 대형을 이뤄 춤추게 하기도 한다. 다른 날에는 모든 학생들이 바닥에서 벌레처럼 꿈틀거리게 하기도 한다. 그녀는 걷기, 서기, 뛰기, 눕기, 요가식 좌법, 신중한 주의를 기울이며 먹기, 웃기 등 오늘날 친숙한 마음챙김의 여러 움직임 연습을 많이 개척했다.

만약 부처가 제자들에게 **오직** 미동도 없이 앉아 있음으로써 실천하기를 의도했다면, 데니슨은 부처의 뜻을 이해하지 못한 것이다.

그녀는 1997년 잡지 〈인사이트Insight〉에 이렇게 이야기했다. "제가 몸과의 연결을 유지하는 데 자연스러운 친근감을 가지고 있다는 사실을 발견했어요. 심지어 제가 등이 좋지 않아서 앉을 때 극도로 고통스러운데도 저는 신체의 감각과 연결될 수 있었고 더 깊은 수준의 집중을 즐기기 시작했습니다."

데니슨은 몸에 깊게 집중하는 것이 마음챙김을 위한 필수적 기반이자 부처의 본질적인 가르침을 지키는 방법이라고 믿었다. 학생들을 수중 발레에 데리고 가거나 바닥을 기어다니도록 했을 때, 그녀는 보통 고귀한 침묵을 유지하고 직접적인 감각 경험에 가능한 한 귀를 기울이도록 요청했다.

챕터 6에서 우리는 몰입 상태가 어떻게 마음속 침묵과 비슷한지 설명했다. 우리 친구 자말은 "코트에서 열중할 때, 슛을 놓칠 리 없을 때 마음이 조용하다"고 말했다. 당신이 경쟁적인 농구 게임이나 수중 발레에 참여하든 하지 않든, 몰입하는 신체적 움직임에 따라 생겨난 유익 스트레스는 우리 주의력의 대부분을 가져간다. 다른 곳에 할애할 초과 주의력이 없으므로 우리의 주의력 필터는 관련 있는 내용의 극소량을 살펴보기 위해 모인 정보의 압도적 다수를 우회해야 한다. 칙센트미하이가 분명히 보여 줬듯, 이런 활동은 과거나 미래에 대한 시끄러운 곱씹기를 위한 공간을 거의 남겨 두지 않는다.

최근 주짓수를 시작한 저스틴의 친구 클린트Clint는 이 개념을 다른 식으로 표현한다. "만약 마음이 떠돌아다니도록 방심한다면 엉덩이를 걷어차일걸." 클린트는 소음에 사로잡히는 순간 매트에 내동댕이쳐진다. 많은 신체적 실천이 그렇듯, 무술은 그저 그 한순간뿐 아니라 일상에서도 내면적 조용함에 귀를 기울이는 신경과 마음을 훈련시킨다. 그는 이렇게 말했다. "연습하고 나면 하루 또는 그 이상 마음과 몸에서 깊은 침묵을 느껴."

과학계에서는 이제 막 신체적 움직임과 내면적 조용함 사이의 연결을 알아보기 시작했다. 하지만 그 연결을 이해하기는 아주 쉽다. **머리를 비우려고 산책하러 나가 본 적이 있는가?** 당연히 산책은 자말의 강력한 덩크슛이나 클린트가 한판승 당하기 전에 겨우 벗어나는 것만큼 강렬하지는 않다. 하지만 산책이 만드는 발의 단순하고 반복적인 움직임, 높아진 호흡수와 심장 박동은 몰입의 기본적 요소로 우리를 인도한다.

이는 칙센트미하이가 '행동과 의식의 융합'이라고 묘사한 것과 활동이 본질적인 보상이 되는 자기목적적 경험을 포함한다. 브루어가 자가보고된 몰입 상태에 들어간 연구 참가자들에게서 후방 대상 피질 활동의 상당한 감소를 발견했듯, 현재-순간의 의식을 증진하는 신체적 움직임은 디폴트 모드 네트워크를 이루는 뇌의 소음 중추 활동을 약화시킬 가능성이 높다.

운동선수들의 유익 스트레스를 본보기 삼아 신체적 실천을 할 필요는 없다. 그저 명상 홀 바닥에서 애벌레처럼 굴러다니고 있어도 된다.

중요한 사실은 당신이 그것에 완전히 **빠져** 있는 것이다.

아이디어 5: 사이의 빈 공간에 집중하라

에런 매니엄 Aaron Maniam은 지구상에서 가장 시끄러운 스포츠 경기 중 하나에서 중요한 자리를 맡고 있다. 싱가포르의 고위 공무원으로서 세계적으로 유명한(그리고 믿을 수 없을 정도로 데시벨이 높은) 포뮬러 원 챔피언십 자동차 경주 대회의 일부 프로그램을 기획하는 책임자다. 전자정부 문제와 공무원 교육 분야에서 널리 인정받는 혁신가이자, 수상 경력이 있는 시인이며, 싱가포르 정보통신부 차관이었던 그는 현대 세계의 소리와 자극 속에 누구보다도 깊이 몰입했다. 하지만 매니엄과 함께 잠깐만 시간을 보내다 보면, 그가 조용한 명료함을 발산한다는 사실을 알아챌 수 있다. 그의 시에서,[4] 그의 말의 감각과 운율에서 조용한 명료함이 드러난다.

우리가 매니엄에게 어떻게 그의 세상 속 모든 소음 한가운데서 침묵을 찾는지 물었더니 그는 단순한 실천 체계를 설명해 줬다. 마치 칸과 드베리의 것처럼 매니엄의 핵심 접근에서도 호흡 알아차림이 중요하다. 하지만 그는 특히 **전환**에 초점을 맞춘다. 마치 일본의 문화적 가치 '마(間)'처럼 그는 **사이의 공간**을 중요하게 여긴다.

그는 이렇게 말한다. "저는 (기억할 수 있는 한 언제나) 무언가를 하기 전 한 번의 깊은 호흡이 가지는 힘을 믿는 사람입니다. 문을 여는 것이든, 방을 떠나려고 일어서는 것이든, 물을 받으려고 수도꼭지를 돌리는 것이든, 전등을 켜거나 끄는 것이든 그저 한 번의 깊은 호흡 말입니다." 그는 이렇게 덧붙이며 업무를 할 때 이 실천을 적용한다고 했다. "그리고 그럴 때 필요한 일이란 정말 별것 없죠. 2~3초면 되니까요. 새로운 문서를 시작하기 전에, 새로운 이메일을 읽기 전에, 호흡을 한 번 크게 하고 그러고 나서 일을 이어 가죠."

매니엄은 이 접근을 베네딕트회의 수도자이자 작가인 데이비드 스타인들-래스트 David Steindl-Rast에게 배웠다고 회상했다. 무슬림의 가르침을 실천하는 매니엄은 다양한 신앙 전통을 가진 대가족 출신으로, 그중에는 가톨릭 신자도 있다. 그는 침묵과의 가장 깊은 만남 중 일부를 베네딕트 수도원으로 떠난 피정에서 겪었다. 매니엄은 전환과 함께 일하는 이 기술이 조용함이라고는 찾아볼 수 없는 그의 직업적 삶에 수도승 같은 존재를 가져오는 방법을 알려 준다는 사실을 발견했다. "저는 침묵의 동심원에 관해 생각하는 경향이 있습니다. 아주 미시적인 것에서 아주 거시적인 것까지요."

매니엄은 종종 알아차리지 못하고 지나가는 침묵의 순간, 전환의 순간을 어떻게 활용하는지 보여 줬다. 스타인들-래스트의 가르침은 우리가 미시적 순간으로 깊게 들어가서 실제로 **시간의 압축을 푸는** 지점까지 갈 수 있다는 말이다. 당신은 충만한 침묵의 순간으로 얼마나 완전히 들어갈 수 있는가? 2~3초의 공간에서 약간의 영원을 충분히 찾을 정도로 집중할 수 있는가?

우리도 우리의 삶에서 시간을 늘이고 음미하는 대신, 마치 포뮬러 원의 챔피언이 되려는 것처럼 너무 자주 스쳐 지나가 버리곤 한다는 사실을 발견했다. 우리는 전환의 순간이나 체계 없는 순간을 긴급히 채워야 하는 빈 공간으로 보는 경향이 있다. 찰나의 멈춤 속에서 우리는 이메일을 확인하거나 문자 메시지를 발송하거나 오늘의 뉴스를 빠르게 훑어보고 싶은 근질거림에 굴복할지도 모른다.

하지만 '마'의 지혜가 조언하듯 우리는 이런 숨겨진 공간에서 영원과의 연결을 발견한다. 심지어 매니엄의 일상 업무가 정책 결정이라는 산문에 초점을 맞출지라도 그는 시에 가까운 일상의 경험을 만들려 애쓴다. 시에서 **말하지 않는 것**은 말하는 것만큼 중요하고, **사이의 공간**은 물질 자체만큼이나 소중하다.

아이디어 6: 한 가지 일을 하라

찌이익.

"정말 멋진 소리지 않아요?" 풀러가 밀폐된 커피 통 포장을 뜯으며 묻는다.

그녀는 커피를 내리고 있다. 재미없는 일상적 업무지만 그녀는 이 일이 놀라울 정도로 초월적이라고 생각한다.

풀러는 매일 아침마다 느긋하게 부엌으로 간다. 찬장 선반에서 커피 통을 꺼내 카페인 하나, 디카페인 하나 당겨 내린다. 그녀는 포장 뜯는 소리를 음미한다. "냄새 맡을 때가 최고의 순간이에요." 그녀는 마치 비밀을 전하는 것처럼 우리에게 이야기한다. "제가 그 냄새를 만나고, 냄새가 저를 만나요. 그 순간 저는 연결되는 기쁨 속에 있죠."

풀러는 신중하게 커피 가루를 퍼서 평평하게 다듬은 뒤, 평범한 드립식 커피메이커의 필터에 담는다. 그리고 물 여섯 컵을 계량해 뒤쪽 물통에 부을 준비를 한다. 그리고 이렇게 말했다. "물을 따르는 그 순간에는 존중과 정확성이 담겨 있어요."

풀러는 모든 일상적인 일들 속에서 우리 앞에 놓인 선택에 대해 이야기하면서 신비주의적인 분위기를 풍겼다. "결과에서 벗어나 과정으로 들어가야 해요. 만약 제가 결과(임무의 완성)에 집중하면 커피가 만들어지는 냄새를 놓치게 되죠." 더불어 물을 빨아들이는 소리, 갈린 커피의 초콜릿 같은 색깔, 물 표면의 광택, 권능을 부여하는 시작 버튼 누르기, 커피 자체의 맛 등 그녀가 좋아하는 모든 것을 놓치게 된다.

풀러는 우리에게 말했다. "한 가지 일을 한다는 것은 그런 게 아니에요. '하나의 일들'의 연속이죠. 그리고 거의 모든 '하나의 일'은 만족의 순간에 이르는 길이고요."

풀러에게 만족은 감각적이다. 기쁨의 순간이다. 그리고 그녀는 그에 대해 조금도 유감스럽지 않다. 그녀는 이렇게 말했다. "불교에서는 오감이 깨우침에 이르는 길이에요. 그것이 청교도적인 방식에서 문제가 되진 않죠."

우리 대부분은 커피를 내리는 일은 그저 또 다른 따분한 일일 뿐인 경우가 너무 많다. 우리는 그다지 신중하지 않게 커피 간 것을 쏟아붓고 물을 튀기면서 또 다른 '해야 할 일'처럼 서둘러 해치운다. 삑삑거리는 전자레인지를 끄려고 달려가면서, 단백질 층이 분리된 우유에 욕을 하면서 말이다.

풀러는 매일의 사소한 집안일에서 의식을 만들라는 도전을 우리에게 던진다. 말하자면 평범한 것에서 신성한 경험을 찾으라는 도전을 던진다는 것이다.

'의식'이라는 단어의 어원은 '자연의 질서' 또는 '진실'이라는 의미를 가진 산스크리트어 **르타**[Rta]에 있다. 의식은 그저 긍정적인 매일의 또는 매주의 습관을 지키는 것이 아니다. 더 높은 무언가와 연결되는 것이다. 주의력과 경건함을 가지고 정기적으로 수행하는 그것이 우리를 **존재**에 가까이 데려가 준다.

한국계 독일인 철학자 한병철은 이렇게 썼다. "의식은 삶을 안정화한다. 그것은 세상을 더 믿을 만한 장소로 바꿔 놓는다. 그것과 시간의 관계는 집과 우주의 관계와 같다. 의식은 시간을 거주할 만하게 만든다." 일상 속 '사이의' 순간부터 더 적은 사람들만

이 이해하는 경외감의 상태 그리고 일생에 한 번 겪을까 말까 한 신비주의적 경험까지. 침묵을 찾으려는 의식은 (크든 작든) 우리의 삶을 안정화한다. 그것은 공간과 시간을 더 '믿을 만하게' 그리고 '살 만하게' 만든다.

풀러는 이렇게 말했다. "커피를 내리는 것은 제게 중요한 의식이에요." 그녀에게 커피 내리기는 하루의 단순한 시작이자, 일이 복잡해지기 전의 완충 장치다. 그녀는 이렇게 덧붙였다. "의식은 **구조**를 또는 습관을 **마음**과 결합해요. 당신은 구조와 마음 둘 다 가져야 합니다. 마음이 없는 구조를 가지면 당신은 거기에 존재하지 않아요. 멍한 상태입니다. 하지만 구조 없는 마음이라면 (…) 맛있는 커피 한 잔을 가질 수 없겠죠."

챕터 8에서 우리는 일상적이고 익숙한 존재 안에 있을 때 개념적 덧씌우기(온전히 관찰하고 경험하는 데 감각을 사용하기보다 물건들에 습관적으로 이름을 붙이려는 미묘한 소음)가 일어나기 얼마나 쉬운지 설명했다. 단순한 일상적 의식을, 신중한 주의와 연결의 순간을 구축하는 것은 직접적이고 조용한 만남을 소중히 여기는 방법이다. 태프트가 '감각적 명료성'이라고 부른 것을 함양하는 방법이기도 하다. 풀러는 일상적인 커피 한 잔을 준비할 때 언어적 표현이나 심지어 생각의 영역에도 있지 않다. 그녀는 직접적인 감정의 영역에 있다. 손가락이 아니라 달이다. 브루스 리가 전적으로 동의했을 것이다.

아이디어 7: 글자 사이에 있는 침묵

《생각하지 않는 사람들: 인터넷이 우리의 뇌 구조를 바꾸고 있다 (The Shallows: What the Internet Is Doing to Our Brains)》라는 책(2010년에 출간됐지만 오늘날과 가장 연관이 있는 책)에서 저널리스트이자 사회학자인 니컬러스 카[Nicholas Carr]는 온라인의 삶에 방해밖에 없다고 통탄했다.[5] 그리고 이것이 우리가 정보를 처리하는 방식을 근본적으로 바꿔 놓는다. 비록 우리가 온라인에서 무언가를 읽음으로써 정보를 모을 때 효율성이 증가할지라도 카는 우리가 '더 느리고 명상적인 사고방식'을 적용할 능력을 잃었다고 주장한다. 그는 우리가 연결을 만드는 데 대한 종류의 인지로부터 흥밋거리 정보를 찾아 다니는 것에 불과한 종류의 인지로 옮겨 갔다고 설명한다. 또한 우리가 '깊이 읽기'의 기술을 잃었다고 주장한다.

말이 어떻게 작동하는지에 대해 우리가 지금까지 알아본 내용을 고려하면 '깊이 읽기'는 역설적인 개념처럼 들린다. 만약 언어가 선천적으로 달을 가리키는 손가락 같은 것(이름 붙지 않은 것으로부터 이름 붙은 것을 분리하는 일)이라면, 언어가 어떻게 내면적 침묵의 통합적인 경험으로 가는 길이 될 수 있겠는가?

우리는 또 다른 질문을 통해 이 질문에 답하려고 시도했다. **당신은 몰입 상태처럼 느껴지는 읽기에 빠져 본 적이 있는가?**

우리는 긴 비행 속에서나 일정 시간 동안 집중을 방해하는 요소가 없는(우리의 주의를 끌려 경쟁하는 것이 없는) 장소에서 가끔 느꼈다. 좋은 이야기에 완전히 몰입했을 때도 느낀 적이 있다. 읽기가 행동과 의식을 결합하는 몰입의 전형적인 물질성을 가지지 않지만, 그것은 우리를 자기초월로 데려간다. 물론 읽기는 정신적 자극의 형태다. 하지만 우리가 완전히 그 속에 존재할 때 읽기는 내부적, 외부적 방해를 뛰어넘는 수단이 될 수 있다. 비록 마음이 세부사항과 주제를 추적하고 있더라도 우리는 그 속에 있다. 외부의 소리와 정보에 열려 있지 않다. 우리의 개인적인 과거와 미래에 대한 판단과 기대를 품지 않는다.

나카무라와 칙센트미하이는 독서나 낙서처럼 작은 플로 활동 microflow activity이라고 이름 붙인 것을 연구하는 데 새 지평을 열었다.[6] 그들은 이런 활동이 '주의력 통제를 최적화하는 데 중요한 역할을 할 수 있다'고 믿었다.

가톨릭과 영국 성공회 전통에 렉티오 디비나 lectio divina, 즉 라틴어로 '신성한 읽기'라는 뜻의 실천이 있다.[7] 문자 언어의 사색을 통해 목적이 있는 공간을 구축하는 일을 의미한다. 그 속에서 당신은 가능한 한 가장 깊은 집중력을 발휘해 신성한 글의 구절을 읽고 그 의미를 곰곰이 생각한다. 마치 깊이 읽기처럼 이 실천은 가능한 한 직접적으로 언어를 만나고자 한다. 즉, 가장 최소한의 개념적 덧씌우기다.

때로는 말로 사용되는 언어에서 비슷한 경험을 찾을 수 있다. 에스텔 프랭클은 우리에게 이렇게 말한다. "좋은 기도 지도자는 모든 기도 사이에 침묵을 엮어 넣습니다." 그녀는 자신이 속한 계보의 기도문을 기반으로 한 의식을 묘사했다. 유대인의 부활Jewish Renewal이라고 불리는 의식이다. "기도문을 외우는 것은 감각을 온전히 사로잡습니다. 침묵 안에서 목욕할 준비가 되도록 마음을 조용하게 해 주죠." 그녀의 말에 의하면 신성한 이야기를 할 때도 비슷한 일이 일어난다. "당신이 하시디즘(대단히 엄격한 유대교의 한 형태.—옮긴이)의 이야기를 한다고 가정해 보겠습니다. 당신은 그것을 아주 **잘** 말하죠. 마치 선불교의 선문답처럼 그곳에는 침묵의 순간이 있습니다. 그 순간에 마음은 그것을 이해하려 하고 일종의 포기를 하게 됩니다."

기도 지도자로서 그녀는 이런 순간을 즐긴다. 그녀는 이렇게 덧붙였다. "당신은 마음의 속도를 늦추어야 해요. 좋은 기도문 외기, 좋은 기도, 좋은 이야기는 침묵을 위해 준비시키는 의식 상태에 당신을 빠뜨리지요."

좋은 시 또한 그렇다. "시는 침묵에서 나오고 우리를 다시 침묵으로 인도합니다."[8] 작가이자 시인 매릴린 넬슨Marilyn Nelson은 크리스타 티펫Krista Tippett과의 인터뷰에서 이렇게 말했다. "침묵은 우리가 삶을 살아가는 데 필요한 것 중 상당히 많은 부분의 원천이 됩니다." 그녀는 이렇게 이어 갔다. "시는 마치 무언가가 물에서 나오는 것처럼 드러나는 단어, 구절, 문장으로 구성됩니다. 그것들은 우리 앞에 모습을 드러내고, 우리 안에서 무언가를 떠올리게 하죠."

퓰리처 상을 받은 시인이자 미국의 국민 시인을 연임한 트레이시 K. 스미스 Tracy K. Smith는 인터뷰에서 이렇게 말했다. "시는 표현할 수 없는 감정과 아주 가까이 맞닿아 있는 언어입니다."[9] 시는 불가능에 도전한다. 그녀는 우리가 인생에서 가장 말로 표현할 수 없는 감동적인 순간인 출생, 죽음, 영적 깨달음, 사랑에 빠지는 순간에서 시를 찾게 된다는 점을 떠올린다.

리듬이나 단어 수에 개의치 않고 모든 시는 구조로 짜인 침묵이다. 그것은 페이지 위에 있고, 연聯 속에 있고, 단어 사이에 있다. 좋은 시는 말해지는 것과 말해지지 않는 것 사이에 창조적인 긴장을 유지한다. 그것은 매끈한 돌이 물 표면에 들어왔다 나갔다 하듯 시간을 가로지른다. 그것은 이 한 명의 독자에게, 이 하루의 날에, 이 한 번의 순간에 일어나는 일을 위한 공간을 남긴다.

만약 당신이 한 번도 시를 '받은' 적이 없는 것처럼 느낀다면 그런 경험이 있는 친구나 연인에게 그들이 가장 좋아하는 시가 무엇인지, 왜 그 시를 좋아하는지 물어보자. 그들이 가장 좋아하는 시를 당신이 읽거나 당신에게 그들이 읽어 줄 때 **침묵에 귀를 기울이라**. 말과 공간 사이의 접점을 들으라. '은'과 '금' 사이의 균형에.

시인 데이비드 와이트 David Whyte는 이렇게 쓴다. "시는 우리가 사실상 침묵을 창조할 수 있는 수단이 되는 언어적 예술 형태다." 작가이자 사회 참여 지식인인 수전 손택 Susan Sontag은 예술의 가장 높은 형태, 산문 또는 시가 "그것이 지나간 흔적에 침묵을 남긴다"고 말했다.[10]

매일 아침 시나 구절을 읽는 단순한 실천은 하루 전체를 위한 분위기를 설정할 수 있다. 잠자리에 들기 전 한 번의 독서가 꿈나라에 씨를 뿌릴 수 있다. 비록 당신이 가장 교양 있는 문학을 읽지 않는다고 하더라도 독서 그 자체를 오염되지 않은 주의의 실천으로 만들려고 해 보자. 즉, 그것이 지나간 흔적에 침묵을 남기려는 노력이다.

아이디어 8: 자연에서 만난 순간적인 몰입

"새소리는 어떤가요?"

각자 어떻게 침묵을 찾는지에 대해 몇 년 동안 다른 사람들과 이야기를 하면서 우리는 이 질문을 변형된 버전으로 여러 차례 들었다. 일출이나 깨끗한 호수나 멀리 떨어진 산장의 침묵을 묘사하면서 사람들은 새소리에 대해 시적이라고 웅변하다가 문득 멈춰 이렇게 묻는다. "잠깐만요, 그것도 침묵으로 인정되나요?" 새소리가 청각적으로 조용하지 않은 것은 사실이다. 때로는 순전히 시끄러운 소리로 인식되기도 한다. 아마존 지역의 수컷 흰방울새는 구애할 때 대개 125데시벨에 달하는 소리로 짝을 부르곤 하는데 이것은 구급차 사이렌 소리와 제트 엔진 소리 사이 어디쯤에 위치하는 수준이다. 하지만 새소리를 들을 때의 무언가가 많은 사람에게 '조용함'이라는 경험을 남긴다. 어떤 사람에게는 그것이 침묵의 본질이다.

여러 대륙에 걸쳐 그리고 여러 시대에 걸쳐 인간은 새를 관찰하고 새소리를 듣는 것으로부터 황홀감과 영감을 발견했다. 지난 몇 년간 이 일은 예상치 못하게 유행이 됐다. 코로나19 동안 한자리에 대피해 있는 동안 도시와 교외 지역에 거주하는 우리 중 많은 이들이 마침내 마당에서 새소리를 들었다. 2020년, 실제로 새들이 갑자기 왜 시끄러워졌는지 의문을 가지는 기사가 쏟아졌다. 과학자들은 응답했다. 시끄러워진 건 새들이 아니다. 우리다. 우리는 마침내 더 조용해졌다.

2020년 봄, 작가이자 마블 코믹스 편집자이자 열렬한 탐조가인 크리스티언 쿠퍼Christian Cooper에 대한 뉴스 기사를 본 적 있는가? 그는 뉴욕의 센트럴 파크에서 새를 관찰하던 중 목줄을 채우지 않은 개를 데리고 있는 백인 여성과 마주쳤다. 그는 공원 지침에 따라 개의 목줄을 채워 달라고 요청했지만, 여성은 911에 전화를 걸어 그가 자신을 위협하고 있다고 허위 신고했다. 쿠퍼는 휴대전화로 차분하게 대화를 녹음했고, 해당 내용이 X에 게시되면서 단 며칠 만에 수천만 명의 사람들이 그 글을 봤다.

〈뉴욕타임스〉와 인터뷰했을 때 그는 리포터와 함께 센트럴 파크를 걸으면서 조직적인 인종차별이라는 심각한 도전과 두 번째 기회의 은총에 대해 이야기했다. "만약 우리가 진보를 이룬다면 바로 이런 문제들을 다루어야 합니다. 그리고 이 고통스러운 과정이 이것을 해결하도록 도와준다면…." 그는 여기서 갑자기 말을 그만두고 소리쳤다. "아메리카솔새가 있어요!" 그는 인터뷰를 잠시 멈추고 쌍안경을 통해 새를 봤다. 쿠퍼가 응한 많은 인터뷰에서 인상적이었던 점은 단 몇 분 만에 백인 여성의 개인적인 책임과 구조적 인종차별의 복잡성을 모두 짚어 내면서도, 동시에 개인적 사명 중 하나인 특히 유색인종에게 조류 관찰 문화를 알리는 일을 강조했다는 것이다. 그의 조용함(조류 관찰)은 방해받았지만, 그의 조용한 명료함은 그대로였다.

코로나19 봉쇄의 한가운데서 벌어진 이 사건은 탐조 애플리케이션 다운로드뿐만 아니라 그들의 집 근처 새들을 기록한 사진과 오디오 녹음 등의 공개가 유례없이 급증하는 현상으로 이어졌다.[11]

배우 릴리 테일러Lili Taylor는 최근 쿠퍼가 말한 조류 관찰의 광범위한 사회적 치유 효과에 공감하며 이렇게 말했다. "명상을 위해 시간을 내는 건 쉽지 않아요. (…) 하지만 1분 정도 시간 내는 건 충분히 가능하죠. 창가에 앉아 인터넷을 하다가도 창밖을 보면 새들이 움직이는 모습이 보일 거예요." 그녀는 덧붙였다. "그냥 잠시 바라보기만 해도 돼요. 몇 분이면 충분해요. 그러는 동안 당신의 뇌는 잠깐이나마 쉴 수 있죠."

소설가 조너선 프랜즌Jonathan Franzen이 말했듯 "새들은 우리의 마지막이자 손쉽게 이용 가능한 주변 야생과의 연결 고리입니다. 당신은 뒷마당에서 여름에 번식하는 새들을 보고, 그것을 지지하는 전체 생태계가 있음을 알 수 있죠." 프랜즌은 이렇게 요약한다. "만약 새가 거기 있다면, 야생이 거기 있는 것입니다." 우리의 매일의 생존이 새들에 의지한 것은 그리 오래되지 않았다. 새들의 행동과 언어는 변화하는 날씨 패턴과 포식자들의 무대를 알려줬다.

비록 우리가 기본적인 생존을 위해 이 모든 정보가 필요하지는 않더라도, 우리는 여전히 새들이 필요하다. 우리는 여전히 그들이 대표하는 전체 생태계가 필요하다. 우리는 여전히 야생과의 연결 고리가 필요하다.

'야생'이라는 단어가 깊은 몰입을 암시하기는 하지만, 우리는 종종 '순간적인 몰입'에서도 침묵을 발견한다. 마치 단순히 새소리를 듣는 순간처럼 말이다. 잠깐일지라도 이 연결은 의식에서 침묵을 찾는 가장 직접적인 방식 중 하나다. 다행히도 그것에 이르는 길은 많다.

무브온MoveOn, 맘스라이징MomsRising 그리고 가장 최근에는 리빙 룸 컨버세이션스Living Room Conversations의 공동 창업자인 조앤 블레이즈Joan Blades는 우리에게 자신이 선호하는 침묵에 이르는 길이 회송deadheading이라고 말했다. 리는 그레이트풀 데드 쇼Grateful Dead Show로 가는 길에 조앤이 손으로 만든 '나에게는 기적이 필요합니다I Need a Miracle' 표지판을 들고 있는 모습에서 조앤의 정신적 이미지를 느꼈다. 그러나 사실 조앤이 말하는 회송은 추가 개화를 촉진하기 위해 다년생 식물에서 죽어 가는 꽃을 잘라내는 과정을 의미했다. 조앤은 리에게 이렇게 말했다. "이것보다 더 평온함을 주는 것은 없어요."

원예 전문가들에 따르면 감각을 진정시키기 위한 정원의 사용은 최소한 기원전 2000년 메소포타미아까지 거슬러 올라간다. 정원에는 진정 효과를 넘어서서 치유 효과가 있고, 그것은 나이팅게일 시대에 널리 인정받는다. 나이팅게일은 평생 식물학에 관심을 가졌는데, 부분적으로는 식물의 약효 때문이었지만 꽃 수집과 압화도 즐겼다(그녀가 가장 좋아한 꽃은 디기탈리스였다). 1860년, 그녀는 정원과 화초의 치유적 특징에 대해 다음과 같이 썼다.

> 사람들은 그 효과가 오직 마음에만 있다고 말한다. 하지만 그런 건 없다. 그 효과는 몸에도 있다.

나이팅게일은 식물이 주는 효과를 환자들에게서 직접 봤다. 로저 울리히 Roger Ulrich의 연구[12]가 자연의 풍경을 본 환자들이 그러지 않은 환자들보다 수술에서 더 빠르게 회복했음을 증명하기 100년 전이었다. 다시 한번, 우리는 나이팅게일의 말을 들었어야 했다.

이제는 '산림욕'이나 '피톤치드'라고 불리는 나무 기름이 어떻게 현대의 고통에 대응할 수 있는지 또는 어떻게 자연 결핍 장애 nature deficit disorder가 실제로 존재하고 아이와 어른 모두에게 어려움을 가하는지에 대한 베스트셀러가 수도 없이 많다. 영국과 네덜란드 모두에서 이루어진 연구에서 초록색 공간이 더 많은 지역의 약국은 불안과 우울에 대한 처방전을 더 적게 발행한다는 사실을 발견했고,[13] 2018년에는 스코틀랜드가 그런 상태의 사람들을 위해 **자연을 처방하는** 세계 최초의 정부들 중 하나가 됐다.[14]

일리노이 대학교University of Illinois의 천연자원과 환경 과학 부교수 밍 쿠오Ming Kuo에 따르면 "5분 동안 그저 흙을 가지고 노는 동안, 우리는 실제로 부교감 신경 활성 정도가 변하는 것을 볼 수 있다. 그것은 '투쟁 또는 도피'에서 '돌보고 친해지기' 쪽으로 움직인다."[15] 쿠오는 처음에 소음과 과잉 수용에 흥미를 가졌다. 하지만 데이터를 보면서 자연이 인간에게 주는 효과 쪽으로 선회하게 됐다.

그녀는 작업을 시작했을 때 자연에서 '멋진 생활 편의 시설' 같은 인상을 받았다고 인정한다. 하지만 수십 개의 지형지물 연구를 거치고 30년이 지나자 이제 도시 녹지와 자연 경험, 특히 취약 계층 사이에서의 심리적, 사회적, 물리적 혜택에 대해 주도적인 목소리를 내는 인물이다. 쿠오는 실내에 있더라도 초록색 풍경을 내다볼 때 심박수가 떨어진다는 연구 결과가 사실을 증명한다고 이야기했다. 다른 말로 하면, 자연에 '순간적으로 몰입'하는 것도 효과가 있다는 의미다.

저스틴에게 자연에 '순간적으로 몰입하기'는 신발과 양말을 벗고 잔디나 흙 위에서 자신의 맨발을 느끼는 것이다. 이것은 지구와 호흡을 맞출 기회다. 진정으로 땅을 느낄 때, 그는 스트레스로 가득 찬 평일의 진동을 돌과 흙의 탁 트인 지역으로 내려놓을 수 있다. 이것이 다소 허황된 뉴에이지 건강 유행처럼 들릴 수도 있지만, 땅 밟기 실천에는 여러 경험적인 증거가 있다. 2019년 실시된 무작위 통제 실험에 따르면, 습한 흙이나 잔디 위를 맨발로 걷는 등 땅과의 신체적 접촉에 충분한 시간을 보낸 참가자 그룹은 여러 가지 긍정적인 변화를 경험했다. 이들은 신체 기능과 에너지가 유의미하게 증가했으며 피로, 우울감, 권태감, 통증이 유의미하게 감소했다고 보고했다.[16]

자연과 연결되면 마음이 고요해진다. 이는 삶이 인간 중심 사회의 정신적 산물에 불과하다는 시끄러운 착각에서 벗어나도록 도와준다. 인도 틈새에서 자라나는 칙칙한 푸른빛의 치커리를 조용히 바라보는 순간, 우리는 삶이 기적임을 다시금 깨닫게 된다. 그리고 그것이 경이로움을 느낄 만한 가치가 있음을 알게 된다.

자연에 '순간적으로 몰입하기'는 짧은 시간일지 모르나 많은 연구가 강조하듯 사소하지는 않다. 다음의 두 가지를 최소한 하루에 한 번은 해 보자.

- **자신보다 더 큰** 무언가와 연결하라. 우뚝 솟은 나무나 밤하늘의 별 같은 것 말이다.
- **자신보다 더 작은** 무언가와 연결하라. 새로운 꽃송이나 개미 떼, 참새 같은 것 말이다.

자연과 다시 연결하는 것은 우리가 삶의 광대함과 이어지는 동시에 자아적 자신을 줄여 '적절한 크기'가 되도록 돕는다.

아이디어 9: 시공간 속 나만의 피난처 만들기

미셸 밀벤 Michelle Millben이 오바마 정부에서 백악관 고문 그리고 의회 연락 담당자로 일했을 때, 침묵과 조용한 사색을 위한 시간을 찾는다는 생각은 대체로 불가능했다. 하지만 종교의 가르침을 실천하는 성직자이자 전문 음악가로서 밀벤은 침묵을 영적 필요로 인식했다. 정부 임기 마지막 해에 워싱턴에서 대통령과 입법가들 사이의 관계를 관리하면서, 그녀는 빈 공간을 보호하기 위해 일정을 의식적으로 조정했다. 어떤 경우에는 말 그대로 아주 약간의 조용한 시간을 **일정으로 잡았다**. 얼마나 잠깐이 됐든 이 침묵의 순간은 필수적이었다. 그런 순간이 그녀가 의사 결정을 할 때 윤리에 충실해지는 주요한 방법이 됐다. 다른 사람과 맺는 관계에 긍정적이고 진정성 있게 남는 방법 말이다.

밀벤은 멈추고, 심호흡을 한 번 하고, 눈을 감는다. "이건 저 자신에게 작은 힘의 장이에요." 오늘날, 익스플래네이션 키즈 Explanation Kids(뉴스에 등장하는 세계 사건이나 이슈에 대해서 아이들이 가지는 거대한 질문에 나이에 적합한 답변을 제공하는 스타트업)의 설립자이자 CEO로서 그녀는 자신의 피난처를 의식적으로 지키기 위해 계속 일한다.

대학 때부터 밀벤은 하루 중 조용함을 위한 시간을 언제 찾을 수 있을지 보기 위해 엑셀 스프레드시트를 '현실 확인' 차 사용했다. 하나의 셀은 보통 오전 5시에서 오후 10시 사이의 어딘가에 해당하는 15분씩을 의미한다. 그녀는 맨 처음으로 **해야 하는** 것을 목록화하는데, 역할로 주어진 기본적 의무들을 뜻한다. 어머니와의 정기적인 전화, 식사 같은 것들이다. 그리고 나서 **하고 싶은** 것도 조금 적는데, 자기를 돌보는 일 같은 것이다. 그녀는 편안히 기대 앉아서 일정을 점검하고, 항상 실제로 이용 가능한 '시간 주머니'를 찾는다.

그 '시간 주머니'는 대개 집에서 지키기가 가장 쉽다. 그래서 매일 아침, 그녀는 성서와 영감을 불러일으키는 인용구를 읽기 위한 시간을 조금 남겨 둔다. 그녀는 조용히 사색하며 "신께서 제 마음에 도움을 주실 수 있다"고 말한다. 그러고 나서 하루를 시작한다.

엑셀 스프레드시트는 보통 조용한 감정을 불러일으키지 않는다. 하지만 밀벤에게(특히 백악관에서의 시간 이후로) 그것은 피난처의 경계를 정하는 도구가 됐다. 우리는 달력에 중요한 약속을 체크하는 것처럼 달력에 조용한 시간을 보호해 둘 수 있다. 전 미국 국무장관 조지 슐츠George Shultz는 근무 당시에 일주일에 1시간씩 절대 아무런 회의도 약속도 없도록 시간을 비웠다. 펜과 종이 말고는 아무것도 가지지 않고, 무엇이 됐든 그에게 찾아오는 것에 대해 앉아서 생각하기 위한 시간이었다. 그는 비서에게 아내나 대통령이 아니라면 모든 전화를 막으라고 말하곤 했다.

수십 건의 인터뷰를 거치면서 우리는 시간과 공간 모두에서 피난처의 중요성에 대해 듣게 됐다. 일출 전에 다른 마음의 개입으로부터 자유로워지는, 순수한 주의의 공간을 두기 위해 '아침의 사고방식'을 지키려고 애쓰는 사람들이 많다. 몇몇은 마음을 비우고 의식 속 잔여 소음을 청소하는 방법으로서 하루의 마지막에 조용한 시간을 소중히 간직하는 것의 중요성을 강조한다. 챕터 2에서 만났던 하빕은 우리에게 규명 기도 Examen prayer라는 예수회 실천에 대해 이야기한다. 이 기도는 저녁 시간에 하루 중 일어났던 모든 일을 되돌아보며, 어디에서 감사와 연결을 느꼈는지 다시 생각해 보는 시간이다. 저스틴은 의식의 변화를 관찰하며 종종 이 기도의 다양한 방식을 시도했다.

피난처는 반드시 단순해야 한다. 스트레칭을 하거나, 목욕하거나, 독서하거나, 일기를 쓰거나, 소파에 앉거나, 바닥에 눕거나 어떤 다른 편안하고 조용한 존재 방식을 찾는 물리적 공간을 창조하자. 달력에 공간을 만들어 보자. 의도적인 비우는 시간을 위해 아침에 조금 일찍 일어나거나 저녁 시간을 낼 수 있는지 보자. 자기 자신과의 약속을 지키자. 마치 중요한 동료나 아끼는 친구와 만나는 것처럼 그것을 이행하자.

우리는 보통 아침형 사람과 저녁형 사람을 서로 반대되는 유형이라고 생각한다. 하지만 그들은 하루 일과 중 고요한 시간, 외부적 요구로부터 자유로운 시간에 대한 감사를 공유한다. 시인들과 구도자들은 '새벽 네 시의 조용함'이 가지는 경계적 특성을 오랫

동안 찬양했다.

밀벤에게 이런 시간과 공간에서의 피난처는, 특히 아침 시간에 지킨 것들은 백악관에서 그리고 현재 그녀가 스타트업을 세우면서 효율성을 올리는 데 결정적인 역할을 했다. 그것이 그녀가 자신의 원칙을 확인하는 방법이다. "고요함을 경험하고 침묵을 실천하는 것은 힘든 상황에서 지혜를 불러오는 제 능력을 갈고닦는 데 필수적이었어요." 그녀는 우리에게 말했다. "그리고 차이를 만드는 전략을 탄생시키는 데도요. 특히 당신이 세상에 창조하려고 노력하는 선 the good이 승산이 없어 보일 때 말이죠."

아이디어 10: 소음과 친구가 되라

앞에서 우리는 소음을 '원치 않는 방해'로 정의했다. 우리가 진정으로 원하는 것에 주의를 기울이지 못하게 하는 청각적, 정보적, 내면적 간섭을 설명했다. 간섭을 피하고 극복하는 무수한 방법이 있지만, 우리는 하나의 단순한 사실을 아는 것도 중요하다고 생각한다. 바로 **소음은 피할 수 없다**는 것이다.

마스터스는 이것을 다른 사람들만큼이나 잘 안다. 오래된 텔레비전과 라디오의 귀를 찢는 듯한 소음이나 동쪽 건물에서 들리는 고함을 피해 갈 방법은 없다. 심지어 수십 년간 명상 실천을 해 왔음에도, 그는 자신이 언제 어떻게 다시 자유를 찾을 수 있을지 절대 알지 못한다는 데 대한 불안을 완전히 없애지 못했다.

하지만 사실 마스터스는 소음에 대한 자신의 반응이 마음을 더 시끄럽게 만들고 있다는 사실을 깨달았다. 그는 원치 않는 소리와 자극을 집요하게 반복하며 수축된 감정에 사로잡혀 있었다. 마스터스는 우리에게 이렇게 말한다. "저는 소음을 **조용하게** 하기 위해 소음을 초대하기 시작했습니다." 그 순간, 이 변화는 모두 그의 **통제 권역** 안에 있었다. 하지만 근본적인 차이를 만들었다.

아일랜드 시인 투아마는 삶에 모습을 드러내는 모든 것에 인사를 건네는 실천을 했다. "제 생각에 인사하는 것은 오래된 기술입니다. 확실히 루미가 그 기술에 관심이 있었지요." 그는 루미의 시 〈게스트하우스 The Guest House〉를 언급하며 웃었다. 그 시에서 위대한 수피교 신비주의자는 우리에게 "얼마나 불쾌한 사람이든 문앞에 찾아오는 손님을 반기고 즐겁게 해 주라"고 말한다. 루미는 이 실천이 어떤 새로운 기쁨을 위한 공간을 만들지도 모른다고 제안한다.

투아마가 말하듯 "우리 삶에 찾아오는 모든 것에 인사하는 방법을 찾는 것은 중요한 일일 수 있습니다. 특히 우리가 인사하고 싶지 않은 것들이라면 말이죠." 그의 저서 《In the Shelter(대피소에서)》에서 그는 소음을 반긴다는 생각으로 색깔과 질감을 선사하는 인사에 대해 긴 이야기를 풀어놓는다. 그는 이렇게 썼다.

> 그러니 오래된 상처에 인사하고, 우리가 통제할 수 없는 한계에도

인사하며, 쉽사리 끝나지 않을 것 같은 이 상황에도 인사하자. 예상치 못한 전화에도, 예기치 않은 슬픔에도, 뜻밖의 기쁨과 위로에도 인사하자.

무언가에 인사한다는 것은 곧 "너는 여기 있구나" 그리고 "나는 여기, 너와 함께 있구나"라고 말하는 것이다.

그것이 의미하는 바는 무엇일까?

그것은 우리에게 지금 이 순간의 단순한 진실에 이름을 붙이는, 근본적인 행동을 하라고 요청한다.[17]

지금 존재하는 것에 존중을 담아 인사할 때, 우리는 그것의 가장자리를 부드럽게 한다. 스스로의 가장자리 또한 부드럽게 한다. 지금 존재하는 것을 관찰하고 인식하는 데서, 우리가 그저 피할 수 없는 소음과 함께 있기로 동의하는 데서 우리는 심지어 소음과 친구가 되기 시작한다.

리는 조직 상담을 할 때 그들에게 그저 무엇을 **원하는지** 묻지 않는다. 그들이 무엇을 **두려워하는지**도 함께 묻는다. 그녀는 종종 그들의 얼굴에서 이런 반응을 봤다. '왜 문제를 일으키지? 긍정적인 부분에 집중해야 하지 않나?' 그녀는 수면 위로 드러내기와 인식하기(인사 건네기) 작업을 강조한다. 왜냐하면 두려움과 의심과 심리적 장애물을 한쪽으로 밀어 두는 것은 때로 역효과를 낳기 때문이다. 무엇이든 성급하게 추방된 것은 필연적으로 돌아온다. 때로는 규모가 증폭된 채로.

우리와 대화를 나누면서 투아마는 이렇게 강조했다. "어려움이나 장애물에 인사를 건네는 것은 그것을 통제하기 위해서가 아닙니다. 또한 그것이 당신을 통제하도록 내버려두는 것도 아닙니다. 그저 그것을 있는 그대로 두고, 그 맥락 속에서 이야기하기 위해서입니다."

우리는 신경과학자이자 오랜 명상가인 브루어에게 그의 조사 결과가 스스로의 개인적 실천에 어떤 정보를 주는지 물었다. 그는 이제 정신적으로든 육체적으로든 **확장된** 감정의 반대로서 **수축된** 감정을 느낄 때에 단순히 주의를 기울인다고 말한다. 결정적으로 그는 우리에게 수축된 감정(내부적 소음과 연관된 감정)을 알아차릴 때 아무것도 할 필요가 없다고 이야기한다. 그는 판단하지 않는다. 그 감정을 강제로 떨어뜨려 놓으려 노력하지 않는다. 그저 그 감정에 주의를 기울인다. 그는 그 수축을 의식하고 내면적 소음을 알아차리는 행위가 그 감정을 변형시키기에 충분하다고 말한다.

저스틴은 최근 총 3시간 반 동안 고객 서비스 센터와 통화했다. 그는 당연히 멀티태스킹을 하고 있었지만, 이상하게 관능적인 스페인 기타 음악과 '기다려 주셔서 감사합니다. 곧 상담원을 연결해 드리겠습니다'라고 아첨하는 듯한 목소리를 반복적으로 계속 들어야 했다. 물론 그는 모든 단계를 거쳤다. 분노, 체념, 부정적인 인터넷 후기 쓰는 것 상상하기 그리고 이 터무니없는 상황을 그저 인식하기.

하지만 그는 견뎌야 했다. 달리 의지할 곳은 없었다. 이것은 인내심에 대한 일종의 우주적 교훈이었을까? 그는 180분이라는 표시가 뜰 때쯤 궁금해졌다. 짜증 나는 녹음된 통화음이 어떻게 불편함의 신호인 동시에 무례함(아무도 자신을 신경 쓰지 않는 것처럼)의 감정인지 알아차리기 시작했고, 이것 또한 시끄러운 감정을 불러왔다. 결국 그는 심호흡을 한 번 했고 그냥 모든 신체적, 정신적 수축을 느꼈다. 정말로 주의를 기울였다. 그는 마지못해 인사를 건넸다.

저스틴이 이 말도 안 되게 경솔한 고객 서비스 센터의 소음과 친구가 됐느냐고? 아니다. 그렇지만 그가 감정에 인사를 건넸을 때, 거기에는 변화가 있었다. 그의 가장자리가 부드러워졌고, 그는 내면적 소음의 원천에 대해 무언가를 배웠다. 현대 세계의 소음을 넘어서는 가이드로서 이 책을 썼지만, 우리는 소음을 넘어서는 유일한 길이 때로는 그 안으로 들어가는 것임을 알게 됐다.

나만의 건강한 쉼을 찾아서

우리는 최근 한 흡연자와 이야기를 나누다가 나쁜 소식을 듣게 됐다. 오늘날 흡연 휴식을 가지는 대부분의 사람은 사실 깊은 들숨을 즐기거나 햇볕을 누리지 않는다. 그냥 휴대전화를 본다. 사회적으로 허용된 마지막 '아무것도 안 하는' 시간이라는 우리의 이상적인 상상은 그저 향수에 불과하다.

그래서 우리는 새롭고 건강하며 사회적으로 받아들여지고, 널리 인정받는 하루의 휴식 범주를 창조할 시간이 됐다고 생각한다. '조용한 시간'으로 부를 수도 있겠다. 그것은 어떤 주어진 날의 필요에 따라 달라질 수 있다. 심호흡이 될 수도 있고, 집중된 독서, 몰입적인 움직임, 그저 듣기를 위한 멈춤이 될 수도 있다. 하지만 어떤 형식의 휴식인지 상관없이 휴식은 매일 우리 일상 속에 있어야만 한다.

비파사나 스승이자 저자인 필립 모핏 Phillip Moffitt 은 한때 〈에스콰이어 Esquire〉 편집장으로 일한 적이 있는 인물로, 우리가 왜 그렇게 자주 스스로 조용한 시간을 누리는 데 실패하는지에 대한 가슴 저미는 분석을 내놓는다. 이 분석은 그가 지도한 몇몇 CEO들에게서 발견한 경향이다.

우리는 스트레스를 살아 있는 감정으로 종종 착각한다.

모핏은 우리에게 이렇게 말했다. "우리는 무의식적으로 우리 마음이 거의 끊임없는 자극의 흐름을 받고 있을 때만 삶에 의미가 있다고 믿기 시작합니다. 비록 마음과 몸에서 자극이 지속적인 압박이나 피곤한 스트레스로 느껴진다고 해도, 우리는 이 끝없는 자극이 우리의 삶이 실제로 벌어지고 있음을 의미한다고 굳게 믿죠." 그리고 그는 이렇게 경고했다. "그 해석은 사실이 아닙니다. 마음은 어느 것에서도 자극받을 수 있어요. 건강에 유익한 것이든 그렇지 않은 것이든지요."

모핏은 마음이 스스로 만든 생각을 그 정확성이나 가치에 관계없이 '먹고사는' 경향이 있다고 강조한다. 원래의 생각은 별다른 악의가 없을 수도 있다. 하지만 그 뒤에는 곧 또 다른 생각이 꼬리를 문다. 그는 우리에게 이렇게 말했다. "다행히 마음의 가속도는 방해받을 수 있고, 일단 방해받으면 기분은 더 나아집니다. 우리가 한번 '자극의 흐름' 밖으로 걸어 나가면 우리 마음과 몸은 자연스럽게 더 조용한 상태로 돌아갈 겁니다."

모핏은 흡연 휴식의 건강한 대용물을 어떻게 생각할지 예시를 들었다. 그는 '방해하기'에 대해 이야기했는데, 그가 명상 학생들에게 정기적으로 사용하는 방법이다. 이 아이디어는 일정한 시간 동안 말하자면 60~90분 동안 자신이 성취하고 싶은 목표를 설정하는 것이다. 타이머를 설정하고 알람이 울리면 집중 그리고 자신의 기분과 경험하고 있는 어떤 신체적 감각의 질을 알아차려 본다. 만약 집중이 강력하다면 거기서 생각을 끝내거나 또는 하던 일을 정리할 편안한 장소를 찾는다. 만약 집중이 강력하지 않다면 하던 일을 즉시 멈춘다.

스스로를 방해하자. 당신의 마음과 몸에 긍정적인 무언가를 찾아보자. 차 한 잔을 타든, 숨 쉬기 운동을 하든, 스트레칭을 하고 움직이든 말이다. 우리는 이렇게 말한다. "짧은 산책을 가세요, 서서 스트레칭을 하세요, 눈을 30초만 감아 보세요. 그리고 무엇보다 당신의 생각에 주의 기울이기를 고의적으로 멈추세요. 당신은 휴식(더 많은 생각을 더하는 생각을 방해하기)이 필요하다고 느끼지 않을지도 모르지만 사실 정말 필요해요." 요약하자면 당신의 의식에 조용함을 불러오는 무언가를 하라.

이 아이디어들이 다양한 선택지를 떠올리게 하길 바란다. 당신이 스스로 통제할 수 있는 범위 안에서, 당신의 영향력 안에서 '흡연 휴식'을 대체할 건강한 쉼의 방식을 찾을 수 있기를.

CHAPTER 11

열광적인 침묵 찾기

매슈 키치 히피Matthew Kiichi Heafy는 최대 성량으로 울부짖는 목소리로 유명하다. 바로크 선율과 빛의 속도로 연주되는 기타 솔로에서의 불가능할 정도로 복잡한 박자표, 사람으로 꽉 찬 클럽과 땀 냄새 가득한 스타디움에서도 그의 목소리는 여전하다. 그는 엄청난 전력량의 앰프를 통해 울려대는 와우 페달(기타 앰프에 연결시켜 파상波狀 효과를 내기 위해 페달로 조작하는 장치. ─옮긴이)과 찢는 듯한 오버드라이브 톤으로 유명하다.

우리는 그래미상 후보이자 멀티플래티넘(미국에서 200만 장 이상 판매된 음반에 수여하는 상. ─옮긴이) 메탈 밴드 트리비움Trivium의 리더 히피를 만났다. 우리는 그가 자신의 음악 어디에서 가장 큰 힘을 얻는지 이야기를 나눴다.

"가장 헤비한 곡의 가장 헤비한 부분은 브레이크다운입니다.

모든 소음과 강렬함 속에 순간적인 침묵이 끼어 들어가는 부분이지요. 마치 당신이 너무 그 안에 있어서 침묵 이전까지는 당신이 그 안에 있는지도 모르는 것 같은 느낌입니다."

소리와 자극의 의미를 제대로 인식하기 위해서는 그 밖으로 나가야 한다. 일본에서 일본인 어머니와 미국인 아버지 사이에 태어나 미국에서 자란 히피는 '마'라는 일본어의 의미에 대해 이야기하며 생기가 도는 모습을 보였다. 그는 우리에게 자신이 어떻게 항상 지나치게 활동적인 마음을 가지고 있었고, 어떻게 상당한 양의 불안을 다루어야 했는지를 이야기했다.

히피는 삶에서 '마'의 순간을 몰입의 순간으로 설명한다. 마치 그의 헤비한 음악들에서 '브레이크다운'이 시작될 때처럼 말이다. 이것은 그가 자기참조적 의식의 소음 밖으로 나가서 무슨 일이 일어나고 있는지를 정말 제대로 인식할 수 있는 순간이다. "그 순간에는 뇌가 조용해지고, 마치 저 자신 밖에서 스스로를 관찰하는 느낌입니다. 하지만 만약 당신이 그것을 포착한다면, 그 상태에 있는 당신 스스로를 알아챈다면 밖으로 빠져나와 버립니다. 그저 사라져 버리죠."

히피는 대부분 주짓수에서 호각인 상대와 붙잡고 싸울 때 개인적인 '마'의 상태를 만난다. 때로는 음악을 연주하기 전 조용한 명상의 순간에서 만난다. 다른 때에는 그의 쌍둥이 자녀와 낄낄거리며 굴러 다니는 가정적인 삶에서 만나기도 한다.

극도로 드물긴 하지만 히피는 실제로 수천 명의 흥분한 메탈

팬들 앞에 서 있을 때 침묵을, 온전한 존재와 명료성을 찾는다. "대부분 저는 무대 위를 걷고 있어요. 그러면 제 머릿속이 '내가 이 음을 칠 건가? 나 이거 외웠나? 나 오늘 잘할까? 공연 전에 너무 밥을 많이 먹었나?' 같은 생각으로 가득 찹니다." 하지만 또 (환호하는 청중, 드럼 두드리는 소리, 기타 치는 소리 한가운데) 모든 내면적 소음이 사라지는 순간이 있다.

히피는 10년도 더 전으로 거슬러 올라가 어떤 순간을 생각했다. 그가 처음으로 영국의 주요 페스티벌에서 연주한 날이었다. 밴드는 두 곡을 연주하며 공연을 시작했고, 그 후 대중에게 말하기 위해 마이크로 다가갔다. 그가 어떤 말을 할지 사람들은 기대했고, 공연장의 소음은 줄어들어 순간 고요해졌다. "저는 거기 무대에 있었어요. 그 열정적인 쇼 한가운데에요. 그리고 그것은 그저 조용하게 느껴졌어요."

이 예상 밖의 완전한 집중의 순간은 단순한 우연이 아니었다. 그것은 준비의 결과였다. "저는 공연할 때 이런 종류의 침묵을 얻으려고 노력합니다. 이런 순간은 제가 일주일에 5일, 하루에 6시간까지, 리허설을 하도 많이 해서 음악이 근육 기억으로 각인됐을 때에만 일어날 수 있죠. **그때 저는 그저 내려놓을 수 있는 거예요.**"

히피에게 그런 순간은 그저 순식간에 지나가는 명료함의 경험이 아니다. 그 속에는 무언가 유익한 것이 있다. 가장 깊은 침묵 속에서 바쁘게 돌아가는 시계는 느려진다. 자아의 통제가 느슨해진다. 모든 일상의 걱정과 '만약'은 먼 배경으로 물러난다.

히피에게 이런 종류의 순간은 어떻게 살아야 할지를 가리키는 북극성이다.

· · · · · · ·

전설적인 세계 종교학자 휴스턴 스미스는 영적 실천과 의식의 목표가 "변화된 상태 altered state가 아니라 변화된 특성 altered traits"이라고 쓴 적이 있다.[1]

이것은 1960년대 세대에 도움이 되는 기준이었고, 황홀경의 경험을 추구하는 누구에게든 계속 유의미했다. 그가 초월의 희미한 순간들을 좇는 데 무슨 문제가 있다고 말하는 것은 아니다. 단지 그런 경험들이 삶의 더 큰 맥락 안으로 통합될 때 우리에게 가장 큰 도움을 준다는 말이다. 즉, 그것들이 현실을 더 잘 이해하는 데 기여하거나 더 사랑하고 배려하며 살아가는 방법을 배우는 데 도움이 될 때 말이다.

지난 챕터에서 우리는 우리의 '상태', 즉 마음과 몸에서의 소음과 조용함에 대한 매일의 경험을 연구하는 순간순간의, 하루하루의 실천을 살펴봤다. 이런 노력은 점증적으로 우리의 '특성'을 형성하는 데 도움을 준다. 우리가 자신의 **통제 권역**과 **영향 권역**을 확인함으로써 일상적 삶을 침묵의 주머니로 가득 채울 때, 시간의 흐름과 함께 주의력, 공감, 인내심을 증가시킬 수 있다. **이런 경험은 우리가 누구인지를 변화시킬 수 있다.**

하지만 우리의 인지와 성향에 대한 침묵 효과가 항상 서서히 이어지는 것은 아니다. 침묵과 단 한 번의 심오한 만남(단 한 번의 신비주의적 경험이나 경외감의 순간)을 겪더라도 그 자체가 **우리의 특성을 바꿀** 수 있다. 그것은 우리의 '만약'에 도전장을 던지고 우리의 관점을 바꿔 놓을 수 있다. 새로운 궤도에 우리를 태울 수 있다.

히피의 경험이 입증하듯, 가장 깊은 침묵을 찾기 위해서는 열정적인 준비가 필요하다. 실행 계획을 일부 세워야 할 수도 있고, 일이나 가정의 의무에서 좀 떨어져 있는 시간을 가져야 할 수도 있다. 때로 가장 깊은 침묵을 찾는 일은 우리의 두려움을 마주하는 심각한 작업일 수도 있다.

이 챕터에서 우리는 통상적이지 않은, 변화를 불러오는 침묵을 찾는 원칙과 실천을 살펴보려고 한다. 지난 챕터의 시작에서 말했던 일반적인 추천 사항이 여기서도 유효하다. **열린 마음을 가지고, 아주 많은 실천을 시도해 보고, 마음과 몸의 신호를 알아차리고, 즐거움을 가져다주는 일을 하라.** 지난 챕터에서처럼 이런 아이디어는 당신에게 하는 '지시'라기보다 당신에게 '영감'을 불러일으키는 데 도움을 주는 사례로 봐야 한다. 주 단위나 심지어 일 단위로 이런 실천들 중 일부를 연구할 수 있을지도 모르지만, 우리가 말하는 내용의 대부분은 더 긴 시간대에 들어맞는다. 한 달에 한 번, 일 년에 한 번, 어쩌면 일생에 한 번일 수도 있다.

'열광적인 rapturous 침묵'을 한 단어로 단순하게 정의내릴 수는 없다. 이것은 개인적이고 주관적인 경험이다. 마치 우리가 챕터 6에서 논의했던 자기초월적 경험처럼, 그 공통분모에는 감소된 자기특징성 그리고/또는 증가된 연결의 감정이 포함된다. 이 침묵은 멀리 떨어진 은둔처에서 찾을 수도 있고, 산꼭대기에서 찾을 수도 있고, 대규모 헤비메탈 콘서트 무대 위에서 찾을 수도 있다.

착각의 여지가 없다. 침묵을 느낄 때 당신은 알 수 있다. 무언가 더 거대한 것(자연의 세계, 인류의 더 넓은 전체 또는 우주)과 동시에 연결되는 동안 분리된 자아 너머로 확장하는 것이 '열광적인' 경험이다(우리가 챕터 7에서 배웠듯 비록 그것이 약간의 두려움과 뒤섞여 있을 수도 있지만). 궁극적으로는 얼마나 짧게든 우리는 엄격한 분리된 자아라는 착각을 극복한다. 우리가 숙련된 영적 스승들 그리고 선두적인 신경과학자들 모두와 함께한 조사에서 발견한 내용이 바로 이것이다. 우리 자신의 삶에서 그리고 다른 사람들의 증언에서 발견한 것이다.

우리는 우리의 지각 방식을 승격시키는 종류의 침묵에 대해 이야기한다.

우리는 때때로 가장 깊은 침묵을 '고독'과 연결짓는 경향이 있지만 열광적인 침묵은 무언가 다르다. 오히려 열광적인 침묵은 우리가 분리되고 혼자인 기분을 느끼게 만드는 일상적인 힘을 초월한다.

아이디어 11: 할 일을 챙겨 자연 속으로 떠나라

헴튼은 자신의 삶이 통제를 벗어났는지 아닌지를 결정할 수 있는 아주 단순한 지표를 가지고 있다. 할 일 목록이 열세 쪽을 꽉 채우고 넘치는지를 확인하는 것이다.

우리가 헴튼과 최근 이야기를 나눴을 때, 음향생태학자이자 멸종 위기에 처한 자연적 소리 풍경에 대한 카탈로그 편집자인 그는 막 바쁜 시기를 지난 참이었다. 그의 할 일 목록은 전례 없이 스물세 쪽까지 차 있었다.

다행히 헴튼은 이미 그런 상황을 위한 절차를 마련해 뒀다. 그는 목록을 출력해 연필을 쥐고, 여러 시간 차를 몰고 수 킬로미터를 여행해 워싱턴주에 있는 올림픽 국립 공원 호 열대우림Hoh Rain Forest 안의 푸른 이끼가 낀 피난처까지 갔다. 찻길이나 비행 경로에서 꽤 멀리 떨어져 있어 '미국에서 가장 조용한 곳'[2]으로 보장할 수 있는 장소였다. 도착하고 나서 헴튼은 그저 듣는 시간을 가졌다. 그는 존재했고 이 특별한 장소와 연결됐다. 그가 우리에게 이야기하기로는 '내 존재 안에 존재하기'로 되돌아갔다.

그러고 나서 그는 연필과 스물세 쪽짜리 할 일 목록을 꺼내 폭력적인 액션 영화 마지막 장면에서의 영웅처럼 가차없는 태도로 사회 생활이나 업무 때문에 잡힌 일정 중 상당한 분량을 지워 버렸다. 황혼이 내리기 전 그가 여행을 마치고 돌아가기 위해 목록을 접어 앞주머니에 밀어 넣었을 때, 그의 할 일 목록에서는 **네다**

섯 달 치가 지워졌다. 겨우 하루 떠나 있었지만 다섯 달이라는 시간을 얻은 것이다.

우리의 환경이 우리의 지각을 어떻게 형성하는지를 살펴보면 아주 흥미롭다. 헴튼의 집 컴퓨터에서는 그 스물세 쪽의 목록에 있는 모든 항목이 반드시 그곳에 있어야 하는 것처럼 보였다. 하지만 외딴 열대 우림에서 다시 생각해 봤을 때 그는 자신의 삶에서 정말로 중요한 것과 연결될 수 있었다. 그는 모든 회의에 참석하거나 모든 온라인 출판 제안을 수락하거나 모든 인터뷰에 응할 필요가 없었다.

헴튼은 이렇게 말했다. "해답은 침묵 속에 있습니다."

저스틴은 우리 삶의 지루한 의무와 가정을 변화시키는 침묵의 힘을 생각할 때, 2015년 워싱턴 D. C.에서의 어느 뜨거운 여름날을 떠올린다. 그는 유니언 역 Union Station의 웅장한 대리석 건물 아래에서 태국식 쌀국수를 먹고 있었다. 그때 옆에 앉아 있던 친구 엘리프 Elif가 했던 말이 저스틴이 겪고 있는 일의 많은 부분을 이해하게 도와줬다.

"내 생각에 너는 토성 귀환 Saturn return 시기에 있는 것 같아." 엘리프가 말했다. 그녀는 이어서 이것이 그가 극심한 변화의 때를 거치고 있고, 삶의 목적과 방향에 대해 의심하고 있다는 의미일 수 있다고 설명했다.

저스틴은 점성학을 잘 몰랐다. 하지만 그럼에도 엘리프의 말이 진실처럼 들렸다. 그와 아내 메러디는 워싱턴 D. C.를 떠나 서쪽으로 향할 때가 됐음을 직감했다. 정신 없는 업무 환경과 파티로 가득한 주말에 작별을 고하고 가족계획을 꾸릴, 자연에 가까워질, 영적 실천에 더 진지해질 때가 됐다. 문제는 '어떻게'였다. 생계를 어떻게 이어 갈 것인가? 행동에 어떻게 옮길 것인가? 워싱턴 D. C.에서 만난 친구들은 어떻게 할 것인가?

무엇을 할지 확실하지 않은 채, 저스틴은 약간 짜증이 나 있었다. 평소와 달리 도시 소음에 예민해져 있었고, 잡생각에 거의 압도된 상태였다. 그는 엘리프의 점성학적 관찰을 명쾌한 안내로 받아들였다. '숲속에서 시간을 좀 보내러 가자.'

저스틴은 버지니아 북서부의 숲이 우거진 언덕에서 며칠을 보내기 위해 산장으로 갔다. 그곳에서 그는 나무로 된 데크 위에 누워 참나무와 소나무로 된 지붕을 바라보며 대부분의 시간을 보냈다. 그는 태양의 따뜻함을 느꼈다. 휴대전화 신호도 잡히지 않았다. 와이파이도 없었다. 책도 없었다. 말도 거의 하지 않았다. 그저 노트와 펜뿐이었다.

그가 처음 알아차린 변화는 숨 쉬기가 더 편하다는 것이었다. 그저 맑은 공기 때문에 그렇게 느낀 것이 아니라 생리학적 사실이었다. 그의 가슴에서, 횡격막에서, 위에서 긴장된 느낌이 사라지기 시작했다. 공기가 모든 폐포까지 들어왔다. 단 하루가 지난 후 그의 정신적 수다의 양이 훨씬 적어졌다. 저스틴은 그 변화에 감동 받아 노트를 향해 손을 뻗었다.

신기하게도 깊은 분석을 감행하지 않고도 저스틴은 자신이 가치 있게 여기는 것들을 찾아냈다. 동시에 거주지를 크게 옮기지 않으면서도 커리어 변경이 가능하도록 계획을 꽤 완벽히 적어 내려갔다. 그 이후, 그는 대체로 그 계획 안에서 살아가고 있다.

저스틴은 헴튼처럼 할 일 목록을 다듬지는 않았다. 그는 자기 자신도 모르는 새 우주 차원의 '다운로드'를 기다렸다. 궁극적으로 그는 자신이 하기로 한 것의 기저를 이루는 논리를 재창조했다. 이것은 침묵 안에서만 발견될 수 있는 일종의 광활함이 필요했다.

저스틴이 워싱턴 D. C.로 돌아왔을 때 무언가가 바뀌어 있었다. 어쩌면 토성이 천체의 궤도를 거슬렀는지도 모른다. 자연과의 만남 덕에 그는 산더미처럼 쌓여 있던 오래된 계획과 기대와 우선순위를 내려놓을 수 있었다. 그의 삶은 더 이상 막힌 것처럼 느껴지지 않았다. 앞으로 걸어 나갈 수 있었다.

각종 걱정과 가정을 당신이 좋아하는 자연적 환경으로 가져가자. 만약 원한다면 할 일 목록이나 노트, 아니면 그저 머릿속에 빙빙 돌고 있는 생각을 챙겨 가자. 거기서 약간의 시간을 가져 보자. 피타고라스가 학생들에게 조언했듯 침묵을 흡수하라. 그리고 어떤 일이 일어나는지 보자.

아이디어 12: 하루의 침묵이 일주일을 바꾼다

앞서 우리는 간디가 어떻게 일주일에 한 번씩 '침묵의 날'을 지켰는지 이야기했다. 그는 이 시간 동안 외부로부터의 투입이나 정신적 피로로부터 완전히 자유롭지 않았다. 명상과 숙고에 더해, 그는 때로 글을 읽거나 심지어 사람들과 만나기도 했다. 하지만 말은 하지 않았다. 간디는 우리의 언어화된 의식(이야기하기, 토론하기, 수행하기)의 일상적인 모드가 현실을 아는 데 방해가 된다고 생각했다. 그는 이렇게 썼다. "나는 종종 진실을 좇는 자는 침묵해야 한다는 생각이 든다." 그에게 이 매주의 의식은 열광적인 사건이 될 수 있었다. 그의 주변 사람들은 다음 날 그가 하는 말이 가진 명료함과 힘에서 '침묵의 날'의 깊이를 확인할 수 있었다.

자, 간디가 추천하는 실천은 바로 하루 동안 말하지 않는 것이다. 한번 시도해 보자. 만약 회사 업무나 아이 돌봄, 노인 돌봄 같은 일로 불가능하다면 몇 시간의 침묵이라도 확보해 보자. 그리고 그 시간에 간디가 진실 추구를 위해서는 침묵이 필요하다고 말한, 그 의미를 느낄 수 있는지 보자.

간디는 월요일을 선택했지만, 대부분의 사람에게 한 주의 첫날이 특히 무거운 부담이라는 점을 잘 안다. 우리는 한 주의 중간 지점에서 회복을 얻을 수 있도록 '침묵의 수요일'을 좋아한다.

우리는 온전한 또는 부분적인 조용함의 하루를 가지는 것이 평범한 침묵 피정과는 다르다고 생각한다. 특히 이것은 당신 스스로를 들여다보게 한다. 당신의 생각, 말, 행동이 서로 일치하는지 확인하게 하며 당신의 관계와 경청의 질을 평가한다. 그리고 당신의 가장 깊은 직감에 귀를 기울일 만큼 내면이 충분히 조용한

지 볼 수 있는 시간이다. 간디는 이렇게 썼다. "만약 우리가 그것을 듣도록 우리 스스로를 준비시킬 수만 있다면 신성한 라디오The Divine Radio는 언제나 노래하고 있습니다. 하지만 침묵 없이 그것을 듣기란 불가능합니다."

우리는 침묵의 날을 무슨 말을 할지 생각해 내야 한다는 책임감으로부터 벗어나는 잠깐의 휴가로 생각한다. 그러나 그 대신 침묵의 날은 당신의 환경을 관찰하고, 당신의 진실된 감정과 욕구를 알아채고, 당신이 스스로와 주변 사람들을 어떻게 대하는지 돌아보는 데 모든 주의력을 사용할 기회다. 침묵의 날은 습관적인 순환과 관계를 방해하는 장애물 밖으로 나오고, 누가 옳고 누가 그른지 가르는 이진법을 뛰어넘으며, 삶의 진정한 신호에 귀를 기울일 기회다.

간디는 이 단순한 실천이 세상을 바꾸려는 과업의 필수적인 부분이라고 생각했지만, 우리 중 누구든 일상 속에서 스스로를 조율하는 데 도움이 될 수 있는 방법이기도 하다.

몇 년 전에 리는 가족들과 함께 탯셴샤이니Tatshenshini강과 앨섹Alsek강을 따라 11일간 래프팅을 하는 일생일대의 여행을 하고 있을 때 침묵의 날을 시도해 볼 생각을 했다. 그 강들은 알래스카와 캐나다 유콘 지역(세계에서 가장 큰 보호 공원 구역)[3]의 외지고 오염되지 않은 야생을 통해 흐른다.

5일째쯤 되던 날, 리는 자신을 덮쳐 오는 슬픔의 파도를 느꼈다. 여행은 훌쩍 지나가고 있었고, 그녀는 아직 그 지역의 독특한 야생 생태계와 연결된 기분을 느끼지 못했다. 그 순간, 그녀는 인간 관계를 돌볼 필요가 없었다. 그녀의 가족은 분명 행복했고, 가이드 세 명과 동료 여행자 아홉 명으로 이루어진 그들은 이미 끈끈한 유대감을 형성했다. 사실, 그들이 나누는 친근한 대화와 웃음소리가 오히려 황금독수리와 무스 같은 수줍은 야생 동물을 멀리 내몰았을지도 모른다. 그녀에게 이 순간 가장 강하게 다가온 것은 사람과의 관계가 아니라, 바로 자연과의 관계였다.

다음 날 오후, 경유지에 잠시 머무르기로 했을 때, 리는 뒤에 광활한 네틀랜드 빙하Netland Glacier를 두고, 앞에 노이지Noisy산맥을 마주하고 앉았다. 노이지산맥은 계곡을 울리는 바위와 얼음이 만든 소리 때문에 붙은 이름이다. 그녀는 문자 그대로도, 비유적으로도 사이에 낀 느낌을 받았다. 소음과 침묵 사이에.

저녁 식사 시간에 리는 모든 사람에게 그날 저녁의 디저트 먹는 시간부터 다음 날 저녁 디저트 먹는 시간까지 침묵을 유지하겠다는 계획을 이야기했다. 다른 사람들에게 허락을 받을 필요가 없다는 사실을 알았지만, 그들의 지지를 받는다면 어떤 오해를 피하는 데 도움이 될 것이었다. 리는 추가 설명을 위해 이 책에 대한 이야기를 약간 해 줬다. 모든 사람이 진심으로 지지해 주었고, 심지어 흥미로워했다. 그들은 여러 질문을 했는데, 예를 들면 "그래도 밥은 계속 우리와 함께 먹을 건가요?", "말을 안 하는 대신 몸짓으로 이야기할 건가요?" 그리고 "저도 참여해도 되나요?" 같은 것들이었다. 각 질문에 리의 대답은 "예", "아니요", "물론이죠!"였다.

그날 밤 유커 euchre(카드놀이의 일종.—옮긴이) 게임이 시작됐을 때, 대부분 사람들은 강에서 사냥하는 회색 곰을 목격하리라는 희망으로 강 건너편 자갈밭을 보고 있었다. 확실히 그들이 함께 보낸 것 중 가장 조용한 저녁이었다. 리는 자신의 요청이 분위기를 처지게 만든 것이 아닌지 약간 걱정했다. 그녀는 사람들의 행동을 바꿔 놓으려는 의도가 전혀 없었다. 리는 텐트로 일찍 향하기로 결정했다. 가는 길에 그녀는 누군가가 속삭이는 목소리로 말하는 것을 우연히 들었다. "리의 남편이 제일 힘들겠지." 그 말은 그녀를 미소 짓게 했다. '전혀!' 그녀는 혼자 생각했다.

그날 밤, 바람이 방향을 바꿨다. 이제 몹시 찬 공기가 네틀랜드 빙하 바로 너머로 불었다. 리는 몸을 떨었다. 텐트 속에서 그녀는 남편 마이클Michael 옆에서 계속 뒤척였다. 추위를 잔뜩 느끼고 있는 그녀의 몸속 모든 세포가 남편을 깨워 '너무 추워. 얼어 죽겠다고!'라고 말하고 싶어 했다. 하지만 그때 그녀는 침묵 중이었으므로, 남편에게 말하기 위해서는 내일 밤까지 기다려야 한다는 사실을 되새겼다. 어쨌든 말해서 무엇하겠는가? 그녀는 다시 잠에 빠져들었고, 여전히 만족될 수 없는 충동을 가지고 다시 깨어났고, 같은 내면적 대화를 했고, 같은 결론을 얻었다.

다음 날은 눈부시게 아름다웠다. 날씨는 따뜻해졌고 하늘은 맑아졌다. 리는 커피를 마셨고 노이지산맥 아래에 회색 곰 활동지로 알려진 자갈밭이 내려다보이도록 캠핑용 의자를 준비했다.

가이드들은 성능 좋은 망원경을 챙겨왔다. 지금까지 그들은 오직 흑곰만 목격했다. 모두 조금 실망했었고, 특히 야생 사진작가들은 더했다.

그때 리는 '찌릿함'이라고 묘사할 수 있는 감정을 느꼈다. '왠지 곰 시간인 것 같은데.' 그녀는 혼자 생각하며 쌍안경을 집어들었고 그리고 거의 바로 커다란 회색 곰이 강 건너 숲에서 나왔다. 그녀는 의자에서 펄쩍 뛰어올라 곰 방향으로 미친 듯이 신호를 보내기 시작했다. 한 여성이 소리쳤다. "리가 회색 곰을 발견했어!" 사람들은 벌떡 일어났다. 그리고 20분간 곰이 느긋하게 주변을 걸어다니고, 물고기를 보고 멈췄다가, 자갈밭의 다른 쪽으로 느리게 옮겨 간 후, 빽빽한 소나무숲으로 다시 돌아가는 것을 지켜봤다.

그날 리와 열두 살 난 딸 에이바^{Ava}는 사람들이 낮 하이킹을 하는 동안 뒤에 남아 있었다. 리는 사람들이 주변에 없을 때 자신의 내면적 대화가 졸졸 흐르는 정도로 느려진 것을 알아차렸다. 리와 에이바는 함께 몇 시간 동안 아무 말도 하지 않고 몽글몽글한 흰 구름을 지켜봤다. 그것은 더없는 행복이었다.

이것은 거대한 시간$^{big\ time}$, 수만 년에 달하는 시간을 품은 빙하 사이에서 리가 처음으로 보낸 시간이었다. 말하지 않는 광활함 속에서 그녀는 그 장소와 더 연결된 기분을 느꼈다. 그녀는 그 공원이 창조됐다는 사실에 감사함을 느꼈다. 그녀는 이런 땅의 원주민을 더 알고 싶은 마음이 간절했다. 어떻게 그들이 강을 따라 여행했고 겨울을 견뎌 냈을까?

다른 여행자들이 하이킹에서 돌아온 후에 사람들은 저녁 식사를 준비했고, 나머지는 또 다른 회색 곰을 보려는 희망으로 채비를 하고 있었다. 리는 하늘을 계속 올려다보다가 '찌릿함'을 한 번 더 받았다. 그녀는 자세를 바로하고, 쌍안경을 집어들고, 또다시 강 건너편에 회색 곰이 있는 것을 봤다. 심지어 다섯 명이 망을 보고 있었지만 그들은 보지 못했다. "조용하면 무슨 일이 생기는지 보여?" 한 여성이 말했다. 침묵 속에서 리는 더욱 환경에 주파수가 맞춰진 기분이었다.

에세이스트이자 박물학자인 배리 로페즈Barry Lopez는 침묵의 날에 회색 곰이 더 잘 눈에 띄게 되는 현상을 다음과 같이 설명했다.

> 관찰자가 감각이 전달하는 것을 즉시 언어로, 즉 경험을 정의하고자 할 때 우리 모두가 사용하는 단어와 문법적 형식으로 바꾸지 않으면, 작은 세부사항이 어떤 이미지의 전경에 살아 있을 기회가 훨씬 더 크다. 그런 세부사항이 처음에는 그다지 중요하지 않아 보일지 모르지만, 나중에 그것들이 그 이미지 속에서 경험의 의미를 더 깊게 만들어 줄지도 모른다.[4]

간디와 다르게 리는 24시간이 지난 후 어떤 위대한 연설을 하거나 중대한 결정을 내리지 않았다. 그녀는 그저 과일 크럼블 디저트를 즐겼고 사람들의 사교적 대화에 다시 섞여 들어갔다. 하지만 침묵의 날은 미묘하게 여행의 분위기를 바꿔 놓았다. 침묵은 세부사항을 관찰하고 그것들이 '전경에 살아 있게' 하는 그녀의 능력을 향상시켰다. 리는 더 현실에 기반을 둔 것 같았고 중심이 있는 것처럼 느꼈다. 리가 보낸 침묵의 날은 경험의 의미를 더 깊게 했다.

아이디어 13: 망각의 공간으로 걸어 들어가기

부정의 신학apophatic theology에 대해 중요한 사실이 있다. 그것이 매일의 삶에 포장돼 들어가기가 그렇게 쉽지 않다는 점이다.

영성은 분리된 자아가 침묵 속에서 우주적 미스터리에 전체적으로 녹아 소멸되는 것을 말한다. 이런 **부정적** 접근은 경전을 읽거나 설교를 듣거나 심지어 기도 또는 (전문가의) 안내를 받은 명상의 대부분처럼 언어화된 개념적 실천을 중심으로 하는 긍정적 kataphatic 접근보다 대체로 훨씬 이해하기 어렵다.

앞서 우리는 500년도 더 전에 익명의 저자가 쓴 영성 책《The Clouds of Unknowing(알지 못함의 구름)》을 소개했다. 난해한 고대 영어로 쓰인 고대 기독교 신비주의 문헌이기 때문에 우리 대부분이 살고 있는 현재의 문화적 맥락에서 꽤 멀리 떨어져 있다는 점은 확실하다. 하지만 이 오래된 서적은 부정의 방식인 침묵의 신학을 실용적이고 접근 가능하게 만드는 열쇠를 가지고 있다.

그 열쇠란 '망각'이라는 단어에 있다.

우리는 앞서 다음과 같은 글의 핵심 가르침을 공유했다. "처음 사색을 실천할 때, 당신은 마치 알지 못함의 구름처럼 오직 어둠만을 경험하게 될 것입니다." 세상을 이해할 때 느끼거나 다루거나 사고하려 노력하기보다는 **모든 것을 잊으라는** 가르침이다. 저자는 우리에게 '사랑의 부드러운 동요'에 귀를 기울이라고 조언한다. 삶의 물질적 조건에 대한 개념이나 걱정거리는 그냥 놓아 버리라는 말이다. 이 말은 곧 우리가 누구이며 우리 삶에 무슨 일이 일어나고 있는지에 대해 모든 이야기를 그만두는 것이다. 그저 삶 자체의 다정한 본질 속에 떠 있는 것이다.

《알지 못함의 구름》이 주는 가르침은 단기간의 휴식처럼 일상에 적용될 수 있는 실천에 영감을 준다. 예를 들어 향심 기도Centering Prayer라는 기독교 명상 실천은 모든 생각을 놓아 버린 채 짧고 위로가 되는 한 단어를 골라 그것에만 다시, 또다시 집중하는 것으로 의식을 돌려보낸다. 물론 불교와 다른 명상 전통에서도 어떻게 자기 자신의 이야기 구성과 언어화된 분석을 내려놓는지에 대한 비슷한 지시사항을 찾을 수 있다.

우리도 이해한다. 일시적으로 삶의 주제를 잊어버리고 이어 알지 못함의 구름 속에 떠 있는 심원한 명상의 공간에 들어가기란 **어렵다**. 이 정도 깊이로 기도나 명상을 하려면 많은 준비가 필요하다. 우리는 친구이자 신화학자인 슈레이가 고대 인도 현자들이 조율의 장소, 즉 베다를 들을 수 있는 장소에 도달하기 위해 어떻게 자연 속에 살고, 기도를 올리고, 특정 식단을 지키고, 엄격한 윤리를 고수했는지 설명한 내용을 생각했다. 슈레이는 이렇게 말했다. "윤리적 실천은 한 존재가 균형 잡힌 침묵을 경험하는 데 필수적이다." 비록 당신이 고대 인도 현자들과 똑같이 열광적인 침묵을 추구하지는 않는다고 하더라도 스스로 준비하기 위한 어떤 작업들을 할 수도 있다.

그러니 이런 실천을 한번 고려해 보기를 권한다. 침묵 속에 있기 위한 몇 시간을 비축하자. 자연 속에서든 혼자서 평화로울 수 있는 곳에서든 상관없다. 그 시간을 보호하자. 아예 일정표에 넣어 두고, 가능하다면 방해받지 않기 위해 필요한 조정을 하자. 이 의도적인 침묵의 공간에서 호흡 수행을 할 수도 있고 명상하거나 기도할 수도 있다. 만약 당신이 그런 실천을 하고 있다면(그리고 올바른 사고 '방식'과 환경 '설정'이 갖추어져 있다면) 의식적으로 신성한 식물이나 환각제의 도움받기를 선택할지도 모른다. 아니면 그저 쉬고 편안히 휴식을 취할 수도 있다. 중요한 것은 모든 문제와 걱정을 뒤에 남겨 두는 것이다. 당신은 그 공간을 **모든 것을 망각하기** 위한 안전 보관 용기로 삼는다.

이 공간에 들어가기 전에 먼저 내면적 침묵이 가능하도록 돕는 몇몇 실천을 할 수 있는지 보자. 그렇게 하는 데는 여러 방법이 있다. 특히 내면적 조용함을 찾기 위해 준비하는 방식은 각자의 내면적 소음의 본질에 따라 다르다. 예를 들어 이 특별한 침묵 기간에 들어가기 전 며칠 또는 심지어 몇 주에 걸쳐 자신의 삶에서 중요한 관계에 대해 생각해 볼지도 모른다. 마음에 계속 남아 있는 문제가 무엇인지 그리고 그 문제를 처리하는 것이 당신의 **통제 권역** 또는 **영향 권역**에 어떤 영향을 끼칠지 생각하는 데 시간을 쓰게 될지도 모른다.

물론 부모나 배우자와의 수십 년 묵은 문제를 해결하지는 못하겠지만, 아마도 중요한 관계를 강화하는 데 도움이 될 실행 가능한 계획을 만들고, 그 계획을 위해 작은 단계들을 하나둘 밟아 나갈지도 모른다. 어쩌면 할 일 목록에서 정말 중요한 항목을 몇 개 완수할지도 모른다. 침묵 기간에 들어가기 직전에 운동을 하거나, 요가를 하거나, 기도문을 외거나, 일기를 쓰거나, 노래를 부름으로써 몸과 마음을 준비할 수도 있다.

간단한 충고를 하나 하자면 만약 이메일을 보내지 않았거나, 쓰레기를 내다 놓지 않았거나, 냉장고를 청소하지 않아서 내면적 침묵의 공간에 스스로 들어갈 수 없다는 사실을 알고 있다면 그냥 그런 일들을 먼저 해결하자.

여기서 너무 야심에 넘칠 필요는 없다. 그저 내면적 소음에, 적어도 의식의 표면 수준에 가장 직접적으로 원인을 제공하는 요인들 중 일부를 치워 버리기 위해 무엇을 할 수 있는지 보면 된다.

여기서 중요한 점은 구름 속에 떠 있을 수 있기 위한 환경을 적극적으로 창조하는 것이다. 그런 일들은 침묵이 탈 '배를 준비하는' 것과 같다.

자발적으로 '모든 것을 망각하려' 노력하기 위해 바쁜 나날로부터 휴식을 취하고 모든 생각과 개념 너머 **부정** 영역에 들어가는 것, 약간의 시간과 노력을 투자하는 것. 즉 당신의 삶을 가능한 한 많이 신중하게 수정하고, 조직하고, 조정해서 잠시만이라도 자신 있게 '좋은 여행 보내세요'라고 말할 수 있게 되는 것은 다른 문제다.

아이디어 14: 나만의 겨울 방학 만들기

'피정'이라는 단어는 오랫동안 군대에서 '포기하다' 또는 '물러나다'라는 의미를 가졌다. 규칙적인 삶을 뒤에 남겨 두고 떠난다는 생각을 할 때마다 이런 함축적 의미가 크게 다가오곤 한다. 마치 우리가 고통스러워하는 동료를 전선에 남겨 두고 떠나는 군인들처럼 느껴진다. 때로는 무모한 개인적 이익처럼 느껴지는 것을 추구하다 일과 돌봄과 시민의식을 버리는 것이 무책임하다고 느낀다.

'retreat'의 어원을 찾아보면 그 뿌리가 고대 프랑스어 'retret'이라는 사실을 알 수 있다. '뒷걸음질하다, 물러나다'라는 의미의 'retrere'의 과거분사에서 나온 명사다. 이 정의는 삶의 의무들을 포기한다는 뜻으로 해석된다. 하지만 조금만 더 깊게 들여다보면 또 다른 관점을 찾을 수 있다. 'retreat'에서 더 거슬러 올라간 라틴어 뿌리 'retrahere'는 두 가지로 나뉜다. 're-(뒤로, 다시)' 그리고 'trahere(당기다, 끌다)'이다. 이 당김 traction에는 반의어가 있다. 방해 dis-traction다. 그렇다면 물러나다 to retreat는 우리에게 중요한 것을 재발견하는 능력을 회복하고 이 받침점으로부터 삶을 앞쪽으로 끌어당기는 것이기도 하다.

이런 맥락에서 '피정'에 대해 생각해 보면 새로운 가능성이 태어난다. 그리고 이 가능성이란 당신이 뒤에 남기고 온 것에 대해 서라기보다는 **앞으로 움직일 견인력을 되찾는 것**에 대해서다.

장기간의 피정은 천 년 동안 지켜 온 의식이다. 원주민의 통과의례, 수피교 신비주의자, 베다 대가, 불교 제자, 황야의 교부와 수녀에게 깨달음의 원천이었다. 또한 현대에도 모든 유형의 예술가, 창조가, 전문가에게 계속 도움을 줬다.

유명한 저자이자 역사가, 사회이론가인 유발 노아 하라리 Yuval Noah Harari는 매년 60일간의 침묵 피정을 떠난다. 때로는 더 오랫동안 가기도 한다. "어떠한 방해 요소도 없습니다. 텔레비전도 없고, 이메일도 없습니다. 전화도 없고 책도 없습니다. 글도 쓰지 않습니다." 그는 저널리스트 에즈라 클레인 Ezra Klein에게 이렇게 말했다. "그저 정말로 지금 무슨 일이 일어나고 있는지, 무엇이 현실인지에 집중하는 데 모든 순간을 사용할 뿐입니다. 자기 자신에 대해 좋아하지 않는 것들, 세상에 대해 좋아하지 않는 것들을 마주치게 됩니다. 무시하거나 억압하려고 그렇게 많은 시간을 들였던 것들 말이죠."

세계에서 가장 유명한 대중 지식인 중 한 명이 어떻게 일 년 중

꽉 채운 두 달을 외부 세계와의 연락에서 벗어난 채 보낼 수 있는지 상상하기란 어렵다. 하지만 하라리는 이 중간 휴식이 작가로서의 성공과 전혀 상충하지 않는다는 사실을 증명한다. 오히려 그것이 그의 성공의 열쇠다.

그의 시간을 빼앗으려는 모든 요구에도 만약 하라리가 매년 두 달의 피정을 우선순위에 두겠다고 결정한다면, 그에게는 그런 일이 실제로 일어나게 해 줄 중개자가 있다. 말하자면 그는 그것이 그의 **통제 권역** 안에 있다고 결정한 것이다.

그렇다면 우리는 어떤가?

실라 카펠러-핀 Sheila Kappeler-Finn 은 개인적 피정을 민주화하는 임무를 맡았다. 그녀는 '미니 피정 mini-retreats'이라고 이름 붙인 것을 소개하는 DIY 안내서를 준비하고 있다. 미니 피정은 일주일 이하, 심지어 8시간이 될 수도 있는 짧은 시간 동안 지속되는 피정이다. 그녀가 추천하는 저비용 선택지에는 다음과 같은 것들이 있다.

- 일주일 동안 이웃집 반려동물 대신 돌봐 주기
- 친구와 이틀 동안 집 바꿔 살기
- 공공 도서관에서 하루 동안 명상하기
- 근처 공원이나 대학교 녹지 공간에서 휴식하기

배경은 언제나 바뀔 수 있다. 핀은 우리에게 이렇게 말했다. "만약 당신이 떠날 수 없다면 방의 가구 배치를 바꾸세요. 사진을 이리저리 옮기고, 차분해지거나 활기 넘치게 할 무언가를 하세요. 식물을 들이거나 스스로를 위해 꽃을 사세요." 그녀는 여러 선택지를 읊어 주면서도 주된 주장만큼은 고수했다. "방이 다르게 **느껴지면** 분명 심리적으로 큰 효과가 있을 거예요. 그것도 피정이 될 겁니다."

재닛 프루드Janet Frood는 자신이 하는 것을 감히 '피정'이라고 부르지 못한다. 그녀는 전에 비슷한 실수를 한 적이 있다. "제가 만약 '한 달을 쉴 생각이에요'라고 말한다면 그건 그냥 휴가를 간다는 말과 비슷한 거예요." 그녀는 경고한다. "사람들은 말하죠, '오, 정말 운이 좋으시군요!' 하지만 제가 만약 '안식 기간을 가질 예정이에요'라고 말한다면 그에 대한 반응은 '아, **그건** 공식적이군요'가 되는 거죠." 그녀가 단어 선택에 꽤 신중을 기하기 때문에 사람들은 흥미를 가지고 완전히 새로운 방식으로 그 결정을 존중한다. 게다가 왜 교수들만 그런 재미를 봐야 한단 말인가?

프루드가 자신의 컨설팅 사업을 운영하는 것은 이번이 두 번째다. 첫 번째(이제 20년도 더 전의 일이다)에는 모든 것을 잘못 생각했다. 그때 그녀는 단 한 번도 휴식을 가지지 않았다. 그 당시 그녀의 신조는 "항상 **이용 가능해야만 성공할 수 있다**"였다. 하지만 어머니가 병을 앓고 결국 암으로 세상을 떠나면서, 그 신조 속 길게 갈라진 틈이 드러났다. 그녀는 어머니를 돌보는 동시에, 두 아이를 키우고, 사업까지 키워야 했다. 그때의 경험을 떠올리며 그녀는 이렇게 말했다. "저는 그 상황 속에서 길을 잃어버렸죠."
2000년, 프루드는 가게를 닫는 어려운 결정을 내렸다. 이후 5년 동안 그녀는 다른 회사에서 일하며 생계를 유지했다. 그러나 궁극적으로 프루드는 자기 회사를 이끌어야 하는 사람이었다. 그래서 2005년, 그녀는 새롭게 시작했다. 이번에는 연간 일정표에 한 달의 안식 기간을 포함시켰다. 그녀는 수입이 없는 그 한 달을 지속 가능한 사업을 운영하는 비용으로 감안했다. 그것은 협상 불가능했다. 새로운 고객이든, 잠재 고객이든 모두에게 처음부터 이 휴식 기간을 알렸다. 그녀는 우리에게 "그 약속을 한 이래로 한 번도 흔들린 적 없다"고 말했다.

프루드의 DIY 안식 기간에는 몇 가지 중요한 요소가 있다. 주변에 바다, 강, 호수처럼 언제나 물이 있어야 하고(휴런호 Lake Huron에 둥둥 떠 있는 것은 언제나 가장 좋아하는 일이다), 해먹을 걸 장소가 있어야 하고(공중에 매달려 있는 것은 물에 떠 있는 것에 따르는 완벽한 귀결이다), 독서, 낮잠, 구름 관찰을 위한 시간이 확보돼 있어야 한다. 프루드는 떠 있고, 푹 젖고, 매달려 있고, 표류한다. 그것이 전부다. 그녀는 겨울잠이라는 잊힌 예술을 실천한다. 일이 잘되는 어느 해에 진심으로 그 모든 휴식으로부터 지쳐 버릴지도 모른다.

캐서린 메이 Katherine May는 저서 《우리의 인생이 겨울을 지날 때: 얼어붙은 시간 속에서 희망을 찾는 법(Wintering: The Power of Rest and Retreat in Difficult Times)》에서 우리가 때때로 본

의 아니게 '피정'에 들어간다는 사실을 상기시킨다.[5] 프루드의 어머니가 암 진단을 받았을 때처럼 우리가 좌절한다는 의미가 아니다. 겨울을 무기한으로 미루려 한다는 의미다. 우리는 삶의 주기적이고 반복적인 변화를 부정한다. 메이는 이렇게 썼다. "식물과 동물은 겨울과 싸우지 않는다. 그들은 겨울이 오지 않는 것처럼 행동하지 않으며, 여름과 같은 삶을 이어 가려고 시도하지 않는다."

챕터 4에서 만났던 '낮잠 주교 Nap Bishop' 허시는 2020년 여름에 3주 간의 즉흥적인 안식일을 가졌다. '안식일 Sabbath'은 '안식 기간 sabbatical'이라는 단어가 파생된 어원이다. 잘 치러진 안식 기간은 안식일, 즉 휴식을 취하는 성스러운 날을 받을 '자격'이 있다. 허시는 검은 교회 Black church(흑인들로 구성된 교회.—옮긴이)에서 자랐다. 아버지가 목사였다. 매주의 안식일은 허시의 뼈에 새겨졌다. 그녀가 처음 장기간의 안식일을 가진 건 꽤 최근에 일어난 일이지만.

안식 기간을 시작하기 전에 그녀는 주변의 모든 사람에게(인스타그램 팔로어 50만 명을 포함해) 세 달 전 알림을 보냈다. 안식 기간에 늦잠 자기, 침묵하기, 매일 낮잠 자기, 디톡스 소금 목욕 많이 하기, 책 읽기, 일이나 경력이나 낮잠 부서에 관련된 아무런 말도 하지 않기, 약간의 글쓰기, 친구 및 가족과 시간 보내기, 집에 온전히 틀어박히기를 포함한 계획을 세웠다. 이렇게 하기 위해 그녀는 미리 경고를 남겼다. "모든 소셜 미디어를 꺼 둘 거예요.

그리고 어떤 사건도, 이메일도, 낮잠 부서의 업무 세부사항 논의도, 예약도, 여행도 없을 거예요." 그녀의 유일한 '할 일'은 이후의 과정에서 배운 내용에 대해 약간 공유하는 것뿐이었다.

복귀한 후 허시는 자신의 경험을 블로그에 올렸다. 그녀는 고객들에게 연락이 닿지 않을 것이라고 알렸음에도 "사실 제가 연락이 닿는 상태일 때나 일하고 있을 때보다 이 안식일에 더 많은 업무 관련 이메일과 문자메시지와 요청을 받았어요. 아주 흥미로웠죠"라고 말했다. 그녀는 우리가 휴식을 취할 자격이 없다고 스스로를 납득시켰을 뿐만 아니라 시간을 할애하면서 서로를 지지하는 방법을 모른다는 사실에 놀랐다. 그녀는 억울하지 않았다. 놀라서 말을 잃었다. 낮잠 주교에 따르면 우리는 모두 혼란에 빠져 있다. 우리에게는 '휴식은 사치라거나 특권이라고 말하기를 그만두는 일이' 긴요하다. 그녀는 이렇게 말했다. "우리가 휴식이 사치라고 더 많이 생각할수록 이 구조적 거짓말을 믿게 됩니다." 그녀는 충분히 휴식을 취한 눈을 통해 그 뿌리가 되는 원인들을 명확하게 본다.

당신이 휴식하지 않는 것이 누구 한 사람의 잘못이 아니라는 점을 알아요. 당신이 갈아 넣기 문화에 휩쓸린 것이나 당신을 기계로 보는 해로운 구조 안에 태어난 것은 당신 잘못이 아니에요. 그중 무엇도 당신 잘못이 아닙니다. 하지만 좋은 점은 당신이 그것에서 벗어나 재교육될 수 있고 홀로서기를 할 수 있다는 거죠.

우리는 침묵 속에서 재교육된다. 우리는 휴식할 때 홀로 선다. 허시는 이렇게 썼다. "휴식은 당신이 침묵을 즐기도록 돕죠. 침묵과 휴식은 우리 얼굴에서 베일을 걷어 무슨 일이 벌어지고 있는지 제대로 보게 합니다."

그러니 좋을 대로 부르라. 피정이든 미니 피정이든, 강제적인 겨울이든 선택한 겨울이든, 안식 기간이든 안식일이든. 그것은 당신이 타고난 권리다. 그것은 당신 그리고 모든 살아 있는 생명체들이 누릴 자격이 있다.

아이디어 15: 내면의 소음을 직면하라

과거에 존 루베키 Jon Lubecky 는 보통 데스메탈 음악과 비포장도로용 오토바이에서 몰입 상태를 찾곤 했다. 하지만 이라크가 시끄러움과 그의 관계를 바꿔 놓았다.

2005년과 2006년에 그는 순니 삼각지대 Sunni Triangle 중심, 즉 손꼽히게 치열한 종교 폭력 사태 한가운데 있는 발라드 공군 기지 Balad Air Base 의 미국 육군 포병대 병장이었다. 그 기지는 치명적인 박격포에 자주 공격을 당해서 군인들이 '박격포 마을 Mortaritaville' 이라고 불렀다. 술자리에서 자주 불리는 지미 버핏 Jimmy Buffett 의 경쾌한 노래에 경의를 표하는 기분 나쁜 유머였다. 신경을 곤두서게 하는 박격포, 로켓, 수송용 헬리콥터 소리는 그들에게 피할 수 없는 죽음이 다가오고 있음을 끊임없이 상기시켰다. 모든 사람이 조용함과 비슷하기라도 한 무언가를 갈망했다. 모든 사람의 신경이 곤두서 있었다.

2006년 4월 어느 밤, 루베키가 지친 채로 간이 화장실에 앉아 있는데 아주 가까운 거리에 박격포가 떨어졌다. 그는 잠시 의식을 잃었다. 포탄의 파편이 다행히 그의 몸을 비껴갔지만, 그는 정신적 외상을 초래할 정도의 뇌 손상을 입고 말았다.

집으로 돌아가는 길은 조용한 일상으로의 복귀가 될 줄 알았다. 하지만 현실은 또 다른 소음의 연속이었다. 그의 결혼 생활은 끝이 났고, 집중력이 흐트러져 직장을 다닐 수도 없었다. 하루에 무려 마흔두 알의 알약을 처방받았다. 벤조디아제핀, 항우울제, 근육이완제 등 종류도 다양했다. 하지만 그 어떤 것도 도움이 되지 않았다. 머릿속에서는 끊임없는 자기 비난과 의심이 떠나지 않았다. 길을 걸으며 평범한 남성이 배낭을 메고 지나가기만 해도, 그는 그 사람이 자살 폭탄 테러범일지도 모른다는 극심한 불안을 느꼈다.

루베키는 우리에게 말한다. "PTSD가 있으면 침묵 같은 건 존재하지 않습니다. 트라우마가 깊을수록 내면적 소음은 더 큽니다. 그것을 멈추게 만들기 위해 무엇이든 하려는 마음이 클수록 더요."

2006년 크리스마스 아침, 이라크에서 돌아온 지 두 달이 지났을 때 그는 스스로 목숨을 끊기로 결심했다. 베레타 9밀리 권총의 공이치기가 떨어지면서 그는 자신이 아는 가장 깊은 침묵일지도 모를 것을 느꼈다.

"모든 게 끝났어요. 소음이란 없었죠. 그저 평화뿐이었어요."

그는 30초 정도 동안 자신이 죽었다고 생각했다.

하지만 그 시끄러운 소리는 밑칠 페인트가 터지는 소리일 뿐이었다. 탄약의 제조 결함으로 그는 살아남았다. 네 번 더 자살 시도를 했지만 매번 살아남았다.

그는 계속 고투했다.

어느 날 재향군인 병원에서 루베키는 늘 만나던 정신과 의사가 자리를 비우는 바람에 막 의대를 졸업한 인턴을 만나게 됐다. 그녀는 루베키에게 그의 파일을 연구했다고 말했다. 그러고 나서 책상을 가로질러 메모지를 밀어 주면서 이렇게 말했다. "이따가 병원을 나설 때 이것을 열어 보셨으면 좋겠어요. 저는 원래 루베키 씨에게 이것에 대해 말하면 안 돼요. 그러니 그냥 주머니에 넣어 두세요." 메모지에는 이렇게 쓰여 있었다. "구글에 MDMA PTSD를 검색해 보세요."

루베키는 그녀의 조언을 따랐다. 그는 PTSD 환자들의 치료를 위한 MDMA(메틸렌디옥시메탐페타민. 환각제 엑스터시의 화학명.—옮긴이)의 도움을 받은 정신 요법에 관해 법적 허가를 받은 연구 속으로 흘러들었다.[6] 그것은 사우스캐롤라이나주 찰스턴의 편안한 집 환경에서 진행되는 세 가지 치료법으로 구성됐는데, 각 치료 회차 전과 후에 일련의 정신 요법들도 이루어졌다. 그의 설명에 따르면 각 치료 회차에서 일어난 일은 그저 '마약에 취해 있기'와 '굴러다니기'뿐만이 아니었다.

물론 그의 말에 따르면 "얼굴을 핥는 보송보송한 강아지들에 파묻혀 있는 동안 당신이 아는 한 이 지구에서 당신을 가장 사랑하는 사람에게 포옹받는 기분이었어요." 하지만 또한 체계적으로 그의 의식 속 심신을 약화시키는 소음의 원천을 밝혀내고 무효화하는 과정이기도 했다.

그는 첫 번째 회차를 이렇게 기억했다. "정신과 의사들이 무해한 질문을 했어요. 예를 들면 이런 거였죠. '좋아요, 이라크에 있을 때 날씨는 어땠나요?' 그래서 저는 이야기하기 시작하고, 계속 이야기하게 되죠." 그가 우리에게 이야기하기로는 그 약물의 생리학적 작용 기제는 편도체의 투쟁-도피 반응을 억제해 '공황 상태로 만들었지도 모를 상황에 더 잘 대처할 수 있게 하는 것'이다. 다른 말로 MDMA는 약물 없이는 너무나 고통스러웠을 기억에 접근하는 것을 더 안전하다고 느끼게 만든다.

이 치료법은 세로토닌이 급증한 변화된 상태를 겪는 것 이상이다. 비록 루베키가 설명한 보송보송한 강아지 느낌과 그가 입을 열게 해 준 안전함의 감정에는 세로토닌 분비의 역할이 크지만 말이다. 훈련된 상담가 두 명의 안내하에, MDMA는 그가 일시적으로 모든 소음을 초월하도록 도왔다. 그래서 그는 약물이 아니었으면 가지 않았을 장소에 의식적으로 갈 수 있었다. 그 장소에서 그는 기억을 재부호화하고 불안을 재구성할 수 있었다. 그는 자신의 경험을 건강한 거리에서 바라볼 수 있었다. 이것은 그의 통합적인 관점에 근본적인 변화를 일으켰다. 일시적인 상태가 아니라 영속적인 변화, 즉 '변화된 특성'이었다.

그는 자신이 듣던 소음의 원천을 해소했다.

"이전에는 다른 누구와도 이야기하지 않았던 주제에 대해 이야기했어요. 그리고 그것이 저를 고쳐 놓았죠."

루베키의 우울 수준은 6개월의 기간에 걸쳐 꾸준히 감소했다. 어느 날 그는 길에서 배낭을 멘 남자를 봤지만 무섭다고 느끼지 않았다. 그는 MDMA를 다시 복용할 필요를 느끼지 못했다. 그는 우리에게 최악의 트라우마를 해결했으며, 그의 인생관도 바뀌었다고 했다. 그는 이제 지속적인 회복으로 안내해 줄 내면적 자원을 가졌다. 그리고 만약 필요하다면 그중에서도 가장 중요한 자원을 가지고 있다. 바로 도움을 구할 능력이다.

루베키는 우리에게 말한다. "당신은 산 위에 앉아 있을 수도 있고 휴대전화를 치워 놓을 수도 있고 청각적 침묵 속에 있을 수도 있습니다. 아니면 감각을 박탈당한 방에 들어갈 수도 있죠. 하지만 그곳에는 내면적 침묵을 위한 '탱크'가 없습니다." **당신은 작업을 해야 해요.**

여기서 설명하는 '작업'은 내면적 소음의 근본적인 원천을 밝히고 다루는 일이다.

'작업'은 우리 각각에게 다르게 보일 수 있다.

루베키의 특정한 치유 실천(MDMA의 도움을 받은 치료 요법)은 그가 자신의 투쟁-도피 반응을 유발하지 않는 방식으로 감정에 대해 이야기할 수 있게 했다. 그는 연구 팀과 신중하게 준비된 환경에서 지지를 보내는 느낌을 받았다. 그는 안전함을 느꼈다. 차분함을, 조용함을.

아주 오랜만에 처음으로 루베키는 침묵을 경험했다. 그것은 황홀한 느낌이었다.

아이디어 16: 무아지경의 눈으로 바라보라

"세상을 바라보는 한 가지 방식은 곧 기도의 한 형태다."[7] 박물학자이자 시인인 다이앤 애커먼 Diane Ackerman은 이렇게 말했다. "그 순간에는 어떤 마음도, 어떤 심장도 억눌리지 않죠." 그녀는 이 신성한 인식 상태를 다음과 같은 말로 묘사했다.

> 분석이나 설명은 없다. 논리 탐구도 없다. 징조도 없다. 목표도 없다. 관계도 없다. 걱정도 없다. 인간은 앞으로 펼쳐질 어떤 극적인 사건에도 완전히 열려 있다.
> 무엇이 감정을 촉발하는지는 중요하지 않다. 알바트로스들의 구애를 보는 것이든 하늘을 뒤덮은 요란한 저녁노을의 오아시스를 따라가는 것이든. 그런 일이 일어날 때 우리는 계시와 감사의 감각을 경험한다. 아무것도 생각하거나 말할 필요가 없다.

이러한 바라봄의 순간(아무것도 생각하거나 말할 필요가 없는 순간)은 언어로 꾸며지고 걱정에 빠진 채 어른이 된 우리의 삶에서 항상 쉽게 접근 가능하지는 않다. 하지만 우리는 아이였을 때 정기적으로 그런 순간들을 만났다.

리가 3학년이었을 때, 그녀의 부모는 이혼한 지 오래였다. 그녀와 동생 로먼Roman 그리고 어머니 리키Rickie는 가족 근처에 살기 위해 캐롤라이나 지역으로 이사를 갔다. 그들은 가족을 '캐롤라이나 사람들the Carolinas'로 불렀다. 왜냐하면 친척들이 북쪽과 남쪽을 가르는 경계 양쪽에 흩어져 살고 있었고, 불꽃놀이용 화약을 사재기하고 있는 게 아니라면 북쪽과 남쪽 구별은 기본적으로 무의미했기 때문이다(두 지역은 불꽃놀이 허용 규정이 다른데, 규정이 엄격한 노스캐롤라이나주에서 화약을 산 후 사우스캐롤라이나주로 넘어가 터뜨리는 경우가 많다. ─옮긴이).

리는 고속도로를 따라 800미터 정도 내려가면 있는 주유소에서 어머니가 두 번째 교대 근무조로 일하는 동안 남동생을 돌보는 임무를 받곤 했다. 일주일 중 최고의 순간은 셋이서 떠난 '장거리 자동차 여행'이었다. 어디든 상관없었다. 반 시간 정도 차를 몰아 85번 주간 고속도로를 바로 벗어난 곳에 세워진 거대한 복숭아 모양 급수탑, 피초이드Peachoid 건설 현장을 보는 것뿐이라도.[8]

많은 한부모 가정에서처럼 조수석을 놓고 펼쳐진 남매 간의 전투는 치열했다. 앞자리는 방해받지 않는 시야, 다리 공간, 라디오, 자동차용 CB 무전기(운전 중에 다른 사람과 무선으로 대화를 나눌 수 있게 해 주는 단거리 주파수대 무전기.—옮긴이), 카세트 플레이어 그리고 가장 중요한 무언가 유용한 것을 할 수 있는 기회, 예를 들어 폭우가 내린 뒤 낡은 걸레로 앞유리를 닦는 것 같은 모든 행동이 가능한 곳이었다.

그러나 대개 리가 뒷좌석으로 밀쳐지곤 했다. 차라리 완전히 밀폐된 금고로 추방되는 편이 나았다. 셰비 베가Chevy Vega는 시끄러운 녹슨 차로 악명이 높았다. 머플러와 배기관에 끊임없이 구멍이 났으므로 차대가 느리게 바닥 매트 아래에서 흔들리면서 개조한 자동차처럼 으르렁거렸다. 그 기계적인 우르릉거림 때문에 앞좌석과 뒷좌석 사이에 어떤 가벼운 소통도 이루어질 수 없었다. 이 혼자 겉도는 아이는 우주에서 혼자 소리적으로 봉인됐다.

그리고 그곳에서 리는 조용함을 찾았다. 또는 더 정확하게 말하자면 조용함이 리를 찾아왔다.

한낮의 열기가 비에 길을 양보했을 때, 리는 작은 물방울이 옆 창문에서 춤을 추는 동안 물방울의 아랫배 부분을 지켜봤다. 그녀는 각각의 물방울에 성격적 특성, 동기, 심지어 야망까지 부여했다. 처음에 그녀는 물방울이 기대에 어떻게 전율하는지 봤다. 그녀가 상상한 물방울의 목표는 그들 자신을 우주 속으로 던지기 전에 차창의 바깥 표면을 빠르게 가로지르는 것이었다. 그중에 가장 현명한 물방울이 대개 다른 물방울들과 힘을 합쳐 성공할 터였다. 몇몇은 투쟁했고 시간을 끌었다. 다른 몇몇은 완전히 사라졌다.

이것은 반가운 최면 상태였다. 재정 상태나 학교 적응 문제에 대한 원치 않은 내면적 대화는 증발해 버렸다. 데시벨 높은 엔진 소음 한가운데에서 리는 절묘한 침묵의 공간을 찾았다.

집에서 리는 이것과 같은 깊이의 무아지경을 자연에서 찾았다. 그녀는 가끔 집 뒤의 '습지'로 나서곤 했다. 칡으로 뒤덮인 나무들 사이로 가느다란 길이 나 있었다. 이 장소는 그녀에게 요다의 고향 다고바Dagobah를 연상케 했다. 위쪽의 마른 땅에서 그녀는 아주 작은 생명체들이 순식간에 끝나 버릴 삶을 살아가는 것을 지켜봤다. 대부분의 소리가 속삭임 정도로 전달됐고 또는 아예 소리 자체가 없었다. 그 생명체들의 이야기가 최면처럼 마음을 사로잡았다. 개미는 아주 친절해서 항상 잡담하려고 멈췄다. 딱정벌레는 끈기 있게 기다렸다. 소금쟁이는 자랑꾼이었지만, 물 위를 걸을 수 있는 생명체이지 않은가? 리는 의식이 고조된 상태에서 때로는 몇 시간씩 움직임 없이 있던 때를 기억한다.

언젠가 리는 각다귀 애벌레가 황소개구리에 잡아먹히는 것을 그리고 나서 황소개구리가 황갈색 독사에 잡아먹히는 것을 목격했다. 아니면 그녀가 그렇게 추측했을 수도 있다. 그녀는 집으로 달려가 《브리태니커 백과사전(Encyclopaedia Britannica)》을 찾아봤고 황갈색 독사도 황소개구리가 맛있는 애벌레에 그렇게 정신이 팔려 있지만 않았다면 마찬가지로 쉽게 황소개구리에 잡아먹힐 수 있다는 사실을 알게 됐다. 습지의 침묵 속에서 리는 삶의 불안정성과 그것이 어떻게 이런 순간 속에서 으스스함과 경이로움 사이에 비틀거리는지를 의식하게 됐다.

세상이 완전히 조용했다는 것은 아니다. 때로 걱정하는 내면의 사색이 귀뚜라미들의 배경음을 깨곤 했다. 때로 그녀는 집으로 급히 돌아왔다. 하지만 대부분의 경우 가능한 한 오래 머물렀다. 심지어 어둠이 내려앉았을 때도 삶의 미스터리들이 펼쳐지는 것을 바라보며.

이것은 어린 시절에 실천한 바라봄의 방식이었다.

돌아보면 그것은 진정 일종의 기도였다.

지금까지 우리는 개인의 입장에서 일상에 통합됐거나 '특별한 경우'로 바쳐진 크고 작은 용량의 침묵 찾는 방법을 살펴봤다. 하지만 가장 깊은 침묵 중 어떤 것은 가장 단순하다(애커먼이 말했듯 아무것도 생각하거나 말할 필요가 없는 순간이다). 그것은 우리가 아이의 눈을 되찾을 때다.

저서 《Deep Play(심층 놀이)》에서 애커먼은 '놀이'를 "일상의 삶에서 벗어나는 피난처이자, 삶의 관습, 방식, 규율로부터 면제되는 곳"으로 썼다. 그리고 '심층 놀이'는 그녀가 무아지경의 놀이 형태를 일컫는 표현이다. 우리를 기도와 비슷한 바라봄의 상태 속으로 데려가는 경험이기도 하다.

애커먼이 '심층 놀이'가 활동보다는 기분에 따라 분류된다고 말했지만, 특히 그것을 유도할 가능성이 높은 활동이 있다. 예술, 종교, 위험을 무릅쓰는 행동 그리고 몇몇 스포츠, 특히 상대적으로 멀고 조용하고 둥둥 떠 있는 환경에서 벌어지는 것들이다. 예를 들어 스쿠버다이빙, 패러슈팅, 행글라이딩, 마운틴 클라이밍 등이 있다.

무아지경의 오락을 질서의 정반대로 생각할지 모르지만, 심층 놀이에는 대체로 강한 질서 의식이 있다. 특별한 시간 또는 독특한 장소의 경계가 있다.

우리는 음악이나 등산 같은 게임 속에서 스스로를 잃기 전에 게임 규칙을 숙지해야 한다. 히피가 연습을 너무 열심히 해서 모든 음악이 근육 기억으로 암호화돼 무대 위에서 심원한 침묵 상태로 '내려 놓을' 수 있었다고 설명한 것과 같다. 또는 위대한 색소포니스트 고故 찰리 파커Charlie Parker의 말을 다르게 표현하자면, "모든 것을 배우라 그리고 그걸 다 잊어버리고 연주하라."

우리가 앞에서 설명한 다른 실천(예를 들어 짧은 피정)은 심층 놀이를 가능하게 할 수 있다. 주의를 빼앗긴 아이 같은 의식 상태에 들어가기 위해서는 때로 다른 의무들에 저지선을 치고 망각을 위한 공간을 만드는 것이 필요하다.

루베키는 이전에 벽으로 막혀 있던 깊은 정신에 접근할 수 있는 방법을 찾아냈다. 그는 트라우마를 쫓아내는 수단을 찾아야 했다. 트라우마가 그의 인지를 왜곡하고 존재를 방해했다. 루베키는 엄격한 의료 환경에서 정신 활성 물질을 활용했지만, 정신과 마음을 열어 주는 물질을 진정성과 책임감 있게 사용하는 것도 황홀한 상태로 가는 길이 될 수 있다. 진정성 있다는 것이 어떤 의미냐고? 우리 경험에 따르면 공감과 윤리를 향해 영속적인 변화를 추구하는 마음을 되살리는 것이다. 값싼 스릴과 공허한 호기심을 추구하는 것과는 구별된다.

우리가 여기서 설명하는 대단히 중요한 실천은 삶의 맥박과 정렬 상태가 되는 작업이다. 우리가 '아주 진지한 어른들'의 유니폼을 입고 그런 관점을 가지기 전에 그랬던 것처럼.

자, 이제 당신이 어떻게 이름과 분별의 소음에서 순수한 감각적 명료함의 침묵으로 옮겨 가는지 생각해 보자.

무엇이 세상을 인식하는 아이 같은 방식에 당신을 가장 가까이 데려가는가?

어떤 활동, 사람, 마음 상태가 당신을 돕는가?

어떻게 바라봄의 이런 방식을 매일의 삶으로 거둘 수 있는가?

불편함을 넘어 침묵이 바꾼 것들

스카일러 빅스비 Skylar Bixby는 비가 떨어지고 눈이 내리는 것이 교차되는 소리에 귀를 기울이면서 텐트 안에서 하루를 보냈다. 황혼이 가까워졌을 때 비와 눈은 멈췄다. 그는 같은 텐트에서 자던 친구와 함께 텐트에서 기어 나와 가까운 언덕 꼭대기로 걸어갔다. 하늘은 깨끗해졌고 태양이 백송과 화강암 꼭대기 너머로 지면서 황금빛으로 채워졌다.

일반적으로라면 열두 명의 청소년이 휴대전화도 없이 완전한 침묵 속에 함께 서 있는 그 모습은 이상해 보였을(심지어 웃겼을) 것이다. 하지만 이곳에서는 자연스럽게 보였다. 와이오밍주 윈드 리버산맥 Wind River Range에서 시작해 3개월 동안 이어질 야생 원정의 첫 13일이 지난 후, 모든 사람의 감각은 이런 순간에 민감해져 있었다. 존중을 불러오는 순간 말이다.

빅스비는 해가 진 후에도, 모든 사람이 캠프로 돌아간 후에도 언덕 꼭대기에 머물러 있었다. 그는 계속 바뀌는 이른 저녁 하늘의 색깔을 계속 바라봤고 공기에 귀를 기울였다. 그 순간에 그는 자기 자신에 대한 무언가를 알아챘다. 그의 마음이 그가 몇 주 전에 알던 것과 전혀 달랐다는 것이다.

"저는 학교에 대해 걱정했었고, 친구들에게 어떤 밈을 보낼지 걱정했었고, 어떻게 저 자신다워질 수 있을지 걱정했어요." 그는 전형적인 고등학교 현실을 말했다. 비디오 수업, 대학 입학의 불확실성, 어색한 격리 시대의 사교 활동이 몇 달 동안 이어진 후에야 이 모든 것은 이해할 만했다. 하지만 그 모든 불안은 희미한 기억이 됐다. 비디오 게임을 하고 싶고, 디스코드 Discord(음성, 채팅, 화상 통화 등이 가능한 인스턴트 메신저.—옮긴이)에서 친구를 만나고 싶은 근질거림은 사라졌다. "저는 제 우선순위들이 그곳에서 어떻게 바뀌었는지 알아챘어요. 평범한 삶에서 가졌던 것과는 완전히 다른 우선순위 목록을 가지게 됐죠."

오지에서 3개월을 보내면서 빅스비는 처음에 일상에서 겪었던 청각적 그리고 정보적 소음이 어떻게 사라져 가는지를 알아챘다. 그다음에 미래에 대한 예상, 걱정, 과도한 분석으로 이루어진 더 미묘한 내면적 소음도 멀어졌다. 그는 주의를 어디에 고정할지에 대해 완전히 새로운 일련의 목적을 직면했다. 물 찾기, 식량 세기, 길 안내 이끌기, 체온 유지하기, 곰 피하기.

빅스비가 오지에서 돌아오고 나서 몇 주가 지난 뒤 이야기를 나눠 보니, 그는 이 기저의 감정이 그와 함께 머물렀던 것에 감사해했고 놀라워했다. 그가 21세기 청소년의 삶으로 돌아왔음에도 말이다. "저는 이제 주의 전환을 필요로 하지 않고도 조용한 순간을 가질 수 있어요." 그가 이렇게 덧붙였다. "아무것도 안 할 수 있게 되는 것은 **기술**이고, 저는 이제 그 기술을 가지고 있는 거죠."

그 기술을 획득하는 것은 그렇게 쉽지 않았다. 빅스비는 일상 루틴이 주는 편안함과 친숙함을 산 속에서 몇 달에 걸친 고된 육체 활동과 교환해야 했다. 히피와 루베키처럼 그는 **그 작업을 해야** 한다는 것을 발견했다. 언덕 꼭대기의 노을과 같은 경험을 할 기회를 갖는 것이 불편함과 아쉬움을 견딜 가치가 있다는 것을 발견했다. 그 빛나는 침묵 속에서 그는 근본적으로 그의 마음을 재형성했다. 그는 그의 **상태**뿐만 아니라 **특성**도 바꿨다.

애커먼은 '열광적인'이라는 단어를 그런 경험을 묘사하는 데 쓴다. 그녀의 말에 따르면 그것은 말 그대로 '힘에 사로잡히는 것'을 의미한다. 마치 한 사람이 강력한 맹금류에 잡혀 날아가고 있는 것처럼.

그것은 침묵의 관습적인 의미에 대한 재미있는 병치다.

하지만 만약 우리가 진정한 침묵을 무엇이 **진짜**인지와 직접적인 만남이라고 받아들인다면, 그때 그것은 21세기의 평범한 삶으로부터 벗어나는 심원한 탈출이 된다. 그것은 소셜 미디어의 계략과 초고속 정보사회와의 극명한 대조를 이룬다. 그것은 변화를 위한 힘이며, 그렇기에 '열광적인'이라는 단어만이 그것을 묘사하는 데 쓰기에 자연스럽다.

앞으로 나올 내용에서 우리는 일상적인 침묵과 특별한 침묵을 더 깊이 탐구할 것이다. 개인적인 차원뿐만 아니라, 함께 나누는 침묵의 공간에서도 말이다.

PART V

침묵의 공유

CHAPTER
12

조용히 함께 일하기

만약 당신이 1787년 여름 필라델피아를 걸어 다니고 있었다면 그리고 어쩌다 독립회관Independence Hall을 마주치게 됐다면 이상한 모습을 봤을 것이다. 회관 앞길(국가 설립자들 중 많은 수가 미국 헌법 초안을 작성하기 위해 모여 있던 곳)이 어마어마한 흙무더기로 채워져 있었다.1 헌법 제정 회의Constitutional Convention 대표들이 이 흙으로 된 소음 장벽 건설을 지시했다. 그들은 마차, 거리 상인 그리고 바깥 대화들이 만드는 소리가 그들의 치열한 숙고와 집필을 방해한다고 믿었다.

그들은 수도원 같은 침묵을 얻으려는 것이 아니었다. 역사적 기록이 보여 주듯, 그곳에는 시끄럽고 쓰디쓴 다툼이 있었다. 당시의 사회적 관행을 고려하면 그곳에는 어쩌면 때로 서로에게 소리 지르거나 물건 던지기(아마 구겨진 종이나 과일 조각)를 통한 감정적 분출의 순간이 있었을지도 모른다. 하지만 한 집단으로서 어려운 생각을 하기 위해 조용한 그릇이 필요하다는 점에 대한 근본적인 인정이 있었다. 커다란 흙무더기는 이것을 가능하게 만들기 위한 노력이었다.

235년 뒤로 빠르게 넘어가 보면 미국 입법자에게 급진적으로 다른 현실이 닥쳤음을 발견할 수 있다. 저스틴은 의회의 세 구성원을 위한 입법 책임자로서 임기 내내 캐피톨 힐Capitol Hill은 생각하기에 너무 시끄러운 장소라고 생각했다. 텔레비전에 폭스 뉴스Fox News나 MSNBC(사무실의 편파적인 소속에 달려 있다)가 시끄럽게 틀어져 있고, 재적 의원 투표를 알리는 알람 벨이 울리고, 음료 무료 제공 리셉션에서 산업 로비스트들이 과한 칭찬을 늘어놓으면서 수다를 떨고 있었다. 오늘날 의회의 소리 환경은 헌법 입안자들이 일했던 환경과는 완전히 다르다.

그리고 현대의 입법자들이 견디는 정보적 소음은 말할 것도 없다. 지지자들로부터 끝없이 오는 긴급한 이메일, 유권자 회의, 선거 전략 토론, 모금 콜 세션, 언론 행사, 네트워킹을 해야 한다는 만연한 압박, 정치 공작, 매체 관리까지. 오늘날 의회에서의 방해 수준은 18세기 필라델피아 거리 상인들 몇몇이 보였을 수준보다 훨씬 더 큰 규모였다. 헌법 제정 회의에 대조적으로 오늘날의 의회는 명료한 사고를 위한 조용함의 필요성을 인식하지 않는다. 소음을 만드는 것이 영광의 배지다.

여러 해 전, 저스틴은 캐피톨 힐의 문화를 바꾸는 데 도움이 되기 위해 작은 실험에 참가했다. 대표인 라이언과 소수의 파트너들이 시작한 새로운 마음챙김 프로그램을 통해 저스틴은 캐피톨 힐의 정책 입안자들에게 명상을 가르치기 시작했다. 그는 특히 긴장된 어느 월요일 오후, 레이번 하우스 오피스 빌딩Rayburn House Office Building에서 예산 전쟁과 논란 많은 환태평양 전략적 경제동반자협약Trans-Pacific Partnership 무역 협정을 놓고 펼쳐진 매서운 토론 한가운데 처음으로 한 세션을 이끌던 것을 기억한다.

그곳에는 대략 마흔 명의 정책 및 커뮤니케이션 직원들이 있었다. 몇몇은 꽤 괜찮은 요가 실천을 해 온 진보적인 서부 해안 민주당원들이었고, 몇몇은 재무나 법률 분야에서 일하면서 직장의 스트레스를 다루는 데 명상의 실질적인 필요성을 인식한 남부와 중서부 공화당원들이었다. 대체로 이념적 성향과 사회적 파벌에 따라 나뉜 건물이었지만, 그 공간만큼은 놀랄 정도로 혼합돼 있었다.

사람들이 자리를 잡는 동안 저스틴은 공기 중에서 전형적인 캐피톨 힐 에너지를 느낄 수 있었다. 날 서 있는 사람, 사무실 정치에 대한 생각으로 경쟁하는 머리, 커리어 때문에 다투는 말, 그날 저녁에 다가올 논쟁적인 투표. 그들뿐만 아니라 더 많은 이들이 틀림없이 궁금했을 것이다. "내가 지금 여기서 뭘 **하고 있는** 거지?"

그동안 저스틴은 모든 사람을 환영했고 명상 실천에 앞서 몇 분의 오리엔테이션을 제공했다. 그는 아주 인상적인 광경을 눈앞에 두고 있었다. 공식적인 것처럼 보이는 푸른색 카펫이 깔려 있고 네온 불빛과 미국 국기 아래에 어두운 색 목재 가구가 갖춰진 작은 회의실에, 정장을 입고 예민함이 비치는 정부 공무원들이 비좁게 모여 앉아 있었다. 주로 의자에 몇몇은 바닥에 책상다리를 하고 앉았다.

저스틴이 20분간의 좌식 명상을 함께하도록 이끌면서 침묵이 회의실을 뒤덮었고 무언가가 바뀌었다. 터보 엔진이 장착된 그 워싱턴 D. C. 편도체의 속도가 줄어들기 시작했다. 저스틴의 관점에서 그것은 어떤 특정한 마음챙김 기술의 결과가 아니었다. 그저 아무 말도 하지 않고 다같이 함께 앉아 있는 것만의 결과였다.

우리는 연방 정부의 작은 한쪽 구석을 쿡 찔러 잠깐 20분의 침묵 속으로 가게 한 것만으로도 '그 시스템'을 변형하기 위해 필요한 명료함을 이루었다고 생각하지 않는다. 하지만 우리에게 이 작은 실험의 가치는 침묵이 가장 예상 밖의 환경에서 어떤 일을 할 수 있는지를 보여 줬다는 것이다.

우리는 **함께 조용할** 수 있다.

……

때때로 '침묵'이라는 단어와 '고독'이라는 단어를 융합하기도 한다. 소리와 자극은 인간관계에 흔히 존재한다. 다른 사람들의 존재 속에서 우리는 우리가 하는 일을 한다. 농담을 주고받고, 낄낄거리고, 말다툼을 하고, 위로를 건넨다.

그렇긴 하지만 우리가 경험한 침묵에서 가장 가슴 아픈 순간 중 몇몇은 다른 사람의 존재 안에 있었다. **공유된 슬픔이나 숨 막히는 아름다움의 순간, 충격이나 놀람의 순간.** 이런 순간들에 우리는 대체로 언어화하고, 합리화하고, 생각을 품고, 분석하려는 사회적 의무를 내려놓는다.

하지만 공유된 침묵의 가치는 그저 말문이 막힌 상태가 되는 희귀한 순간에만 있는 것이 아니다.

사람들이 자기 집에서 혼자 앉아 있는 것이 훨씬 더 편리함에도 정기적으로 모여서 침묵 명상을 하는 이유가 있다. 간단히 말하자면 다른 사람과 함께 침묵을 경험하는 것에는 신비한 힘이 있다. 따분함의 어스름에서 벗어나 황금색의 무언가가 나타날 수 있다. 사람이 두 명 이상 모여 '개념적 덧씌우기'를 그만두고 더 깊고 질 높은 인식 상태로 들어갈 때 일어나는 확장의 독특한 감정이 있다.

침묵의 힘은 그것이 공유됐을 때 확대된다.

앞서 우리는 혼자 하는 실천으로서 침묵을 발견하고 만드는 데 집중하는 전략을 탐색했다. 이번 챕터에서는 집단 속에서 소음을 다루는 법과 공유된 침묵을 찾는 법을 살펴볼 것이다.

앞으로 나올 전략에서 보겠지만 '함께 조용하기'를 찾고자 할 때 필수적인 작업은 우리의 **규범**과 **문화**를 이해하고 개선하는 것이다. '문화^{culture}'라는 단어를 사용할 때, 우리는 사회가 어떻게 독특한 예술이나, 음식이나, 문학을 창조하는지를 생각한다. 하지만 문화는 우리의 공유된 일상적인 매일의 규범들을 지칭할 수도 있다.

즉, 다른 사람들과 정기적으로 상호작용하는 어느 곳에서든 발생하는 말하거나 말하지 않는 규칙, 관습, 방식, 의식, 변화, 기준, 선호, 기대 말이다. 조직 개발 분야에서는 조직 구성원들이 회사 문화를 의도적으로 실천하든 의식하지 못하고 있든 그것이 항상 존재하고 스스로를 표현하고 있다고들 말한다. 친구나 가족, 연인 사이의 문화에 대해서도 같은 말을 할 수 있다. 왜냐하면 규범은 전반적으로 자연스럽게 그리고 무의식적으로 발생하고 진화하기 때문이다. 그래서 우리는 그것들을 주기적으로 조명하고 그 탄생과 징후에 더 의식을 집중해 볼 가치가 있다.

오늘날의 미국 의회는 확실히 시끄러움의 규범에 지배당하는 직장이다. 항상 텔레비전을 틀어 놓는 것이 사회적으로 용인되며, 누군가 글을 쓰고 있을 때 시끄럽게 떠들거나, 상대방이 말을 할 때 문자 메시지 확인하는 것도 허용되는 분위기다. 업무 시간 이후에도 즉각적인 응답을 기대하며 메시지를 보내는 것이 일반적인 업무 방식이다. 사람들은 일반적으로 자신의 명분이나 경력상 순간순간 필요한 사항들을 생각하느라 너무 바쁘다. 그들은 한발 물러서서 소리적 그리고 정보적 소리 풍경으로 초래된 왜곡이나 방해를 고려하지 못한다. 저스틴의 실험적 세션은 너무 특이하게 느껴졌는데, 왜냐하면 공유된 조용함은 캐피톨 힐의 지배적인 문화에서 훨씬 벗어나 있었기 때문이다.

대조적으로 1787년 헌법 제정 회의 참석자들은 조용한 숙고를 지키는 규범을 가지고 있었다. 깨끗한 주의를 용이하게 하는 것이 공동의 목적이었다. 그 커다란 흙더미가 그들에게(그리고 대중에게) 방해를 이기고 중요한 일을 해내는 것이 모임의 목적임을 상기시켰다.

캐피톨 힐에 존재하는 소음의 규범은 오늘날 사회적으로 널리 퍼져 있는 기본이다. 하지만 조용함의 문화도 아직 존재한다. 수도원, 도서관 또는 외딴 농장을 떠올려 보자. 이런 맥락에서 사람들은 구체적인 장소의 목적과 가치를 반영하는, 소음을 둘러싼 명확한 규칙과 기대를 선택한다. 그런 규범은 귀를 찢는 케이블 채널 뉴스 코멘터리나 상습적으로 틱톡을 확인하는 것을 용납하지 않는다.

공유된 조용함을 찾기 위해 근엄한 수도회에 가입하거나 책더미 사이에서 시간을 보내거나 고립된 시골 환경으로 이사 갈 필요는 없다. 직장에서, 집에서, 친구들 사이에서처럼 당신의 현재 삶에 조용함을 불러올 수 있다. 그렇게 하는 데 약간의 창조성이 필요하긴 하다. 아마 그것이 가장 중요할지도 모른다. 하지만 무엇이 작동하지 않는지 짚어 내는 것 그리고 앞으로 나아가려면 어떻게 해야 가장 좋을지에 대해 건설적인 대화를 가능하게 하는 것에는 용기가 필요하다.

그들은 이번 이사를 몇 년 동안 고대했다. 리의 어머니 리키^{Rickie}와 그녀의 아내 베티^{Betty}는 중부 오하이오에서 북부 캘리포니아로 이사하려 했다. 그들은 입주 가능한 노인 주거 복지 시설을 찾는 동안 리의 가족과 함께 지낼 계획이었다. 베이에어리어^{Bay Area}에서 그런 시설을 찾으려면 크리스마스의 기적이 필요하겠지만, 손주들과 함께할 수 있다는 보상은 그만한 가치가 있다고 생각했다.

모든 사람이 루틴에 정착하는 데 그렇게 오랜 시간이 필요하지 않았다. 리가 애정 있게 그들을 부르는 대로 '우리 엄마'와 '우리 베티'는 훌륭한 손님이었다. 두 사람은 점심 도시락을 쌌고 집을 청소했다. 그들은 카풀과 손녀 에이바의 숙제를 돕는 데 자원했다. 집은 웃음소리와 초콜릿 칩이 들어간 빵의 달콤한 향기로 가득 찼다. 아이 한 명당 어른 네 명이라는 이상적인 비율이 되자 리는 마침내 이 책을 쓸 시간을 가질 수 있을 거라고 생각했다.

베티의 즐거운 키득거림을 제외한다면 베티와 리키는 성격 스펙트럼에서 '조용한' 쪽에 분류된다. 그들은 대체로 혼자 지내고 독서와 퍼즐 맞추기, 단어 게임을 하면서 만족한다. 공공장소에서 스피커폰을 사용하거나 음성 인식을 활용해 문자를 보내는 일도 없다. '댄스파티'를 하기로 만장일치로 결정하지 않는 한, 음악을 크게 트는 일은 상상할 수 없을 정도로 배려심이 깊다. 하지만 그들의 전자 기기만큼은 이야기가 달랐다.

리는 집의 거의 모든 장소에서 이제 따르릉 울리는 소리, 띵띵거리는 소리, 쉭쉭거리는 소리 그리고(그중 가장 미치게 만드는) 자판을 탁탁 누르는 소리를 들었다. 그녀는 온전한 정신을 지키기 위해 무슨 말을 할 필요가 있음을 알고 있었지만 그렇게 하기가 망설여졌다. 그녀는 손님들이 완전히 환영받는다고 느끼기를 원했다. 어릴 때부터 보고 자란 그 남부식 환대를 베풀어야 한다고 생각했다. 두 사람의 2주간 대륙 횡단 여행은 서사시적인 6주로 확장됐는데, 베티가 갑작스럽게 받게 된 눈 수술에서 회복하기 위해 애리조나에서 예상치 못하게 오래 머물게 됐기 때문이다. 그들은 편안함을 느낄 자격이 있었다. 리는 자신의 문제를 혼자 간직하기로 결심했다.

하지만 소음은 점점 심해졌다. 리가 가장 견디기 힘들었던 것은 최대 볼륨으로 설정된 커스텀 벨소리였다. 리키의 벨소리는 귀를 찌르는 1980년대 헤어 메탈 기타 소리였고, 베티의 벨소리는 지나치게 감상적인 하프 음악이었다. 이 소리는 거의 30분마다 울려 퍼졌고, 대부분의 발신자는 텔레마케터나 자동 응답 전화였다.

리는 기회가 왔다고 느꼈다. 그녀는 수신 거부 목록과 자동 응답 전화 차단 애플리케이션을 잘 알고 있었으므로 도움을 주려고 했다. 하지만 둘 중 누구도 그 방해를 신경 쓰지 않는다고 말했다. "왜 이 난리니? 그냥 텔레마케터들이 전화할 때마다 끊으면 되는 거잖아?"

리는 평화로운 순간을 찾았다. 그녀는 심호흡을 한 번 했다. 그녀는 그들이 기기의 삑삑거리는 소리, 클릭하는 소리, 쉭쉭거리는 소리를 좋아하는 것처럼 보인다는 사실과 자동 응답 전화를 신경 쓰지도 않는다는 사실을 깨달았다. 리는 그들의 선호와 선택을 존중했다. 하지만 설명했다. 집중하기가, 일하기가, 대화를 나누기가, 평화롭게 식사를 즐기기가 점점 어려워지고 있다고.

"두 분의 기기에서 기본 모드를 재설정하실 생각이 있으세요?" 리는 사랑이 담긴 어조로 물었다. 그들은 잠시 생각했다. "물론이지. 그게 리, **너**에게 그렇게 중요하다면 말이다."

실제로 그녀에게 이 문제는 아주 중요했다.

······

이것은 역설이다. 우리도 안다. 하지만 공유된 침묵을 찾는 작업은 종종 더 많은 말과 함께 시작한다. 때로는 아주 많은 양의 대화가 필요하다.

주의 깊은 소통이 중요한 이유는 사람마다 소음에 대한 경험과 침묵에 대한 필요가 근본적으로 다를 수 있기 때문이다. 리키와 베티의 규범은 그들에게 그저 괜찮게 작동됐다. 그러다가 그들 사이 관계의 문화가 리의 가정에 이미 존재하던 문화와 만났고, 어떤 문제들이 표면으로 부상했다. 이상적으로 소음과 침묵에 대한 대화는 우리 사이의 차이를 존중하고 하나의 방법이 곧 유일한 방법이라고 간주하지 않아야 한다.

이런 대화는 우리에게 각자의 가치를 눈에 잘 띄는 위치로 가져올 기회를 준다. 리의 가정에 일어난 작은 사례에서 리키와 베티는 이전에 소음이나 침묵의 필요에 대해 이야기한 적이 없다. 그들의 관계에는 설립된 규범이 없었는데, 왜냐하면 한 사람이라도 그 필요를 느낀 적이 없었기 때문이다. 하지만 리의 집에서 무기한으로 오래 머물게 되면서 대화가 필요해졌다.

리키와 베티가 새로운 규범에 적응하는 데는 몇 가지 작은 행동 변화가 필요했지만, 그들은 기꺼이 이에 동의했다. 리는 자신의 요청이 그들에게 어떤 영향을 미쳤는지 확인하며 관계를 돌보는 것이 중요하다고 느꼈다. 그녀는 그들의 노력에 긍정적인 피드백을 전했고, 그 변화는 그녀에게 큰 차이를 만들었다. 그녀는 이제 작업에 더 집중할 수 있었다. 결국 모두가 가족으로서 함께하는 삶의 질이 아주 약간 더 나아졌다고 인정했다.

우리는 이런 대화가 언제나 리의 경우처럼 부드럽게 진행되지 않는다는 사실을 알고 있다. 어떤 환경에서는 개입이 어색함이나 대립을 낳을 수 있다. 심지어 업무 경력을 위험에 처하게 할 수도 있다. 예를 들어 캐피톨 힐에 있는 사무실에서 시끄러운 기본값을 바꾸고자 하는 것은 복잡하거나 위험천만한 프로젝트가 될 수 있다. 어쩌면 오래된 작업 절차나 민감한 자아를 들쑤시는 변화가 될 수도 있다. 코로나19 대피소 규칙들로 인해 우리의 집이 사무실의 2배 또는 사택의 3배가 되면서, 많은 사람이 가정 영역에서의 규범에 대해 대화를 해야 했다. 심지어(아니면, 아마, 특히) 사랑하는 사람들 사이에서도 이런 대화는 어려웠다. 하지만 결국 우리는 이제 더 넓은 환경 범위에서의 소음(청각적 그리고 정보적 둘 다) 이야기를 나눌 준비가 됐다.

이렇듯 때때로 어려운 규범과 문화에 대한 대화는 맥락에 따라 다른 특성을 띤다. 직장에서 이런 대화는 끊임없는 연결에 대한 기대, 오프라인이 허용되는 시점 그리고 방해받지 않는 집중의 공간을 확보할 수 있는지와 같은 주제에 초점을 맞추는 경우가 많다. 반면, 가족과 친구 사이에서는 식사 도중 휴대전화를 보거나 텔레비전을 틀어 두는 것이 괜찮은지와 같은 질문을 중점적으로 다룬다. 이러한 대화는 결국 더 깊은 문화적 질문으로 이어질 수도 있다. 예를 들어 항상 침묵을 깨려 하기보다 함께하는 침묵 속에도 편안함을 느낄 수 있는지, 혹은 누군가 이야기하고 있을 때 멀티태스킹을 해도 괜찮은지 등의 문제다.

우리는 다양한 환경과 상황에서 '함께하는 침묵'에 대해 고민할 때 적용할 몇몇 일반적인 원칙이 있다는 사실을 발견했다.

첫째, **내면을 들여다보라**. 공유된 조용함에 대해 대화를 시작한다는 것은 그저 다른 사람의 시끄러운 습관을 지적할 기회를 쥔다는 의미가 아니다. 집단적 규범을 위한 가장 좋은 대화 시작점은 자기 자신을 확인해 보는 것이다. **당신은** 어떻게 더 큰 집단의 청각적, 정보적 그리고 심지어 내면적 소리 풍경에 기여하고 있는가? 어쩌면 스스로에게 이렇게 물어볼지도 모른다. "**나는 어**

떤 방식으로 다른 사람에게 부정적인 영향을 주는 소음을 만들어 낼까?"

아마도 당신이 자신도 모르게 전화벨이나 알림 소리를 리키와 베티처럼 최고 볼륨으로 설정해 둘지도 모른다. 어쩌면 혼잣말을 하거나 습관적으로 다른 사람들을 방해할지도 모른다. 어쩌면 충동적으로 소셜 미디어에 게시물을 올리거나, 회신을 필요로 하는 문자 메시지나 이메일을 과도하게 보낼지도 모른다. 어쩌면 다른 사람들에게 확인하지 않고 공공장소에서 음악이나 팟캐스트를 재생하거나, 딸을 옆에 앉혀 놓고 숙제를 대신 해 주는 동안 갑자기 중요한 업무 전화를 받을지도 모른다.

이전에 우리는 이런 위반에 죄책감을 느껴왔다. 당신이 어떻게 스스로에게 그리고 주변 사람들에게 소음을 만드는지 알아채라. 약간의 시간을 들여 소음을 만들어 내는 특정 습관이 필요한지 아닌지 또는 그것이 정말 그저 분석되지 않은 충동, 즉 다시 조정될 필요가 있는 고정값일 뿐인지를 질문해 보자. 만약 당신의 자기관찰이 명확한 이해를 낳지 않는다면 인생에서 솔직한 말을 해 주는 사람에게 당신이 어떻게 하면 더 잘할 수 있을지에 대한 관찰을 요청해 보자.

둘째, **당신의 황금률을 발견하라**. 스스로의 **통제 권역**에 대해 생각해 보고, 공유된 주변 환경에서 소음을 최소화하는 데 어떻게 그것을 활용할 수 있는지 생각해 보자. 집에서 직장에서 또는 삶의 다른 맥락에서 어떻게 소리와 자극을 만드는지 통제하는 스스로의 개인적 규범을 창조하는 것에서 시작하자. 개인적 규범에 대해 생각해 보는 방식 중 하나는 소음을 완화하거나 더 의도적인 조용함을 들여오기 위한 당신만의 **황금률**을 생각하는 것이다. 당신이 세상에서 더 많이 보고 싶은 것을 모형화하자. 작은 규모의 개인적 실험에서 출발할 수도 있다. 만약 그것들이 효과가 있다면 매일의 행동을 위해 길을 안내하는 원칙으로 고려해 볼 수 있다.

천연 개인 생활용품 회사인 EO 프로덕트의 공동 최고 경영자 수전 그리핀-블랙 Susan Griffin-Black은 몇 년 전에 "누군가가 제게 말하고 있을 때는 절대 휴대전화나 컴퓨터를 보지 않으며, 누군가와 함께 있을 때는 절대 멀티태스킹을 하지 않는다"는 서약을 했다고 우리에게 말한 적이 있다. 그녀는 150명이 넘는 직원, 가족 그리고 수많은 사회적 약속을 가지고 있음에도 자신의 황금률을 유지한다.

그러니 소음을 완화시키고 조용함을 찾는 것에 대해 당신이 가장 가치 있게 여기는 것을 고려하자. 어떤 개인적 황금률이 그것을 반영하는가? 아니면 그 대신 당신을 가장 괴롭히는 시끄러운 습관이 무엇인지 생각해 보자. 어떤 황금률이 그것을 반영하는가?

자신만의 규범을 정립하면, 집단적 규범에 대한 대화를 나누기에도 더 좋은 위치에 설 수 있다. 가정이나 직장 팀의 문화를 변화시키는 과정에서 신뢰를 얻고 주도할 수 있는 힘이 생길 것이다.

셋째, **다른 사람들을 살피라**. 적절한 장소 또는 당신의 **영향 권역**

안에 있는 장소에서 어떻게 하면 당신이 조용한 챔피언이 될 수 있는지 생각해 보자. 전체 조직에서뿐만이 아니라 특히 자기 자신의 상황을 조직할 권력이나 자율성이 부족한 사람들을 위해서도 말이다. 어쩌면 당신은 명백히 직장 내 소음으로부터의 피난처가 필요한 엔지니어나 카피라이터의 곤경을 큰소리로 호소할 수 있는 위치에 있을지도 모른다. 어쩌면 당신은 내향적인 조카가 떠들썩한 가족 행사에 가끔 빠지고 쉴 수도 있겠다고 생각할지 모른다. 형제자매에게 부드럽게 문제를 제기할 수도 있다.

특히 당신이 상대적 특권의 위치(말하자면 어른이나 전문가 팀의 상급 직원)에 있을 때 당신의 영향력을 그럴 능력과 분별력이 있다면 공유된 인지적, 감정적 공간의 수호자가 되는 데 사용하자. 전체적인 집단적 규범과 문화를 당신이 옳다고 생각하는 것에 근거해 일방적으로 설정할 수는 없지만 제안할 만한 새로운 아이디어를 낼 수 있다. 또는 소리 풍경을 관리하거나 분위기를 향상시킬 만한 새로운 가능성, 특히 영향력이 부족한 사람들의 이익에 이바지하는 것을 살필 수 있다.

넓은 범위의 사례를 통해 함께하는 조용함을 찾는 과정을 탐험하는 동안 앞의 세 가지 안내 지침(내면 보기, 당신의 황금률 발견하기, 다른 사람들 살피기)을 마음에 새기라. 집단적인 소음을 다루고 조용한 명료성의 문화를 건설하는 다섯 가지 아이디어로 우리의 **일하는 삶을 진단함으로써** 이 챕터를 시작할 것이다. 각자의 직장 환경마다 다르겠지만, 직장에서 이 침묵 옹호자들에게 채택된 전략을 고려하고, 당신의 구체적인 상황에 맞추기 위해 그것을 어떻게 적용할 수 있을지 생각해 보자.

아이디어 17:
이메일 없는 금요일과 회의 없는 수요일 만들기

마이클 바튼Michael Barton은 현대적인 개방형 사무실의 창조에 참여한 인물이다. 오랫동안 기업 임원으로서 조직 문화와 운영을 최적화하는 데 집중해 온 사람으로서, 그는 초기에 품었던 공상적인 포부를 기억한다. 그 포부에는 다음의 개념이 들어 있었다. 반反사일로 사고방식(사일로 효과는 회사 내에서 서로 다른 조직들 간에 정보 교환이 이루어지지 않아 생산성이 저하되는 현상을 말한다.—옮긴이)을 증진하기 위해 벽을 무너뜨림으로써 협업을 조성하는 것이다. 바튼은 종종 이것의 혜택을 목격하긴 했지만, 개방형 사무실에 내재하는 소음과 방해의 비용이 너무 크다고 믿는다. "통화하는 상대방이 '비행이 끝나고 공항에서 나오시면 다시 전화를 드릴까요?'라는 말을 하던 순간들이 있었습니다. 그때 저는 이렇게 말하곤 했죠. '오, 아니에요! 저 지금 공항이 아니라 사무실에 앉아 있어요!'"

시티서치Citysearch(지금은 티켓마스터Ticketmaster의 한 부서) 임원으로 있던 1990년대에 바튼은 소음과 빈번한 방해로 고통받는 직원들(특히 프로그래머와 개발자)을 알아챘다. 그는 조용함을 위한 그들의 싸움을 돕겠다고 결심했다. 회사에 있던 젊은 분석가가 아이디어를 냈다. 각 팀원들에게 빨간 띠(길이 약 90센티미터에 너비 약 8센티미터의 밝은 빨간색 천)를 주고 '방해하지 마시오' 사인을 주자는 것이었다. 만약 누구든 서랍을 열어서 띠를 꺼내 목에 두르기만 하면 '부재중'인 것처럼 여겨질 것이고, 이와 관련해 어떤 낙인도 찍히지 않을 것이었다. 바튼은 관리 부서와 대화를 시작했고, 그들은 그 시도에 동의했다.

물론 빨간 띠가 만병통치약은 아니었다. 소음과 방해 문제를 완전히 없애지는 못했지만, 하나의 시작이 됐다. 이 시도는 몇몇 다른 실험으로 이어졌는데, 그중에는 공중전화 부스 크기의 '미니 작업 공간'과 코딩 작업을 위한 밀폐된 공간 '기술 동굴'이 만들어졌다. 그러나 무엇보다 중요한 것은 빨간 띠라는 중재가 소음과 방해 문제를 제기했고, 중요한 대화를 열었다는 점이다. 그전까지 소음 문제를 한 번도 생각한 적 없던 영업 사원들은 분석가, 작가, 엔지니어의 고충을 알아채기 시작했다. 그리고 개방형 사무실에서 '언제든 누구나 방해받을 수 있다'는 암묵적인 합의가 모든 사람에게 최선은 아니라는 사실이 확실해졌다. 빨간 띠 실험과 그에 따라온 대화들은 회사가 문제적 규범에서 벗어나도록 유도했다.

지금은 상상하기 힘들지만 바튼은 우리에게 개방형 사무실이 한때 이상적인 것으로 보였다고 말한다. 제안자들은 "개방형 사무실이 소통과 개방성, 투명성을 증진한다. 부서 간에 자유로운 흐름을 향상시킨다"고 말했다. 사람들은 책상의 바다 한가운데 CEO 책상을 두는 것(또는 먼저 온 사람이 원하는 책상을 골라 사용하게 하는 것)이 수평적인 조직 구조와 평등주의적인 문화를 만들 것이라고 주장했다.

지나고 나서 보니 우리는 1990년대 방식의 테크노-유토피아적 시각이 인간의 집중에 불러오는 부수적 피해를 고려하지 않았다는 것을 알게 됐다. 그러나 그 당시에는 '뜻밖의 기쁨이 되는 상호작용'과 '창조적 충돌' 같은 우선순위를 이기고 시대를 거스르며 조용함에 집중하는 것을 옹호하기가 어려웠다. 이 흐름에 저항하는 것은 팀원이 되는 일에 저항한다는 의미였다. 빨간 천 쪼가리가 유치해 보일지 모르지만, 그 젊은 분석가가 문제를 제기하기에는 그리고 바튼이 일련의 변화를 불러오기에는 용기가 필요한 일이었다.

개방형 사무실의 미래와는 관계없이 여기서 배울 점은 단순하다. 당신이 진짜로 원하거나 필요한 것이 무엇인지 고려하자. 대화를 시작하자. 마음속에 실험을 그려 보자. 그것을 시작하고, 다듬고, 반복하자. 어떤 조직에서는 '이메일 없는 금요일'이나 '회의 없는 수요일'이다. 업무 공간을 벗어나서도 항상 연락이 닿고, 주말이나 오후 여섯 시 이후에도 전자 기기에 접속하리라는 기대를 제거하는 것이다.

몇몇 작업 공간에 대해서는 건물 평면도를 다시 디자인하는 것이 특정 유형의 작업자들이 필요한 집중력을 얻는 데 도움이 될 수 있다. 하나의 해결책은 근무 시간 동안 방해받지 않는 시간을 보장하는 것일 수도 있고, 아예 개방형 사무실을 포기하고 새로운 건물로 이전하는 것일 수도 있다. 또 어떤 곳에서는 이메일을 주된 소통 수단에서 배제하고, 하루 두 번 팀 업데이트 미팅을 열거나 조용한 업무 환경을 유지할 수 있는 전자 시스템을 활용하기도 한다.

좋은 소식은 약간의 창조성과 실험만으로도 겉으로는 아주 다루기 힘들어 보이는 소음의 규범이 바뀔 수 있다.

아이디어 18: 아이디어가 흐르는 빈 공간의 가치

1939년 이후, 뉴욕시 광고 책임자 알렉스 F. 오스본 Alex F. Osborn이 처음 선구적인 그룹 아이디어 생성 회의 또는 '브레인스토밍 시간'을 시작했을 때 사람들은 그 효험에 대해 의심을 품었다. 수십 년간의 학술 연구를 통해 이제 우리는 반대보다 동의를 선호하고, 가장 목소리 큰 사람이나 가장 서열이 높은 개인에게 굴복하는 것 같은 사회적 압박이 어떻게 창조성을 죽이는지 알게 됐다. 빠른 속도와 높은 압박의 아이디어 회의는 관습적인 사고를 낳는 데는 좋을 수 있지만, 가장 복잡한 도전을 처리하는 데 필요한 새롭고 신흥적인 종류의 사고를 낳는 데는 최악이다.

이런 문제에 대한 인식이 자라나고 있음에도 대부분의 팀에서는 여전히 오스본 시대에 그랬던 것과 같은 방식으로 브레인스토밍을 한다. 숙고나 성찰을 위한 여지는 거의 없다. 시간과 공간이 거의 없다.

앞에서 우리는 '마'라는 일본 문화의 가치를 소개했다. '사이'의 빈 공간에 대한 숭배 말이다. 그것은 음악에서 다도까지, 극작품에서 꽃꽂이까지 전통적인 예술과 문화에 침투하는 원칙이자 가치다. '마'의 가치는 국가의 직업적 문화의 일부로서도 인지할 수 있다. 일본에서 당신은 종종 사람들이 회의나 대화에서 침묵의 순간을 가지거나 그 과정에서 말하지 않고 남겨진 것을 위한 공간을 남겨 두는 모습을 발견할 수 있다.

우리의 표준적 업무 브레인스토밍 과정에 약간의 '마'를 채우는 것이 어떤 의미일지 잠시 생각해 보자.

그것은 어쩌면 집단 토론 중에도 조용히 성찰할 수 있는 공식적인 시간을 마련하는 것을 의미할 수도 있다. 어쩌면 어떤 문제에 대해 바로 답을 내리지 않고 '하룻밤 자면서 문제를 생각해 보는' 선택지를 가진다는 의미일지도 모른다. 또 어쩌면 비언어적 보고 방식을 가능하게 할 수도 있다. 예를 들어 아이디어를 메모지에 적어 벽에 전시한 후, 사람들이 조용히 둘러보며 익명으로 투표할 수 있도록 하는 방법이 있다.

'마'는 조용한 목소리와 소외된 관점이 중심에 설 수 있도록 격려하기 위해 **공간을 만드는 것**을 의미한다. 간디가 강력히 믿었던 것처럼 진리를 추구하기 위해서는 적어도 약간의 침묵이 반드시 필요하다.

물론 이것은 단지 브레인스토밍에 대해서만이 아니다. 많은 사람의 주간 일정표나 많은 조직의 빡빡한 회의 일정표를 보자. 일반적으로 직장 문화에서 '사이'의 공간을 위한 고려는 거의 없다. '마'를 업무에 도입한다는 것은 앞으로의 일을 **준비**하고, 방금 일어난 일을 **통합**하며, 현재의 순간을 성찰할 수 있도록 **여백**을 존중하는 것이다.

그러나 무엇보다도 우리가 업무에 '마'를 필요로 하는 가장 큰 이유는 진정으로 듣는 능력을 갖추기 위해서다.

....

의사인 마리아는 환자 진료가 시작되고 나서 평균적으로 첫 11초 안에 의사들이 끼어든다는 사실을 발견한 연구에 대해 말해 줬다. "우리는 침묵하지 **않도록** 훈련받았어요." 그녀는 곰곰이 생각한다. "우리가 일어나고 있다고 가정하는 것에 대해 머릿속에 아주 많은 소음을 가진 채 환자와의 만남으로 실제로 들어가기 위해서요."

그녀는 이런 경향을 아주 잘 알았다. "환자를 면담할 때, 제가 그들의 말에 끼어든다고 느껴진 적이 얼마나 많은지 알아요. 핵심에 도달하기 위해서 또는 제가 배우는 데 관심이 있는 것에 닿기 위해서요. 하지만 만약 당신이 침묵 속에서 적극적으로 듣지 않는다면 누군가에게 어떤 일이 일어나고 있는지 정말로 들을 수가 없죠."

스탠딩 록 Standing Rock의 사람들 덕분에 마리아는 이 습관의 해로움을 알게 됐다. 그녀는 다코타 액세스 파이프라인(미국 노스다코타주에서 일리노이주까지 흐르는 송유관. — 옮긴이)에 항의하기 위해 모인 원주민 커뮤니티의 의료 지원을 위해 사우스다코타 South Dakota주에 갔었다. 일하던 중에 오글라라 라코타 Oglala Lakhota족 할머니가 마리아에게 약간의 조언을 들을 생각이 있는지 물었다. 할머니는 식민지 개척자식 접근이 이 커뮤니티에서는 통하지 않을 것이라고 설명했다.

> 신은 스스로 똑똑함을 증명하기 위해서나 특정한 방식으로 대화 주제를 발전시키기 위해 상대방이 어서 조용해져서 자기 생각대로 말참견할 수 있기를 기다리지만, 당신은 그 사람이 말한 이후에 침묵하지 않아요.

처음에는 할머니의 직접적인 표현에 놀랐지만 그녀는 할머니가 한 말의 무게를 인정했다. 할머니는 말을 이어 갔다. "누군가가 말하고 난 뒤에 침묵하는 것은 존중이 담긴 소통에 필수적인 겸손함을 전달해요."

마리아는 이 조언을 마음에 담았고, 캠프의 다른 라코타족 할머니들도 알아챘다. 그들은 함께 클리닉을 설립하도록 도와 달라고 그녀에게 부탁했고, 4년이 지난 지금도 그녀는 여전히 그 일에 지원하고 있다.

마리아는 라코타족 환자들이 언제 '입을 닫고' 내면으로 숨어 버리곤 하는지 신중한 주의를 기울여 살펴봤다. 그녀는 이렇게 환자들과의 유대가 끊어지는 순간을 '치유의 정반대'로 바라보기 시작했다. "저는 원주민들과 함께 일할 때 겸손해졌고 끊임없이 '교육'됐어요. 왜냐하면 그런 식으로 '똑똑하게' 굴지 않고 열려 있도록, 수용하도록 그리고 침묵하도록 제 마음을 재교육해야 했거든요."

마리아는 이 통찰을 우리에게 열정적으로 공유했다. 그녀는 기꺼이 그 임무를 맡으려고 또는 그녀의 표현대로 '배운 것을 잊어버리려고' 했다. 최근 베스트셀러 작가 라즈 파텔Raj Patel과 협업해 쓴 책 《Inflamed: Deep Medicine and the Anatomy of Injustice(격분: 불의에 대한 깊은 의료와 해부학)》에서 그녀는 서양 의학에서 필요한 '배운 것 잊어버리기'를 연대 순으로 기록했다.² 마리아에게 속도를 늦추고 듣기를 위한 공간을 만드는 것은 **진정** 깊은 의료다. 그녀는 그것에 치유하는 능력이 있다는 사실을 직접 경험으로 안다.

마리아가 더 활동적인 듣기를 통해 자신의 일에 '마'를 포함시키라는 주의를 받은 유일한 사람은 아니다. 리도 근본적으로 다른 맥락에서 비슷한 메시지를 받은 적이 있다. 나사NASA의 고다드 우주 비행 센터Goddard Space Flight Center 기후 팀에서 운영한 시험 프로그램에서였다.

고다드는 허블 우주 망원경 Hubble Space Telescope과 제임스 웹 우주 망원경 James Webb Space Telescope이 운용되는 곳이다. 그곳의 과학자들과 엔지니어들은 잘 알려지지 않은 우주선 50대를 움직여 태양이나 태양계, 더 넓은 우주, 우리 행성의 기후 변화를 연구하는 임무를 수행한다. 기특하게도 나사는 그곳에서 고도의 기술을 활용해 일하는 팀들의 '소프트 스킬 soft skills (대인관계와 관련된 기술들.—옮긴이)'을 계발하는 데 전념하고 있다.

나사의 직원 구성은 색다르다. 무려 네 개의 노동 세대가 혼재한다. 그 이유는 단순하다. 나사 직원은 은퇴하지 않기 때문이다. 나사가 직원 교육을 희망한 이유는 여러 세대로 이루어진 팀에 흔히 보이는 소통 문제를 해결하기 위해서였다. 첫 교육일에 리와 공동 리더는 두 사람이 가진 모든 것을 쏟아부었다. 2주짜리 교육을 이틀에 쑤셔 넣었다. 그곳에는 성찰하고, 소화하고, 심지어 이의를 제기할 순간이 전혀 없었다. '마'는 존재하지 않았다. 그야말로 '마'가 없는 혼란의 도가니였다.

이것은 리에게 거대한 기회였다. 그녀는 영광스러운 동시에 그만큼 무서웠다. 불행하게도 아마 '무서워하는' 리가 기획안의 대부분을 구성했고, 그녀는 소방 호스로 물을 쏟아붓듯 자신의 가치를, 자신이 가진 콘텐츠의 가치를 보여 줄 필요를 느꼈다.

그러나 리는 명백한 것을 간과했다. 그 방은 내성적인 사람들로 가득했다. 나사의 내부 기록에 의하면 75퍼센트 이상이었다.

첫날이 마무리될 무렵, 참가자들은 마치 허리케인에 맞기라도 한 것처럼 피곤하고 헝클어져 보였다. 가면 증후군 impostor syndrome(자신이 이뤄 낸 성취를 인정하지 못하고 스스로를 사기꾼으로 여기며 이것이 밝혀질까 봐 불안해하는 증상. ─옮긴이)이라는 강한 돌풍을 동반하고 걷잡을 수 없는 외향성으로 확대돼 버린 '허리케인 리' 말이다.

리와 동료는 거의 모든 교육 계획을 재점검했고 결국 상황을 해결할 수 있었다. 그들은 내용을 대폭 삭제했다. 더 많은 휴식 시간을 일정에 넣었다. 조용한 관찰을 위한 중간 휴식을 추가했다. 요약하자면 '마'를 추가했다. 리는 그 후로도 몇 년 동안 그 일을 했다. 그것을 배우는 동안 또는 마리아가 말하듯 '배운 것을 잊어버리는' 동안 얻은 교훈과 인내심에 감사하며.

'마'가 일본의 독특한 단어이긴 하지만, 우리는 모든 문화에서 '마'와 같은 가치를 이루는 요소 중 일부라도 찾을 수 있다. 서양 문화에서는 "침묵은 금으로 만들어졌다"라는 속담이 그 전형이다. 어떤 문화는(전 세계의 많은 원주민이나 오스트레일리아 토착민, 스칸디나비아와 동남아시아 문화도 포함해) 기초적인 방식으로 그 가치를 지키는 경향이 있다. 내향적인 나사 엔지니어들 같은 어떤 집단은 충분한 공간과 침묵이 필요하게 타고났다. 하지만 만약 당신이 업무 브레인스토밍, 회의 일정, 병원 진료에 걸친 현대적 의례나 절차의 함정을 살펴본다면, 사실상 모든 사람에게 더 많은 '마'가 필요하다는 점은 명백하다.

CHAPTER 12. 조용히 함께 일하기

아이디어 19: 완벽한 집중을 위해 함께 몰입하기

오늘날 마리 퀴리 부인 Madame Marie Curie 으로 알려진 마리 스크워도프스카 Marie Skłodowska 는 다정한 폴란드 교육자 가정에서 태어났다. 가족들은 일찍부터 그녀의 비범한 지성을 알아봤다. 어머니를 일찍 잃고, 그녀는 언니 브로냐 Bronya 를 파리에 있는 의대 교육을 받게 하겠다고 맹세했다. 마리는 다양한 과목과 언어를 가르치는 가정교사로 일했는데, 일하지 않는 시간에는 화학 실험을 하고 수학 공식을 골똘히 생각하면서 혼자 공부하는 시간을 가졌다. 때로는 아버지와 편지를 주고받으며 가르침과 도움을 받곤 했다. 언니 브로냐는 의대 공부를 마친 후 동생이 소르본 대학에 다니는 동안 자신의 집을 빌려주며 보답했다.

세계를 선도하는 대학에서 얼마 안 되는 여성으로서 마주한 그 모든 장애물에 더불어, 마리는 그동안 놓쳤던 몇 년치 공부를 따라잡아야 했다. 또한 프랑스어를 더 자유자재로 구사해야 했다. 그녀는 예상했던 것보다 훨씬 더 많이 공부해야 한다는 사실을 깨달았다. 그녀의 말대로 '완벽한 집중을 찾아야' 했다.

브로냐의 집은 방문객, 음악 그리고 치료를 받기 위해 때를 가리지 않고 찾아오는 환자로 가득 차 있었다. 마리는 그곳에서 완벽한 집중을 찾을 수 없었으므로 자신만의 공간을 찾아 나섰다. 결국 다락방을 하나 찾았지만, 그곳에서 굶주림과 추위로 거의 죽을 뻔했다. 왜냐하면 생명 유지를 위한 음식이나 난방을 위한 석탄보다 공부할 때 필요한 램프 기름을 우선으로 샀기 때문이다. 그럼에도 그 희생은 제값을 했다. 마리는 동급생들을 따라잡았고 마침내 뛰어넘었다. 그녀의 삶에 대해 쓴 베스트셀러 자서전에서 딸 에브 퀴리Ève Curie는 이렇게 썼다. "어머니는 주의와 침묵의 공기, 실험실의 '분위기'를 향한 열정적인 사랑을 가지고 있었다. 그리고 이것이 어머니가 마지막 날까지 무엇보다 선호했던 것이다."[3]

소르본 대학에서 마리는 교수이자 물리학자인 피에르 퀴리Pierre Curie를 만나 결혼했다. 두 사람의 결혼은 실험실의 '분위기'에 대한 공동의 사랑, 즉 '주의와 침묵'이 갖춰진 공동의 공간에 기초한 것이었다. 그들은 이곳에서 방사능 분야의 획기적인 연구를 수행했다. 1903년, 퀴리 부부는 노벨 물리학상을 받았다. 프랑스 학계는 원래 그 상을 피에르에게만 주겠다고 제안했지만, 피에르는 마리가 공동 수상자가 돼야 한다고 주장했다. 두 사람은 심혈을 기울인 그 모든 연구를 함께했다.

노벨상을 수상하고 몇 년이 지났을 때, 피에르는 마차에 치여 비극적인 죽음을 맞고 말았다. 마리는 상실의 고통을 겪으면서도 20년 이상 작업을 이어 갔다.

마리는 남편의 자리에 기용됐고 소르본 대학의 첫 여성 교수가 됐다. 시아버지가 퀴리 부부의 딸들 이렌Irène과 에브Ève의 양육을 도와, 그녀가 '완벽한 집중을 찾고' 일생의 연구를 이어 갈 수 있도록 했다. 온 세상이 알고 있듯 마리는 노벨상을 받은 첫 여성

CHAPTER 12. 조용히 함께 일하기

일뿐만 아니라 두 개의 과학 분야, 물리학과 화학에서도 두 개의 노벨상을 받은 최초의 **인물**이 됐다.

마리의 첫째 딸 이레느는 과학자로서 가능성을 보였고 곧 실험실에 있는 어머니에게 합류했다. 제1차 세계 대전 동안 아직 십 대였는데도 이레느는 현장 외과 의사들이 총알, 파편, 뼈 조각의 위치를 파악하는 데 사용할 이동식 X선 장치를 옮겨다 주던 어머니와 동행했다. 이 장치들은 나중에 작은 퀴리들 Les Petites Curies 로 알려졌는데, 확보된 차량 200대와 훈련받은 여성 150명과 함께 100만 명 이상의 부상당한 군인들을 검사했다고 추정된다.

마리는 훗날 라듐 연구소 Radium Institute 를 설립했다. 이곳에서 이레느가 동료 연구자들을 교육했는데, 그중에 프레데릭 졸리오 Frédéric Joliot 라는 남성이 있었다. 이레느와 졸리오는 사랑에 빠져 결혼했고, 마치 마리와 피에르가 그랬듯 곁에서 함께 일했다. 무아지경의 '분위기'가 갖춰진 공동의 실험실에서.

1935년, 그들은 노벨 화학상을 받았다. 마리가 노벨상을 받은 지 24년, 퀴리 부부가 노벨상을 받은 지 32년이 지났을 때였다.

퀴리 가족은 다섯 개의 노벨상을 받았다. 오늘날까지도 이보다 많이 받은 가족은 없다. 가난, 전쟁, 교육에서의 성별 장벽, 전문 영역에 있는 여자들을 둘러싼 사회적 규범 등의 장애물을 마주했음에도, 퀴리 가족은 '완벽한 집중'의 힘을 둘러싼 규범을 공유했다. 오롯이 혼자서가 아니라 함께, 남자뿐만 아니라 여자와 소녀도 참여해서 이루었다.

이것은 조용한 명료함이 무엇을 창출할 수 있는가를 잘 보여 주는 사례다.

......

뉴포트는 2016년 출간한 책《딥 워크: 강렬한 몰입, 최고의 성과(Deep Work: Rules for Focused Success in a Distracted World)》에서 몰입형 주의 immersive attention (마치 퀴리 가족이 발휘했던 것 같은)의 상실을 개탄하며, 독자에게 그것을 되찾는 방법에 대해 조언했다.[4] 그는 '딥 워크'를 '당신의 인지적 능력을 최대로 끌어올리는 방해받지 않는 집중의 상태에서 수행된 직업적 활동'으로 정의하며 "이런 노력은 새로운 가치를 창조하며 기술을 향상시키고 복제되기 어렵다"고 말했다.

딥 워크의 이런 지침에 주의하며, 뉴포트는 개방형 사무실 평면도와 끊임없는 연결성에 대한 우리의 기대에 따라오는 진정한 비용을 면밀히 살핀다. 그는 왜 '딥 워크'가 의미 있고 효율적인 업무의 본질인지를 설명하기 위해 역사적 인물, 현대의 선구자적인 사상가, 창의적인 사람, 의사 결정자들의 사례를 들었다. 뉴포트는 '딥 워크'가 단순히 생산성 해킹에 중점을 두는 것은 아니라고 강조한다. 오히려 갈수록 더 피상적으로 변해 가는 온라인 세계에 널리 퍼진 불안과 불만의 감정을 극복하는 방법으로서 몰입형 주의가 가지는 힘을 이해하고자 하는 것이다.

뉴포트는 최근 특히 시끄러운 문화를 가진 기술 회사 근무자 톰Tom 이야기를 썼다. 톰의 말에 따르면 모든 업무 이메일과 인스턴트 메시지에 즉시 회신해야 할 것 같았다고 한다. 심지어 그가 무언가 다른 일을 하고 있더라도 말이다. 그는 이렇게 말했다. "빨리 답장하지 않으면 사람들은 당신이 게으름을 피운다고 생각할 테니까요."

의문을 가진 채 몇 주를 보낸 후, 톰은 용기를 끌어모아 상사에게 이야기하기로 했다. 그는 상사에게 물었다. "제가 조사하고 글을 쓰는 데 하루에 어느 정도의 시간을 할애했으면 하시나요? 그리고 팀원들과 이메일이나 채팅으로 소통하는 데는 어느 정도의 시간을 할애했으면 하시나요?"

상사에게 정답은 뻔했다. 톰의 업무는 조사하고 글을 쓰는 것이었다. 그게 그가 월급을 받고 하기로 한 일이었다. 톰은 상사의 승인을 받아 방해받지 않고 조사하고 글을 쓰는 시간을 매일 아침과 오후, 90분에서 2시간으로 고정해 두었다. 다른 사람들이 알아챘다. 그들도 톰과 같은 근무 조건을 요구했다. 오래된 규범이 바뀌기 시작했다. 그는 이렇게 회상했다. "이것이 애초에 문제가 된 유일한 이유는 우리가 신중하게 기대를 설정한 적이 없었기 때문입니다."

다른 많은 산업들처럼 톰이 일하는 산업도 개편이 한창이다. 다음 직장이 어떤 모습일지는 모르지만, 우리는 '완벽한 집중'을 찾을 능력과 '딥 워크'를 생산할 능력이 어떤 긍정적인 미래에도 포함되어야 한다는 사실을 안다. 비록 '딥 워크'라는 용어가 고독의 추구를 떠올릴지라도 우리는 그것이 이런 사회적 차원에서의 순수한 주의력에 대해 생각하는 데 필수적이라고 믿는다.

퀴리 가족은 그들만의 조용한 몰입, 즉 뉴포트가 '딥 워크'라고 부른 것을 발휘할 가장 강력한 장소를 함께 찾아냈다. 헌법 제정 회의 밖의 흙더미는 공동의 업무 공간에 최소한 어느 정도의 딥 워크가 이루어지고 있음을 드러낸다. 오늘날 우리가 극복해야 하는 난관은 단순히 우리 중 다수에게 개인으로서 딥 워크의 순수한 주의력에 대한 훈련이나 관심이 부족하다는 것뿐만이 아니다. 어떻게 우리가 팀으로서, 조직으로서 그리고 사회 전체로서 그것을 소중히 지키는 공동의 가치와 운영 시스템을 형성할 수 있는지를 알아내는 것이기도 하다.

아이디어 20: 목소리를 내기 전에 여백을 만들라

5년 동안 투아마는 역사적으로 중요한 코리밀라 커뮤니티Corrymeela Community를 이끌었다. 이것은 북아일랜드에서 가장 오래된 평화 구축 조직이다. 그는 이 역할을 수행하면서 여러 세대에 걸친 폭력적 갈등을 치유하는 작업의 중심에 서게 됐다. 중대한 행정적 의무를 동반한 실질적인 자리임과 동시에 수십 년의 전쟁 트라우마로부터 커뮤니티를 치유하도록 도와줄 무거운 책임이 따르는 자리이기도 하다.

하지만 투아마는 이 일을 전형적인 비정부기구 지도자이자 치료사, 명상가로 접근하지 않았다. 그는 시인으로서 이 일에 다가갔다. 그는 사람들의 입을 열게 할 올바른 단어와 이야기를 찾으려고 노력했다. 그리고 권위를 주는 언어와 이야기를 찾는 데서 그치지 않고 침묵의 공간, 사람들이 서로를 정말로 들을 수 있는 조용한 틈을 만들려 했다. 견고하게 유지해 온 입장이나 굳을 대로 굳어진 증오를 재고할 수도 있는 공간 말이다.

투아마는 사람들을 '자아의 중간 영역 borderland of the self'으로 불러들였고, '제가 그것을 다른 관점에서도 고려했나요?' 같은 질문을 통해 자신들이 하는 이야기를 함께 조사해 달라고 요청했다. 그는 좋은 의도에 더 주의를 기울여 달라고 부탁했다. "그것들이 좋은 영향력을 발휘하는 데 지지가 됐나요?"

"저는 '제가 정말로 선을 행하고 있나요?'라고 묻기 위해서는 우리 모두에게 약간의 무정부주의가 필요하다고 생각했어요." 그는 살며시 미소 지으며 말했다. "심지어 '만약 **우리가** 악당들이라면요?'라고 물어야 할지도 모르죠."

투아마는 '침묵'이 이런 종류의 화해를 구축할 때 내부적, 외부적 차원에서 필수적인 요소라고 말했다. 또한 "침묵은 스스로에게 이상한 질문을 던질 충분한 공간을 내면에 가지는 것"이라고 말했다. 투아마가 썼듯 "이야기하는 일의 자질은 상대방의 말을 듣는 자질과 관련이 있을 것이다." 그저 이야기하기 storytelling에 대해서만 말하는 것이 아니라 이야기 포착하기 story catching에 대해서 이기도 하다. 여기서 완전한 변화가 이루어진다. 그것은 수용하는 능력에 달려 있다.

코리밀라와의 작업을 회상한 그의 책《Sorry for Your Troubles (당신의 문제들은 유감입니다)》에서 투아마는 각 글자 사이에 여백을 넣는 형태로 시 제목을 지었다. 침묵, 경청, 슬픔을 비롯해 말을 초월하는 것의 중요성을 나타내는 수단이었다.[5] 치유는 그 작은 공간 안에서 가능해졌다.

우리가 가장 먼저 인정하겠다. 위기와 도덕적 분노의 시대에 때로 우리에게 가장 먼저 찾아오는 충동은 **시끄러워지는** 것이다. 주의를 끌기 위해서다. 가해자를 불러내기 위해서다. 변화를 강하게 촉구하기 위해서다. 이 근원적인 충동은 정당하다. 우리는 사람들이 깨닫도록 만들어야 한다. 박해나 전쟁, 환경 파괴 문제를 다루기 위해서는 빠르게 행동해야 할 때가 많다. 비슷하게 우리는 직장이나 단체에서 발생하는 더 작은 규모의 부당함과 모욕을 다루기 위해서도 빠르고 결단력 있게 행동해야 한다.

그러나 투아마가 보여 주듯 열린 공간에서만, 깊은 주의와 경청을 통해서만 도달할 수 있는 해결과 치유의 수준이 있다. 앞서 우리는 학자이자 여성 운동가인 말로트라가 2020년 여름 로스앤젤레스에서 벌어진 '흑인의 생명도 소중하다' 시위에서 어떻게 수천 명의 다른 사람들과 함께 9분 동안 침묵 속에 앉아 있었는지에 대한 이야기를 공유했다. 고요한 공간에서 그녀는 다른 사람들과 함께 느꼈던 고통과 의분 속으로 깊이 들어갔다. 말로트라는 이렇게 말했다. "침묵은 마치 일종의 대양 같아요. 그것은 형태를 바꿀 수 있어요. 침묵은 당신에게 감정의 형태가 바뀔 수 있는 공간을 주죠. 주변 사람들의 에너지를 흡수할 공간을 주고요."

하빕은 예수회 배상 과정이 왜 보기 드문 사건이었는지 이야기했다. '노예가 된 자들의 후손과 노예로 만든 자들의 후손' 사이의 대화는 1억 달러 이상의 지출을 이끌어냈다. 그리고 하빕의 말에 따르면 그것은 '아주 많은 침묵'을 통해 이루어졌다. 그가 의미하는 바는 경청의 공간, 공동의 기도와 명상 공간, 행동의 올바른 경로를 깊게 분별하는 공간이다.

북아일랜드의 화해 노력과 예수회 배상 과정 같은 '회복적 사법 restorative justice' 실천은 학교, 커뮤니티, 심지어 공식적인 사법 구조에도 점점 널리 퍼지고 있다. 전 세계의 원주민 의회 관행들에서 영감을 받곤 하는 회복적 사법의 본질은 **경청**이다. 처벌에 집중하기보다 관련된 모든 사람들이 그 죄의 잠재적인 원인과 영향을 최대로 확실히 이해하도록 하는 것이다. 이것은 궁극적으로 누구의 '편'인지가 아니라 온전함을 되찾는 데 집중하는 것이다. 성공의 전제조건은 함께 침묵 속에 있을 능력이다.

챕터 4에서 만났던 모태 퀘이커교도 리핀코트는 논쟁이 많이 벌어지는 회의에서 어떻게 침묵이 분노와 분열 사이의 균형을 유지하는 힘이 되는지를 설명했다. 회의에 참가한 사람들이 서로를 경청하고 있지 않다는(태도가 단단히 굳었거나 불안해하는) 것이 확실할 때 서기, 즉 퀘이커식 회의의 의장이 침묵 시간을 요청할 것이다.

리핀코트가 설명했듯, 그는 자신의 중심을 찾고 몇 번의 심호흡을 하고 회의의 더 고차원적인 목적과 연결된다. 침묵은 집단이 실제로 준비가 되기 전에 해결을 강요하지 않는다. 그저 사람들이 이곳에 존재하고 경청한다는 것을 확실히 할 뿐이다. 집단 침묵은 모든 사람들이 자신의 언어화된 위치와 논쟁을 내려놓고 공유된 공간에 깔려 있는 에너지와 연결되는 장소에 들어가게 한다. '개념적 덧씌우기'를 그만두고 '감각적 명료성'을 찾는 지혜와 같지만, 그것이 대화와 신중함의 작업에 적용된 경우다.

'침묵'이라는 단어는 때때로 물러남을 암시할 수 있지만, 여기서는 온전한 참여의 정수를 내포한다. 이런 의미에서 침묵은 극도의 불편함을 마주할 용기다. 즉, 난롯가에 앉는 행위다. 중대한 갈등에 관여됐든 사소한 직장 내 다툼에 휘말렸든, 우리는 '함께 조용해질'(공유된 침묵의 두려운 무방비함을 견뎌 낼) 필요가 있다. 직접적이고 지속적인 해결을 찾기 위해서다.

아이디어 21: 속도를 늦추고 조용함을 불러라

캘리포니아 해안의 삼나무 숲은 중요하고 복잡한 문제를 심사숙고하기에 이상적인 장소다. 거대한 나무와 부드러운 나무껍질과 낙엽은 마치 조용함의 수호자처럼 느껴진다. 이곳은 차분함과 명료함을 내뿜는 공간이다. 심지어 우리가 가장 시급한 환경문제 중 하나를 해결하기 위한 전략을 짜고 있을 때도 느낄 수 있다.

2013년 이후, 산악인이자 생물물리화학자 알린 블럼 Arlene Blum 은 이곳에 모여 독성 화학물질이 만든 세계적 위기에 대한 문제를 분석했다. 그리고 해결책을 내놓을 과학자, 정부 규제 담당자, 비정부기구, 소매업자 그리고 제조업자로 이루어진 작은 집단을 엄선했다. 블럼은 리에게 매년 반복될 이 4일짜리 피정을 설계하고 추진해 달라고 부탁했다.

독성 화학물질 문제를 해결하는 것이 **왜** 우리 모두를 더 건강하게 만들 수 있는지 설명하는 데 약간의 시간을 들일 가치가 있다. 미국에서 실험되지 않고 규제받지 않은 수만 가지의 화학물질이 생활용품에 첨가된다. 소비 제품에 들어 있는 방수제, 난연제, 비스페놀을 비롯한 다른 화학물질은 암, 비만, 정자 수 감소 그리고 신경학적, 생식적, 면역적 문제를 유발하는 데 영향을 줄 수 있다. 미국의 아이들은 하나의 난연제 화학물질에 노출될 때마다 평균 5의 지능 지수를 잃었고, 이것은 미국에 매년 대략 2,660억 달러에 해당하는 생산성 상실이라는 비용을 치렀을 것이라 추정된다.

화학물질 회사들은 그들의 제품에 안전성을 증명할 필요가 없다. 화학물질은 과학자들이 그렇지 않다는 것을 보여 주기 전까지는 안전하다고 가정된다. 그리고 해로움을 증명하는 것은 시간과 비용이 많이 드는 일이다.

하지만 규제력을 지닌 구조가 작동할 때조차도 문제는 남는다. 과학자들이 데이터를 모아 해롭다는 것을 밝히고, 그 화학물질을 단계적으로 중단해야 한다고 성공적으로 증명한다. 마치 최근 물병에서 BPA(비스페놀 A)가 검출된 사건처럼 말이다. 그런데 그 다음은 어떻게 할 것인가?

대부분의 제조업자들은 가장 빠르고 비용이 적게 드는 해결책으로서 그 화학물질의 즉각적인 대체재(구조와 기능 면에서 유사한 무언가)를 찾는다. 그러나 대체 화학물질은 대개 원래 화학물질의 해로운 특성을 공유한다. 이것의 좋은 예로 BPA의 대체재인 BPS(비스페놀 S)는 그 이전 모델만큼이나 해롭다. 일단 당신이 하나의 화학물질을 단계적으로 중단시키면 그것의 가까운 사촌을 얻는다. 그 사촌에 대해 같은 일을 하면 또 다른 대체재, 아마 똑같이 해롭거나 더 나쁜 것이 다음 차례에 서 있다. 블럼은 이 상황을 영원히 이어지는 두더지 잡기 게임이라는 비유로 설명했다.

이런 주제에 대한 대부분의 회의는 시시때때로 변하는 자료와 계속 늘어나는 공포에 지배된다. 블럼과 리는 차분하고 이성적인 어조로 이야기하려고 노력한다. 그들의 좌우명은 이것이다. '속도를 늦추라, 시간이 많지 않다.'

매 피정의 아침과 오후 세션에서는 모두 열렬히 집중해서 전략과 문제 해결에 전념했다. 하지만 오후가 되면 리와 블럼은 경치 좋은 하이킹이나 해안으로의 여행 같은 것들을 하며 짧은 조용함을 누렸다. 아니면 산장에서 낮잠을 자는 선택지도 언제든 있다. 업무 세션에는 3분간의 댄스파티, 시 읽기, 창의적인 즉흥 연주, 조용한 성찰을 위한 시간이 곳곳에 있었다. 이런 즐거운 활동과 조용한 활동으로 채워진 막간의 시간들은 그들 앞에 놓인 복잡하고 어려운 여행을 준비하게 하기 위해서였다. 처음에 참가자들은 이런 일정에 놀란 것처럼 보였다. 몇몇은 이 세계적 문제와 씨름하기 위해 지구 반 바퀴를 여행해서 왔는데, **이 작업이 대단히 힘들어야 정상 아닌가?**

때로는 **그렇다.** 곧 그렇게 될 것이다.

하지만 변화를 불러올 해결책에 도달하는 최선의 길은 빈 공간과 침묵의 전반적인 분위기를 만드는 것이다. 참가자들이 편도체를 진정시키고 디폴트 모드 네트워크의 정신없이 바쁜 마음가짐 너머로 확장할 수 있는 분위기 말이다. 단순히 어려움을 이겨내고 나아가는 것이 아니라 수용적인 태도가 되고 답변이 떠오르게 두는 것이다.

마지막 날 아침, 리는 참가자들을 밖으로 내보내 자연 속에서 30분 동안 혼자 시간을 보내도록 했다. 그녀는 몇 가지 간단한 지시사항을 공유했다. 첫째, **당신이 왜 여기 있는지 기억할 것.** 둘째, **들을 것.**

어떤 사람들은 이 짧은 시간 동안조차 정신적 자극이 부족이 부족하다고 느껴 어려움을 겪었다. 하지만 시간이 지날수록 대부분의 사람들은 결국 **귀를 기울인다.** 자신들을 이 작업으로 데려온

'왜'라는 질문과 다시 연결된다. 많은 사람은 변화를 만드는 데 대해 자신들의 **통제 권역**과 **영향 권역** 안에 무엇이 있는지를 알아볼 수 있는 통찰력을 얻는다. 이전에 신비주의적 경험이나 가이아의 의식 같은 것에는 아무런 관심이 없었던 확실한 좌뇌형 엔지니어 마이크Mike는 "자연에서 돌아온 후 제조업에서 독성 화학물질 사용의 역사를 기록하는 책을 쓰라고 삼나무 숲이 말해 줬다"고 말했다. 방에서 박수갈채와 "그래요! 우리도 그 책이 **필요합니다!**"라는 응원이 터져 나왔다.

첫 피정에서 나온 중대한 발견은 비슷한 구조나 기능을 가진 여섯 개의 '군family'으로 화학물질을 분류하는 것이었다. 지금은 이 분류가 '여섯 계열 Six Classes'이라고 불린다.6 최악 중의 최악인 하나의 사례는 PFAS(과불화화합물)라는 화학물질인데, 제품에 착색제와 방수제로 사용된다. 하지만 PFAS는 자연에서 절대 분해되지 않으며, 연구된 일부 화합물은 유독성이 있는 것으로 밝혀졌다. PFAS를 관리할 때, 단일 화학물질만을 다룰 수는 없다. 수천 가지의 변종이 존재하기 때문이다. 따라서 반드시 전체 계열을 고려해야 한다.

"우리가 2013년에 이 분류를 생각해 냈을 때는 '큰 아이디어'라고 불렀어요. 너무 새로웠거든요. 하지만 이제 전체 계열을 다루는 접근법이 널리 받아들여지죠." 블럼은 회상하며 말을 이어 갔다. "예를 들어, 이케아IKEA는 PFAS의 유해성을 알게 된 후, 전 세계 모든 제품에서 이 계열의 화학물질을 제거하기로 결정했어요."

9개월 후, 이케아는 그녀에게 전화를 걸어 이렇게 말했다. "우리가 해냈어요!" 그들은 공급망을 분석해 PFAS가 포함된 모든 제품을 식별했다. 샤워 커튼과 우산을 방수 처리하기 위해 PFAS를 대체할 수 있는 무독성 물질을 찾았다. 하지만 기름때 타지 않는 테이블보의 대체 물질은 찾을 수 없었고, 결국 그녀에게 이렇게 말했다. "우리는 이제 테이블보를 판매하지 않기로 했어요." 그리고 실제로 이케아는 PFAS가 포함된 테이블보를 더 이상 판매하지 않는다.

'측정할 수 없을 만큼 엄청난 외향인'이라고 스스로를 규정하는 블럼에게 조용함으로 짜인 피정은 본능을 거스르는 것이었다. 하지만 블럼은 놀랍게도 결과에 집중했고, 속도를 늦추고 조용함을 불러옴으로써 그녀가 상상했던 것을 뛰어넘는 결과를 성취하고 있다는 사실을 발견했다. 이 사교적이고, 결과 지향적이고, 회의적인 과학자는 새로운 사고방식과 돌파 전략을 지원하는 데 침묵이 가지는 힘을 제대로 인식하게 됐다.

변화를 위한 조용한 혁신

저스틴은 캐피톨 힐에서 마음챙김을 계속 가르치면서 그 장소의 소음을 더 진지하게 알아채기 시작했다. 그곳에는 작고 소중한 딥 워크가 일어나고 있었다. 너무 많은 소리와 자극에 맞서 분투하고 있는 사람들을 도울 만한 빨간 띠 같은 중재는 없었다. 의식적이고 조용한 만남 속에서 치유와 화해를 향해 노력하기 위해 피해를 입은 당사자들을 함께 불러 모은다는 생각은 기괴할 따름이었다.

하지만 왜일까? 사실 18세기에는 미국 정부에 조용함과 집중된 주의의 전통이 있었는데, 어째서 시끄러움에 대한 현대적 규범에 도전하는 사람이 없는 것일까?

어느 날, 레이번 하우스 오피스 빌딩에서 마음챙김 세션을 이끌고 있을 때, 저스틴은 아마 '캐피톨 힐에서 나올 수 있는 가장 더러운 말'일 무언가를 입 밖에 내기로 결심했다.

"항복하세요."

의회에서 하는 거의 모든 일의 목적은 이기는 것이다. 논쟁에서 이기고, 선거에서 승리하고, 경쟁자보다 내가 더 능력 있고 교활하다고 입증하는 것 말이다. 시끄러움의 규범을 움직이기 위해서는 대화보다 더 많은 것이 필요했다.

하지만 그날 저스틴은 '항복하라'는 단어가 미국의 입법 부문에서 일하는 사람들이 느끼는 많은 괴로움에 어떻게 실제로 치료제 역할을 할 수 있을지 이야기했다. "시간을 가지고, 걱정과 가정은 모두 호흡과 현재 순간에 내어 주세요. 우리가 경직되고 전투적인 정체성과 복잡한 권력관계를 그저 존재함의 단순성에 내어 줄 수 있는지 봅시다."

다른 수많은 직장에서처럼 의회에서도 규범과 요구가 아직 체계적으로 검토된 적이 없다. 그것은 어쩌면 공유된 가치를 표면화하고 규범을 정렬하는 상대적으로 단순한 문제일지도 모른다. 마치 리키와 베티, 바튼과 젊은 분석가, 마리아와 라코타족 할머니들, 리와 나사 엔지니어들, 톰과 상사 그리고 다른 사례에서처럼.

앞으로 가는 길을 드러내는 걱정이나 규범이나 문화가 공유된 장소를 찾기 위해서는 일정 시간이, 난롯가에 앉아 있는 시간이 필요할 수도 있다. 하지만 어떤 상황에서는 캐피톨 힐에서처럼 문제들이 여전히 깊은 곳에 흐른다.

미국 의회처럼 극도로 시끄러운 장소의 과도하게 경쟁적인 가치를 어떻게 변화시킬지에 대해 우리가 어떤 명확한 아이디어를 가지고 있다고 말하고자 하는 것이 아니다. 하지만 우리가 이 챕터에서 제시한 아이디어는 일종의 걸음마다.

함께 와라. 소음과 조용함에 대해 진실한 대화를 나누라.

실험하라. 반복하라. **경청하라.**

CHAPTER 13

조용한 일상 보내기

극히 드물지만 마스터스는 산 쿠엔틴 교도소의 사형수들과 함께 약간의 침묵을 공유하는 데 성공할 때가 있다. 몇 년 전 어느 밤에는 말 그대로 달 **때문**이었다.

마스터스의 이웃들이 보름달이 뜨는 광경을 보고 고함을 지르기 시작했을 때, 그는 행동 교정 센터에 있었다. 그해는 달이 충분히 낮게 떠서 그들의 교도소 맞은편 창문을 통해 달을 볼 수 있던 시기였다. 그는 우리에게 말했다. "그게 엄청나게 가까웠어요. 저는 달이 그렇게 가까이 보일 수 있을 거라고는 생각해 본 적이 없었죠."

모든 사람이 마스터스가 천문학을 사랑한다는 사실을 알았다. 그래서 그들은 그에게 질문을 하기 시작했다. "왜 저게 저렇게 크게 보이는 거야? 이 다음에는 저게 어디로 가는 거지?" 마스터스는 기회를 봤고, 그것을 잡았다. "저는 그들에게 말했죠. '오, 그래, 저건 달이야. 하지만 5분 늦었지.' 그리고 거기서부터 저는 그냥 날아올랐죠." 마스터스는 마치 달의 정확한 속도와 경로를 아는 것처럼 행동했다. 그는 죄수들에게 달 표면의 그림자에 특별한 주의를 기울이라고 말했고 화려한 언변으로 그들이 관찰해야 하는 모습을 묘사했다. 그러고 나서 그는 적절한 달 관찰 에티켓의 가장 중요한 측면을 설명했다. "다들 조용히 해야 해. 내게 질문을 한 번 할 때마다 집중력을 빼앗아 가고 있다고!"

죄수들은 순종적인 교구의 학교 학생들처럼 조용해졌다.

마스터스의 기억 속에 그것은 놀라웠다. 그는 한 줄 전체(열다섯 명의 감금된 남성들)가 거의 20분 동안 침묵 속에 하늘을 관찰하게 만들었다. 그는 원래 산 쿠엔틴의 누구도 10초 이상 입을 다물지 않는다고 우리에게 말했다.

이 광경에 사로잡힌 간수들 중 하나가 마찬가지로 하늘을 응시하기 시작했다. 그렇게 그들은 모두 거기 있었다. 사형수들 한 무리 그리고 그들이 규칙을 지키게 하는 것이 직업인 주립 교도소의 직원 한 명까지 말이다.

달을 바라보면서.

함께.

침묵 속에서.

만약 그중 한 명이 더 이상 참지 못하겠다고 결심하지 않았다면 그 무아지경은 계속됐을지도 모른다.

"저 빌어먹을 달이 우리 말을 들을 수 있는 것도 아니잖아!" 그는 귀 없는 달을 가리키며 소리쳤다. 그는 그렇게 오랫동안 조용하게 있도록 속아 넘어갔다는 사실을 깨달았다. 마스터스는 우리에게 말한다. "지금 춤은 끝나고 말았어요. 하지만 저는 그들에게서 20분이나 가져왔죠!"

. . . .

연화경 Lotus Sutra이라는 고대 불교 문헌에는 집에 불이 난 어느 부자에 대한 우화가 나온다. 집 안에는 위험에 처했다는 사실을 깨닫지 못한 아이들이 많이 있다. 사실 그들은 불이 무엇인지도 모르고 심지어 집이 무엇인지도 모른다. 부자는 모든 아이들을 한 번에 안전한 곳으로 데리고 나오거나 알아서 나오도록 설득할 수도 없기 때문에 밖에 장난감 세 개가 있다고 말해 준다. 염소가 끄는 수레, 사슴이 끄는 수레 그리고 소가 끄는 수레. 아이들은 집 밖으로 뛰쳐 나온다. 그들이 밖에 도착했을 때 세 개의 수레는 없었다. 대신 보석으로 장식된 단 한 대의 마차가 있다. 흰 황소 뒤에 매달려 그들을 안전한 곳으로 데리고 가기 위해 기다리고 있는 마차가.

이 이야기의 요점은 반쪽짜리 진실이나 선물로 아이의 환심을 사자는 것이 아니다. 오히려 어떤 실천은 '궁극적인 실체'의 실례가 아니라 한 사람을 고통으로부터 구하고 그들을 깨달음으로 데

려갈 수 있도록 돕는 편리한 수단이라는 사실을 설명할 때 이 우화가 종종 사용된다. 불교에서 이것은 우파야 upaya 또는 '선방편 skillful means'이라고 불린다. 우리는 우파야를 종종 사람들이 그들의 여정에서 다다른 위치(그들이 이해하거나 들을 의지를 가질 수 있는지)를 존중하는 것 그리고 그들에게 적절한 언어를 사용하는 것의 중요성으로 생각한다.

우리가 언제든 가능할 때 더 많은 침묵의 필요성에 대해 직접적인 대화를 격려하지만(리가 어머니와 베티와 가졌던 대화처럼) 우리는 어린아이, 청소년, 배우자, 동거인, 친구, 친척 등과 함께 하는 현실 상황 속에서 시끄러운 규범을 정면으로 받아들이는 것이 언제나 먹히지 않는다는 사실을 안다. 끊임없는 대화와 전기적 자극 속에 살도록 사회화된 세상에서 우리는 종종 친구들과 사랑하는 사람들이 볼륨을 낮추고 침묵과 더 친해지도록 만들기 위해 능숙한 수단을 찾아야 한다. 이전에 이야기했듯 우리의 **통제 권역**은 관계를 다룰 때 약간 다르게 보인다. 우리는 대개 여기서 통제보다 더 많은 **영향**을 가진다.

마스터스는 우파야를 산 쿠엔틴 교도소에서 그의 이웃들과 함께 사용했다. 그는 침묵과 감사를 위한 희귀한 기회를 잡기 위해 그들이 무언가 환상적인 일이 벌어지고 있다는 생각을 갖게 했다. 우리도, 마스터스도 당신이 친구나 이웃, 사랑하는 사람들의 달아나는 주의를 얻기 위해 말을 지어내라고 이야기하는 것이 아니다. 하지만 우리는 당신이 창의성을 발휘했으면 한다.

때때로 저스틴은 다섯 살 난 딸과 함께 산을 걸을 때 이렇게 말한다. "오늘 바람에 무언가 특별한 게 있어. 잠깐 멈춰서 들어 보자. 사시나무 꼭대기에서 바람이 어떻게 춤을 추고 있는지 들리니?" 그들은 잠시 멈춰 함께 주의를 기울일 것이다. 다른 때에는 딸이 같은 전략을 그에게 사용한다. 하이킹 도중 저스틴은 큰 소리로 이야기하고 있을 것이고, 딸이 미루나무 줄기에 난 큰 틈을 가리킬 것이다. "저기 요정 집이 있어, 아빠. 요정들 사는 곳 말이야. 요정들을 방해하지 않으려면 조용히 해야 해." 저스틴은 예의 바르게 입을 다문다.

우리는 때로 **우리 자신**에게서 침묵을 찾는 '선방편'도 사용하곤 한다. 때때로 우리는 일이나 중요치 않은 소통의 중력이 끌어당기는 힘으로부터 스스로를 유인해 꾀어내는 방식을 만든다. 우리는 이번이 일 년에 단 한 번 단풍이 드는 것을 볼 완벽한 때라거나 컴퓨터가 어떤 이유로 결함이 있는 게 틀림없다고 스스로에게 말한다. 아마 수성이 역행하면서 우리의 전기적 결합을 잠시 끊을 시간을 만들어 준 것이다. 리는 때때로 그녀의 **과거 자아**가 **미래 자아**를 주말 피정에 등록해 두었다는 것을 깨달을 때 **현재 자아**가 자주 놀란다고 농담했다. 그러니 그렇다. 우리는 종종 자기 자신의 시끄러운 경향을 극복하는 방법을 알아내기 위해 창의적으로 될 필요가 있다. 우리 자신의 더 작은 부분들은 우리 자신의 더 큰 부분들이 마음속으로 최선의 이익임을 안다.

·······

우리가 처음 사람들에게 그들이 아는 가장 깊은 침묵에 대해 묻기 시작했을 때, 우리는 고독한 경험에 대해 듣게 될 것이라고 생각했다. 가장 깊은 순간의 대부분이 사실상 공유된 순간일 것이라고 생각하지 않았다. 시간이 지남에 따라 우리도 가장 깊은 개인적 순간이 공유된 것이라는 점을 깨달았다. 마치 저스틴이 처음 신생아 쌍둥이를 그의 가슴에 맨살로 안았을 때처럼. 이 날것의, 친밀한 그리고 때때로 경탄을 불러일으키는 만남들은 앞으로 나올 내용을 위한 영감이 된다.

앞으로 나올 내용에서 우리는 집에서 자유 시간에, 삶에서 가족이나 친구와 함께 공유된 침묵을 찾는 것이 어떤 의미인지에 주목한다. 그럼으로써 어떻게 집단적 기반에서 청각적, 정보적, 내면적 소음의 다이얼을 돌려 낮출 수 있는지 계속 탐험해 나가려고 한다. 우리는 함께 조용해지기 위한 기반을 준비한다는 것이 어떤 의미인지에 대해 더 깊은 질문을 고려할 것이다. 여기에는 우리가 진실되고 진화하는 욕구를 존중하는 규범과 공유된 문화에 대해 어떻게 의식적인 결정을 내리는지도 포함된다. 우리는 삶과 집에 열광적인 침묵을 초대하는 공간을 구축하기 위한 일곱 가지 아이디어를 알아볼 것이다.

아이디어 22: 모두모두 조용해져라, 펌퍼니클!

로신 코벤 Rosin Coven 은 범주화에 저항하는 '무수히 조각난 umpteen-piece' 음악 공연단이다. 그럼에도 범주화를 해 달라는 압박을 받는다면 그들의 설립 최전선에 선 여성인 미드나잇 로즈 Midnight Rose 가 이렇게 설명할 것이다. "우리는 세계 최고의 이단 라운지 앙상블입니다." 장르 분류는 의문스럽지만, 그들의 음악가 정신은 그렇지 않다. 대부분의 단원들은 공식적으로 훈련받았고, 몇몇은 주요한 오케스트라에서 연주한 적이 있다. 그들은 첼로, 콘트라베이스, 트롬본, 바이올린, 아코디언, 트럼펫, 비브라폰, 드럼, 하프, 기타, 타악기, 성악 그리고 부엌이나 고물상에서 찾을 만한 잡동사니 몇몇을 포함해 이루 말할 수 없을 만큼 많은 수의 악기를 연주한다.

앙상블 단원 중 누구든 당신에게 말하겠지만, 한 번에 모든 재능을 보여 줄 수는 없다. 사실 공간을 공유하는 것이 성공의 전제 조건이다. 로즈가 당신에게 말한다. "그게 사실 앙상블이 좋은 소리를 내도록 해 주는 것의 엄청난 부분을 차지해요. 언제나 앞줄에, 가운데에 있어야 하는 사람이란 없어요."

함께 작곡하고 편곡한 25년 동안 코벤은 공유가 정도를 벗어나고, 소리 풍경이 너무 북적거리게 될 때를 의미하는 간단한 암호를 생각해 냈다. 그럴 때 누군가가 '펌퍼니클 pumpernickel!'이라고 외치는 것이다.

'펌퍼니클!'이라는 선언은 마치 낙하산 줄을 당기는 것과 같다. 로즈는 이렇게 설명한다. "그건 공간과 침묵을 만들기 위해 '우리에게 진짜 필요한 과정은 지금 당장 덜어 내는 과정'이라는 의미예요." 프랑스 작곡가 클로드 드뷔시Claude Debussy는 이렇게 말한 적이 있다. "음악은 음표들 사이의 침묵에 있다." 전설적인 밴드 팔러먼트Parliament의 베이시스트 붓시 콜린스Bootsy Collins는 이것과 같은 사이의 공간들이 "펑크가 존재하는 곳"이라고 했다. 두 가지 견해 모두 펌퍼니클 메커니즘의 근본적인 전제를 언급한다. 그것은 음악성을 잃었을 때 '브레이크를 걸자는' 요청이다. 그것은 과도한 소리를 깎아 낮추고 신경계를 진정시키고 인지를 날카롭게 하는 과정에 착수한다.

이것에 대해 얼마 동안 생각하고 난 뒤, 우리 두 사람은 이 책을 쓰는 목적이 전 세계에 '펌퍼니클!'이라고 외치는 것임을 깨닫게 됐다.

이것은 우리를 규범과 문화의 문제로 다시 데려간다. '펌퍼니클!'은 코벤만의 별난 문화를 반영하는 별난 용어다. 그들은 앞길에 끼어드는 장애물을 밝히려는 그들 사이의 공유된 필요를 다루기 위해 그 용어를 받아들였다.

이것은 우리를 관련된 질문으로 이끈다. 우리 삶의 오케스트라가 불협화음을 내고 너무 높은 볼륨을 낼 때 어떻게 '펌퍼니클!'을 외칠 수 있을까?

가족간에 '지금 너무 시끄러워'라고 말한다는 생각은 완전히 금기시된다. 그것은 귀중한 시간을 향한 열망이라기보다는 오히려 개인적인 공격으로 보일 것이다. 그 결과로 침묵에 대한 필요를 소통하는 것이 벅차게 느껴질 수 있다. 과도한 스크린 타임(텔레비전이나 휴대전화 같은 장치를 보는 시간.—옮긴이), 과잉 활동적인 일정표 또는 지나친 언어적 처리를 당겨 감을 방법은 없어 보인다. '펌퍼니클!'을 외칠 수용 가능한 방법은 없다.

하지만 여기가 바로 빨간띠 실험이 유용해지는 지점이다. 어쩌면 당신과 당신이 사랑하는 사람들끼리 자체적인 실험에 착수할 수도 있다. 어쩌면 당신은 통곡물로 만든 가장 어두운 색의 빵을 의미하는 독일어 이름 같은 자기만의 유치한 단어(펌퍼니클)를 생각해 낼 수도 있다. 당신이 무엇을 시도하든, 실험적인 마음가짐과 약간의 장난스러움은 공유된 침묵을 포함해 모든 가능성을 포용하도록 집단의 규범을 확장하는 데 유용할 수 있다.

아이디어 23: 안식일, 업무를 끄고 삶을 켜다

매릴린 폴Marilyn Paul은 20대와 30대를 보내는 내내 심신을 약화시키는 상태에 빠져 있었다. 언제나 '뒤쳐져' 있는 기분이 떠나지 않았다. 보통 사람들의 기준에서라면 그녀는 '앞서' 있었다. 그녀는 명망 있는 대학에서 석박사 학위를 받았고, 좋은 직업을 가지고 있었으며, 활기찬 사회적 삶을 즐겼다.

그러나 시간이 가면서 그녀는 너무나 피로해져서 침대 밖으로 나오기가 물리적으로 불가능해졌다. 결국 끊임없이 워커홀릭으로 일한 것의 대가로 면역 결핍 증후군 진단을 받았다. 진단을 받은 직후, 친구 한 명이 폴에게 하룻밤 시간을 내서 친구들 몇몇과 안식일 저녁에 함께하자고 부탁했다. 세속적인 유대인으로서 그녀는 그렇게 흥미가 생기지 않았다. 제안을 받아들이지 않고 몇 달 동안 미루었지만, 결국 그녀는 굴복하고 말았다. 그리고 그 저녁 식사에 참석하기로 한 결정이 그녀의 삶을 바꿔 놓았다.

그 이후로도 폴은 금요일 황혼부터 토요일 일몰까지 이어지는 유대인의 안식일을 관찰하는 실천을 매주 계속했다. 수십 년이 지난 지금, 그 실천은 그녀의 전체 삶에서 가장 주목할 만한 존재다. 안식일을 지킨다는 것은 '펌퍼니클!'을 매주 선언하는 것이다. 비록 빵 선택은 찰라 challah (전통적으로 유대인이 안식일에 먹는 빵.—옮긴이)지만.

그녀는 우리에게 이렇게 말한다. "소음 때문에 치르는 비용 중 하나는 당신이 삶에서 무엇이 중요한지 정말 모르게 된다는 겁니다." 그녀의 설명에 따르면 안식일은 사랑하는 사람들과 함께, 진정으로 중요한 것과 연결되고자 소음을 넘어서는 방식이다.

당신이 직접 경험으로 알지도 모르지만, 안식일은 **특정한** 것들에서는 조용하지만 다른 사람들에 대해서는 꽤 활기찰 수도 있다. 폴은 친구들과 가족에 둘러싸여 활기 넘치는 대화, 웃음 심지어 열기 띤 토론까지 하며 보내는 시간 속에서 자기 자신을 발견한다. 테이블에 함께 둘러앉아 손님들은 종종 노래를 부르거나 기도문 암송을 하거나 이야기를 나눈다.

안식일을 보내는 동안에는 삶의 일상적이고 세속적인 의무들에 대한 감각은 거의 없다. 폴과 그녀의 가족은 휴대전화와 컴퓨터, 텔레비전을 끈다. 일하지도 않고 직장 생활에 대해 논의하지도 않는다. "일에 대한 대화는 우리가 안식일에 생각하기를 원하지 않는 신경을 작동시켜요. 긴급함의 감각에 다시 불을 붙이는 거죠." 그녀는 우리에게 계속해서 말했다. "우리는 일이 계속 계속 제한 없이 이어진다는 걸 알아요…. 물론 세상사에 함께 어울려야 하지만 우리는 또한 **멈춰야** 하기도 합니다. 왜냐하면 멈추지 않는다면 앞으로 나아갈 수 **없기** 때문이죠."

진행이 잘되면 안식일은 힘의 장처럼 행동한다. 폴은 우리에게 말했다. "당신이 중요한 것과 다시 연결될 때, 그 바쁜 느낌 중 많은 부분이 점점 사그라들어요. 안식일 실천이 외부 감각에서 '조용'하지는 않을지라도 제게는 아주 큰 내부의 평정심과 기쁨을 만들어 주죠." 안식일이 너무나 반체제적이기 때문에 때로 사람들은 그 생각에 저항한다. 그들은 이렇게 말할지도 모른다. "나는 모든 일을 끝내려면 일주일에 6일이 아니라 8일이 필요하다고." 폴은 그들에게 좋은 휴식이 모든 것을 전체적인 시각으로 보게 하고, 기쁨을 증진시키고, 창조성을 깊게 한다고 상기시킨다. 항상 존재하는 할 일 목록을 줄이는 좋은 방법이기도 하다.

베스트셀러 작가인 그녀는 너무나 가치 있는 안식일에 관련된 두 번째 책《쉼과 나아감에 대하여(An Oasis in Time)》을 썼다.[1] 이 책은 관심 있는 모든 사람들이 유대인이든 비유대인이든, 규율을 잘 지키든 세속적이든 자신의 한 주에 약간의 안식일을 불러오도록 돕는다.

아이디어 24: 작은 목소리에 귀 기울이기

잭 테일러Zach Taylor는 여름을 위한 대대적인 계획이 있었다. 그의 아내 마라Mara는 학교에서 수업을 할 것이고, 그는 자신의 교사일을 마치고 돌아와 다섯 살짜리 큰딸과 6개월짜리 작은딸을 돌보며 집에 있을 계획이었다. 동시에 집 보수 프로젝트와 관련된 화려한 목록도 그의 담당이었다. 여름이 시작했을 때, 테일러는 축구를 하고 있었다. 그러다가 옆에서 태클을 당하는 바람에 발목이 골절됐다. 존 레논John Lennon의 노래 가사처럼 삶은 당신이 다른 계획을 세우느라 바쁠 때 일어난다. 테일러는 집을 보수하겠다는 모든 야망을 포기해야 했다. 그는 목발 신세에 갇혔다. 여름을 위해 할 수 있는 것이라고는 딸들과 바닥에 앉아서 노는 것뿐이었다.

어느 날, 그들은 다같이 블록을 늘어놓으며 즐거운 시간을 보내고 있었다. 배경에는 잔잔하게 음악이 틀어져 있었지만 그가 기억하기로 아주 조용했다. 그저 형형색색의 블록에만 주의를 집중한 채였다. 테일러는 그들이 얼마나 달콤한 순간을 보내고 있는지를 생각했는데, 그때 우연하게도 아버지과 딸 사이 관계의 중요성에 대해 노래한 존 메이어John Mayer의 〈딸Daughters〉이 스테레오에서 흘러나왔다. 다섯 살 난 큰딸이 말했다. "이 노래 정말 아름답다." 그들은 침묵 속에 앉아서 노래를 들었다. 그때 큰딸이 자연스럽게 외쳤다. "아빠, 아빠한테 세상의 모든 아름다움을 보여 주고 싶어! 일어나 봐." 그가 바닥에서 겨우 일어나자, 아이는 그를 마당으로 데리고 나가 식물의 나선형 모양과 개미가 지그재그로 걷는 방식, 소나무의 뾰족한 잎이 빛을 받아 어떻게 반짝이는지를 보여 줬다.

테일러는 말한다. "그것은 제게 흔적을 남긴 순간이었어요. 그리고 만약 제가 발목 골절을 겪지 않았다면 일어나지 않았을 일이죠. 만약 제가 집 보수 프로젝트로 바빴다면, 제가 그 순간에 있지 않았다면 일어나지 않았을 일입니다."

오늘날 테일러는 학교에 마음챙김을 소개하려고 노력하는 사회, 감정 교육 분야에서 인정받는 리더다. 그는 젊은 사람들이 어떻게 내면적 조용함과 깊은 참여 상태에 도달하는지를 연구하며, 이런 주의의 상태를 가능하게 하기 위해 올바른 조건들을 어떻게 가능하게 할지에 대해 학군과 학교 관리자에게 조언한다.

우리는 테일러에게 아이들과 함께 경험한 가장 깊은 침묵에 대해 물었다. 그는 어느 날 열다섯 명의 유치원생이 있는 한 교실을 방문했을 때의 광경을 우리에게 설명했다. "걸어 들어가면 각종 밝은 색깔이 보입니다. 그리고 시각적 광경에 어울리는 청각적 데시벨을 기대하죠. 하지만 이곳에는 조용함의 분위기가 있습니다." 아이들이 한쪽에서는 자연 풍경을 그리고 다른 쪽에서는 구슬로 숫자 세기 활동을 하고 또 다른 쪽에서는 입체 모형으로 놀이하는 등 교실 여러 군데를 돌아다니고 있었다. 교실 안에서는 어떤 설명이나 토론이 일어나고 있었으므로 100퍼센트 완벽하게 조용하지는 않았다. 하지만 이곳에는 이 내면적 조용함이 있었다.

테일러는 말했다. "제가 침묵과 마음챙김 관련해서 일할 때 가장 크게 깨달은 것이 있어요. 아이들은 뭔가 창조할 만한 것이 있을 때 가장 참여적입니다. 집중된 창조의 상태(평행 놀이에 딱 맞는 물질과 분위기, 용기를 가지고 있을 때)에서 오는 조용함은 경탄스럽습니다."

오늘날 테일러는 아이들을 너무 자극적인 오락, 즉 수많은 화면과 부가 서비스에서 발생하는 과잉 자극에 참여시키는 것의 위험에 대한 사회 전반적 인식이 자라나고 있다고 강조한다. 가장 깊은 참여는 마치 그가 목발을 짚고 있던 어느 여름날 일어났던 일처럼 그곳에 **존재**가 있을 때다. 또는 아름다운 그림을 그리거나 블록으로 성을 쌓는 현재 순간에의 몰입에도 있다.

학교에서 마음챙김 명상을 위한 움직임이 늘어나는 것은 긍정적인 발전이지만, 테일러는 그것이 아이들의 본성과 '함께' 가야 한다고 강조한다. 당신은 아이들에게 눈을 감고 가만히 앉아 있으라고 항상 부탁할 수 없다. 어떤 아이들은 가만히 있는 것 자체가 불가능하다. 어떤 아이들은 집에서 힘든 상황을 겪으며 얻은 트라우마 때문에 눈을 감고 있는 것이 안전하다고 느끼지 못한다. 그러니 그들이 이미 하고 있는 것, 즉 움직이고 끄적거리고 숨 쉬는 것에서 깨어 있음과 존재함을 구축해야 한다. 이것은 침묵을 위한 기본적 공감을 구축하는 것이다.

가정 생활에서의 침묵을 다루면서 테일러는 우리에게 '의도와 주의 intention and attention' 모두의 중요성에 대해 말했다. 만약 당신이 모든 기기의 전원을 끄고 조용한 청각적, 정보적 소리 풍경을 만든다면 그것도 한 방법이겠지만, 만약 당신이 '의도와 주의' 모두 하면서 모든 집안일과 멀티태스킹을 멈추고 아이들에게 약간의 집중된 주의를 줄 수 있다면 그것도 방법이다.

테일러는 자신이 매일 밤 저녁 식사 자리에서 어떤 기회를 포착하는지 설명했다. 식사를 하는 동안 그는 아이들에게 "우리가 무엇에 감사하지? 우리가 최근 내린 결정 중 좋은 결과로 이어진 게 무엇이었지? 우리가 최근 실패한 것은 무엇이지? 우리가 최근 다른 사람들에게 준 것은 무엇이지?" 같은 질문하기를 좋아한다. 이때 질문을 하고 나서 말하지 않는 것과 질문에 답하기까지 필요한 시간을 주는 것에서 오는 어색함을 이겨 내며 침묵을 허락해야 한다. "만약 질문이 주어진 후에 침묵이 있다면 보통은 이렇게 생각하게 됩니다. '오, 아이들이 이해하지 못했나 봐. 힌트를 줘야겠다.' 하지만 침묵이 있게 두어야만 해요."

테일러의 말에 의하면 그 공간에서 아이들은 '작은 목소리에 귀를 기울일' 수 있다. 그는 계속해서 말했다. "우리 중 가장 어린 사람에게 그 작은 목소리는 표면에 훨씬 더 많습니다. 아이들의 즉흥성은 정말로 직관과 연결돼 있어요. 당신이 침묵을 허락한다면, 그때 방 뒤쪽에 있던 조용한 아이나 식탁에 앉은 더 조용한 아이가 말할 공간을 찾을 수 있죠. 그리고 그럴 때 무언가 중요한 일이 일어난 것 같은 기분이 듭니다. 마치 방 안으로 들어올 필요가 있던 어떤 것, 떠오르기에 적절한 시간과 공간을 기다리고 있던 심원한 어떤 것이 전송된 것처럼요."

아이디어 25: 한 입 크기의 침묵 나누는 법

이제 중요하게 밝힐 내용이 있다. 지금까지 친구들이나 사랑하는 사람들과 공유된 침묵의 경험에 대해 감상적으로 웅변해 왔지만, 우리는 사실 이런 순간들을 가능하게 하는 것에 대해서는 그다지 품위 있지 않다. 당신이 불교 신자이거나 베네딕트 수도사가 아니라면, 아마도 완전한 침묵 속에서 사회적인 시간을 갖는 데 익숙지 않을 것이다. 그저 다른 사람과 함께 말 없이 걷거나 식사하는 아이디어를 제안하는 것 자체도 대체로 서툴고 어색하다.

공유된 침묵의 고통은 대체로 그것이 품은 즉흥성의 기능이다. 당신은 무언가 말을 부적절하게 만드는 심원한 일이 일어났기 때문에 함께 침묵한다. 놀랐거나 슬프거나 경탄한다. 당신은 언제든 그것을 계획할 수 없다.

그러나 우리의 경험에 기반해 친구들이나 사랑하는 사람들과 공유된 의미 있는 침묵의 공간을 구축하는 데 대해 제공할 수 있는 하나의 간단한 추천이 있다.

규모를 작게 보라. 사실 한 입 거리 정도면 충분하다.

저스틴과 아내 메러디가 집 근처 산에 하이킹을 갈 때, 일이나 세 아이를 돌보는 의무나 전자 기기의 방해에 주의를 돌리지 않고 진심으로 따라가는 것은 대체로 특별한 기회다. 그들은 많은 대화를 나누고, 이야기를 공유하고, 관점을 교환하고, 삶의 세부 내용을 해결한다. 하지만 가능할 때면 그들은 종종 편안한 바위에 앉아 함께 조용하기 위해 가장 높은 곳이나 경치가 가장 좋은 곳에서 시간을 보낸다. 그들은 새소리와 공기의 분위기 있는 일렁임에 귀를 기울인다. 그저 5분 정도일 수도 있다. 아니면 3분밖에 되지 않을 수도 있다. 하지만 그 짧은 시간이 그날의 하이킹에서 가장 중요한 순간이다.

고등학교에서 저스틴과 친구 롭Rob은 집 앞 입구에 드러누워 밤하늘을 보는 전통을 가지고 있었다. 그들은 지난주에 학교에서 있었던 일들에 대한 생각뿐만 아니라 각종 초현실적인 농담과 거짓말을 하곤 했다. 하지만 최소한 몇 분 동안은 그들이 그저 침묵하고 있을 것이라는 데 대한 이해가 있었다. 그것은 사실 이야기할 필요가 없을 만큼 공유된 규범이었다. 그것은 그들의 우정이 가장 꽃을 피운 공간이었다.

때때로 이렇게 대화 중의 짧은 침묵을 공유하는 실천은 집단적인 창의적 과정의 일부일 수 있다. 몇 년 전에 우리 둘이 이 책을 시작하기 위해 베이에어리어에서 만났을 때, 우리는 버클리 바로 동쪽의 유칼립투스로 둘러싸인 언덕과 협곡으로 짧은 여행을 떠났다. 우리는 계획하는 데 절반의 시간을 보냈고 나머지 절반은 조용히 있었다. 약 20분 동안의 말 없는 순간이었을 뿐이지만, 그 시간이 이 프로젝트에 대한 공유된 비전이 정말로 확고해지기 시작한 순간이었다.

말로 계획됐든 단순히 새로 태어났든, 다른 사람과의 짧은 침묵의 순간은 연결이나 공동의 노력에 깊이와 질감을 더할 수 있다. 이런 작은 공간들에서 침묵은 단순히 말 사이의 막간이 아니다. 균형이고 공생이다. 마치 은과 금처럼. 대화 내용과 어투가 침묵의 질에 영양분을 공급한다. 비슷하게, 침묵의 명료함이 주위 대화의 질을 향상시킬 수 있다. 침묵과 말 모두를 위해 공간을 보존하는 것은 공유된 조용함의 의도적 실천을 관리 가능하고 접근 가능한 것으로 만든다.

아이디어 26: 가장 시끄러운 곳에서 찾아온 평온

몇 년 전, 우리는 북부 캘리포니아를 지나 쭉 운전해 올라갔다. 우뚝 솟은 삼나무 숲속의 한 칸짜리 산장 밖에서 밥 제스 Bob Jesse 와 이야기를 나누기 위해서였다. 제스는 현대보다 대략 20~30년 앞선 시간대를 사는 유형의 사람이다. 공학 교육을 받은 제스는 실리콘밸리 개척자다. 수십 년 전에 오라클^{Oracle}에서 고위 중역으로서 소프트웨어 거대 기업을 설득해 〈포춘^{Fortune}〉 잡지 선정 500개 기업이 동성 파트너에게 혜택을 주도록 했다. 당시에는 거의 전례가 없던 일이었다. 1990년대 초, 그는 영적 수행 협회$^{Council\ on\ Spiritual\ Practices,\ CSP}$를 모았는데 이것의 임무는 '신성한 직접 경험을 더 많은 사람이 더 이용 가능하도록 만드는 것'이었다. 1990년대 후반에 CSP를 통해 챕터 6에서 논의된 것과 같은 신비주의적 경험을 연구한다는 생각을 가지고 존스홉킨스 대학교의 정신약리학자 롤런드 그리피스$^{Roland\ Griffiths}$에게 접근한 사람이 바로 제스였다.

제스는 또한 공유된 침묵에 대한 혁신적인 실험을 형성하고 개발하는 데에서도 중요한 역할을 수행했다. 베이에어리어에서 춤을 기반으로 한 교회를 만든 것이다.

"저는 다양한 이유들로 '설립자^{founder}'라는 단어를 그다지 좋아하지 않습니다. 이 단어는 너무 많은 진지함과 권위를 동반해요. 하지만 우리가 처음으로 이것을 화두로 꺼냈다고는 말할 수 있겠죠." 그 대화의 장은 1996년에 마련됐는데, 그때 샌프란시스코의 한 교회에서 제스와 교회 음악가 찰스 러스$^{Charles\ Rus}$가 밤새도록 이어지는 황홀경의 댄스 이벤트를 위해 그 교회의 성소, 도서관, 마당을 사용하도록 허락하는 데 동의했다. 다만 다음 날 그 장소를 원래대로 돌려놓는다는 전제하에 말이다. 제스와 러스는 열 명의 친구들을 더 모아 훗날 많은 댄스 행사로 발전한 모임의 첫 번째를 구상했다. 그들은 이 모임을 위해 다른 친구들을 더 초대했고, 공동체가 태어났다.

그 장소는 바뀌었고 공동체는 독립적인 교회로 조직됐지만 하지와 동지, 춘분과 추분 근처에 열리던 정기 모임은 꾸준히 유지됐다. 제스는 우리에게 말한다. "저희는 25년 동안 분기 행사를 빠뜨린 적이 없어요."

이 모임의 뿌리는 1980년대 영국에서 유래된 일렉트로닉 뮤직으로 거슬러 올라간다. 만약 당신이 언더그라운드에서 열리는 광란의 파티나 대규모 페스티벌에 가 본 적이 있다면, 분명 그들의 시그니처 음악 요소를 알아챘을 것이다. 예를 들면 수많은 스피커나 쿵쿵 울리는 비트 같은 것들 말이다. 그 장면은 시끄러운 것보다 더 시끄럽고, 이 교회의 행사들도 마찬가지다. 그러나 이 영적 공동체는 행사에서 발생하는 '소음'의 다른 유형을 줄이기 위해 그들이 취하는 예방책이라는 점에서 독특하다.

이 모임은 계속 진화하는 일련의 합의를 갈고닦으면서 20년 이상 지속됐다. 그 합의란 참가자들이 참석하기 위해서는 반드시 이에 '동의해야' 한다는 것이다. 이러한 지침은 다른 사람의 경험을 침해하지 않는 방식으로 '영성을 모든 형태에서 탐험하기 위한 안전한 환경'을 촉진한다.

예를 들어 공동체의 밤샘 행사에는 술이 없으며 만취와 관련된 소음 면에서 참신하게 '조용'하다. 술에 취하지 않으면 "동의가 중요하다. (…) 서로의 경계선을 존중하라' 같은 다른 합의가 강화된다. 화려하게 장식된 장소, 불빛 쇼, 설치 미술은 눈을 즐겁게 한다. 하지만 또 다른 합의는 유일하게 마음으로만 사진을 찍을 수 있다는 것이다.

교회의 간헐적인 수혜자로서 리는 이런 사려 깊게 준비된 합의들의 혜택을 직접적으로 받았다. 그녀는 그것들이 소음의 외부적 원천을 그리고 이와 함께 그녀 자신의 내부적 원천도 급격하게 감소시킨다는 사실을 발견했다. 요가 바지를 입을 수도, 호화로운 복장을 입을 수도, 다른 사람들과 함께 갈 수도, 혼자 도착할 수도 있었다.

가장 중요한 사실은 그녀의 경험이 '스캔들'에 지장받지 않는다는 것이다. 그녀는 이곳에 추파도, 희롱의 두려움도, 폭력의 위협이나 걱정도 없을 것이라고 믿는다. 과거에 그녀가 자유롭게 춤출 능력을 방해했던 모든 것들 말이다. 리는 그런 자유 속에서 흥청거린다. 사실 리는 대개 사라진다. 그녀는 매일의 걱정에 사로잡힌 자아를 초월하고, 가장 비범한 순간에 집단적 몰입의 상태에서 전체와 통합된다. 프랑스 사회학자 에밀 뒤르켐 Émile Durkheim 이 '집단적 감격 collective effervescence'이라고 부른 상태다. 이 경험은 집단의 좌우명에도 함축됐는데, 이것이 집단의 유일한 신조라고도 말할 수도 있다. "우리는 춤 속에서 하나가 된다."

이 흥청댐, 즉 주의 깊게 조직된 소리적 의식의 요점은 최대치의 내면적 침묵을 가능하게 하고자 하는 것이다.

공동체로 발전하기 전인 집단 형성 초기에 제스는 예상 밖의 근거에 기대를 걸었다. 바로 침묵의 종교인 퀘이커교 교리다. 그는 모임의 의사 결정이 공동이기를, 또 그 결정이 현명하고 지속적이기를 원했다. 제스는 또한 몇몇 개인적 패턴을 깨는 데 관심이 있었다. 그는 과거에 회의에서 제안을 하기 전에 그것을 몇몇 친구와 동료에게 미리 시험하곤 했다. 자신의 아이디어를 '시험 운전'으로 여기면서 말이다.

그때 그는 스스로 이렇게 생각했다. '나는 아마 회의에 오는 누구보다도 많이 이것을 해 봤을 거야. 나는 위험과 가능성을 깊이 검토했어. 그리고 내 일은 사람들을 납득시키는 거야.' 이제 그는 이렇게 농담한다. "정말 **극도로** 퀘이커교도스럽지 않은 일이죠! 협동적이지 않아요. 주제넘은 일이고요. 그리고 무엇보다, 만약 실용주의자라면 아마 더 좋은 해결책을 빼앗길지도 몰라요."

그래서 제스의 조언에 따라 이 초창기 모임은 퀘이커교에서 영감을 받은 몇몇 원칙들과 통합했다. 500명의 공동체가 된 오늘날에도 그들은 서로를 '친구들(퀘이커교 스타일)'로 언급한다. 그리고 차례로 돌아가며 아이디어와 걱정, 해결책을 표면화시키기 위해 말하고, 듣고, 침묵을 유지한다. 결정적으로 그들은 리펀코트가 '통합^{unity}'으로 설명한 것의 그들만의 버전을 추구한다.

"우리는 '적정한 공동체 화합$^{reasonable\ community\ concord}$'이라는 구절을 사용합니다." 제스는 설명한다. "'화합'은 '불화'의 반의어죠.

'공동체'는 '공동체 전체의'라는 뜻이고요…. 그리고 '적정한'이라는 말은 우리가 온전한 화합에 적정하게 가까이 왔는지 묻는다는 의미입니다. 이것은 필요한 경우 몇몇 반대 의견에 직면했을 때 결정을 내릴 수 있도록 합니다."

공동체에 어떤 제안이 제시되면 '친구들'은 의견을 낼 것이고, 제안은 수정될 것이며, 이러한 과정이 반복될 것이다. 작은 관리 그룹, 즉 협회가 적정한 공동체 화합을 이루었다고 결론 내리면 제안은 통과된다. 이 절차는 매우 시간이 오래 걸릴 수 있다(기민한 사업이라면 그 방식으로 운영하지 않을지도 모른다). 하지만 이것은 교회 공동체에 꽤 잘 기여한 것으로 보인다.

제스는 우리에게 말한다. "이제 와서 생각하니 소름이 돋네요…. 저는 이것을 대단히 즐기게 됐습니다. 어떤 결정이 이런 방식으로 내려지면, 제 환상적인 아이디어가 최선이 아니었다고 바로잡히는 일이 아주 잦습니다. 그리고 저는 이제 더 나은 아이디어가 등장했을 뿐 아니라 사람들이 느끼는 집단적 감격의 조용한 형태가 있다는 사실을 압니다. 진행이 잘 되면, 그것은 통합적이고 심원합니다."

아마도 퀘이커교에서 영감을 받은 운영 방식이 이 공동체의 전통을 유지하는 역할을 하는지도 모른다. 각 행사마다 설령 데시벨이 높다 해도 안식처가 되는 공간과 조용한 순간을 포함하는 것이 그것이다. 모든 행사에는 보통 침묵 속에서 방문하는 제단이 마련되어 있다. 대부분의 장소에는 평온한 치유 공간뿐 아니라 휴식과 조용한 대화를 위한 느긋한 '차분한 공간'이 최소 하나 이상 포함되어 있다.

그리고 자정이 가까워지면 모든 음악과 춤이 멈추고, 모든 이들이 공유된 침묵을 위해 지정된 단 한 곳의 장소로 모인다. 시작 의식이 끝나면 참가자들은 동이 틀 때까지 행사장 곳곳으로 흩어졌다가, 마무리 의식과 정리가 필요해지는 시점에서 이 행사는 막을 내린다. 마치 드뷔시가 음악이 음표 사이에 살아 있다고 말한 것처럼, 혹은 펑크의 근본적인 형태 없음에 대한 콜린스의 선불교적인 주장처럼, 이 활기 넘치면서도 의도적인 행사는 침묵에서 태어나고 침묵으로 돌아간다.

아이디어 27: 침묵 속으로 함께 걸어 들어가기

챕터 11에서 우리는 극히 일부 사람만 이해하는 순간들을 설명했다. 완전히 깊은 조용함의 공간에서 우리 자신을 발견하는 '알지 못함의 구름 속에 떠 있는' 경탄의 순간들 말이다.

이런 순간들은 대체로 계획되지 않지만, 우리가 이야기한 많은 사람은 이런 열광적인 단계들을 만나기 위한 **준비**의 중요성을 강조했다. 준비란 언제 침묵에 들어가야 할지에 대해 사전에 설정해 둔 지침과 한계를 지키는 것을 의미한다. 마치 헴튼이 할 일 목록을 열세 쪽으로 제한한 것이나 허시가 피로감이나 휴식이 필요하다는 신호를 느낀 것과 같다. 하지만 무엇보다 결정적으로, 이 준비는 '배를 준비하기' 위한 수행과 의식을 의미한다. 고대 인도 현자들이 암송, 식단 약속, 엄격한 윤리 규율을 통해 그랬던 것처럼 말이다.

'배를 준비할' 때 우리는 조음기처럼 변하기 위한 준비를 한다. 마음과 몸이 가장 미세한 진동을 인식할 수 있도록 만드는 것이다. 이전 챕터에서 강조했듯 이 준비를 개인적으로 할 수도 있다. 하지만 **준비**에 참여하고, 한번 준비가 되면 **동기화**의 한 유형에 참여하는 것이 종종 가장 강력하다. 즉, 함께하는 것이다.

거의 60년 동안 독일 태생의 하버드에서 교육받은 심리학자 랠프 메츠너 Ralph Metzner는 의식의 확장된 상태를 통해 여러 집단의 사람들을 분석하고, 조사하고, 인도하면서 세상을 여행했다. 2015년 인터뷰에서 메츠너는 '의식의 확장된 상태'라는 구절의 의미를 분명하게 설명했다. 그의 말은 이렇다. "당신의 의식은 당신이 매일 아침 일어날 때 확장됩니다." 그는 자기 자신의 아침 풍경을 묘사하며 더 자세히 말했다. "'오, 여기 내 방이네. 내 침대, 내 아내, 내 가족, 내 강아지, 내 직업.' 이것은 일련의 의식 확장입니다. 그리고 매일 밤 잠자리에 들 때 당신은 말하자면 다시 모여들죠." 그는 덧붙인다. "그래야 완벽하게 정상적입니다."

82세를 일기로 2019년 세상을 떠나기 전까지 메츠너는 확장하고 집중하는 의식 모두의 다양한 상태를 공부하고, 실천하고, 가르쳤다. 그러나 그의 가장 위대한 업적은 향정신적 심리 치료라고 부른 것에 있다. 그는 개인적, 집단적 그리고 행성적 변화를 위한 정신적-영적 맥락에서 정신 활성 물질을 사용했다.

메츠너는 이것을 책임감 있게 하기 위해서는 각 참가자가 '배를 준비하는' 데 달려 있다고 믿었다. 그들 각자의 개인적 배를 말이다. 그리고 더 크고 집단적인 배를 준비하는 것을 안내원으로서 자신의 역할로 봤다. 즉, 의식용 그릇 ceremonial container이다.

시작 전에 메츠너는 참가자들에게 약물 사용이 금지된 의료적, 심리적 문제가 있는지 검사를 받게 했다. 그러고는 각 지원자가 '영적 자서전'을 쓰도록 했는데, 종교적이고 영적인 배경과 엔테오겐에 관련된 과거의 경험을, 어떤 부정적 경험이라도 포함해 상세히 쓰는 것이었다. 어떤 사람의 경우는 집단 활동에 참여해도 된다고 허가해 주기 전에 몇 년 동안 일대일 작업을 거쳤다. 메츠너는 분명한 기대와 변수를 가지고 많은 '소음'을 제한했는데, 춤을 기반으로 한 교회에서 참가자들 사이에 공식화된 합의와 유사했다.

사람들은 몇 달, 심지어 몇 년을 등록했고 예정보다 빨리 유럽과 북아메리카에 걸쳐 약 100개 지점으로 확장됐다. 이곳에서 그는 향정신성 서클을 운영했다. 한번 모이면 열두 명에서 스무 명의 참가자들 그룹이 수도승 같은 행동과 타협하지 않는 비밀을 충실히 지키곤 했다.

이 집단은 놀랄 만큼 힘든 6일의 일정을 지켰다. 낮에는 교육을 위한 준비 연수와 명상과 운동을 했고, 밤에는 의례적인 예식을, 다음 날 아침에는 통합 세션을 가졌다.

메츠너는 일기 쓰기, 그림 그리기, 땅에서의 시간 같은 개인적 사색 활동을 통해 사람들이 자기만의 '배'를 준비하도록 도왔다. 참가자들은 그날의 주제에 집중된 크고 작은 집단 보고서 제출을 거쳐 자신들의 작품을 공유했고 생각을 종합했다. 그들은 생활상life phase, 카를 융Carl G. Jung의 이론에 기초한 원형 개념, 가족성 발현 같은 심리학적 골조를 살펴보기도 했다. 낮에 다룬 주제들은 저녁 예식에서 엔테오겐, 음악, 메츠너의 언어적 안내라는 추가 단계와 함께 다시 의논됐다.

그의 학생들은 메츠너가 정말 말이 많은 사람이었다고 했다. 그는 교수이자 강사이며 말하는 사람이었다. 그는 살아생전 20권 이상의 책을 썼다. 특히 한 주의 초반에는 그와 집단이 함께 만든 의식의 장 속에서 편안히 휴식하기 전에 말로 전하는 가르침에 깊게 의존했다.

그래도 모든 것의 요점은 열광적인 침묵으로 **함께** 들어갈 준비를 하는 것이었다. 즉흥적으로 일어나는 그런 경험들에 의지할 수는 없다. 당신은 노력을 해야 한다.

메츠너의 준비는 예식의 물리적 공간으로 확장됐다. 그의 오랜 학생들 중 하나인 칼라 데촌Carla Detchon이 말한 대로였다. "선생님은 **정말로** 까-다-로-웠어요." 매일 밤 예식을 위해 공간을 마련할 때마다 그는 '정확히 그대로의' 물건들을 필요로 했다. 데촌은 우리에게 말했다. "선생님은 그릇의 그 에너지적 정렬을 깊

CHAPTER 13. 조용한 일상 보내기

이 신경 쓰셨어요. 그리고 그것이 선생님께서 제단을 준비하시는 방식에서 드러났죠. 우리가 모일 때 그 원 모양을 완벽히 만들어야 하는 방식에서 드러났고요." 그는 개선점을 이야기할 때 대부분 매우 명확하게 "아니야"라고 말하곤 했다. 데촌은 장난스럽게 따라했다. "아니야, 제단에 덮인 천이 완전히 일자가 아니고 매끈하지도 않잖아. 아니야, 나는 저 가지와 꽃이 저기 있는 게 싫어. 아니야, 너는 발끝이 제단을 향해서는 안 돼."

메츠너가 까다로웠던 데는 이유가 있었다. 데촌이 말했듯 "선생님께서는 모든 것이 정렬됐을 때 에너지가 더 잘 흐를 수 있다는 사실을 알고 계셨어요. 그리고 선생님과 그룹이 완전히 준비되고, 정렬되고, 몰입 상태에 있을 때, 그 결과로 나온 작업이 절대적으로 초월적이었죠."

"선생님께서는 음악에 대해 아름다운 감각을 가지고 계셨어요." 데촌은 우리에게 말했다. 메츠너는 특히 **동조 현상**entrainment을 촉진하는 박자를 좋아했는데, 이것은 그의 표현에 의하면 "모든 리듬이 서로 조화를 이루게 됐을 때"다. 이 '동조 현상'이라는 용어는 물리학에서 '상호작용하는 두 개의 진동 구조가 같은 주기를 취하게 되는 과정'을 의미한다. 그리고 충분한 준비와 함께 **동기화** 상태에 들어가는 사람들 사이에서 일어날 수 있는 일을 비유적으로 의미한다.

〈엔테오겐: 내면의 신성 깨우기 Entheogen: Awakening the Divine Within〉이라는 영화에서 메츠너는 드럼 비트, 노래, 춤을 통해 그룹에서 어떻게 동조 현상이 일어나는지를 설명한다.[2] 이것은 합창단이 작업하는 방식이기도 하다. 메츠너가 말하길, 요점은 정확히 같은 음표를 노래하는 것이 아니다. "그들은 화음을 내고 그럼으로써 서로와 공명합니다." 그는 이 고대의 기술을 그의 엔테오겐 서클에 가져오기를 좋아했다. "그들은 어쩌면 다른 생각을 하고 마음에 각자 다른 그림을 가지고 있을지도 모릅니다. 하지만 그룹이 동조 현상의 집단적 상태에 들어갈 때, 그곳에는 엄청난 하나됨과 유대감의 감정이 있습니다."

이 동시성 synchronicity은 리가 밤샘 댄스파티에서 느낀 '우리는 춤 안에서 하나가 된다'는 감정이다. 또한 저스틴이 신생아 쌍둥이와 처음으로 살을 맞대고 그의 가슴 위에서 함께 쉬면서 그의 심장박동이 쌍둥이와 연결됨을 느꼈을 때 경험한 것이다.

우리가 강조한 몇몇 다른 사건에서도 마찬가지지만, 여기서 목적은 청각적 조용함이 아니다. 몇 시간 동안 메츠너는 정성 어린 기도를 올리고, 시각화를 안내하고, 그의 조상이 살던 조국으로부터 내려온 고대 북유럽 신화 이야기들을 들려 줬다. 고대 북유럽 신화 속에서 인간의 운명을 창조하고 결정하는 세 여신들에 대한 이야기나 잘려 나간 지혜의 머리 미미르 Mimir에 대한 이야기 같은 것 말이다. 철저한 준비, 음악과 신화적 이야기의 사용을 통해 메츠너는 그룹이 내면적 소음을 넘어 동기화로, 동조 현상으로, 결국 자기초월의 경험으로 나아가도록 안내한다. **함께**.

아이디어 28: 의도한 침묵이 주는 유대감

돈 세인트 존Don St. John은 이렇게 말했다. "존재는 당신의 모든 에너지와 주의를 원하는 대로 쓸 수 있게 되는 것이며 그것은 걱정이나 방해, 불안, 만성적 긴장으로 인해 접근 불가능한 상태가 아닙니다." 그는 자라면서 이러한 의식 상태를 실제로 이룰 수 있다고 생각한 적이 없었다. "그 체벌이 언제부터 시작됐는지조차 기억이 안 납니다." 그는 분노와 원망이 가득했던 어머니에게 받았던 폭력을 회상하며 말했다. "만약 제가 주먹을 막으려 시도했다면, 어머니는 훨씬 더 크게 화를 내고, 더 크게 소리를 지르며 공격을 멈추지 않았어요. 그녀는 몇 번이라도 확실히 때렸다는 확신이 들 때까지 멈추지 않았죠."

이제 70대의 심리 치료사가 된 존은 어린 시절 트라우마를 극복하기 위해 수십 년에 걸친 여정을 했다. 우리와 이야기를 나눴을 때, 그는 어린 시절의 침묵이 종종 '시끄러운 침묵'이었다고 지적했다. 대화를 차단하는 벼락 같은 분노나 자신의 말이 들리지 않는 듯한 기분에서 오는 아픔, 방치된 상태라는 통증이 포함되기도 했다. 존은 아이를 향한 사랑이 많은 가정은 대체로 시끄럽다고 말한다. 당신은 거기서 웃음과 대화를 들을 수 있다. 따뜻함과 다른 사람의 존재와 아이 자신의 확실한 소속감으로 채워져 있다.

그러나 침묵(공유된 침묵)은 그에게 그런 어린 시절의 상처를 치유하는 결정적인 길이었다. 특히 그것은 가장 풍요로운 치유를 가능하게 한 삶의 동반자와 함께하는 애정 어린 침묵의 공간이었다.

'침묵'이라는 단어는 연인과의 관계에서 복잡한 감정을 촉발한다. 어린 시절의 침묵에서처럼 우리는 종종 동반자 관계에서의 침묵을 주의를 기울이지 않거나 거절하는 신호로 생각하곤 한다. 아무도 '묵살'을 받고 싶어하지 않는다. 차단은 감정적 압도를 나타내는 오래된 표현으로 뒤로 물러나기 위해 보이지 않는 벽을 짓는 것을 묘사한다. 우리는 입을 다물거나, 바삐 움직이거나, 반응하기를 딱 잘라 거절할 수도 있다. 관계 전문가 존 고트먼John Gottman과 줄리 고트먼Julie Gottman은 그것을 관계에서 흔히 볼 수 있는 네 가지 유해한 행동 중 하나로 설명한다.³ 나머지 세 가지인 비난, 방어적 태도, 경멸도 똑같이 친숙하다. 표면상으로는 조용하지만, 차단은 소음의 세상에 기인한다.

하지만 의도적인 침묵은 동반자 관계에서 깊은 유대감을 위한 도구가 될 수 있다. 존은 상담가인 아내 다이앤Diane이 구축한 독특한 실천에 대해 이야기했다. 우리가 이전에 과도한 야망이 넘치지 않기 위해서는 계획된 침묵을 '한 입 거리' 크기로 유지하는 것이 최선이라고 말했지만, 세인트 존 부부는 공유된 '말 없는 수요일' 같은 가능성을 제안한다.

"우리가 지난 10년 넘게 해 온 것들 중 하나는 주말을 그저 조용히 보내기로 정해 놓은 것입니다." 존은 말한다. 그들은 식사를 미리 준비하고, 휴대전화를 사용하거나 이메일을 보내거나 또는 순수한 존재 속에서 휴식하는 것으로부터 방해할 만한 다른 일을 하는 것을 피한다. 그들은 사색하고, 운동하고, 책을 읽고, 솔트레이크시티 Salt Lake City에 있는 집 근처 산에서 산책을 하면서 시간을 보낸다.

이 실천을 시작하고 나서 얼마 지나지 않아 그들은 때때로 이루어지는 다른 사람들과의 만남을 위해 작은 팻말을 들고 다니는 것이 도움이 되겠다는 사실을 깨달았다. 그들은 "저희는 침묵 중입니다. 저희에게 무언가 이야기하실 것이 있다면, 여기에 써 주세요"라고 쓰인 노트를 가지고 다닌다. 하지만 아주 가끔 누군가는 노트에 쓰기를 귀찮아한다. 소통을 제한해 달라고 요청하면 사실 중요한 것은 거의 없다는 사실이 밝혀졌다. 그것은 리가 탯센샤이니에서 '말 없는 수요일'에 알게 된 것이기도 하다.

열광적인 침묵에 관한 챕터에서 우리는 개인적 피정의 필수 요소를 알아봤다. 핀이 설명했듯, 집에서 가구를 재배치하는 것처럼 단순한 실천도 신성함을 위한 그릇을 만들 수 있다. 당신이 '사원'을 지을 수 있는 많은 방법들 중 하나다. 배우자나 친구와의 공유된 피정에서 침묵 자체는 사원의 기둥이 될 수 있다. 두 사람이 함께 침묵을 지키기로 약속할 때, 그들 사이에는 희귀한 분위기가 생긴다. 이것은 우리가 세포 단위에서 느낄 수 있는 오래된 기준이다. 핀은 말했다. "침묵은 두 사람 사이에 공간의 느낌을 바꿉니다. 그것은 장력을 만들어 내요."

존에게 빗발치는 일상의 자극을 차단하는 것은 감정적 휴식을 가능하게 한다. 이는 그가 평생 지속한 트라우마를 소화하는 작업을 돕는 도구다. 그가 개인적으로 겪은 트라우마뿐만 아니라, 내담자들이 극복하도록 돕는 트라우마 모두에 대해서 말이다. 그러나 아내와의 공유된 침묵은 그것을 훨씬 넘어선다. 그것은 가정에서의 안식과 결혼의 결합을 더 깊게 한다. 그들은 '운영 합의'를 미리 설정했기 때문에 모든 에너지와 주의가 존재하는 곳으로 가는 문턱을 넘을 수 있다.

함께하는 침묵이 더 깊은 연결을 만든다

공유된 침묵의 형태 중에는 우리가 말로 설명할 수 없는 것들이 있다. 예를 들어 우리는 모든 것 중 가장 깊은 친밀성에서 공유된 침묵에 대해 말할 수 없다. 상상도 할 수 없는 슬픔의 순간에서 두 사람이 맞닥뜨리는 침묵에 대해 말할 수 없다. 이러한 경험은 본질적으로 지극히 개인적이다. 이런 순간을 맞이하는 방법에 대해 우리가 감히 권할 수 있는 것은 단 두 단어뿐이다. '주의를 기울이라.' 이 단어에서만큼 침묵 속에서 어떻게 많은 의미가 발생하는지 주목하자.

우리는 사랑하는 사람들과 공유하는 침묵에 대한 노력에서는 겨우 초보자에 불과하다. 그것은 일생에 걸친 부단한 개선의 과정이다. 우리에게 그것은 대부분 우파야의 작업에 대한 것이다. 즉,

마스터스가 행동 교정 센터에서 그의 교도소 동료들과 달을 응시하던 상상할 수 없는 순간을 공유한 것처럼 함께 침묵함의 작은 경험을 쌓는 '편리한 수단'을 찾아가면서.

이번 장에서 '함께 조용하기'를 소개하면서 우리는 하나의 사실을 알았다. **침묵의 힘은 그것이 공유됐을 때 확대된다.**

우리는 또한 필연적인 귀결을 탐험했다. **침묵은 사람 간 연결의 힘을 증폭시킨다.** 침묵은 우리가 함께 나누는 인식을 확장시키고, 더 깊이 공감할 수 있도록 한다. 궁극적으로 우리 관계를 더욱 많은 온화함과 배려로 채운다.

공유된 침묵은 직관에 반하는 개념일 수도 있다. 우리 문화에서는 침묵을 고독과 연결 짓고, 인간관계를 대화의 내용과 동일시하기 때문이다. 하지만 우리는 다른 사람과 진정으로 함께 있기 위해서는, 진정한 **신뢰**를 형성하기 위해서는, 끊임없는 수다를 멈추고 소음 너머로 나아가야 한다는 것을 안다.

고립이 증가하고 사회적 신뢰가 무너지는 시대에 진정한 침묵을 되찾는 것은 우선순위가 돼야만 한다. 개인이나 가족, 직장, 친구 집단을 위해서뿐만 아니라 사회 전체를 위해서도 마찬가지다. 우리는 인류적 문제들이 혼자 방에 조용히 앉아 있을 능력이 없음'에서 비롯한다는 파스칼의 기본 전제에 동의한다. 하지만 우리는 **다른 사람과 함께** 방에 조용히 앉아 있을 능력이 없을 때, 그 문제는 더 악화된다는 말을 덧붙이고 싶다.

다음으로 우리는 인간의 더 큰 그룹들로 시각을 확대해 정치,

정책, 문화, 세계 사회에서 침묵의 힘이 어떻게 원대한 변화를 위한 힘이 될 수 있는지 살펴볼 것이다.

PART VI

침묵의 사회

CHAPTER 14

정보 과잉 시대의 소음 관리

리처드 닉슨Richard Nixon은 형편없는 퀘이커교도였다. 백악관에서 유출된 수많은 녹음 테이프에 따르면, 그는 뱃사람처럼 욕설을 퍼붓듯 거친 말을 사용했다. 그의 퀘이커 신앙은 평화주의를 요구했기 때문에, 그는 제2차 세계대전 당시 전투를 피할 수 있었다. 하지만 훗날 미국의 제37대 대통령이 된 그는 베트남 전쟁을 악화시키고, 캄보디아를 불법적으로 폭격하는 끔찍한 결정을 내렸다.

워터게이트 사건 수사를 통해 밝혀진 바에 따르면, 닉슨은 정적들의 정보를 철저히 기록하고, 그들에게 불리하게 쓰일 만한 치부를 치밀하게 추적했다. 그의 성장 배경이 퀘이커교였음에도, 그는 이 종교의 핵심 윤리 중 하나인 '적을 사랑하라'는 가르침에는 전혀 관심이 없어 보였다. 하지만 미국 역사상 두 명의 퀘이커교도 대통령 중 한 명으로(나머지 한 명은 허버트 후버Herbert Hoover

다) 닉슨은 침묵을 숭배하는 종교의 지지자에 어울리는 일을 딱 하나 했다.

그는 소음을 관리하는 것을 목적으로 한 국가의 첫 정책 제도를 추진했다. 1972년 소음 통제법 The Noise Control Act은 미국인들에게 조용한 환경에 대한 권리를 주려 했다.[1]

이 법률은 연방 소음 경감 및 통제청 Office of Noise Abatement and Control, ONAC을 새롭게 만들었는데,[2] 이곳에는 소음 규제에 대한 조사를 편성하고, 생산품의 청각적 배출에 대한 연방 기준을 발표하며, 소음 공해를 줄이기 위해 주정부와 지방정부에(특히 거점 도시에) 보조금과 기술 지원을 제공할 권한이 있었다. ONAC가 항공기나 철도에서 나오는 소음을 규제할 권한은 가지고 있지 않았지만, 그것은 실제로 이러한 도전들에 대한 인지를 구축한 공공 교육 캠페인을 이끌었다. 결국 이것이 공항, 항공사 그리고 화물 회사가 소음을 더 심각하게 받아들이도록 유도했다.

1970년대에도 소음이 건강에 끼치는 영향에 대한 논란이 종종 있었다. 제조업과 대중교통 당국을 포함한 이익 집단들이 구속력 있는 소음 규제에 반대했지만, 정부는 규제를 밀고 나갔다. 1968년 소음 경감을 위한 운동을 옹호하며, 공중위생국장 윌리엄 H. 스튜어트 William H. Stewart는 이렇게 물었다. "인과관계상의 모든 연결 고리를 증명할 때까지 기다려야 합니까?" 그는 이어갔다. "건강을 보호하는 데 있어 절대적인 증거는 늦게 나타납니다. 이것을 기다리는 것은 재앙을 불러오거나 불필요하게 고통을 연장

합니다."

로널드 레이건Ronald Reagan 행정부는 1982년 반규제 안건의 일환으로 연방 소음 통제 프로그램의 재정 지원을 철회했고 해체했다.[3] 그럼에도 ONAC는 진정한 인간 복지를 우선시하는 예방적 공공 정책의 훌륭한 사례로 남는다.

닉슨 시대의 소음 관리 제도는 아직도 대체로 미국 정부에서, 아니면 그 점에 대해서는 대부분의 정부에서 전례가 없는 개념에 입각했다. **인간의 순수한 주의에는 내재하는 가치가 있고, 사회는 이 가치를 유지하고 보호하는 데 강렬한 관심이 있다.**

닉슨의 소음 개혁 이야기는 지금 현재와 깊게 연관돼 있다. 온라인 플랫폼과 그 속의 알고리즘이 경제와 공개 담론에서 어느 때보다 큰 역할을 맡으면서, 인간 주의의 정치학을 두고 토론이 맹렬히 이어지고 있다. 특히 정책 입안자들은 어떻게 사생활을 보호하고, 자유 발언을 보장하고, 허위 정보와 싸우고, 성장하는 빅테크 독점력을 다룰지 결정하기 위해 고군분투하고 있다.

이것들은 아주 중요한 질문이다. 하지만 우리는 함께 다루어야 할 더 크고 중요한 질문이 있다고 믿는다. **우리가 어떻게 순수한 휴머니즘을 보존하도록 사회를 구조화할 수 있을까?**

닉슨의 소음 개혁과 비슷한 시기에 노벨상 수상자 사이먼은 우리가 이 책의 첫머리에 인용한 문구를 썼다. "정보의 부가 주의의 가난을 창조한다." 앞으로 나올 내용에서 우리는 법, 규제, 공공 투자, 경영 투명성, 사회 운동 동원을 통해 현대 세상의 청각적,

정보적, 내면적 소음을 최소화하는 또는 최소한 관리하는 목표를 둘러싼 우리의 경제적, 정치적 구조물을 짓는 것이 어떤 의미인지 살펴볼 것이다. 우리는 어떻게 전체 사회가 공공선의 핵심 요소로서 집중된 주의의 구축을 우선순위에 놓을 수 있는지 검토할 것이다.

물론 소음 문제 전체를 규제하거나 입법화하기란 불가능하다. 그러니 이번 챕터에서 우리는 더 넓고 깊은 무언가를 상상해 볼 것이다. 바로 **침묵을 중시하는 사회**다.

우리는 예를 들어 퀘이커교도 형제 집회의 논리를 따르는 공개 담론을 가지면 어떨지 상상해 볼 것이다. 말이 침묵을 개선한다고 여겨진다면 입을 여는 것에 신중해지는 곳 말이다.

우리는 다양한 가능성을 탐험할 것이다. 만약 입법부와 이사회에서 순수한 주의를 보존하는 것의 중요성을 인정한다면 어떨까? 만약 우리 사회가 복잡하고 벅찬 문제들(예를 들면 기후 변화나 불평등 같은)을 해결하는 일이 계획과 분석, 토론뿐만 아니라 우리가 진정으로 원하는 미래에 대한 명상적 시각화를 위한 공간도 필요로 한다고 인정한다면 어떨까?

만약 마('사이의' 조용한 공간들의 힘을 나타내는 일본어 단어)의 원칙이 공개 담론에 자리를 잡는다면 어떨까?

이 모든 것이 허황되게 들릴지 모르겠지만, 이런 종류의 변화를 일깨우도록 도움을 줄 수 있는 우리의 현재 구조에는 몇몇 이치에 맞는 듯한 변화가 있다. 여기에는 우리가 경제적 '외부 효과'

를 어떻게 계산하는지, 새로운 규제의 비용과 편익을 어떻게 가늠하는지, 신중한 공공 투자를 어떻게 확인하는지 그리고 어려운 공동 도전에 대해 어떻게 숙고할지가 포함된다.

아래에 제시된 다섯 가지 아이디어는 미국 공공 정책 조건에 기반해 있다. 하지만 이 원칙들은 매우 다양한 나라와 정치적 현실에 연관돼 있다(그리고 이들에 맞게 조정될 수 있다). 청각적, 정보적, 내면적 소음은 전 세계적인 문제다. 모든 국가는 소음을 다룰 각자의 수단을 가지고 상상하고 실험해야 한다.

아이디어 29: 공공 피난처에 투자하라

수년 전에 뉴욕에 기반을 둔 작가 조지 프로크닉 George Prochnik 은 침묵 명상 피정 중이었다. 그는 앉아서 쉬는 새들처럼 풀로 덮인 언덕 비탈에 흩어진 사람들을 응시하고 있었다. 그들 모두 가만히 자연 세계에 귀를 기울이는 것에만 집중했다. 2010년 책《침묵의 추구(In Pursuit of Silence)》에서 그는 그가 얼마나 이 순간을 소중히 여기는지에 대해 썼다.[4]

하지만 그날 조용한 명상가들을 계속 내다보면서 프로크닉은 불편한 생각이 들었다. 그는 이렇게 회상했다. "저처럼 그들도 돈이나 시간, 혹은 단순히 사회적 여건이 있었기에 어느 날 아침 눈을 뜨고 '그래, 나 침묵 수행을 떠나야겠어'라고 말할 수 있었겠지요." 그는 계속해서 말했다. "저는 어떤 이유로든 침묵이 가져다줄 수 있는 것을 발견할 기회를 가질 자원이 없는 모든 사람들이 걱정됩니다."

프로크닉이 걱정할 만하다. 오늘날 많은 인류에게 침묵을 추구할 기회가(또는 그가 '사회적 맥락'이라고 부른 것이) 부족해 보인다. 밀집된 도시 지역에서 또는 먹고살기 위해 여러 가지 일을 해야 하는 사람들 사이에서 침묵은 얻을 수 없는 것으로 느껴질 수 있다. 야생 지역이 점점 희소해지고 인터넷과 스마트폰 연결이 거의 어디에서나 가능한 세상에서 가장 열광적인 침묵은 대부분의 사람들에게 닿을 수 없는 것이다.

그러면 우리가 어떻게 침묵으로의 접근을 확장하고 민주화할 수 있을까?

이 책 전반에 걸쳐 우리는 침묵을 향한 우리의 개인적 공감을 구축하고 그것을 찾기 위해 우리 자신의 **통제 권역**과 **영향 권역** 안에서 선택하는 것의 중요성을 강조했다. 그러나 공공 부문을 포함한 더 넓은 사회는 해야 할 역할이 있다. 우리가 사회로서 할 수 있는 가장 중요한 것들 중 하나는 조용한 피난처의 공적인 공간에 투자하는 것이다. 즉, 우리를 침묵으로 초대하는 장소들이다.

프로크닉이 썼듯 "우리는 침묵에 대한 공감을 육성하는 도시 디자인 프로젝트를 장려해야만 한다. 우리에게는 미니 공원이 더 필요하다. 그리고 재정을 마련할 수 있다면 더 큰 공원도 필요하다." 미니 공원은 빽빽한 대도시에 고층 빌딩들 사이에 종종 있는 작은 녹지 공간이다.

몇몇 사회는 실제로 이런 공간에 투자할 재정과 자원을 마련한다. 2018년에 인구 밀도가 매우 높은 도시국가 싱가포르는 가구의 80퍼센트가 공원으로부터 400미터 안에 있도록 보장하겠다는 목표를 달성했다.[5] 싱가포르는 1960년대 후반에 먼저 '가든 시티' 전망으로 목표를 정했다.[6] 1980년대까지 그 도시국가의 녹지율은 36퍼센트로 추정됐는데, 오늘날은 47퍼센트이며 점점 늘어나고 있다. 이와 비교해 리우데자네이루의 녹지율은 29퍼센트이며, 뉴욕은 14퍼센트다.[7] 현재 싱가포르는 이 미션(수직의 살아 있는 벽과 숲으로 뒤덮인 지붕, 나무가 빽빽이 들어선 대로와 산책로뿐만 아니라 더 많은 전통 공원과 자연 보호 구역에 투자하는 것)을 이어 나가는 데 창의성을 점점 더 발휘하고 있다.

싱가포르에서의 여행 동안 저널리스트 플로렌스 윌리엄스Florence Williams는 나이팅게일이 감탄했을 지역 병원을 돌아보기로 했다.[8] 그곳에서 윌리엄스는 이렇게 썼다. "많은 방이 내부의 풍성한 정원 마당을 마주본다. 그곳은 새와 나비를 끌어들이도록 선정된 나무와 관목으로 울창하다." 윌리엄스는 중환자실을 지나갔는데, 그곳의 모든 환자들은 180센티미터 창문 밖으로 나무를 볼 수 있었다.

윌리엄스가 발견한 것은 많은 지점에서 복도와 층계참이 야외로뿐만 아니라 옥상의 유기농 채소 텃밭으로 열려 있었다는 점이었다. 윌리엄스는 도시 녹지 공간이 어떤 식으로든 자연 야생의 대용물이라고 이야기하지 않는다. 하지만 도시의 밀집도가 증가하는 상태에서 이러한 녹지 공간 해결책은 실제로 조용함의 감각적 경험을 촉진시킬 뿐 아니라 수면의 질을 높이고 불안과 우울을 낮추며 더 친사회적인 행동을 하게 한다.

프로크닉은 이렇게 썼다. "우리가 만드는 조용한 공간은 야외에만 제한되지 않아야 한다." 그는 또한 질문을 던졌다. "만약 밀매상, 총기 밀매업자, 금융 사기꾼에게서 압수된 돈을 약간 가져와 그 자금으로 수십 곳의 패스트푸드 프랜차이즈(건물들)를 사들여서 현대적 조용한 집으로 바꾸면 어떨까?" 그의 질문은 우리를 생각하게 한다. 모든 버려진 쇼핑몰과 스트립몰(주로 번화가에 상점이나 식당이 일렬로 늘어선 곳. — 옮긴이)은 어떨까? 그 건물이 조용한 공유지로 탈바꿈할 수 있지 않을까? 더 많은 공지空地들이 이웃이나 학교 정원으로 바뀔 수 있지 않을까? 지역 문화회관이나 노인 복지관, 예배당은 어떤가? 그 건물들도 필요한 사람들을 위해 주별로 일정이 잡힌 조용한 시간을 제공하도록 장려될 수 있지 않을까?

프로크닉은 몇몇 공공 공간을 편안한 의자와 무료 제공 노트와 펜으로 채우고 사람들이 그저 쉬고, 일기 쓰고, 독서하고, 공상하고, 반추하도록 제안한다. 우리가 상세히 탐구했듯 조용함은 항상 청각적일 필요가 없다. 사람들이 보드게임을 하거나 만들기를 하기 위해 함께 올지도 모른다. 중요한 요소는 스마트폰과 컴퓨터(정보적 소음)로부터 잠시라도 벗어날 수 있게 되는 것이다.

당신이 이전에 만났던 낮잠 부서의 낮잠 주교 허시는 휴식을 장려하기 위해 50개 이상의 팝업 '공개 낮잠 이벤트'라는 획기적인 기획을 주관했다. 그렇다. 그녀는 사람들을 '갈아 넣기'로부터 탈출하도록 설득하기 위해 편안한 베개로 채운 유혹적인 공간을 만들었다. 이것이 사람들에게 필요한 휴식을 제공하는 데 가치가 있었던 반면, 또한 침묵 속에서 그저 휴식하는 활동을 정상화하는 데도 도움을 줬다.

우리는 지방정부와 지역 사회 조직이 사람들을 공유된 침묵으로 불러 모으기 위해 이런 창의적인 방식을 지원하는 모습을 상상한다. 아름답고 예술로 채워진 팝업 공간을 준비함으로써, 지역 공동체는 시민들이 휴식하고 아무것도 안 하도록 초대할 수 있다. 어쩌면 낮잠을 자도록 할 수도 있다. 계획되지 않은 공간에 삶의 다른 경로에서 온 사람들과 함께 있어 보자. 침묵의 새로움을 즐겨 보자.

아이디어 30: '좋아요'보다 중요한 가치

2010년에 출간한 책 《기술의 충격(What Technology Wants)》에서 저자 케빈 켈리 Kevin Kelly는 젊은 시절의 개인적 여정을 묘사했다.[9] 그는 대학을 중퇴하고, 아시아 곳곳을 떠돌고, 그러다 미국으로 돌아와 8,000킬로미터에 걸친 대륙 횡단 자전거 여행을 했다. 이 여러 해 동안 여러 대륙에 걸친 여행에서 마주친 모든 놀라움 중에서도, 켈리는 펜실베이니아 동부의 농경 지역에서 발견한 것에서 가장 큰 감명을 받았다.

그가 아미시Amish(현대 문명과 과학 기술을 거부하고 농경 생활을 하는 종교 집단. — 옮긴이)에 대해 안다고 생각한 거의 대부분의 사실이 틀렸기 때문이다.

마차를 타고 버터를 휘젓는 이 종교 집단의 신자들이 모든 산업적 기술에 반대한다는 유명한 믿음과는 반대로, 켈리는 '아미시의 삶이 반反기술적인 것과는 정반대'라는 사실을 발견한다. 예를 들어 그는 공동체에 봉사하는 40만 달러짜리 컴퓨터로 통제되는 제분기를 운영하는 가족을 만난 이야기를 한다. 물론 아미시 여성들은 머리를 보닛(턱 밑에서 리본을 묶는 형태의 모자. — 옮긴이)으로 가리고 아미시 가족들은 노동 집약적이고 수백 년 된 농경 기술을 사용한다. 하지만 켈리는 그가 만난 사람들을 "기발한 해커와 수선공, 궁극적인 생산자와 손수 만드는 사람"으로 묘사한다. 이들은 때로 놀랍게도 친親기술적이다."

아미시가 기술에 어떻게 접근하는지 연구하면서 켈리는 그들이 새로운 혁신을 취할지 말지 평가하는 데 비범하게도 사려 깊은 방식을 가졌다는 사실을 발견했다. 그것은 대체로 이런 식으로 진행된다. 공동체의 누군가가 지역의 원로들(주교들bishops)에게 개인 기기나 농업 도구 같은 새로운 기술을 시도해도 될지 허가를 구한다. 이 첫 도입자가 그 허가를 받는다. 그러고는 공동체 전체가 그 새 기술이 어떻게 첫 도입자의 삶에 영향을 끼치는지를 면밀히 지켜본다. 그것이 작업을 더 효율적으로 만들고 있는가? 건강한가? 그들을 자기중심적으로 만들고 있는가? 그들의 성격이나 직업 윤리에 부정적인 영향을 끼치는가? 그렇게 공동체가 생각을 공유한 후, 주교들이 최종 평가를 내린다.

요약하자면 아미시는 일반적으로 **문화로서 그들이 가지는 고유한 가치에서 시작한다**. 이 가치에는 공동체 응집력, 겸손함, 강한 직업 윤리 그리고 물론 조용함 같은 가치가 포함된다. 그러고 나서 그들은 **새로운 기술이 이런 가치를 약화시키지 않고 공동체에 이익을 생산할 수 있는지** 의식적으로 평가한다. 만약 답이 '그렇다'라면 그들은 그 새로운 가치를 도입해 사용한다.

우리는 켈리의 작업과 아미시의 기술 평가 모델을 뉴포트의 글을 통해 처음 알게 됐다. 뉴포트는 우리 모두가 우리 자신의 개인적 삶에서 아미시 접근의 요소를 적용할 수 있다고 시사했다. 그는 자신의 '디지털 미니멀리즘' 철학의 일환으로[10] 각자가 스스로의 핵심 가치를 명확히 정리한 뒤, 삶에 도입하는 기술이 실제로 우리의 복지를 증진하고 이러한 가치를 존중하는지 거꾸로 검토할 것을 권한다. 우리는 이 조언을 매우 가치 있게 여긴다. 그리고 이와 같은 논리를 개인적인 차원뿐만 아니라 사회적 차원에서도 적용할 수 있다고 믿는다.

우리는 정부가 아미시 접근을 규제에 적용하고, '반짝거리는 새것'이라면 무엇이든 덮어놓고 존중하기보다 신체적, 심리적 복지를 우선하는 데 중점을 둘 수 있다고 믿는다. 과학과 기술 정책의 몇몇 영역에서 우리는 이미 새로운 혁신을 공식적으로 평가하는 절차를 가지고 있다. 예를 들어 식약청 Food and Drug Administration, FDA은 약의 효과성뿐만 아니라 광범위한 부작용도 평가하기 위해 임상 시험을 요구한다. 약품 규제 기관은 폭넓은 비용-편익 분석을 하고 승인에 대한 결정을 내린다.

하지만 가장 중대한 기술 결정을 위해서는 그런 것들을 하지 않는다. 페이스북이 '좋아요' 버튼을 개설하기 전에 엄격한 임상 시험이나 독립적 비용-편익 평가를 거치지는 않았다. 그것이 작업 기억에 끼치는 잠재적 영향, 청소년 불안 증세에 미칠 가능성, 외국 정부의 허위 정보 캠페인에 악용될 위험성, 혹은 '완벽한 셀카'를 찍으려다 발생하는 사망 사례 증가(2011년부터 2017년까지 기록된 사례만 259건)에 대한 필수 연구는 없었다.

우리는 사회적, 감정적, 지적 건강에 유의미하게 영향을 끼치는 기술을 감시하고 잠재적으로 규제하기 위해 FDA의 기술 지향적인 버전이 필요하다. 무엇이 우리에게 좋은지 결정을 내리기 위해 아미시 주교들처럼 세속과 격리된 집단을 요구하는 것이 아니다. 하지만 오히려 정책 결정자들과 대중이 진정한 비용과 편익을 이해하고 그에 따라 행동하게 하기 위해 기술적 능력이 있고 충분한 재원이 마련된 전문가 집단을 요구하는 것이다.

이것은 완전히 새로운 아이디어가 아니다. 미국 정부에는 한때 기술 평가국 Office of Technology Assessment, OTA이 있었다.[11] 약 140명의 박사 학위가 있는 분석가로 구성된 팀으로, 입법자들에게 기술 관련 법안을 심층적으로 연구하고 교육하는 역할을 했다. 그러나 1990년대 중반, 정부는 겨우 2,000만 달러의 예산 절감을 이유로 이 기관을 해체했다. 그 결과, 오늘날 기술 및 사회적 트렌드의 영향을 평가해야 하는 입법 연구 기관들은 1979년 대비 약 20퍼센트 적은 인력으로 운영되고 있다.

저스틴과 그의 동료 스리다르 코타 Sridhar Kota가 2017년 〈와이어드 Wired〉의 기사에서 탐구했듯[12] OTA의 상실은 지금 불가능한 사이버 보안 청구서와 미국 국가 안전국 National Security Agency, NSA 감시 프로그램의 서툰 실수에 기여했다. 그것은 또한 정부가 기술 트렌드를 의미 있게 추적하고 이해하며 그에 따라 공공 이익을 보호할 능력을 상실하는 데도 기여했다. 기술의 영향을 평가하는 기관 없이, 우리가 기술에 대해 내리는 선택이 우리의 진정한 가치를 반영하는지 아닌지를 평가할 방법은 없다.

기술 관리에서 아미시 접근을 옹호하는 사례는 매년 더 강력해지고 있다. 인공지능의 성장, 사물 인터넷(사물을 인터넷으로 연결해 정보를 주고받게 하는 기술 및 이런 기술을 기반으로 한 서비스. ―옮긴이)의 확장, 몸에 착용하는(심지어 몸에 이식할 수도 있는) 정보 기술의 출현은 예측하기 어려운 방식으로 우리의 내부적, 외부적 소리 풍경을 변화시킬 가능성이 크다. 우리의 가장 중대한 기술 결정이 철저한 검토를 겪게 만드는 것에 대해 특히 급진적이거나 과도하게 간섭주의적인 것이란 없다.

우리는 이런 결정을 경제 성장이나 일자리 창출에 대한 영향을 기반으로뿐만 아니라 우리 대부분이 가치 있게 여기는 것에 대한 영향을 기반으로도 평가해야 한다. 사랑하는 사람들과 방해받지 않는 대화를 나눌 수 있는 것이나 평화와 조용함의 단순한 순간을 누릴 수 있는 것처럼 말이다.

아이디어 31: 일과 삶의 균형 맞추기

1930년, 전설적인 경제학자 존 메이너드 케인스John Maynard Keynes는 《다시, 케인스: 다음 세대가 누릴 경제적 가능성(Economic Possibilities for Our Grandchildren)》이라는 짧은 에세이를 출간했다.[13] 이 작품에서 그는 2030년이 되면 기술과 생산성 향상으로 누구도 일주일에 15시간 이상 일할 필요가 없을 것이라고 상상했다. 우리는 여가와 문화에 나머지 시간을 헌신할 수 있을 것이다.

이런 맥락에서 케인스의 낙관적인 상상은 '소음을 넘어선 세상'에 대한 것이다. 이곳에서 노동을 덜어 주는 기술 발전이 우리가 크고 작은 방해를 초월하게 하고, 우리의 가장 높은 번영을 촉진하는 활동에 집중할 힘을 줄 것이다. 케인스의 상상 속에서 우리는 시간의 대부분을 사랑하는 사람들과 함께, 자연에 감탄하며, 예술과 음악을 창조하며 그리고 아마 우리가 좋아하는 일을 하는 데 푹 빠져든 몰입 상태의 내면적 침묵으로 들어가는 길을 찾으며 보낼 수 있을 것이다.

케인스가 이 에세이를 출간한 지 약 100년이 지나, 거의 정반대의 상황이 벌어졌다. 우리 대부분은 그 어느 때보다 더 많이 일하고(또는 적어도 일에 대해 생각하고) 있다. 여가와 문화(꼭 경제적으로 생산적일 필요 없는 깊은 성취의 추구라는 의미에서)가 충분한 것처럼도 보이지 않는다. 기술은 우리를 소음으로부터 자유롭게 하지 못한다. 그것은 소음을 더 많이 만들고 있다.

그러면 우리가 왜 케인스의 2030년 상상도에서 그렇게 멀리 떨어져 있는 것일까? 하나의 답은 우리가 잘못된 것들을 측정했다는 점이다. 우리는 질보다는 양, 최선의 복지보다는 최대의 결과물이라는 목적에 따라 우리 경제를 움직였다.

이 책을 시작하는 부분에서 우리는 GDP가 어떻게 국가의 성공을 측정하는 지배적인 기준이 됐는지를 살펴봤다. 그것은 그저 가공되지 않은 산업 생산량 지표(주어진 시간 동안에 생산된, 완성된 재화와 서비스의 금전적 가치)인데도, GDP는 대부분의 국가에서 공공 정책과 기업의 의사 결정을 위한 단 하나의 가장 중요한 산술적 척도가 됐다. 하지만 우리가 챕터 2에서 묘사했듯, 상승하는 GDP는 때로 우리에게 좋은 것과 반대로 흐른다. GDP는 때로 자연재해, 환경 악화, 범죄, 입원 기간이 증가할수록 올라간다. 그것은 알고리즘이 사용량 통계를 증진시키면서 당신의 조용한 시간을 이용할 때, 또는 당신의 고용주가 늦은 밤에 이메일을 보냄으로써(그리고 당신의 회신을 받음으로써) 당신에게서 더 많은 일을 뽑아낼 방법을 알아낼 때 올라간다. 그 숫자는 분명 진정한 인간 복지에 대해 말할 수 있는 것이 거의 없다.

만약 우리가 '우리가 측정하는 것을 관리'한다면(보편적인 기업 격언이 말하듯) 우리는 현재 경제와 사회가 정신적, 물질적인 것 모두의 생산을 최대화하도록 관리하게 된다. 우리는 '성공'을 산업적 기계의 굉음에 따라, 관리자가 노동자를 컴퓨터 앞에 풀로 붙여 놓을 수 있는 시간의 양에 따라 분류한다. 그리고 제품과 서비스를 구매하는 방향으로 유도하기 위해 우리가 하려고 하는 것으로부터 주의를 돌리게 만드는 광고와 알고리즘의 효과성에 따라 측정하고 있다.

그래서 다음과 같은 아이디어를 제시하고자 한다. **우리를 번영하게 만드는 것을 더 잘 나타내도록 측정 기준을 개선하라.**

이것은 케인스의 긍정적인 꿈에 우리를 더 가까이 데려가도록 도움을 줄 하나의 구조적 이동이다. 그것은 '소음의 제단'을 해체하는 데 도움을 준다.

최근 몇 년에 걸쳐, 이 방향에서의 몇몇 움직임이 있었다. 2019년 노벨 경제학상 수상자 에스더 두플로 Esther Duflo 와 아비짓 배너지 Abhijit Banerjee 는 최근 "이제 성장에 대한 (그들의) 직업적 집착을 버릴 시간인 것 같다"고 썼다. 독일, 프랑스, 영국을 포함하는 수많은 나라들이 더 넓은 국가적 진보 지표에 공들이기 시작했다.

한편 버몬트주, 오리건주, 매릴랜드주, 유타주의 연구진은 교통체증 같은 비용과 가족과의 시간 같은 편익을 설명하는 새로운 지표들을 실험했다. 유명한 사실이지만, 히말라야의 부탄 왕국 Himalayan Kingdom of Bhutan은 '국내총행복 gross national happiness'이라고 불리는 측정 기준을 개발하는 데 수십 년을 보냈다. 이런 지표에 대한 작업이 아직 완성되지 않았지만, 통계와 전산 측면에서의 발전 덕에 경제적 측정으로의 대안적 접근이 점점 성공 가능해지고 있다.

약 10년 동안 저스틴 그리고 그의 동료이자 시에라 클럽 Sierra Club의 생활 경제 프로그램 Living Economy Program 연출자인 벤 비치 Ben Beachy는 GDP를 변형시킬 수 있는 실용적인 정책 변화의 종류에 대해 생각해 왔다. 2021년 초, 저스틴과 비치는 〈하버드 비즈니스 리뷰〉에 미국 정부가 어떻게 국가적 지표를 새로 만들 수 있을지를 설명하는 글을 실었다.

그것은 이렇게 작동한다. GDP의 표준적 측정이 여전히 그 실용적인 용도를 가진다면, 우리는 그것을 완전히 버려서는 안 된다. 오히려 정부들은 경제적 측정을 단 하나의 지표(GDP)에 의존하는 것에서 **일련의 지표들**에 의존하는 것으로 전환해야 한다. (U1부터 U6까지로 산출되는) 실업, 소비자 물가 지수, 통화 공급량을 측정하기 위해 비슷한 구조들이 이미 가동 중이다.

이런 접근하에 그 일련의 지표는 다음과 같다.

- G1은 전통적인 GDP일 것이다. 국민 소득의 표준적 측정이다.
- G2는 GDP 공식을 기반으로 하지만 경제의 더 넓은 정보를 제공할 것이다. 예를 들면 소득이 얼마나 공정하게 분배되는가를 드러내면서 동시에 현재는 무시되는 보육 같은 무급 봉사의 가치를 반영한다.
- G3은 오염이나 자원의 감소 같은 더 긴 기간의 미래와 연관 비용의 설명에 집중할 것이다. 또한 교육과 환경 보호에 더 장기간 투자하는 데서 오는 이익을 고려한다.
- G4는 부탄의 국내총행복 같은 것을 측정할 것이다. 공중 보건이나 사회적 연결에 대한 통계처럼 인간 복지의 더 넓은 지표를 통합한다.

단 하나의 뭉뚱그린 숫자(GDP)에서 벗어나 조정된 일련의 지표(G1~G4)로 가는 것의 목표는 오염이나 불평등 같은 문제에 스포트라이트를 비추자는 게 아니다. 비록 그것이 이런 문제를 조명하는 데 도움이 되더라도 말이다. 또한 경제적 결과물의 분석에서 전형적으로 설명되지 않는 진보의 중요한 측면을 강조하기 위해서이기도 하다. 환경 보존, 혁신, 교육 성과처럼 더 긴 시간대로 바라봐야 하는 측면 말이다.

GDP를 일련의 지표(진정한 인간 복지의 더 넓고 깊은 기반을 포함하며)로 바꿈으로써 우리는 소음의 비용과 완전한 주의의 긍정적 가치를 측정하고, 그럼으로써 관리할 수 있다. 예를 들어 우리는 방해와 거부된 집중denied concentration(팝업 광고, 공공장소에 시끄럽게 틀어져 있는 텔레비전, 끊임없는 연결성에 대한 필요 등의 폐해)의 '경제적 외부성'에 대한 비용들을 추정하고 할당할 수 있다. 만약 우리가 시끄러운 실천이 우리의 복지와 장기적 생산성을 어떻게 약화시키는지 설명한다면, 우리는 더 이상 그것을 경제적 관점에서 순수하게 긍정적인 것으로 가치를 매기지 않을 것이다.

더 정제된 GDP 지표는 심지어 휴식, 자연에의 접근, 불안의 부재처럼 긍정적 정신 건강 결과 같은 요인에도 가치를 둘 수 있다.

요약하자면 우리는 화폐화되지 않은 인간 주의가 단순히 '쓸모없음' 그 이상의 무언가임을 마침내 인식하도록 경제를 구조화할 수 있다. 우리는 건강, 인지, 행복을 위해 청각적, 정보적, 내면적 침묵이 중요하다는 사실을 우리의 성공 매트릭스가 반영하게 만들 수 있다.

그리고 여기서 큰 질문이 떠오른다. **우리가 어떻게 조용한 시간처럼 개인적이고 주관적인 무언가에 정량적인 가치를 부여할 수 있을 것인가?**

수십 년 동안 경제학자와 환경 운동가는 케네디가 국가적 경제 측정의 문제에 대한 예지력 있는 연설에서 상실을 개탄했던 미국 삼나무 숲 같은 것에 화폐적 가치를 할당하는 일이 바람직한지 아닌지의 문제를 놓고 토론했다. 많은 사람이 삼나무 숲은 값을 매길 수 없을 만큼 귀중하다고 말할 것이다. 우리는 그에 동의한다. 하지만 GDP라는 현재의 경제적 패러다임하에서 어떤 경제적 목적을 위해 이용하지 않는 숲의 가치는 암묵적으로 0으로 설정되는 것이 사실이다. 명백하고 쉽게 측정되는 방식으로 생산량에 기여하지 않는 어떤 물건이나 활동의 가치는 0이다. 그러므로 성장을 관리하는 목적을 위해 조직된 정치적, 경제적 시스템에서 이런 자원이나 활동을 방어할 구조적 장려책은 없다.

 더 정제된 측정 시스템을 구축하는 데는 우리의 경제적 구조가 현재 가치 없다고 여기는 가치들에 값을 매기는 불완전한 작업이 필요하다. 오늘날 다양한 정부 간 조직, 교육 기관, 사업들이 '진정한 비용 true cost' 또는 '온전한 비용 full cost' 계산(더 나은 진보의 기준을 입법화하기 위해 오염 같은 부정적 외부성이나 환경적, 사회적 자산의 긍정적 이익에 정량적 가치를 할당하는 것) 모델을 개발하고 있다.

 이러한 노력의 일환으로, 연구진과 전문가는 소음과 방해의 비용을 계산하는 방법뿐만 아니라 순수한 인간 주의, 심지어 조용한 시간에 가치를 부여하는 방법도 고려해야 한다. 국가들이 GDP를 현대화하기 위해 법률을 제정하면서, 이러한 가치를 계산하는 데 합의하기 위한 새로운 심의 위원회를 만드는 것이 극히 중요해질 것이다. 이는 기술적 문제이지만, 궁극적으로는 우리의 가치를 진보 측정에 통합하는 데 필수적이다. 이러한 결정은 더 인간다운 우선순위와 기준점을 설정하기 위해 필요하다.

아이디어 32: 소음 경제 속 주의력 회복법

1981년 임기를 시작할 때 레이건은 비용-편익 분석이라고 불리는 절차에 기반해 잠재적인 새 규제에 접근할 권력을 거의 알려지지 않은 관청에 주는 행정명령에 서명했다. 사회에 대한 잠재적인 비용보다 규제로부터 사회가 얻는 잠재적인 편익이 더 큰지를 결정하기 위해 세워진 관청이었다.

이것은 합리적인 접근처럼 보였다. 하지만 실제로는 GDP 성장의 시끄러운 패러다임에서 문제가 된 거의 모든 것의 전형이 됐다.

큰 회사들이 변호사를 고용해 이런 규제들이 고객에게 얼마나 부담스러울지 보여 줌으로써 이런 규제 전쟁에서 승리할 수 있다는 사실이 빠르게 확실해졌다. 건물에 방음 시공을 하거나 더 조용한 내부 연소 엔진 연구를 수행하는 것 같은 소음 완화 비용은 즉각적이고 쉽게 정량화할 수 있었다. 한편, 소음 입법 행위의 이익(독성 오염으로 인해 사랑하는 사람이 아파지거나 죽는 모습을 보지 않아도 되는 것의 감정적 가치나 뉴욕시 초등학교 교실에 합당한 소리 풍경의 장기적 영향 등)은 서류에 기재하기 더 어렵다. 그 결과로 레이건 시대의 반규제 운동가들은 닉슨 시대의 소음 완화 계획을 위한 예산을 대폭 삭감하는 간단한 일을 맡았다.

비용과 편익의 진정한 계산은 거의 확실히 닉슨의 ONAC의 존재를 정당화할 것이었다. 1970년대에 정부가 청각적 소음을 줄이기 위해 취한 구체적인 단계들(더 조용한 산업 기술, 제품 표준, 기준을 시행하기 위한 지방과 지방정부에 대한 보조금)은 오늘날에도 여전히 필요하다. 하지만 우리는 단순한 청각적 소음 이상을 볼 필요도 있다. 오늘날 크게 증가한 모든 종류의 소음 강도와 복잡도를 감안해야 한다.

이를 고려하여 우리는 청각적 소음뿐만 아니라 정보적, 내면적 소음도 다루는 데 집중하는 소음 경감과 통제 사무실을 가지는 것이 어떻게 보일지 궁금했다.

2020년 민주당 대선 후보 지명을 위한 선거 유세에서 앤드루 양Andrew Yang은 각료급의 새로운 '주의 경제 부서 Department of the Attention Economy'를 만들자고 제안했다. 처음에는 이 아이디어가 어떤 술책을 담은 선거 구호처럼 들렸지만 사실 중요한 논제를 제기했다. 만약 대부분의 사람들이 컴퓨터나 휴대전화나 텔레비전(또는 광고주나 데이터 마이너 data miner가 그들의 의식을 사로잡으려 경쟁하는 다른 매체)에 깨어 있는 삶의 대부분을 사용한다면 주의(국방, 외교, 교통 같은 문제와 대등한)를 통제하는 정책 기구들이 왜 정당화되지 못하겠는가?

'주의 빈곤 poverty of attention'으로 유명한 사이먼은 또한 '주의 경제 attention economy'라는 용어도 만들었다. 그는 멀티태스킹을 근거 없는 믿음으로 간주했으며, 우리의 주의를 '인간 사고의 병목 지역 bottleneck of human thought'으로 불렀다. 수십 년 전에 그는 우리의 희소한 주의가 상품화되고, 조종되고, 거래될 수 있음을 인지했다. 그리고 그는 주의에 대해서라면 물이나 목재 같은 다른 자원을 규제하기 위해 존재하는 것처럼 시장이 공정하게 기능하도록 유지하거나 공공의 이익을 보호하는 데 효과적인 규제 기구란 없음을 인지했다. 오늘날 그런 기구는 아직 없다.

최근 몇 년 동안 인도적 기술 센터 Center for Humane Technology, CHT 팀을 포함한 과거의 실리콘밸리 엔지니어와 디자이너의 선봉이 지금까지의 산업이 초래한 주의 빈곤의 결과를 조사했다. CHT의 '손해 장부 Ledger of Harms'는 우리의 정부 시스템이 현재 간과하는 진정한 비용 계산을 일부라도 하려는 노력이다. CHT는 '온라인 피해 online harms'라고 불리는 것의 증거 목록을 작성한다. 예를 들어 하나의 피해는 디지털 미디어가 19초마다 시각적 콘텐츠를 전환하라고 부추기도록 고안돼 왔다는 사실이다. 이 주의 전환은 중독적이라고 입증된 '신경 흥분 neurological high' 상태를 생산하는 데, 이 상태는 우리의 집중 능력에 해롭다. 또 다른 피해는 방에 스마트폰이 단순히 존재하는 것만으로도 사람의 주의력 자원을 고갈시킨다는 증거다.

우리는 개인으로서 입는 이런 피해를 점점 많이 인식하고 있다. 그러면 우리가 이것을 어떻게 정책 문제로서 집단적으로 다룰 수 있을까?

우리는 2004년부터 2011년까지 구글에서 법무 자문 위원으로 오바마 집권 시기 동안 백악관에서 기술 담당 최고 책임자로서 일했던 니콜 웡 Nicole Wong과 최근 이야기를 나눴다. 그녀는 이제 사생활 보호권과 인간 주의 보존 옹호자다. 웡과의 대화에서 우리는 상대적으로 간단한 아이디어들을 내놓았는데, 스크린 타임을 최대화하기 위해 노골적으로 디자인된 무한 스크롤과 자동 재생 영상 같은 특성을 금지하는 것 등이었다.

그녀는 우리에게 말했다. "저는 기술적 디자인에 맞춰진 규제는 대체로 좋아하지 않아요. 기술 분야 전문가들은 항상 법률이 제정되는 것보다 더 빨리 회피책을 만들어 낼 거예요." 다른 말로 하면 구체적인 기술을 금지하는 것은 또 다른 '두더지 잡기' 게임으로 바뀔 수 있다.

웡은 특히 피해가 고의적으로 일어났을 때 어떤 피해가 가해졌는지를 바라봐야 한다고 주장한다. 그녀는 이 사례를 이렇게 설명한다. "'나는 자동 재생을 개발하고 있다. 왜냐하면 나는 이것이 특히 13세에서 18세의 사람들 사이에서 참여를 증가시킬 거라는 사실을 알고 있기 때문이다.' 이것이 우리가 시행할 수 있는 것이죠." 그녀는 여기서 다른 아이디어를 떠올렸다. "저는 건강하지 않은 관례에 대해 연방 통상 위원회Federal Trade Commission, FTC를 공격하는 것을 상상할 수 있어요."

미국에서 FTC의 영향 권역은 특히 아이들과 관련된 소비자 보호, 사이버 보안, 사생활 보호를 포함한다. 규제 기관은 반드시 우리를 기만적인 관례나 어떤 불공정한 관행으로부터 보호할 의무가 있다. 웡은 FTC에 인간 주의를 사로잡고 상품화하기 위해 고안된 기술에서 유발된 피해를 조사할 권위를 주는 수단으로

'주의 도둑 attention theft'을 제안한다(자극적인 용어라는 점은 인정했다). 그녀는 이렇게 말한다. "(그것들을) 조사함으로써 FTC는 공동체의 나머지에게 신호를 보낼 거예요."

인도적 기술 센터에서 최고 유통 책임자를 맡고 있는 데이비드 제이David Jay는 이러한 피해들을 관리하는 대단히 힘든 임무를 명료하고 단순한 말로 표현한다. "무엇이 허용 한계 밖인지 분명히 표현하라." 고의적으로 주의를 얻어 내기 위해 고안된 이런 종류의 관례과 알고리즘을 그리고 특히 사람들을 '토끼굴(평일 밤 늦은 시간에 끝없는 뉴스피드 스크롤이나 드라마 몰아 보기 같은) 속으로' 보내는 특성을 밝히고 관리하라. 이 공간에서 모든 정책 결정 노력의 중요한 목적은 알고리즘이 어떻게 운영되는지에 대해 더 많은 중개자를 제공하는 것이어야 한다. 그러나 제이는 공식적인 정부 규제가 단지 해결책의 제한된 부분일 뿐이라고 주장한다. "기술은 규제가 따라갈 수 있는 것보다 더 빨리 진보할 겁니다." 궁극적으로 그는 우리에게 "알고리즘이 하고 **있어야 하는** 것에 대한 책임 있는 공개 담론이 필요하다"고 지적한다.

최근 대화에서 CHT의 공동 설립자이자 상무 이사인 랜디마 페르난도Randima Fernando는 근본적인 변화를 묘사했다. "전체 시스템이 조용하지 **말라는** 장려책 위에 설립됐습니다. 만약 당신이 주의 경제에서 조용하다면 지는 겁니다." 인간의 주의를 보호하는 것은 지구상 가장 강력한 기업들 중 몇몇의 핵심 수익 창출 문제와 충돌한다.

사회적 인정을 위한 디자인 특성(페이스북의 '좋아요' 버튼 같은 것)은 회사의 비즈니스 모델에 대단히 중요하다. 왜냐하면 그것들은 우리의 도파민 수용체를 빼앗고 그럼으로써 우리의 의식적인 주의를 빼앗는 데 특별히 효과적이기 때문이다. 근처의 스마트폰이 우리의 주의에 그렇게 해로운 이유 중 하나는 우리의 뇌가 사회적 인정에 따르는 생화학적 타격을 갈망하기 때문이다. 이런 종류의 신경 생물학적 조종이 얼마나 지독하든 관계없이, 이 강력한 수익 창출 동기 위에 세워진 전체 시장을 해체시키는 방법을 상상하는 것은 어렵다.

플랫폼은 규제의 제약에 빠르게 적응하는 능력뿐만 아니라 주의를 얻어 내는 강력한 동기를 가진다. 그러니 주의 경제의 해로운 점을 다루고자 하는 어떤 새로운 공공 정책이든 대중의 인식을 구축하고 소비자 행동을 바꾸는 데 집중해야 하는 것은 당연하다. 이것은 투명성을 두드러지게 한다는 의미다.

잠시 담배 이야기를 떠올려 보자. 지난 수십 년간 흡연율이 급격히 감소한 것은 정부가 담배 생산을 금지했기 때문이 아니다. 만약 페이스북 로그인 페이지에 '공중위생국장의 경고'가 등장해 "이 제품은 광고 판매를 목적으로 사용자의 뇌 화학 작용을 정교하게 조작하는 도구를 활용합니다"라고 설명한다면 어떨까? 정부는 디자인 특성이 인간 주의에 끼치는 영향에 대한 빅테크 회사의 고유 조사 결과를 공개적으로 밝히게 함으로써 진정한 투명성으로의 첫걸음을 내디뎠다. 기업들은 스스로 '피해 장부'를 작성해 대중이 현재 어떤 영향을 받고 있는지 명확하게 알 수 있도록 해야 한다. 이러한 투명성과 압박이 뒷받침된다면, 소비자의 선택이 달라질 것이고, 궁극적으로 기업의 행동 변화도 촉진될 것이다.

웡은 이것이 가능하다고 생각한다. "기술 업계가 조금씩 깨어나고 있고, 더 중요한 것은 사용자도 점점 깨어나고 있습니다." 최근 일부 플랫폼이 '좋아요' 버튼과 같은 사회적 확인 기능을 숨기거나, 사용자에게 '모든 친구의 게시물을 다 확인했다'는 메시지를 표시하는 실험을 진행한 이유는 무엇일까? 이는 단순히 기능 개선이 아니라, 부정적인 언론 보도와 그에 따른 경제적 영향을 고려한 조치였다. 아주 작은 걸음이지만, 이것은 변화가 가능하다는 증거다.

로스앤젤레스에서 활동하는 변호사 재스퍼 트랜Jasper Tran은 최근 입법을 통해서 관습법으로 존재해야 하는 법에 명시된 권리로서 '주의에 대한 권리'를 제안하는 법률 검토 기사를 썼다. 트랜에 따르면 이 '권리'는 정말로 지분권으로, 예를 들어 '요구가 있을 때 주의를 거부할 권리, 혼자 남겨질 권리, 스팸을 받지 않을 권리와 원치 않거나 신청하지 않은 광고를 받지 않을 권리 (…) 그리고 자신의 의지에 반하는 정보를 강제로 받아들이지 않을 권리'를 포함한다.

실제로 주의에 대한 권리를 깨닫는 것이 어떤 의미일지 생각해 볼 때, 우리는 정보 시대의 수그러들 줄 모르는 소음으로부터 인간 의식을 보호하는 것이 무엇일지 고민한다. 우리는 규칙이나 방금 설명한 투명성 요구 같은 기술 규제의 복잡한 문제에 대해 생각한다.

그러나 인간 주의를 보호하는 가장 중요한 방법들 중 몇몇은 정치권력이라는 구식의 문제가 된다. 즉, 이 문제는 단순히 첨단 기술 규제의 '두더지 잡기' 게임이 아니다. 전통적인 정치적 조직화와 집단적 협상을 통해 해결해야 할 문제다.

오델은 《아무것도 하지 않는 법: 주의 경제에 저항하기(How to Do Nothing: Resisting the Attention Economy)》에서 1886년 미국 노동 운동이 어떻게 하루 8시간 노동을 위한 수십 년간의 운동을 시작했는지 이야기했다. 조직 무역과 노동 조합 연합 The Federation of Organized Trades and Labor Unions 은 지금은 유명한 모토 '일하는 8시간, 휴식하는 8시간, 하고 싶은 일을 하는 8시간'을 위해 싸웠다.

이 연합은 하루의 세 부분을 시각적으로 그린 이미지를 창조해 냈다. 이미지에는 일하고 있는 의류 공장 노동자와 담요 밖으로 발이 삐져나온 채 자고 있는 한 사람, 보트 위에서 연합 소식지를 읽으며 함께 앉아 있는 커플이 보였다. 하고 싶은 일을 하는 8시간에서의 시간은 여가 시간이나 가정의 의무를 위한 시간 같은 것으로 정의되지 않았다. 오델이 말하듯 "이 시간을 묘사하는 가장 인간다운 방식은 그것을 정의하기를 거부하는 것입니다." 그것은 사람들이 고용주가 부과한 정신적 자극, 즉 당신의 의지에 반해 당신의 주의를 잡아먹는 사람의 소음으로부터 자유로워질 수 있는 상당한 시간이다.

이 노동 모토의 선언 이후 135년 그리고 하루 8시간 노동의 설립 이후 한 세기 이상이 흐른 지금, 우리는 인간 주의를 위한 이 원래 운동의 회복이 필요하다. 과도한 작업 의무의 소음은 오늘날 대부분의 사람들에게 심각한 문제다. 온라인 연결성은 '하고 싶은 일을 하는 8시간'을 침식하며 그리고 그것에 대해서라면 때로 '휴식하는 8시간'마저 침식하며 일이 개인적 시간과 공간에 기어 들어오도록 허락했다. 재택 근무라는 혁명은 오직 이 침식을 촉진했을 뿐이다.

다행히도 인간 주의 도둑질의 이런 측면을 다루기 위한 정책 옵션이 있다. 2017년, 프랑스는 업무 시간이 끝난 후 이메일과 노트북, 전화 그리고 다른 전자 목줄로부터 분리될 권리를 노동자에게 주는 법률을 제정했다. 몇 년 동안 프랑스의 조합은 노동자에게 업무 시간 이후에도 업무 대기 상태로 있어야 한다는 때로는 무언의 요구들과 함께 신고되지 않은 노동의 폭발을 개탄했다. 이 최근의 규제는 직원이 50명 이상인 회사에 노동자들이 휴식을 취할 것을 보장하며, 사무실 외의 소통 가이드라인을 직원과 협상하도록 요구한다. 프랑스 노동청이 말했듯 "이런 수단은 휴식 시간과 (…) 일과 가족과 개인의 삶 사이의 균형에 대한 존중을 보장하기 위해 고안됐다."

'주의에 대한 권리'는 20세기 프랑스 철학자 질 들뢰즈Gilles Deleuze가 "아무것도 말하지 않을 권리"라고 부른 것이다. 즉, 우리 모두가 자신의 흐트러지지 않은 '내면성'을 가질 권리가 있다는 생각과 사회가 인간됨의 이 근본적인 측면을 존중해야 한다는 그에 수반하는 생각에 다시 귀를 기울인다. 이것이 정치, 법, 경제, 문화, 심리 그리고 심지어 영성까지 함축하는 지나치게 포괄적인 생각이긴 하지만 기본 전제는 단순하다. **지속 불가능한 양의 소음에 굴복해야 하는 사람은 없다.**

아이디어 33: 침묵이 만든 합의의 공간

마이클 J. 시런 Michael J. Sheeran 은 예수회 성직자이자 정치학자다. 그가 1970년대에 프린스턴 대학교에서 박사 과정을 밟고 있을 때, 그는 종교적인 조직과 세속적인 정치 제도 모두에서 중요한 함축성을 가지는 주제에 매료됐다. 바로 **합의 기반의 의사 결정**이었다.

시런은 세상에서 가장 유명한 의결 기관들 중 몇몇이 운영 방식으로 합의를 채택한다는 사실에 주목한다. 예를 들어 미국 상원은 대체로 많은 의제들을 '만장일치'하에 진행한다. 원칙대로라면 단 한 명의 의원도 동의를 부정함으로써 상원의 진행 중 많은 부분을 막을 힘이 있다. UN 총회 또한 많은 상황에서 합의에 따라 운영된다. 그리고 많은 기업 이사회도 만장일치 기반에서 주로 의사 결정을 한다.

하지만 시런이 지적하듯 이런 사례에서도 진정한 합의의 정신에서 빠진 것이 있다. 예를 들어 상원에서는 만장일치가 표준 운영 규칙일지 모르지만, 그것은 요즘 가장 통상적이고 논란의 여지가 적은 문제들을 효율적으로 관리하기 위해서만 사용된다. 심각한 사안은 필리버스터 filibuster(의사 진행 방해) 전투와 논쟁을 만드는 투표를 당하기 쉽다. UN에서 만장일치 규범은 대부분 국가들이 진짜 협상을 하기 위해 무대 뒤로 가는 동안 논란을 삼가게 하며 어떤 주어진 이슈에 대해 공적으로 의견을 표명하는 것을 피하게 하기 위한 방법이다. 기업 이사회에서 만장일치는 때로 이사회가 배치한 상급 관리자들이 만든 결정의 전면 승인을 반영한다. 이런 사례들은 아주 크게는 합의 구축이 왜 그렇게 비참한 평판을 가지는지에 대한 이유다.

시런은 깊은 합의 기반의 의사 결정을 실천한 하나의 조직을 연구했다. 반대 의견을 그저 피하거나 얼버무리고 넘어가는 대신 오히려 더 지속적인 해결책을 만들기 위해 그것을 포용한 진정한 종류다. 바로 퀘이커교도들이었다. 시런은 형제애의 도시에서 열리는 퀘이커교의 주요한 심의 모임, 필라델피아 연회에 참석했다. 그때 그는 그들이 사업을 어떻게 하는지 더 잘 이해하기 위해 활동적인 퀘이커교도들과 함께 수백 번의 인터뷰를 진행하며 2년을 보냈다.

시런은 1983년 출간한 책 《Beyond Majority Rule(다수결 원칙을 넘어서)》에서 퀘이커교 사업 회의가 어떻게 투표 없이 만장일치 의사 결정에 기반해 운영하는지를 설명했다.[14] 그러나 이 회의에서 퀘이커교도들은 때로 아주 논쟁의 여지가 많은 문제들을 맡는다.

그는 묘지를 확장할지 말지에 대한 공동체의 심의라는 하나의 사례를 논했다. 한쪽에서 확장 찬성자들은 누구든 사랑하는 사람, 조상, 공동체의 나머지 사람들 근처에 매장될 자격이 있다고 단호하게 말했다. 다른 쪽에서 확장 반대자들은 확장이 아이들의 놀이터가 될 공간의 크기를 줄일 것이라고 주장했다. 회의에서 양측의 감정은 고조됐다. 만장일치가 불가능하다는 것이 명백했기 때문에 서기(또는 의장)는 회의록을 작성하지 않았다.

시런은 이 문제를 한 달 동안 '휴식'하게 두자고 결정했다. 공동체 구성원들은 집으로 돌아갔고, 이 문제를 잠시 선반 위에 올려두는 것에 동의했다. 그리고 6개월 동안 논의를 이어 가면서 토론과 쉼을 번갈아 반복했다. 그 결과 감정이 가라앉고 새로운 해결책이 등장했다. 아이들 놀이터를 침범하지 않으면서도, 묘지를 부분적으로 확장할 수 있는 방법을 찾았다. 침묵과 시간과 공간 속에서 이전에 인식되지 않았던 가능성이 떠올랐다. 모든 사람이 새로운 해결책에 동의했다. 시런은 반대 의견이 나올 수 있었음에도 이 과정에 참여한 어느 누구도 최종 합의에 후회하지 않았다는 데 주목했다.

《Roads to Agreement(합의에 이르는 길)》이라는 1951년 책에서 스튜어트 체이스Stuart Chase는 심의에 대한 퀘이커교식 접근의 몇몇 특성을 밝혔다.[15] 그중에는 투표 없는 만장일치 결정, 아이디어를 가진 모두에 의한 참여, 지도자의 부재, 사실에 집중, 누구도 다른 사람보다 더 높은 위치에 있지 않다는 원칙 등이 있다. 몇몇 다른 종류의 조직에서도 이런 '질서 있는 무정부 상태'의 요소를 찾을 수 있지만, 체이스는 퀘이커교에 특히 독특한 세 가지 특성이 있음을 발견한다.

바로 모든 회의의 시작에 침묵이 있다는 것, 아직 합의에 도달하지 못할 때 일시적으로 활동을 중단한다는 것, 듣는 법을 우선해 배운다는 것이다. 여기에는 마음을 이미 결정하지 않은 상태에서 회의에 참여하지 말라는 명령도 있다. 이런 구조는 퀘이커교 가치를 형식적으로 압축해 보여 준다.

앞에서 우리는 비영리 조직의 리더이자 교육자이며 모태 퀘이커교도인 리핀코트가 어떻게 사업 회의의 목적이 '토론' 그 자체가 아니라 종종 탈곡^{threshing}이라는 것을 하기 위해서라고 설명했는지 살펴봤다. 그것은 분별하는^{discerning} 활동이다. 그것은 당신의 위치를 방어하고, 당신의 자아를 긍정하고, 당신이 옳음을 증명하려는 태도를 피하는 데 대한 헌신을 필요로 한다. 그것은 누가 옳은지가 아니라 무엇이 진실인지를 결정하는 집단 심의를 위한 모델이다. 간디는 이렇게 강조했다. "진실을 추구하는 자는 침묵을 필요로 한다." 진실을 밝히는 공유 사업은 방해와 적대감의 소음을 극복하는 수단으로서 침묵의 메커니즘과 휴식을 필요로 한다. 그것은 개인적 판단이 없는 듣기에의 공유된 헌신을 필요로 한다.

오직 퀘이커교식 접근만이 명상적 침묵에 기초한 진정한 합의 기반의 집단 의사 결정의 모델인 것은 아니다. 지구상에서 가장 오래된 참여 민주주의로 알려진 이로쿼이 연맹 Iroquois Confederacy 은[16] 여러 수준에서 합의된 심의를 기반으로 한 다양하고 매우 평등한 사회를 건설했다. 많은 학자들은 권력의 견제와 균형과 분립에 주안점을 둔 이로쿼이 연맹의 구두 헌법, 평화 대법 Great Law of Peace이 미국 헌법에 직접적인 영감을 줬다고 믿는다. 하지만 미국 헌법은 다수결 원칙에 초점을 맞추는 반면, 평화 대법은 합의에 초점을 둔다.

이로쿼이 모델에서 합의 능력은 공유된 명상적 침묵의 능력과 직접적으로 연관돼 있다. 만약 당신이 이로쿼이 의사 결정 회의에 참석한다면 아마 오드노소니 Haudenosaunee (공동주택을 짓는 사람들이라는 뜻으로 이로쿼이를 부르는 다른 말.—옮긴이) 추수감사절 연설 암송을 듣게 될 가능성이 크다. 그것은 물, 식물, 동물, 모든 자연의 힘에 바치는 감사의 선언이다. 선언의 각 부분 후에는 공유된 경건한 참여의 순간이 있고, 하나의 초월적인 표현이 계속 반복된다. "이제 우리의 마음은 하나입니다."

현대의 미국 상원, UN 총회 아니면 포천 500 이사회 같은 어떤 기구가 공동의 사색적 침묵이 가져온 관행을 통해 합의점을 찾는다고 상상해 보자. 이런 모임에 참석한 사람들이 **그들의 마음을 하나로 만드는** 것을 추구하는 모습을 상상해 보자. 이런 아이디어는 꽤 믿기 어렵다. 그리고 여기에는 이유가 있다.

시런이 40년 전에 관찰했듯, 퀘이커 회의에서 합의 실천이 가능한 이유는 회의 구성원들이 공동의 가치를 지키기 때문이다. 퀘이커교식 접근(그리고 이로쿼이식 접근)은 시런의 말에 의하면 참석자들이 공동체 안에 있기에 가능하다. 그들은 공동의 선good 과 목표들이 첫 평가 기준이 되는 유기적인 집단의 일부다. 상원과 UN 총회의 구성원들은 '공동체 안'에 있지 않다. 오늘날 현대 서양 사회의 구성원 대부분은 개인화된, 원자화된 문화이자 개인 중심의 출발점에 굴복하는 무능 때문에 공동체가 될 수 없는 문화에 참여한다. 미국은 물론 그런 문화의 완벽한 전형이다.

합의 기반의 의사 결정을 지향해 노력하기 위해서 우리는 초개인주의적 관점을 초월하는 법을 배워야 한다. 우리는 뇌의 디폴트 모드 네트워크(나 네트워크) 밖으로 벗어나는 법을 반드시 배워야 한다. 우리는 분리된 자아의 소음을 넘어설 수 있어야 한다.

물론 가치와 공동 지향에서 이 변화를 만드는 방법에 대한 쉬운 대답은 없다. 그러나 퀘이커 회의의 '휴식' 방식이나 하우데노쇼니Haudenosaunee의 감사의 인사Thanksgiving Address처럼 침묵의 실천은 하나의 출발점이 될 수 있다. 침묵을 중시하는 사회를 건설하는 것은 공식적인 규칙이나 소규모 규범에서의 변화를 필요로 한다. 그것은 하향식 변화와 상향식 변화를 모두 필요로 한다.

존중하기 R-E-S-P-E-C-T

챕터 5에서 우리는 1970년대에 환경 심리학자 브론재프트의 선구적인 작업을 언급했다. 그녀는 교실이 귀를 찢는 소음을 내는 고가 지하철 선로에 인접해 있는 맨해튼의 초등학교 학생들에게서 소음 공해의 인지적 영향을 검토했던 사람이다. 그 획기적인 연구 이후로 그녀는 청각적 방해 볼륨을 낮추도록 사회를 돕는 방법에 대해 생각하면서 거의 50년을 보냈다. 그녀는 소음 공해 문제에 대해 다섯 명의 뉴욕 시장에게 조언을 했고, 연방 정부에서 국가 정책에 대한 기술 고문 역할을 했으며, 연방 소음 경감 및 통제청 같은 심각한 규제 기관 재건을 옹호했다.

2020년 후반에 이런 수십 년간의 노력들을 반추하며, 브론재프트는 현대 사회의 소음 관리에 대해 극히 중요한 열쇠 하나를 언급했다. 그녀는 한 인터뷰에서 이렇게 말했다. "한 단어가 정말로 소음 침해를 축소할 수 있습니다."

"바로 존중입니다."

존중이라는 이 단어는 오늘날 많이 사용되지만, 무언가 심오한 뜻을 전한다. 다른 사람의 존엄성에 대한 인정과 다른 사람들이 자신의 의미와 행복을 찾을 특권을 보호하는 데 대한 헌신이다. '존중 respect'이라는 단어는 '(특정한 감정이나 태도를 가지고) 보다 regard'라는 뜻의 라틴어 'respectus'에 뿌리를 둔다. 그것은 말 그대로 '되돌아보는 행위'다. 마치 누군가에게 그가 받아 마땅한 더 깊은 배려를 주는 것처럼 말이다.

브론재프트가 한 주장의 단순성은 우리 앞에 놓인 작업의 본질에 도달한다. 우리는 모든 사람이 자신만의 내면, 명료함, 경이로움을 경험할 권리를 존중해야 한다. 이런 종류의 깊은 존중은 우리의 현대식 소통에서 사라졌다. 이런 상실은 우리가 점점 더 소음이 가득한 세상 속에서 공통된 합의를 찾기가 어려워지는 이유이기도 하다.

소음 통제법의 제정으로부터 50년 후, 소음의 본질은 극적으로 변화했다. 오늘날 우리는 정보 소음의 홍수 속에 살아가며, 이를 규제하는 정책도 한층 복잡해졌다. 그럼에도 브론재프트의 주장은 청각적 소음뿐만 아니라 정보적 심지어 내면적 소음에도 여전히 유효하다. 우리의 사회적, 경제적, 기술적 시스템을 존중의 가치로 가득 채우기 위한 노력이 진행 중이다. 예를 들어 우리는 인도적 기술 센터에서 지지자들이 어떻게 기술을 향한 주의를 얻어 내는지 그리고 가치를 창조하는 기술에서 존재를 촉진해 가치를 창조하는 기술로의 전환에 대해 이야기하는지를 생각한다.

우리는 정부의 공식 구조가 소음의 힘에 맞서기 위해 공유된 규칙과 기대를 설정하는 변화에서 맡을 중요한 역할이 있다고 믿지만, 무엇보다 가장 중요한 작업이 문화를 바꾸는 데 있다는 것을 안다. 그것은 대대적인 존중을 구축하는 데 있다.

CHAPTER
15

황금 같은 침묵 문화

"하우스 오픈하겠습니다!" 누군가가 크게 외쳤다.

조이스 디도나토Joyce DiDonato는 이미 무대 위에서 명상하며 앉아 있었다. 아니면 그 비슷한 무언가를 하고 있었다.

그녀는 길게 늘어진 메탈릭 그레이 색깔의 가운을 입고 마치 조각상처럼 미동도 하지 않았다. 그녀는 케네디 센터Kennedy Center의 그랜드 콘서트 홀의 바로크 양식 동굴 안에서 연기 장막과 화려한 조명 뒤에 반쯤 가려져 있었다. 그녀는 호흡에 열렬하게 집중했지만 그런 상황에서 깊은 자기 성찰에 도달하기란 쉽지 않았다.

"아주 많은 일이 일어나고 있었어요." 그녀는 회상했다.

비록 디도나토가 전 세계의 위대한 무대에서 수백 번도 넘게 공연하며, 오페라계에서 받을 수 있는 거의 모든 최고의 찬사를 받았지만, 신인과도 같은 감정의 흔적(긴장과 흥분과 아드레날린)

은 결코 완전히 사라지지 않았다. 그녀는 우리에게 말했다. "심장이 뛰고 있어요. 손바닥에는 땀이 나고요."

겉으로 보이기에 그녀의 목소리 속에는 초자연적인 명료함이 있고 무대 위에서 보이는 그녀의 존재에는 차분함이 있다. 그러나 디도나토는 자신이 소음을 다루기 위해 엄청난 내면적 작업을 하고 있다고 설명한다. "공연자로서 제 목표는 음악이 방해받지 않은 채 청중에게 도달할 수 있도록, 제게 가해지는 제약을 제거하는 거예요. 그것은 내면적 소음을, 내면적 의심을 초월하는 거죠."

수천 명의 사람들이 바라보는 가운데 무대 위에서 대담하게 노래하는 것을 침묵의 작업이라고 생각하기는 이상하다. 하지만 그것이 그녀가 설명하는 방식이다. "저는 어떤 종류의 침묵을 찾아야만 해요. 정직함과 진실성으로 음악에 실제로 목소리를 주기 위해서요. 내면의 침묵을 향해 작업해야 해요. 제게 시간이 많이 걸리는(사실 제 시간을 많이 잡아먹는) 일이죠." 그녀는 이렇게 덧붙인다. "저는 그것이 제 머릿속에서 얼마나 시끄러운지 몰랐어요."

25분에서 30분 동안 사람들이 줄지어 콘서트 홀로 들어갔다. 자리를 찾아 앉다가, 그들은 커튼이 올라가 있고 유명한 메조소프라노가 이미 무대 위에 앉아 있는 모습을 보고 놀랐다. "소음이 높아지고, 에너지와 정신없는 기대감이 쌓이기 시작하죠." 그녀는 우리에게 말했다. "그러고는 조명이 어두워져요. 마치 누군가가 볼륨 레버를 막 떨어뜨린 것처럼 되죠." 공기 속에 짧은 경계심이 생겼다.

그리고 그때 류트에서 저음의 단 한 번의 퉁김이 들렸다.

"류트는 아주 부드러운 결의 악기예요. 아주 많은 소리를 내진 않지만, 그렇기에 주의에는 놀라운 알림이죠. 그때 우리는 20초 정도의 침묵을 가지며 적응하고, 그다음에 저는 마침내 움직여요. 그리고 음악이 시작되죠." 디도나토는 이 점진적이고 독특한 시작을 꽤 좋아하게 됐다고 말했다. "그게 그냥 훨씬 더 많은 의식으로 가득 찬 것처럼 느껴져요."

그녀가 설명한 콘서트는 2019년 11월, 워싱턴 D. C.에서 열렸다. 그것은 23개국 44개 도시를 도는 3년짜리 월드 투어 〈전쟁과 평화 속에서: 음악을 통한 화합(In War and Peace: Harmony Through Music)〉의 마지막 공연이었다.[1] 디도나토의 말에 따르면 그 아이디어는 마치 '벼락'처럼 찾아왔다.

당시 그녀는 이전과는 다른 투어를 준비 중이었다. "희귀한 나폴리풍 아리아들이 담긴 음반을 홍보할 예정이었어요." 그녀는 말한다. 투어 일정이 잡혀 있었고 모든 조정도 이미 완료돼 있었다. 하지만 파리에 끔찍한 테러리스트 공격이 일어났다. "제 내면 깊은 곳에서 무언가가 흔들렸어요." 그녀 내면의 목소리가 울려 퍼지고 있었다. "그저 학문적으로 흥미롭다고 생각할 500명의 사람들을 위해 편한 녹음을 할 수는 없어…. 세상은 다른 무언가를 필요로 해." 프랑스에서의 폭력뿐만 아니라 미국 정치의 원한에도 충격을 받은 상태로, 디도나토는 사람들이 시끄러운 대격변의 시기에 어떻게 위로를 찾는지 (음악과 예술을 통해서) 탐험하고 싶었다.

그녀는 투어를 하면서 많은 사람에게 물었다. "혼돈의 한가운데에서 당신은 어떻게 평화를 찾으시나요?" 그녀는 그 답변들을 〈플레이빌(Playbill)〉에 실었다. 그것은 대화를 열었고 그녀의 투어가 또 다른 "90분짜리 그냥 지나가는 음악적 경험"은 아닐 것이라고 확언했다. 그녀의 질문과 청중의 반응은 더 넓은 대화를 촉발했고 그것이 투어를 위한 배경이 됐다.

디도나토는 같은 질문에 대한 자신의 대답을 되돌아봤다. 혼돈의 한가운데에서 어떻게 그녀는 평화를 찾는가? 콘서트가 가지는 현재의 임무도 있지만, 그녀는 수 세기의 나이를 먹은 음악 작품들을 공연한다. 그녀는 어떻게 수백 년에 걸쳐 노래를 들어온 청중뿐만 아니라 수 세기 동안 노래를 해 온 사람들과의 유대감을 느끼는지 우리에게 묘사했다. "시간을 거슬러 올라가는 실 같은 것에 당신을 맞추는 느낌이에요." 디도나토는 우리가 아는 바 대로, 특히 침묵 안에서 시간을 초월한다. "침묵은 이전에 있었던 그런 모든 침묵으로 증폭되고, 또 그 위에 세워져요."

그녀는 공연이 막바지에 다다르는 순간을 이렇게 설명했다. "목소리가 바이올린 독주에 선율을 넘겨주면서 마무리를 지어요. 그리고 나서 바이올린이 천천히 오케스트라의 마지막 길게 늘어지는 화음에 길을 내주죠. 그리고 감지할 수 없게 그저 사라져요. 마치 영원히 이어질 것처럼."

이후 가장 장대한 침묵이 있다.

그녀는 우리에게 말한다. "청중 속에는 2,000명의 사람들이 있어요. 2,000개의 경험이 동시에 일어나고 있죠. 그것은 마치 움직이지도, 심지어 숨 쉬지도 말라는 이 무언의, 집단적 합의(**고요한 집단적 합의**)가 있는 것 같아요." 그녀는 이어 말했다. "청중은 이 열광의 분위기가 일어나게 하고 있어요. 이 지점에서는 마치 시작할 때의 침묵 같은 기대가 아니에요. 그리고 긴장도 아니죠." 그녀는 자신이 너무나도 잘 아는 침묵의 다양성을 분석하며 덧붙였다. "그들은 그저 침묵 **속에** 있는 거예요. 온전히 그 경험을 믿고 있죠. 그 속에서 목욕하면서."

디도나토의 말에 따르면 시간이 '유예된' 것처럼 느껴진다. "이런 종류의 침묵은 신성하게 느껴져요."

백악관에서 단 몇 블록 떨어져서 트럼프 시대의 황혼기에, 너무도 많은 불확실성과 소란의 시기에 그곳에는 존재와 평화의 순간적인 문화가 있다. 그 공연은 뒤에 열광적인 침묵을 남긴다. 그리고 굉장히 느리게, 그것은 소멸한다.

맹렬한 박수 소리가 찾아온다. 그러고 나서 기쁨에 가득 찬 '브라바!' 하는 외침이 진정되면 청중은 다시 한번 집단적인 침묵 속으로 자리 잡는다.

디도나토는 그때 청중에게 말을 건넸다. 먼저 그녀는 뚜렷한 것을 인정했다. 바깥의 고통과 혼란을. 이후 그녀는 오페라에서의 크레센도처럼 크기를 키웠다. "우리의 세상이 언제나 이런 방식일 필요는 없습니다." 그녀는 삶이 어떻게 엄청난 가능성, 믿을 수 없는 아름다움, 끈질긴 진실로 넘쳐흐를 수 있고 또 그래야 하는 지에 대해 이야기했다.

그러고 나서 그녀는 무대 위에서 다시, 말을 멈추고 미동도 없이 서 있었다. 말들이 홀 전체에 공명할 수 있도록 일정한 공간을 허락했다.

우리가 디도나토에게 어떤 말을 했는지 물었을 때, 그녀는 거의 기억하지 못하는 것처럼 보였다. 그녀가 그 말을 한 게 아니었다. 그 말이 결과로 일어난 것이 아니라 오히려 그 말이 그녀에게 말한 것 같았다. 마치 전체 투어가 이 말과 그 침묵을 그날, 그 장소, 그 특정한 청중에게 전달하기 위해 만들어진 것 같았다.

저스틴은 디도나토의 말을 생생하게 기억한다. 그는 거기 있었다. 투쟁과 희망에 관한 그녀의 말이 남긴 그림자 속에서 그는 그렇게 큰 군중 속에서 마주쳐 본 것 중 가장 깊은 침묵의 일부를 느꼈다. 그녀가 말한 집단적 합의를 느꼈다. 그는 그 집단적 합의에 들어갔다.

고故 루스 베이더 긴스버그 Ruth Bader Ginsburg 판사 또한 그 공연의 청중 속에 있었다. 그녀가 사망하기까지 1년도 남지 않은 때였다. 대법원에 치열한 시간이었고, 그녀는 논쟁을 초래할 만한 사건들을 많이 직면했다. 디도나토는 이렇게 회상했다. "긴스버그의 책상 위에는 큰 결정들이 놓여 있었어요. 공연 다음 날 아침, 그녀는 자신이 얼마나 감사한지 제게 표현했어요. 그 2시간 동안 소송 사건들에 대한 생각을 멈췄다고요. 그녀에게 숨을 쉬고, 자신을 회복하고, 자신을 보충하고, 새로운 관점으로 돌아가도록 허락해 준 공간이 있었다고요."

우리는 긴스버그 판사가 그 순간에 얼마나 많은 것을 쥐고 있었는지(그녀 자신을 위해서 그리고 나라를 위해서)에 대해 디도나토와 함께 생각했다. 우리는 이런 종류의 회복을 허락할 **그릇**을 찾는 것이 얼마나 희귀한지에 대해 생각했다. 공공의 공간, 일반 대중 속의 공간, 조용한 집단적 합의의 공간.

디도나토는 말한다. "우리 사회의 많은 부분이 생산을 기반으로 조직돼 있죠. 깨어 있으면서, 유행에 앞서 있으면서, 어떤 것(어떤 길, 어떤 일)의 최고점에 다다르면서요. 그 때문에 우리의 지성은 이것이 유일한 방법이라고 믿도록 스스로를 속입니다. 하지만 그때 여기에 멈추고 무언가 널찍하고 진실된 것을 경험하라는 초대가 찾아옵니다." 그녀는 계속해서 말했다. "저는 이것이 문화, 예술, 공연의 힘이라고 생각합니다. 그런 일이 항상 일어나지는 않습니다. 하지만 **일어날** 때, 그것은 당신의 머리에서 기어 나와 당신의 중심으로 뛰어드는 기회가 됩니다."

명상 또는 조용한 사색에서 디도나토는 드물게 그녀가 '열광적'이라고 부를 만한 종류의 침묵을 경험한 적이 있다. 하지만 그녀는 우리에게 말한다. "저는 여러 번 **풍부하게** 그것이 집단에서 올 때 경험했어요…. 조율이 밀려 들어오고, 그것은 근사하게 증폭됐습니다."

고요함을 찾는 시간

데와 푸투 베라타Dewa Putu Berata는 우부드Ubud 근처의 마을 펭고세칸Pengosekan에서 거대한 반얀나무 다섯 그루가 드리운 그늘 아래 친구들과 게임을 하고 음악을 연주하며 자랐다. "발리에서 우리는 **많은** 의식을 해요." 그는 씩 웃으며 말했다. 이것은 매력적으로 절제된 표현이다. 제물과 의례는 발리인의 삶에서 가장 주목할 존재다.

소년일 때 베라타가 가장 좋아하는 의식은 새해 전날 저녁에 이루어지는 것이었는데, 응루푹 퍼레이드Ngrupuk Parade라고 불린다.[2] 그것은 고의적인 혼돈이다. 마을 사람들은 괴물과 악마의 거대한 모형을 들고 거리로 쏟아져 나온다. 그들은 북을 두드리고 큰 소음을 만들어 악한 영혼들을 쫓아 보낸다. "음악이 시끄럽고 진지해요." 베라타는 목소리를 확 낮추며 우리에게 말했다.

"이런 식이에요. 타타! 타타! 둠! 타타! 둠! 타 둠!"

그는 북 치는 사람으로 유명했던 아버지에게 가까이 붙어 있곤 했다. 그의 아버지는 그다음 날인 녜피Nyepi에 이루어지는 정화 의식을 위해 나쁜 것을 몰아내고 사람들을 준비시키려 몇 시간 동안 세차고 빠른 리듬을 연주했다. 녜피는 침묵의 날로 새해 첫날이자 발리의 음력에서 가장 중요한 기념일이다.[3]

녜피는 일상의 평범한 활동을 금지한다. 24시간 동안 아주 다른 규칙이 적용된다. 요리하거나 조명 켜는 것을 포함해 불을 사용할 수 없고, 일을 비롯한 모든 활동이 금지되며, 집에서 나올 수도 없고, 무엇보다 음식을 먹거나 유흥 활동에 참여할 수 없다. 베라타가 우리에게 말한다. "당신은 조용히, 집에서 생각하며 시간을 보내야 해요. 하루 동안 자연을 쉬게 하고, 하루 동안 스스로도 쉬게 하세요."

베라타는 요즘 그의 마을이 말도 안 될 정도로 시끄러워졌다고 설명했다. 디젤 트럭과 오토바이, 끊임없이 울려대는 경적 소리 너머로 새들의 지저귐을 듣기가 거의 불가능하다. 하지만 녜피 동안 아무도 운전을 할 수 없고 국제공항은 폐쇄되며 심지어 모바일 데이터도 중단된다.

베라타는 이렇게 말했다. "그것은 우리 세상에서의 침묵이에요. 하지만 우리 머릿속과 마음속에는 여전히 많은 것이 있죠."

이 정화의 날에 사람들은 금지된 것에 대해 투덜대기보다 가지고 있는 모든 것에 감사해야 한다. 베라타와 가족들은 스스로에게 묻는다. "만약 내게 직업이 없다면 어떨까? 만약 내게 먹을 것이 없다면? 만약 내게 집이 없거나 전기 요금을 부담할 능력이 없다면?" 이런 질문은 그들의 감사 실천을 촉진한다.

베라타는 자신과 같은 평범한 사람들, 즉 명상을 그다지 잘하지 못하는 사람들이라면 사랑하는 사람들과 함께 조용한 대화를 하며 녜피를 보내도 괜찮다고 이야기했다. 단 이웃을 방해하지 않도록 주의해야 한다. 베라타 가족들은 그 시간을 서로의 관계를 돌보는 용도로 사용한다. 그들은 서로 얼마나 잘 소통해 왔고 어울려 왔는지에 대해 이야기한다. 그들은 서로에게 한 약속을 재논의하고 되살린다. 그들이 '가족으로서' 어떻게 되기를 원하는지 상상한다. 베라타와 그의 가족에게, 이런 조용한 대화가 다가오는 해의 분위기를 만든다.

베라타가 오늘날 녜피에서 가장 좋아하는 부분은 그와 아내, 아이들이 집 마당으로 매트리스 몇 개를 가져올 때다. 그들은 머리를 가까이 두고 비스듬히 기대앉아, 그저 새소리를 들으며 광활한 하늘을 바라본다.

우리는 베라타가 녜피는 사라지고 있는 전통이라고 말해 주기를 반쯤 기대했다. 하지만 사실 정반대라고 말했다. 사람들은 전보다 더 의식을 잘 지킨다. 그는 자신이 어렸을 때만 해도 "녜피가 그렇게 중요한 일이 아니었어요"라고 말했다. 과거에 정부는 일상에서 마을 보안을 유지하는 페칼랑Pecalang이라는 전통 보초들에게 녜피의 규칙을 시행하라고 요청했다. 오늘날 그들은 여전히 거리를 배회하지만, 베라타는 그들이 거의 필요하지 않다고 말한다. 그가 우리에게 말했다. "제 생각에 사람들이 녜피가 무엇인지 이해하는 것 같아요. 오늘날 삶은 너무 붐비고, 우리는 너무 스트레스가 많아요. 일도 많고, 활동도 많고요. (…) 제 생각이 우리는 정말로 녜피가 **필요**합니다."

베라타는 그와 동료 시민들이 그 의식을 환영한다고 말했다. "우리는 이렇게 말해요. '고맙습니다, 녜피. **정말로요.**'"

기억 되살리기

앞선 챕터에서 우리는 친구들, 동료들, 사랑하는 사람들 사이에서뿐만 아니라 우리 개인의 삶에서 침묵을 찾는다는 것이 무엇을 의미하는지 살펴봤다. 우리의 내면 세상을 존중하고 말하지 않는 것을 소중히 여기는 공공 정책을 상상했다.

하지만 침묵을 기리는 사회 일체에 산다는 것은 어떤 의미일까?

만약 디도나토의 공연에서 나타난 집단적 합의나, 베라타가 녜피에서 관찰한 사색의 날이 드물게 일어나는 일이 아니라 일상생활의 요소라면 어떨까?

명료함과 경외감을 소중히 여기는 문화를 어디서 찾아볼 수 있을까?

우리는 최근 이런 일련의 질문을 《Sand Talk: How Indigenous Thinking Can Save the World(모래 대화: 원주민들의 사고방식이 어떻게 세상을 구하는가)》의 저자 융카포르타와 탐구했다.[4]

융카포르타의 답변은 분명했다. "그건 존재하지 않습니다."

그는 우리에게 말했다. "지구의 원주민 문화 중 같은 소음에 감염되지 않은 것은 없습니다. 같은 구조 안에 여전히 살고 있는 사람들이 있습니다." 그는 전통적 지식과 자연의 연결 방식에 대해 언급했다. "하지만 그것들 또한 무너지고 있습니다."

"소음은 어디에나 있습니다. 지구상 모든 어머니의 모유 안에 다이옥신이 들어 있듯(심지어 아마존 한가운데서도, **특히** 아마존 한가운데서도) 완벽한 장소란 없습니다. 모두 오염됐어요. 세상에 소음이 너무 많아서 당신은 사람과 오염되지 않은 관계를 맺을 수 없습니다. 우리의 관계들은 소음에 감염됐고, 어떤 두 사람 사이에든 천 겹의 방해가 있습니다."

융카포르타는 잠시 멈추더니 이것이 부정적으로 들린다는 사실을 인정했다. 그러고 나서 우리의 예상과는 정확히 정반대로 벗어난 말을 했다.

"저는 지금 살아 있다는 것에 아주 신이 납니다."

"이 모든 것이 절망적으로 들리지만, 아니에요. 이것은 선물입니다. 우리의 일은 우리 후손들이 살아갈 시스템을 실현하는 겁니다. 저는 지금 연결에 대한 **추모**를 말하고 있는 거죠."

그는 이렇게 결론 짓는다. "이곳에는 행성을 뒤덮은 이 거대하고, 고장 난 불가항력이 있습니다. 그리고 그것에 대한 우리의 반응이 놀라운 재생 문화가 다가오고 있음을 알리고 있죠."

·······

청각적, 정보적, 내면적 소음의 시대에, 즉 세계의 자연적 '청각 생태계' 중 최소 3분의 1이 멸종해 버린 이때, 지구의 구석구석이 어떤 형태의 디지털 연결성을 가지고 있는 이때, 사회 복지가 소리와 자극과 물건의 원초적인 양으로 판단되는 이때. 그리고 인간 삶의 '성공'이 요즘 인기 있는 디지털 플랫폼에서의 개인적 브랜드에 따라 평가되는 이때 융카포르타의 말은 아마 옳을 것이다. 오늘날 도달 불가능한 오염되지 않은 주의의 정도가 있다.

그러나 융카포르타는 이 소음의 세상에서조차 우리가 **할 수 있는** 중요하고 놀라운 일이 있다고 주장했다.

"기억을 되살리세요." 그는 이렇게 말했다.

우리는 기억을 **지키기** 위해 기억을 되살릴 수 있다. 비록 이 소음의 세상에 완벽한 황금의 침묵은 없을지라도 우리는 장기적으로 침묵과 연결될 수 있다. 우리는 그것들이 미래에 다시 꽃을 피울 것이라는 희망을 품고 남아 있는 뿌리와 가지를 돌볼 수 있다.

이 책 전반에 걸쳐 우리는 크고 작은 방식 모두에서 '기억을 되살리는 것'이 어떤 의미인지 살펴봤다. 우리가 살고 있는 시끄럽고 고립된 시간에서 완전히 벗어나 있다고 느껴지는 조용하고 연결된 존재를 깨우는 것이 어떤 의미인지 살펴봤다. 세계적 정치 권력의 중심지에 있는 그랜드 오페라 하우스. 그리고 오토바이 연기에 가려진 논밭 사이의 작은 마을은 문자 그대로도 그렇고 비유적으로도 그렇고, 완전히 다른 세상이다. 하지만 이것들은 침묵의 '기억을 되살리는 것'이 어떤 의미인지를 보여 주는 두 가지 사례다.

우리 안의 신호

우리는 융카포르타에게 그가 아는 가장 깊은 침묵에 대해 이야기해 달라고 요청했다. 그는 우리 질문의 전제에 친근한 도전을 던지며 답변했다. 융카포르타의 말에 따르면 그의 원주민 언어인 윅 뭉칸Wik Mungkan에서 침묵의 일상적인 개념에 가깝기라도 한 단어는 없다.

융카포르타는 이렇게 설명한다. "진공은 그저 이론적인 개념입니다." 대부분의 현대 침묵에 대한 추구(우리가 우리 세상의 모든 관계와 진동과 패턴을 초월할 수 있다는 생각)는 착각이다. 하지만 그는 그의 전통적 언어에 존재로서의 그리고 소음의 부재 그 이상으로서의 침묵의 더 깊은 개념과 직접적으로 연관되는 개념은 **있다고** 말했다.

그는 이 개념을 '신호를 인식하는 능력'이라고 불렀다.

"이것은 주관적입니다." 융카포르타는 경고했다. 왜냐하면 우리는 '한 사람의 신호는 다른 사람의 소음'이라고 생각하기 때문이다. 하지만 그는 우리의 모든 개인적 이야기와 의견보다 더 깊이 흐르는 진정한 신호가 있다고 말한다. 그의 말에 따르면 "기본적으로 가장 밑바닥에는 이 땅의 법, 땅속에 깃든 법 그리고 모든 것의 성장과 성장의 한계를 결정하는 창조의 힘과 패턴이 있습니다."

그는 말한다. "그것이 바로 그 신호죠." 그는 잠시 깊이 생각하더니 그가 신호를 인식하는 것에 대해 이야기할 때 의미하는 바의 본질에 도달했다. 바로 '**정말로** 진실인 것에 귀를 기울이는 것'이다.

우리의 대화에서 융카포르타는 이 진정한 신호가 땅 속에만 있지 않다고 강조한다.

그것은 우리 안에도 있다.

"고래들은 이주 경로를 알려 주는 유전적인 신호를 가지고 있습니다. 새들도 마찬가지로 이런 신호를 가지고 있죠. 생물학자들은 인간에게는 그런 기억이 없다고 말합니다. 하지만 우리는 어떻게 집단을 이루어 구조화하는지를 알려 주는 신호를 가지고 있습니다."

융카포르타의 말을 들으면서, 우리는 이 책을 쓰도록 인도한 원래의 직감으로 다시 되돌아가게 됐다. 세상의 모든 소음과 우리 자신의 머릿속에 있는 모든 간섭을 넘어, 그곳에는 우리가 주파수를 맞출 수 있는 이 존재(이 진정한 신호)가 있다.

우리가 이 존재의 '기억을 되살리고' 우리의 삶을 그것에 맞춰 조정할 때, 개인적 차분함이나 높아진 생산성이나 융카포르타가 조소적으로 '자기실현'이라고 부른 것의 다른 형태 이상의 무언가를 찾을 수 있다. 우리는 다른 사람과 함께 잘 살아가는 방법에 대한 안내를 찾을 수 있다. 우리는 문화를 치유하는 방법과 사회를 조직하는 방법에 대한 지향점을 찾을 수 있다. 자연과 조화를 이루어 살아가는 방법에 대한 안내도 찾을 수 있다.

융카포르타는 우리에게 이렇게 상기시켰다. "땅의 법칙은 **느리게 살아갑니다.**" 그것은 케이블 뉴스 주기와 소셜 미디어 핫 테이크hot take(언론에서 주의를 끌기 위해 일부러 하는 자극적인 논평.—옮긴이)의 속도라기보다는 수백 년, 수천 년에 걸쳐 작동한다. 위험할 만큼 빠른 속도로 달려가면서 신호를 분별할 수는 없다. 자아의 이야기를 모두 따라잡으면서 경청할 수는 없다.

침묵의 힘

침묵의 힘, 즉 융카포르타가 '신호를 인식하는 능력'이나 '정말로 진실인 것에 귀를 기울일 능력'이라고 부른 것을 설명하기 위한 방법은 수천 가지가 있다. 우리는 그중 많은 것을 이 책에서 언급했다.

예를 들어 신경생물학적 용어를 사용해 뇌의 디폴트 모드 네트워크 너머에 도달하는 것으로 설명할 수 있다. 아니면 종교적 용어를 사용해 개념을 넘어서는, 즉 이름으로 불릴 수 있는 것을 넘어서는 현실의 부정적 본질로 그림을 그릴 수 있다. 아니면 하빕이 '창조의 감식가'가 되는 것에 대해 이야기했듯 시에 기대를 걸어 볼 수도 있다. 아니면 바닷물이 세차게 일렁이는 것을 바라보거나 피부에 서늘한 바람이 스치는 것을 느끼는 감각적 명료함처럼, 이야기나 분석에 영향받지 않은 자신의 직접 경험 속에서 그것이 어떻게 느껴지는지에 의지할 수도 있다.

침묵의 역학적 본질을 설명하는 가장 강력한 방법들 중 하나는 '확장'이라는 단어를 통해서다. 그것은 주의의 공간을 펼치고 분리된 자아의 제약을 줄이는 것이다. '확장'이라는 단어는 우리 세상에서 침묵이 왜 그렇게 희귀한지, 융카포르타가 소음의 '제대로 기능하지 않는 불가항력'이라고 부른 것과 우리가 오늘날 왜 함께 살아가는지를 이해하는 핵심이다.

신경과학자 브루어는 우리에게 사실상 그의 모든 학술 조사 연구(생각과 행동이 뇌의 생물학적 메커니즘과 하는 상호작용에 대한 수십 년에 걸친 탐구)가 어떻게 인간 경험의 스펙트럼에서 **수축** contraction과 **확장** expansion 사이를 가리키는지 설명했다. 브루어의 말에 따르면 수축 상태에서 우리는 사물에 이름을 붙이는 데 몰두하고, 과거와 미래에 집착하며, 개인화된 정체성의 소음에 사로잡힌다. 확장 상태에서는 자기와 타인의 경직된 경계를 초월할 수 있는 내면적 침묵 속에 존재한다.

브루어는 우리 사회가 실제로 수축 상태를 찬양하는 경향이 있다고 지적했다. 또는 디도나토가 말했듯 "우리 사회의 많은 부분이 생산을 기반으로 조직돼 있어요. 깨어 있으면서, 유행에 앞서 있으면서, 어떤 것(어떤 길, 어떤 일)의 최고점에 다다르면서요." 브루어는 우리가 '흥분'의 감정을 추구하고 미화하는 경향이 있다고 지적했다. 흥분된 상태에 어떤 문제가 있는 것은 전혀 아니지만, 그것은 수축된 상태다. 그는 이렇게 말했다. "흥분은 행복과 동일하지 않습니다."

순식간의 질주 이상의 무언가에 기초를 둔, 더 깊고 더 지속 가능한 종류의 즐거움이 존재한다. 아리스토텔레스는 에우다이모니아eudaimonia라고 부른 종류의 행복에 대해 말했다.[5] 이것은 미덕과 진실에 뿌리를 둔 인간 번영의 경험이다. 이것은 개인화된 자아의 제한된 관심 너머로 우리가 확장하고 있을 때 느끼는 선이다. 이것은 명료함과 차분함으로 가득 찬, 광활하고 날카로운 행복이다.

간디는 마나사manasa(마음), 바차vāchā(말), 카르마나kārmana(행동) 사이의 정렬로서 이 확장적 종류의 실현에 대해 말했다. 그는 이렇게 말했다고 전해진다. "행복은 당신이 생각한 것, 당신이 말한 것, 당신이 행한 것이 조화를 이루는 순간입니다." 이러한 관점에서 세계에서 가장 바쁘고 유명한 정치적 지도자들 중 하나인 간디조차도 침묵 속에서 그렇게 많은 시간을 보낸 것이 이해된다. 행복에 대한 그의 생각이 그것을 **요구했던** 것이다.

모든 문화는 무엇이 좋은 삶을 구성하는가에 대한 고유의 상상도가 있다. 모든 사회는 무엇이 인간 번영에 기여하는가라는 질문에 대한 고유의 답을 가지고 있다. 지겹도록 오래된 반대 의견을 초월하도록 우리를 돕고 의견 그리고 반박 문화를 넘어서는 침묵의 힘에 대한 이 책에 영감을 준 직관은 우리의 북극성을 수축에서 확장으로 변화시키는 일에 대한 것이다. 그것은 속도, 오락, 경쟁, 정신적인 것과 물질적 축적에 대한 집착에서 벗어나 존재,

명료함 그리고 모든 말과 생각 너머에 있는 황금 같은 공간을 새롭게 인식하는 과정이다.

우리는 이 변화를 만드는 데, 즉 소음의 세상에서 침묵의 기억을 되살리는 데 대해 광범위한 아이디어를 탐구했다. 우리는 마스터스가 설명한 것처럼 당신의 **통제 권역**과 **영향 권역**을 찾는 개인적 실천에서 시작했다. 이후 직장에서 방해받지 않은 주의를 지키고 친구 및 가족과 조용한 순간을 공유할 수 있는 방법을 살펴봤다. 마지막으로 우리는 사회 전반적인 수준에서 침묵을 구축하기 위한 기회를 검토했다.

하지만 정말로, 이 모든 전략은 우리가 이 책을 여는 부분에서 소개했던 단 하나의 단순한 아이디어로 귀결된다.

소음을 알아채라.

침묵에 귀를 기울이라.

가능한 한 깊이 침묵 속으로 들어가라.

심지어 그것이 단 몇 초간만 존재한다고 할지라도.

때때로 심원한 침묵(심지어 열광적인 침묵)의 공간을 구축하라.

이것이 우리가 진정한 신호를 들을 수 있는 방법이다. 이것은 기억의 본질이다. 이것은 개인적이든 집단적이든 우리 의식의 확장으로 가는 가장 분명한 길이다.

이 책의 시작에서 우리는 가장 다루기 힘든 문제들이 더 많은 말이나 생각으로 해결되지 않을 것이라고 말했다. 목소리와 지성, 물질적 진보의 웅웅거리는 기계에 마땅한 경의를 표하며, 우리는 가장 심각한 개인적, 집단적, 심지어 세계적 문제의 해결책이 어딘가 다른 곳에 있을 가능성도 고려해 보라고 요청했다. **바로 이 확장의 공간에서 이 정신적인 것들 사이의 열린 공간에서 말이다.**

　우리는 침묵을 통해 해결책이 자동적으로 나타날 것이라고 이야기하고 싶지는 않다. 우리는 여전히 억압적인 사회 시스템에 도전해야 하고, 온실가스 배출을 대폭 줄여야 하고, 공정 경제를 구축해야 한다. 이 모든 변화는 필요하다. 그저 그것들 자체만으로 충분하지 않을 뿐이다. 또한 우리 인간의 집단적 의식 속 기저에 깔려 있는 불안을 다룰 필요가 있다. **세상을 수리하기 위해 우리는 침묵을 구축하고, 침묵 속에 존재하고, 신호를 인식할 능력을 되찾아야 한다.** 겸손과 회복 그리고 삶에 대한 존중으로 가는 길을 찾아야 한다. 이것은 우리가 마주한 도전을 해결하기 위한 전제조건이다.

　그저 우리의 말만 받아들이지 말라.

　당신이 아는 가장 깊은 침묵의 경험으로 돌아가는 시간을 가져 보자. 당신이 있는 곳, 당신이 함께 있는 사람, 당신 주변에 일어나는 일로 돌아가 보자. 당신의 몸에서 이 깊은 침묵이 어떤 느낌인지 기억해 보자. 어쩌면 몰입 상태처럼 능동적일 수도 있다. 어쩌면 휴식 상태처럼 수동적일 수도 있다.

여기서 잠깐 시간을 갖자. 숨을 쉬고.
당신이 기억 속 느껴진 감각을 불러올 수 있는지 보자.

이제 당신이 사랑하는 사람도 이 존재를 느낀다고 상상해 보자. 그리고 당신의 이웃도, 당신의 직장 동료도. 국가의 최고 정치 의사 결정자와 문화 인플루언서도 이 존재를 느낀다고 상상해 보자. 모든 사람이 적어도 아주 잠시만이라도 이 공명을, 이 광활함을 느낀다고 상상해 보자.

우리가 모두 잠시 멈추고 그것에 경탄한다고 상상해 보자.

이 경험이 우리가 갈등을 다루는 방식을 어떻게 바꾸어 놓을까? 이 침묵 속에 앉아 있을 때, 우리는 논쟁에서 이기고 싶은 경직된 충동에 의지할까, 아니면 경청과 이해로 확장할까?

이 존재는 우리가 생각하는 진보의 개념을 어떻게 바꿀까? 우리가 더욱더 많은 정신적인 것, 물질적인 것의 끝없는 축적으로서 '좋은 삶'의 개념에 계속 집착할까? 아니면 우리가 자연과 더 많이 조화를 이루기를 갈망하며, 우리 자신을 편안하고, 열리고, 느리게 할까?

이 침묵의 존재가 우리가 의사 결정하는 방법을, 우리가 스스로를 책임 있는 상태로 유지하는 방법을, 우리가 시간을 보내는 방법을 어떻게 바꿀까? 이 침묵의 존재가 우리의 가슴속에 품은 것을 어떻게 바꿀까?

모든 인류가 이 황금 같은 침묵을 흡수할 수 있다고 상상해 보자.

우리가 기억할 때 무엇이 가능해질까?

우리가 모두 귀를 기울일 때, 어떤 일이 일어날까?

침묵을 찾는 33가지 방법

앞으로 나올 내용에서는 우리가 이 책에서 보여준 침묵을 찾는 중요한 실천법과 전략 일부를 빠르게 요약하려 한다. 이 아이디어들은 조용한 시간 주머니를 찾는 것처럼 작은 규모로 이루어지는 개인적 방법에서 우리 사회에 큰 변화를 불러오는 방법까지 아우른다. 더 자세한 실천법을 알고 싶다면 각 소제목 옆 쪽번호를 참고하면 된다.

개인을 위한 매일의 실천법

그저 들으라(257쪽)

조용한 장소에 걸어 들어가라. 듣기에 모든 주의를 기울이라. 당신이 **무엇을** 듣는지에 대해 생각할 필요는 없다. 그저 당신 주변의 소리 풍경에 귀를 기울이라. 만약 주변에 충분한 침묵이 있다면 진동이나 귓가에 울리는 소리 등 '내면의 소리'에 대한 어떤 감각이라도 느껴지는지 생각해 보라. 이름 붙이거나 판단하지 말고 **그저 들어 보라.** 피타고라스가 그의 학생들에게 충고했던 것을 기억하라. "침묵하는 법을 배우라. 조용한 마음이 침묵을 듣고 흡수하도록 내버려 두라." 듀크 대학교 의학 대학 연구진이 뇌세포 발달을 자극하며 '침묵 속에서 들으려고 노력하는 것이 청각 피질을 활성화한다'는 증거를 어떻게 발견했는지 생각해 보라. 단순히 듣는 것에 의식의 닻을 내렸을 때, **당신의 생각과 감정이 어떻게 움직이는가?**

침묵이 주는 작은 선물(261쪽)

당신이 하고 있는 일이 예기치 못한 휴식을 맞거나, 일상적인 소리가 끊기거나, 일과 중에 어떤 자극을 받게 된다면 **이 틈을 선물로 여길 수 있는지 보자.** 예를 들어 당신이 헤드폰으로 즐겁게 듣고 있던 팟캐스트가 갑자기 멈추거나, 우체국에서 말도 안 되게 긴 줄에 갇힌다면 좌절하지 말고 빈 공간을 채워야 한다는 생각으로부터 아주 잠깐 벗어날 수 있는가? 당신은 이 예상치 못한 조용함의 순간에 얼마나 깊게 몰입할 수 있는가?

하루 세 번의 호흡이 나를 바꾼다(265쪽)

하루를 보내다가 문득 생각이 날 때마다 **세 번 호흡을 해 보라**. 원래도 숨은 쉬고 있지만 이 특정한 호흡 세 번을 할 때 **긴밀한 주의를 기울여 보라**. 당신은 이 세 번의 호흡을 몸과 마음의 어디에 소음이 있는지 알아차리는 '진단 프로그램'으로 사용할 수 있다. 그리고 이 세 번의 호흡을 내면의 조용함으로 돌아가는 방법으로 사용할 수 있다. 들숨과 날숨 사이에서, 그 두 가지를 '그네 타는' 사이에서 침묵을 찾을 수 있는가? 세 번의 호흡을 할 때 이 침묵에 몸과 마음의 주파수를 맞출 수 있는가? 겨우 30초 동안 의식적인 호흡을 하는 것이 어떻게 당신의 감정과 관점을 바꿀 수 있는지 보라.

움직일수록 고요해지는 마음(270쪽)

고요함과 침묵을 융합하는 말은 쉽게 이해할 수 있지만, 사실 침묵은 **움직임 안에도** 산다. 당신은 걸으면서, 뛰면서, 춤추면서, 수영하면서, 요가하면서 또는 농구하면서 움직이는 와중에 가장 정교한 주의력을 발휘할 수 있는가? 더 이상의 정신적 수다가 없는 '행동과 깨어 있음의 통합'을 찾을 수 있는지 실험해 보라. 의식적인 곱씹기에 몰두하는 과도한 주의가 없어질 정도로 당신이 몸으로 하고 있는 행동에 몰입할 수 있는지 보라. 진정한 신체적 몰입의 상태에서 마음은 조용하다.

사이의 빈 공간에 집중하라(273쪽)

일본의 문화적 가치 '마(間)'를 기억하라. **사이의 공간에서 명료함과 회복을 찾아라.** 대화 중에 단어와 문장 사이의 쉼이 그곳에서 생겨난 교환과 연결의 의미에 어떻게 공헌하는지를 느껴 보라. 하루를 보내면서 전환의 순간마다 잠시 멈췄다가 쉬어 가라. 문을 열 때, 물을 틀려고 수도꼭지를 돌릴 때, 전등을 켤 때 전환을 표시하기 위해 조용한 의식적 호흡을 하자. 순간에서 침묵과 공간을 누림으로써 우리는 **시간의 압축을 풀 수 있다.**

한 가지 일을 하라(275쪽)

당신이 다른 것을 하러 가는 길에 대개 그저 빠르게 훑고 지나가는 일상적인 '할 일'을 생각해 보라. 예를 들어 풀러의 '커피 내리기' 같은 간단하지만 우아한 실천법처럼 '결과에서 벗어나 과정으로 들어갈 수 있는지' 보라. 당신의 일상적 활동을 10퍼센트만 늦출 수 있는가? 감사하는 감각을, 심지어 의식과 같을지라도 그것에 가져갈 수 있는가? 당신의 일상적 부분을 갈아서 감각적 명료함을 위한 기회로 만들 수 있는지 실험해 보라. **그저 한 가지 일만 하는 것의** 단순한 기쁨을 통해 내면의 침묵을 찾아 보라.

글자 사이에 있는 침묵(279쪽)

가장 충만한 주의를 발휘해 책을 읽으라. 근처에 휴대전화도 두지 말고, 중간중간 잡담도 하지 말고, 다음에 할 일이 무엇인지에 대해 잡생각도 하지 말고. 당신의 마음에 침묵을 불러오려는 직접적인 의도를 가지고 '깊이 읽기'를 위한 시간을 내 보라. 휴대전화 신호가 잡히지 않는 외딴 오두막이나 비행기 안에서 독서를 할 때 느낄 수 있는, 그런 조용함을 잘 만드는 읽기 종류가 몇 가지 있다. 이런 종류의 읽기에 참여하는 최고의 방법들 중 하나는 시를 통해서다. 침대 머리맡에 가장 좋아하는 시집을 놓아두라. 잠에 빠져들기 전에 시를 읽음으로써(또는 다시 읽음으로써) 당신의 꿈 밭에 씨를 뿌리라. 손택의 말을 빌리자면 좋은 글이 어떻게 "그것이 지나간 흔적에 침묵을 남기는지" 살펴보라.

자연에서 만난 순간적인 몰입(283쪽)

물살이 강한 강이나 지저귀는 새 한 무리가 내는 소리가 높은 데시벨로 인식될 수 있긴 하지만 이런 자연의 소리는 우리 의식에 자기주장을 하지 않는다. 자연의 소리는 조용함의 감각적 경험을 만든다. 삶을 균형 있는 시각으로 볼 수 있게 도와줄 두 가지 간단한 방법을 매일 시도해 보라. ① 우뚝 솟은 나무나 밤하늘의 별들처럼 **자신보다 더 큰** 무언가와 연결되라. ② 새로 핀 꽃송이나 개미 떼, 참새 한 마리처럼 **자신보다 더 작은** 무언가와 연결되라. 크고 작은 자연과 연결되는 것은 삶이 그저 인간 중심적인 존재의 정신적인 무언가라는 시끄러운 망상을 몰아내도록 도와준다.

시공간 속 나만의 피난처 만들기(290쪽)

당신 계획표에 있는 삶의 모든 책임과 약속을 생각해 보자. 침묵 속에 있게 해 주는 시간과 공간 주머니를 지킬 수 있는가? 화장실에서 혼자 있는 순간(휴대전화는 금지다)일 수도 있고, 아침 알람과 수면 사이의 잠깐을 탐닉하는 순간일 수도 있다. 스트레칭, 목욕, 일기 쓰기, 테라스에 앉아 있기, 바닥에 누워 있기, 또는 다른 편안하고 조용한 존재의 상태를 찾기 위한 시간을 만들라. 아마 주로 늦은 밤이나 이른 아침일 것이다. 달력에 공간을 만들라. 자신과의 약속을 만들라. 마치 당신이 중요한 직장 동료나 아끼는 친구와 만나는 것처럼 그 일정을 소중히 하라.

소음과 친구가 되라(293쪽)

때때로 소음은 불가피하다. 투아마는 우리 삶에 원치 않지만 불가피한 것들에 인사를 건네라고 조언한다. 그러니 소음에 인사를 건네는 방법을 찾으라. 그것을 연구하라. 그것에 대한 당신의 반응을 알아채라. **소음이 어쩌면 당신에게 유용한 신호를 보내고 있지는 않은가?** 당신이 그간 간과하고 있던 이유가 있지는 않은가? 해야 하는 부탁이 있지는 않은가? 당신이 받아들이거나 보내 주도록 요구받은 것이 있지는 않은가?

더 깊은 침묵을 찾기 위한 실천법

할 일을 챙겨 자연 속으로 떠나라(307쪽)

할 일 목록을 출력해서 당신이 합리적으로 접근할 수 있는 가장 외딴 장소로 가 보라. 말하자면 숲속의 호숫가나 산등성이 같은 곳 말이다. 그곳에 도착하면 1시간 정도를 자신에게 집중하고 감각을 재조정하는 데 사용해 보라. 그리고 신경이 안정되는 것을 느끼고 약간의 침묵을 흡수했을 때, 할 일 목록을 꺼내 **정말로 필요하지 않은 모든 것**을 지워 버리라. 집이나 사무실에서 일반적인 마음 상태일 때 중요하다고 생각했던 어떤 것들이 이 멋진 장소에서 보면 사실 중요하지 않을지도 모른다. 헴튼이 말한 것처럼 "해답은 침묵 속에 있다."

하루의 침묵이 일주일을 바꾼다(310쪽)

하루만 말하지 않도록 노력해 보라. 간디는 일주일에 한 번 '침묵의 날'을 가졌다. 명상과 성찰만 했던 것은 아니다. 그는 때로 글을 읽거나 심지어 다른 사람들과 함께 시간을 보내기도 했지만, 한마디도 하지 않았다. 만약 회사 업무나 아이 돌봄, 노인 돌봄의 책임 때문에 말 없는 날을 가지는 것이 불가능하다면, 그저 몇 시간만이라도 확보하라. 시작하는 방법은 단순하다. 먼저, 가장 크게 영향받을 주변 사람들에게 연락하라. 그들에게 왜 침묵의 날이 당신에게 중요한지 이야기하고, 당신의 계획을 설명하라. 혹시 그들에게 어떤 질문이 있거나 기본 원칙들에 합의를 찾을 수 있는지 보라. 예를 들어 동료나 사랑하는 사람들이 어떤 상황에서 당신을 방해해야 하는지 같은 것들 말이다. 그들의 온전한 지지를 요청하라(그들이 심지어 당신과 함께하겠다고 할지도 모른다). 일단 당신 자신을, 환경을, 주변을 준비시키고 나면 **당신이 대화에 참여하지 않을 때 스스로 무엇이 달라지는지 주의를 기울여 보라.** 무엇이 전경으로 들어오고 무엇이 뒤로 사라지는가? 이런 관찰이 당신의 일상에 어떻게 영향을 미칠까?

망각의 공간으로 걸어 들어가기(317쪽)

심원한 조용함에 들어갈 수 있도록 계획을 짜고 준비하라. 알지 못함의 구름이 설명하듯, 가장 깊은 기도나 명상에 참여하기 위해 삶의 도전적인 상황들 모두를 일시적으로 잊는 것이 중요하다. 하지만 어떻게 놓아 버릴 수 있을까? 자연이나 어딘가 평화로운 곳에서 혼자 조용한 사색 속에 있을 수 있는 몇 시간이나 하루 전체를 비축하라. 내면의 조용함을 위한 장을 마련하기 위해 당신이 할 수 있는 것을 하라. 할 일 목록에서 진정으로 중요한 몇몇을 지워 없애라. 만약 당신이 그 이메일을 보내지 않았기 때문에, 그 전화를 걸지 않았기 때문에, 쓰레기를 내놓지 않았기 때문에, 냉장고를 청소하지 않았기 때문에 내면적 침묵의 공간에 들어가지 못할 것이라고 생각한다면, 그냥 먼저 해 버리자. 침묵의 기간에 들어가기 직전에 당신의 몸과 마음을 준비시키는 데 필요한 것을 하라. 운동이든, 일기 쓰기든. 그렇다고 너무 야심에 넘칠 필요는 없다. 그저 내면의 소음에 원인을 제공하는 몇몇 요인을 치워 버리기 위해 무엇을 할 수 있는지 보라. 그러면 둥둥 떠 있기 더 쉬워질 것이다.

나만의 겨울 방학 만들기(321쪽)

DIY 침묵 피정을 만들라. 실질적이기 위해서는 길거나 비싸거나 멀리 갈 필요가 없다. 자신을 위해 체계화할 수도 있고, 상황에 따라 그릇을 만들 수도 있다. 예를 들어 방의 가구를 재배치하라. 아니면 이웃을 위해 반려동물을 돌봐 주라. 아니면 친구와 방을 바꾸어 보라. 새로운 환경이나 분위기를 준비하는 것은 심리적인 변화를 가능케 할 수 있다. 간단한 DIY 피정이 길고 멀리 떨어진 무언가만큼 몰입적이지 않을지도 모르지만, 침묵 속에서 짧은 시간을 보내는 것만으로도 당신의 관점을 움직이고 당신의 명료함을 증폭할 수 있다.

내면의 소음을 직면하라(328쪽)

내면적 소음의 가장 깊은 원천을 밝히고 다룬다는 것이 어떤 의미인지 생각하라. 이라크 전쟁 참전 용사이자 PTSD 생존자 루베키가 말하길 "트라우마가 깊을수록 내면적 소음은 더 크다." 그는 또한 청각적 침묵과는 다르게 내면적 침묵을 찾기 위한 감각 상실 탱크는 없다고 말한다. **우리가 직접 찾아야 한다.** 그에게는

MDMA를 통해서 이 작업이 처음 찾아왔다. 그의 말대로라면 "얼굴을 핥는 보송보송한 강아지들에 파묻혀 있는 동안 당신이 아는 한 이 지구에서 당신을 가장 사랑하는 사람에게 포옹받는 기분"을 느끼게 한 보조 심리 치료 요법 말이다. 이 치료의 힘은 그가 약물 없이는 너무나 고통스러웠을 기억에 접근하는 것을 더 안전하다고 느끼게 한 데 있다. 트라우마를 밝히고 다루는 작업이 꼭 환각제나 마약성 물질을 포함할 필요는 없다. 하지만 핵심은 특정한 내면적 소음을 약화시키는 근원을 밝히는 진정한 수단을 찾는 것이다.

무아지경의 눈으로 바라보라(333쪽)

당신이 사랑하는 것에 아이 같은 놀라움을 보이라. 애커먼은 자신의 책 《심층 놀이》에서 '놀이'를 '평범한 삶으로부터의 도피, 마음의 안식처, 삶의 관습과 방식과 법률로부터 면제되는 곳'이라고 썼다. 그리고 '심층 놀이'는 그녀가 무아지경의 놀이 형태를 일컫는 표현이다. 우리를 기도와 비슷한 바라봄의 상태로 데려가는 경험이기도 하다. 애커먼이 '심층 놀이'가 활동에 의해서보다는 기분에 의해서 분류된다고 말했지만, 특히 그것을 유도할 가능성이 높은 활동이 있다. 예술, 종교, 위험을 무릅쓰는 행동 그리고 몇몇 스포츠, 특히 상대적으로 멀고 조용하고 둥둥 떠 있는 환경에서 벌어지는 것들이다. 예를 들어 스쿠버다이빙, 패러슈팅, 행글라이딩, 마운틴 클라이밍 등이다. 현대 세상의 소음을 극복하고자 할 때, 이런 질문들을 고려하라. 무엇이 세상을 인식하는 아이 같은 방식에 당신을 가장 가까이 데려가는가? 어떻게 바라봄의 이런 방식들을 매일의 삶으로 거둘 수 있는가?

동료 및 협력자와 함께하는 매일의 실천법

이메일 없는 금요일과 회의 없는 수요일 만들기(362쪽)

직장에서의 침묵에 관해 당신이 진정으로 원하거나 필요로 하는 것이 무엇인지 생각하라. 대화를 시작하라. 실험을 상상하라. 어떤 조직에서는 '이메일 없는 금요일'이나 '회의 없는 수요일'이다. 다른 조직에서는 주말이나 오후 다섯 시 이후에도 항상 연락 가능하고 전자 기기에 접속해 있으리라는 기대를 제거하는 것이다. 또 어떤 직장에서는 건물 평면도를 다시 디자인하는 것이 특정 유형의 작업자들이 필요한 집중력을 얻는 데 도움이 될 수 있다. **당신의 실험에 착수하라. 얻은 교훈을 모으라. 실험을 개선하라. 반복하라.** 실험이 실패해도 안전하도록 보장하라. 처음부터 옳게 하려고 하지 말고 배울 계획을 세우라. 약간의 창의성을 발휘하면 겉으로는 아주 다루기 힘들어 보이는 소음의 규범이 바뀔 수 있다.

아이디어가 흐르는 빈 공간의 가치(365쪽)

사이의 빈 공간을 위한 숭배인 '마(間)'의 가치를 당신의 조직 문화에 소중히 모시라. **집단 활동부터 시작하라.** 예를 들어 심지어 큰 토론에도 조용한 성찰을 위해 허가된 시간을 만들라. 집단 브레인스토밍 중에 다음날 새롭게 질문을 다시 논의하는, 즉 '하룻밤 자면서 문제를 생각해 보는' 선택지를 가지라. 사람들이 조용하게 정독하고 익명으로 아이디어에 투표할 수 있도록, 비언어적 답신이나 벽에 아이디어를 가득 붙일 수 있는 메모지 갤러리 같은 새로운 가능성을 고려하라. 더 조용한 목소리와 중앙에 닿기에는 더 소외감을 느끼는 관점을 격려하기 위한 공간을 만들라. **평일의 일과에도 '마'의 가치를 넣을 수 있다.** 새로운 프로젝트를 시작하거나 회의에 맞닥뜨리기 전에 준비할 수 있는 시간을 계획하라. 회의나 행사 사이에 전환할 수 있는 시간을 넣으라. 일정이 연이어 있는 것을 피하라. 5분이라도, 다섯 번 호흡할 시간만이라도 차이를 만들 수 있다. 그리고 마지막으로 특히 중요하고 어려운 프로젝트가 있다면 이를 위해 성찰과 통합을 거칠 수 있는 시간을 계획하는 것을 잊지 말라.

완벽한 집중을 위해 함께 몰입하기(372쪽)

동료를 찾고 서로의 순수한 주의를 지원하겠다는 협정을 맺으라. 동료는 아마 같은 팀원이거나 만약 당신이 혼자 일한다면 집중된 작업 시간을 필요로 하는 다른 프리랜서일 수도 있다. 스마트한 (SMART: 구체적이고 specific, 측정할 수 있고 measurable, 달성할 수 있고 attainable, 관련성 있고 relevant, 시간에 기반을 둔 time-based) 목표들을 함께 설정하라. 병렬적으로 일하라. 서로에게 책임감을 가지라. 집중이 분산되는 것을 피하기 위해 함께 일하라. 마치 퀴리 가족이 '완벽한 집중'을 찾기 위해 함께 일했던 것처럼.

목소리를 내기 전에 여백을 만들라(377쪽)

당신과 당신의 팀이 갈등을 겪을 때, 잠깐 멈추고 몇 분 동안 침묵하자고 부드럽게 요청하는 것을 생각해 보라. 만약 그 문제가 열기를 띠어 더 많은 휴식이 필요하다면, 다음날(또는 다음 주)까지 휴정하자고 요청하는 것을 고려해 보라. 사람들이 무조건 반대하는 태도로부터 움직일 수 있도록 적정한 공간을 만드는 것이 목표다. 팀이 이런 순간마다 **침묵에 귀를 더 많이 기울일수록**, 이 방법은 더욱 효과적일 것이고 집단적 결정도 더 오래갈 것이다.

속도를 늦추고 조용함을 불러라(381쪽)

당신이 어떤 급박하고도 중요한 문제와 씨름하고 있을 때, 기질과 반대로 가라. 즉, **속도를 늦추라**. 소리와 강도를 높이기보다는 조용함을 추구하라. 만약 가능하다면 휴식을 취하라. 아니면 낮잠을 자라. 시를 읽으라. 당신의 개와 놀아 주라. 예술 활동을 하라. 자연으로 향하라. 목욕을 하라. 쉬라. 당신이 **광활함을 느끼고 또 그렇게 되도록** 도와주는 활동(또는 비활동)에 참여하라. 이 확장된 상태에서 스스로를 새로운 정보에 열어 보이라. 여러 갈래로 나뉜 생각을 들으라. 아이디어를 하룻밤 잠에 푹 재워 두라. 그리고 모여서 다시 문제에 집중하라. 무엇이 떠오르는지 느껴 보라.

가족과 친구들을 위한 매일의 실천법

모두모두 조용해져라, 펌퍼니클!(395쪽)

삶의 소리 풍경이 지나친 불협화음이 되거나 음량이 너무 높아지면 당신은 무엇을 하는가? 재능 있고 유쾌한 괴짜 음악 공연단 코벤은 그럴 때를 위한 규칙이 있다. 소리 풍경이 너무 북적거리고 음악성을 잃게 될 때, 누군가가 '펌퍼니클!'이라고 소리친다. '펌퍼니클!' 선언은 낙하산 줄을 당기는 것과 같다. 그들의 메인 멤버 미드나잇 로즈는 이것이 "공간과 침묵을 만들기 위해 '우리에게 진짜 필요한 과정은 지금 당장 덜어 내는 과정'이라는 의미"라고 말한다. 집에서나 친구들 사이에서 당신의 삶에 공유된 조용함을 가질 때가 되었음을 알리는 명랑한 방법을 찾으라.

안식일, 업무를 끄고 삶을 켜다(397쪽)

만약 당신이 주말에 전통적인 안식일을 가질 시간이나 의향이 없다면, 주중 하루를 골라 **조금 특별한 식사 한 끼**를 하라. 그곳에서는 모든 사람이 함께 시간을 나누는 데 전념한다. 그것을 **의식으로 만들라**. 전자 기기 사용에 대해 단단히 합의하라. 식탁에서 돌아가며 그 주의 행복한 일이나 불쾌한 일을 이야기하는 등 평소에도 하는 행동들을 하라. 손님들을 초대하고 함께 식사하라. 직장에서의 걱정은 뒤에 남겨 두라.

작은 목소리에 귀 기울이기(400쪽)

어린 아이들과 함께 경험하는 조용함은 언제나 그렇게 조용하지는 않다. 그것은 가끔 움직임, 낙서, 블록 쌓기를 통해 찾아온다. 청각적 침묵의 상태라기보다는 존재의 상태다. 그래도 더 문자 그대로의 침묵 속에서 아이들과 함께하는 것이 가능하고 또 강력해지는 순간들이 있다. 아이에게 '너는 어떤 것에 감사하니?'처럼 의미 있는 질문을 할 때 생각할 '빈 공간'을 남기라. 아이들이 내면에 살아 있는 '고요하고 작은 목소리'에 귀를 기울일 시간을 충분히 가지게 하라.

한 입 크기의 침묵 나누는 법(404쪽)

우리가 언제나 공유된 침묵이라는 아름다운 순간을 설계할 수는 없다. 그런 순간들이 가슴 아픈 이유는 부분적으로는 아마 즉흥성 때문일 것이다. 그래도 이런 경험을 구축하도록 우리를 도와줄 몇 가지 방법이 있다. 침묵을 작은 규모로 보라. 한 입 거리 정도면 충분하다. 친구나 연인과 1시간 정도 하이킹이나 산책을 갈 때, 편안한 벤치나 아름다운 풍경 앞에서 함께 5분 정도의 짧은 시간을 조용히 보낼 수 있는지 보라. 긴 침묵을 위한 화려한 계획을 짤 생각에 떠오르는 걱정은 최소화하라. 양보다는 질에 집중하라.

가장 시끄러운 곳에서 찾아온 평온(406쪽)

당신은 언제 **집단에서** 몰입 상태를 경험했는가? 콘서트나 행사, 스포츠 경기에서였는가? 다음에 기회를 발견할 때 당신이 다른 사람들 사이에서 내면적 침묵에 얼마나 깊게 들어갈 수 있는지 보라. 이런 공유된 초월의 순간은 상대적으로 희귀하다. 하지만 춤을 기반으로 한 교회와 관련된 제스의 경험이 보여주듯, 몰입을 가능하게 하기 위해 의도적으로 함께 고안할 수 있는 모임의 요소들이 있다. 다음에 집단 행사를 계획할 때, 참가자들이 긴장을 풀고 프랑스 사회학자 뒤르켐이 '집단적 감격'이라고 부른 것에 들어가도록 도와줄 기본 규칙이나 원칙에 대한 브레인스토밍을 생각하라.

침묵 속으로 함께 걸어 들어가기(412쪽)

침묵의 힘은 공유될 때 확대된다. 하지만 그것이 확대되는 정도는 준비 정도에 달려 있다. 선도적인 심리학자 메츠너는 침묵 속에 있기 위해 '배를 준비하는 힘'을 믿었다. 그의 약물 서클에서 참가자들은 밤에 가장 열광적인 공유된 침묵을 함께할 수 있도록 낮에 모여서 배우고, 명상하고, 운동하는 사전 워크숍을 거쳤다. 예식의 방식으로 다른 사람들과 모여서 침묵 속에 있을 기회가 있을 때, 당신은 함께 준비하기 위해 무엇을 할 수 있는가?

의도한 침묵이 주는 유대감(418쪽)

친구나 동료와 함께 피정을 계획하라. 당신이 피정 내내 말을 전혀 안 할 수는 없겠지만, 대화를 하겠다고 정해 둔 기간 사이사이에 침묵을 배치하겠다고 미리 결정할 수 있다. 아마도 당신들은 창의적인 프로젝트를 진행 중이거나 혹은 탐조객, 명상가, 작가, 독자일 것이다. 만약 가능하다면 휴대전화를 사용하거나 이메일을 보내거나 또는 순수한 존재 상태에서 집중을 딴 데로 돌릴 만한 다른 행동을 하지 않도록 해 보라. 핀이 설명하듯 집에서 가구를 재배치하는 것처럼 단순한 실천도 신성함을 위한 그릇이 된다. 즉 '사원'을 짓는 많은 방법들 중 하나가 될 수 있다. 동료나 친구와 공유된 피정에서 침묵 자체가 사원의 기둥이 될 수 있다. 두 사람이 함께 침묵의 약속을 준수하고 있을 때 희귀한 분위기가 생겨난다. 침묵은 두 사람 사이에 공간의 느낌을 바꾼다. 핀은 말한다. "그것은 장력을 만듭니다."

공공 정책과 문화 바꾸기

공공 피난처에 투자하라(431쪽)

특별한 공공 공간을 떠올려 보라. 숲이 우거진 보호 구역이나 장미 정원, 고층 건물들 사이의 작은 녹지 공간, 아니면 유혹적인 도서관 같은 곳 말이다. 이런 곳에서 당신은 신경을 쉬게 하고 명료성을 회복할 수 있다. 조용한 시간이 그것을 가질 여유가 있는 사람들을 위한 배타적 사치품인 경우가 잦았던 반면, 공공 피난처는 침묵의 힘을 민주화한다. 그런 안식처들을 확장하기 위해 당신이 무엇을 할 수 있는지 생각해 보라. 지방자치 예산에서 이를 위한 자금을 확보하자고 주장할 수도 있다. 새로운 공공 생활 편의 시설을 상상하고 그것을 창조하기 위해 지역 사회 내 다른 사람들과 함께 일할 수도 있다.

'좋아요'보다 중요한 가치(435쪽)

당신이 삶에서 가치를 두는 것에 대해 주의 깊게 생각해 보라. 그리고 당신이 채택하는 어떤 새로운 기술도 진정으로 당신의 복지를 증진하고 당신의 개인적 가치를 중시하도록 보장하는 작업을 하라. 뉴포트는 '디지털 미니멀리즘' 철학의 일부로서 기술과 관련해 이런 방식을 제안했다. 그의 아이디어는 아미시에서 영감을 받았다. 아미시는 유명한 믿음과는 반대로 반기술적이지 않다. 그들은 집단으로서 새로운 기술을 받아들이기 전에 그것에 대해 철저한 비용-편익 분석을 거칠 뿐이다. 하나의 사회로서 우리는 이 정신을 대대적으로 적용할 가능성을 고려해야 한다. 예를 들어 미국 식약청이 약품 부작용에 대해 평가하고 보고하는 것처럼 정부도 우리의 사회적, 감정적, 인지적 건강에 의도치 않은 심각한 결과를 고려해야 한다. 새로운 기술의 독립적인 비용-편익 분석과 임상 시험을 요구할 필요가 있다.

일과 삶의 균형 맞추기(440쪽)

사회의 성공을 어떻게 측정하는가? 이전 세기에 공공의 성공을 측정하는 우리의 가장 중요한 지표는 '성장'이었다. 생산, 효율, 수입 같은 요인들 말이다. 하지만 '성장'은 산업 기계들의 웅웅거리는 소리, 관리자들이 노동자를 컴퓨터 앞에 딱 붙여 놓을 수 있는 시간, 우리가 원래 하려고 했던 일에서 주의를 빼앗아 가는 동시에 상품과 서비스를 구매하도록 유도하는 알고리즘의 효과성과 종종 밀접한 연관이 있다. 소음의 세상을 완전히 바꿔 놓기 위해서 우리는 정말 중요한 것을 측정하기 시작해야 한다. 여기에는 자연의 보존, 휴식의 기회, 인간적 연결, 조용한 시간 같은 것들이 포함된다. 정부가 경제적 측정을 변화시키는 다양한 방법의 윤곽을 그리는 동안 우리는 또한 침묵의 가치와 관련된 우선순위를 평가함으로써 개인, 가족 그리고 조직으로서도 시작할 수 있다.

소음 경제 속 주의력 회복법(447쪽)

우리는 이제 우리의 주의를 가지려고 광고주들이 경쟁하는 데 이용하는 컴퓨터, 휴대전화, 텔레비전, 다른 전자 미디어에 깨어 있는 시간의 대부분을 사용한다. 그러나 다른 가치 있고 희귀한 자원들과는 대비되게 아직 인간의 주의 조작을 지배하는 몇몇 공공 규칙이 있다. 주의를 방어하는 것을 어떻게 옹호할 수 있을지 생각해 보라. 어쩌면 정치적 행동을 통해서일 수 있다. 예를 들어 알고리즘은 고의적으로 우리의 주의를 빼앗으려 하고 아이들을 포함한 사용자들을 무한히 콘텐츠를 보고 스크롤을 내리는 '토끼 굴'로 떨어뜨린다. 이런 측면에서 알고리즘에 '무엇이 제한되는지 분명히 규정하라고' 정부에 요구할 수 있다. 노동자로서 당신은 하루 업무 시간이 끝난 이후에 이메일, 노트북, 휴대전화, 기타 '전자적 목줄'로부터 '연결되지 않을 권리'를 옹호할 수 있다. 우리의 주의를 차지하려는 것을 관리하고, 소음의 짐을 경감하는 방법을 찾는 데 창의성을 발휘하라.

침묵이 만든 합의의 공간(456쪽)

공공 정책이나 당신이 속한 공동체의 미래에 대한 어려운 질문과 씨름하고 있을 때, 침묵이 협력자가 되게 하라. 퀘이커교도의 비즈니스 미팅에서 참가자들이 서로의 말을 듣고 있지 않을 때, 서기는 대체로 침묵의 기간을 요구한다. 침묵은 다시 집중하고, 심호흡을 몇 번 하고, 회의의 더 고차원적인 목적에 연결될 기회다. 침묵은 집단이 실제로 준비가 되기 전에 해결을 강요하는 것이 아니다. 그저 사람들이 자기만의 이야기에서 벗어나고, 현재를 얻고, 귀를 기울이도록 돕는 것이다. 이 분별의 정신을 당신이 살고 있는 공공의 숙고와 사회적 담론에 불러오기 위해 당신이 할 수 있는 것은 무엇인가?

감사의 말

처음부터 시작하겠다. 직감에 따라 우리 두 사람을 소개해 준 세라 미첼 Sarah Mitchell에게 깊은 감사를 보낸다. 우리 두 사람이 남매처럼 지낼 것 같다고 농담했었지. 이제 보니 네가 옳았어.

우리가 이 주제에 대해 글을 쓰도록 처음으로 격려해 준 사람인 〈하버드 비즈니스 리뷰〉 전 에디터이자 현재 〈쿼츠〉의 편집장 캐서린 벨 Katherine Bell에게 직장인 독자들을 위한 침묵에 대해 글을 쓴다는 미지수 같은 아이디어에 '좋다'는 의견을 줘서 감사한다. 그리고 이 글을 노련하게 편집해 준 〈하버드 비즈니스 리뷰〉의 로라 어미코 Laura Amico에게도 감사를 전한다.

출판 과정을 분명히 설명해 주고 친절하게도 초반에 길잡이 역할을 자처해 준 레슬리 메러디스 Leslie Meredith, 사이먼 워릭-스미스 Simon Warwick-Smith, 펠리샤 이스 Felicia Eth, 스티브 골드바트 Steve

Goldbart, 로먼 마스 Roman Mars, 리베카 솔닛 Rebecca Solnit, 앤드리아 셔 Andrea Scher, 찰리 하딩 Charlie Harding, 매릴린 폴 Marilyn Paul에게 감사한다. 폴에게는 출간 파트너십의 확장판이나 다름없을 뿐 아니라 우리가 상상할 수 있는 최고의 에이전트 제인 본 메런 Jane von Mehren을 소개해 준 데 대해서도 깊은 감사를 보내고 싶다.

본 메런에게 이 프로젝트를 처음에 따내 준 것과 출판계의 백과사전 같은 당신의 지식 그리고 책을 완성하기까지 모든 단계에서 당신이 건네준 부드럽고 현실적인 조언에 감사한다. 또한 아이비타스 크리에이티브 매니지먼트 Aevitas Creative Management 팀, 특히 에린 파일스 Erin Files 와 알리 조핸슨 Arlie Johansen, 첼시 헬러 Chelsey Heller에게도 감사한다.

우리의 편집자 캐런 리날디 Karen Rinaldi, 레드 타라 Red Tara에게 이 과정을 노련하게 조율해 주고 우리의 글이 더 나아지고 분명한 메시지를 갖도록 전적으로 노력해 준 것에 감사한다. 우리는 그런 작업들이 동시에 일어날 수 있음에 아직도 놀라고 있다. 그리고 하퍼콜린스/하퍼웨이브 팀에, 특히 리베카 래스킨 Rebecca Raskin, 커비 샌드메이어 Kirby Sandmeyer, 페니 마크러스 Penny Makras, 어맨다 프리츠커 Amanda Pritzker, 엘레나 네스빗 Yelena Nesbit, 밀란 보칙 Milan Božić에게 감사를 보낸다.

이 책의 기술적, 기교적 측면에서 우리를 도와준 사람들에게 감사한다. 앤디 쿠트리에 Andy Couturier, 브리짓 라이언스 Bridget Lyons, 신시아 킹스버리 Cynthia Kingsbury, 모니크 태비언 Monique Tavian, 리베카 스타이니츠Rebecca Steinitz, 카린 스룹Caryn Throop, 리즈 보이드Liz Boyd, 캐서린 바너Katherine Barner, 해나 파크Hanna Park, 제시카 라자르Jessica Lazar, 솜세라 라일리Somsara Rielly, 덱스터 웨인Dexter Wayne, 리잰드라 바이달Lizandra Vidal, 뎁 듀런트Deb Durant, 밥 본 엘그Bob von Elgg가 그 주인공들이다.

다음은 이 책을 이야기와 통찰로 채워 준 특별한 사람들이다.

이 책의 핵심 메시지를 확고하게 만든 에런 매니엄Aaron Maniam, 소음의 지도를 기록해 준 애덤 개잘레이Adam Gazzaley와 래리 로슨Larry Rosen, 침묵의 도덕적 차원으로 안내해 준 에이미 카릴로Aimee Carrillo와 시나 맬로트라Sheena Malhotra, '속도를 늦추고 조용함을 불러라'를 믿어 준 알린 블룸Arlene Blum, 몰입 상태의 내면적 조용함을 밝히도록 도와준 아르네 디트리히Arne Dietrich, 지혜와 활기를 더해 준 밥 제스Bob Jesse, 기다림의 선을 알려 준 브리짓 반 배런Brigitte van Baren, 사랑하는 스승을 기린 칼라 데촌Carla Detchon, 마음에서 우러나오는 침묵을 보여 준 셰리 앨리슨Cherri Allison, 몸에서 지속되는 종류의 침묵을 알려 준 클린트 카이슬러Clint Chisler, 창조의 전문가 사이러스 하빕Cyrus Habib, 순수한 주의를 옹호한 데이비드 제이David Jay와 랜디 페르난도Randy Fernando, 네피의 아름다움을 알려 준 데와 베라타Dewa Berata, 사랑이 계속 흐르게 해 주는 치유적 침묵을 알려 준 돈과 다이앤 세인트 존Don and Diane St. John, 의식의 더 높은 음역대를 명확하게 해 준 에스텔 프랭클Estelle

Frankel, 훌륭한 유머 감각과 회복력과 겸손함을 갖춘 페이스 풀러 Faith Fuller, '영혼의 싱크탱크'를 보존해 준 고든 헴튼 Gordon Hempton, 온몸으로 미스터리에 기꺼이 뛰어들어 준 그레이스 보다 Grace Boda, 안식일이 교수들의 전유물이 아님을 보여 준 재닛 프루드 Janet Frood, 감사해야 할 일이 산더미지만 그중에서도 선한 마음과 '인식하고 받아들이는 것'이 어떤 의미인지를 보여 준 자비스 제이 마스터스 Jarvis Jay Masters, 그저 듣는 것의 예술을 알려 준 제이 뉴턴-스몰 Jay Newton-Small, 시든 꽃을 잘라 내는 일이 가진 명상적 힘을 알려 준 조앤 블레이즈 Joan Blades, 열심히 일해 주고 사랑을 퍼뜨려 준 존 루베키 Jon Lubecky, 태고의 진동을 듣는 소리굽쇠가 된다는 것의 의미를 보여 준 조시 슈레이 Josh Schrei, '조용함은 사람들이 조용하다고 생각하는 것'임을 가르쳐 준 조슈아 스미스 Joshua Smyth, 의식 속에 열광적인 침묵을 남기는 우아한 디바 조이스 디도나토 Joyce DiDonato, 뛰어난 아량을 갖춘 저드 브루어 Jud Brewer, 몰입을 아는 마지드 자히드 Majid Zahid, 시간 속의 오아시스를 보살핀 매릴린 폴 Marilyn Paul, '마'를 헤비메탈에 집어넣은 매슈 키치 히피 Matthew Kiichi Heafy, 권력의 중심부에 침묵의 정신을 불러온 미셸 밀벤 Michelle Millben, 유쾌함과 실험적인 솜씨를 갖춘 마이클 바턴 Michael Barton, 명료한 감각과 현명한 조언과 너그러운 소개를 제공해 준 마이클 태프트 Michael Taft, 필요할 때 '펌퍼니클'을 외쳐 준 미드나잇 로즈 Midnight Rose 와 로신 코벤 Rosin Coven, 침묵을 기리는 사회를 위한 법적·규제적 체계를 상상한 니콜 웡 Nicole Wong, 특이한 질문들을 던진 파드라이 오 투아마 Pádraig Ó Tuama, 엉덩이를 상냥하게 걷어차 준 필립 모핏 Phillip Moffitt, 귀여운 속임수를 부리는 피르 샤브다 칸 Pir Shabda Kahn, '침묵이 신경계를 다시 맞출 수 있다'는 통찰로 이 책에 영감을 준 레나타 카시스 로 Renata Cassis Law, 안목 있는 롭 리핀코트 Rob Lippincott, 자아가 '오래된 잎사귀나 닳아 버린 바위처럼' 무너지는 것을 정상화해 준 로시 조앤 핼리팩스 Roshi Joan Halifax, 용기 있는 망각과 모범적인 경청을 보여 준 루파 마르야 Rupa Marya, 피정을 민주화해 준 실라 카펠러-핀 Sheila Kappeler-Finn, 아무것도 하지 않는 기술을 쌓은 스카일러 빅스비 Skylar Bixby, 세 번의 호흡을 알려준 스티븐 드베리 Stephen DeBerry, 황금률의 수전 그리핀-블랙 Susan Griffin-Black, 가장 필요한 곳에 침묵을 불러온 국회의원 팀 라이언 Tim Ryan, 진정한 신호를 듣는다는 것의 의미를 기억한 타이슨 융카포르타 Tyson Yunkaporta, '마'를 안내해 준 유리 모리카와 Yuri Morikawa, '고요하고, 작은 목소리'를 듣도록 우리 중 가장 작은 사람들에게 힘을 실어 준 잭 타일러 Zach Taylor, 소음을 넘어서기 위해 명상가가 아닌 이들의 안내가 필요하다는 사실을 다시 일깨워 준 재나 이켈스 Zana Ikels.

다음은 이 책에서 사고를 형성하고 키우도록 도와준 사람들이다.

앨런 바이럼 Alan Byrum, 아미라 데 라 가르자 Amira De La Garza, 앙케 시엘 Anke Thiele, 애나 골드스타인 Anna Goldstein, 앤 L. 피필드 Anne L. Fifield, 앤토나 브라일리 Antona Briley, 바버라 맥베인 Barbara McBane,

브렌든 바신-설리번 Brendan Bashin-Sullivan, 칼렌 레이더 Carlen Rader, 케이시 에멀링 Casey Emmerling, 캐시 콜먼 Cathy Coleman, 세실 란두앵 프랑수아 Cécile Randoing Francois, 샬럿 투스먼 Charlotte Toothman, 크리스 래드클리프 Chris Radcliff, 척 로펠 Chuck Roppel, 클로드 위트마이어 Claude Whitmyer, 댈러스 타일러 Dallas Taylor, 데이브 허프먼 Dave Huffman, 데이비드 앨보드 David Alvord, 데이비드 프레스티 David Presti, 데버라 플레이그 Deborah Fleig, 다이앤 민츠 Diane Mintz, 도미니크 란도 Dominique Lando, 듀크 클라우크 Duke Klauck, 에린 셀로버 Erin Selover, 하이디 카세비치 Heidi Kasevich, 헬렌 아우스트윅 잘츠먼 Helen Austwick Zaltzman, 제이미와 피터 파우스트 Jamy and Peter Faust, 중령 재널 매콜레이 Jannell MacAulay, 제시카 애봇 윌리엄스 Jessica Abbott Williams, 질 해킷 Jill Hackett, 로라 토에 Laura Tohe, 로리 넬슨 랜들렛 Laurie Nelson Randlett, 레아 램 Leah Lamb, 레슬리 샤프 Leslie Sharpe, 린다 장 Linda Chang, 리사 피셔 Lisa Fischer, 리잰드라 바이덜 Lizandra Vidal, 로리 A. 슈크 Lori A. Shook, 마드 푸트라야사 Made Putrayasa, 마에 마스 Mae Mars, 매기 실버먼 Maggie Silverman, 마이클 A. 가드너 Michael A. Gardner, 리베카 레벤슨 Rebecca Levenson, 레지나 카마르고 Regina Camargo, 릭 도블린 Rick Doblin, 릭 콧 Rick Kot, 샘 그린스팬 Sam Greenspan, 션 파이트 오크스 Sean Feit Oakes, 숀 팔리 Shaun Farley, 쇼나 잰즈 Shauna Janz, 셸든 노르버그 Sheldon Norberg, 셸리 라이드 Shelley Reid, 쇼샤나 베르거 Shoshana Berger, 사일런스 겐티 Silence Genti, 스리다 코타 Sridhar Kota, 스티븐 배저 Stephen Badger, 스테파니 라모스 Stephanie Ramos, 수전 파커 Susanne Parker, 타니스 데이 Tanis

Day, 팀 갤러티 Tim Gallati, 팀 살츠 Tim Salz, 토드와 수전 알렉산더 Todd and Susan Alexander, 유세프 반스 USef Barnes, 밸러리 크레인 Valerie Creane, 버네사 로웨 Vanessa Lowe, 웨스 룩 Wes Look, 제쇼 수전 오코널 Zesho Susan O'Connell.

저스틴의 말

웃음과 생명력 그리고 조용한 존재에 대한 존경으로 가득 찬 정원을 만들고 가꿔 준 산타페의 친구들에게. 여기에 하나하나 이름을 언급하지는 못하지만, 너희 모두에게 진심으로 고마워. 집을 기어다니고 뛰어다니는 조그만 세 녀석을 데리고 순수한 주의에 대한 책을 쓴다는 것을 가능하게 해 준 소중한 친구들. 특히 브랜든과 애비 룬드버그 Brandon and Abi Lundberg, 숀 퍼렐 Shawn Parell과 러셀 브롯 Russell Brott, 조시 슈레이 Josh Schrei와 시걸 이콧 Cigall Eacott, 래파엘라 카시스 Rafaela Cassis에게 특별히 감사한다. 원고 초안 작업에서 구체적인 대화와 의견을 통해 이 책의 전체 또는 일부를 직접적으로 만들어 준 솔라와 레나타 로 Solar and Renata Law, 마리아 모칭거 Maria Motsinger, 존 백스터 John Baxter, 조시 슈레이 Josh Schrei, 숀 퍼렐 Shawn Parell, 게리와 타마 롬바르도 Gary and Tama Lombardo, 엘마노 카발로 Elmano Carvalho, 제프리 브롱프먼 Jeffrey Bronfman, 타이와 사타라 빅스비 Tai and Satara Bixby, 피트 잭슨 Pete Jackson, 줄리 코브 Julie Kove, 맷 비버 Matt Bieber, 대니얼 터커 Daniel Tucker에게 감사한다. 가장 심오한 내면적 침묵으로 나를 인도해 준 호세 가브리엘 다 코스타José Gabriel da Costa에게도.

수년에 걸쳐 이 책 속의 아이디어들을 나와 함께 품어 온 친구들에게 감사한다. 벤 비치Ben Beachy, 웨스 룩Wes Look, 닐 파두코니Neil Padukone, 잭 힌딘Zach Hindin, 이번 페이버Evan Faber, 킨 뱃Keane Bhatt, 마이크 다너Mike Darner, 마이클 섕크Michael Shank, 마티아스 알렌카스트로Mathias Alencastro, 데이비드 존 홀David John Hall, 로린 프라이스Lorin Fries, 제임 루키Jaime Louky, 레인 미도Laine Middaugh, 로렌 라이언스Lauren Lyons, 샌지타 트라이파티Sangeeta Tripathi, 조브 올리버Jove Oliver, 폴 젠슨Paul Jensen과 캐롤린 바넬Carolyn Barnwell, 킴 새뮤얼Kim Samuel, 베티나 워버그Bettina Warburg, 트래비스 시언Travis Sheehan, 너새니얼 탤봇Nathaniel Talbot과 애니 제스퍼슨Annie Jesperson, 마크 와이스브롯Mark Weisbrot, 벤-지온 패스닉Ben-Zion Ptashnik, 댄 허빅Dan Hervig, 에릭 스펄링Erik Sperling, 서배스천 어레이저Sebastian Ehreiser, 스티븐 배저Stephen Badger, 하비에르 곤잘레스Javier Gonzales, 핸슨 클라크Hansen Clarke, 미나 마크 해나Mena Mark Hanna. 나의 가장 오래된 친구들에게도 감사한다. 크리스틴 루터Kristin Lewter, 조시 와이스Josh Weiss, 라지브 발Rajiv Bahl, 카일 포어먼Kyle Foreman. 마지막으로 하루도 빠짐없이 그립고 이 책의 메시지에 대해 막대한 내용을 가르쳐 준 롭 에리오브Rob Eriov에게도 감사한다.

정규 교육의 시작과 끝에서 나의 생각을 형성하는 데 가장 도움을 준 세 명의 스승이 있다. 수전 앨턴버그Susan Altenburg, 리온 퍼스Leon Fuerth, 리처드 파커Richard Parker에게 감사한다.

사랑하는 엄마 수전과 아빠 스티븐, 제 삶에 너무나 큰 선이 존재할 수 있게 해 준 무조건적 사랑의 그릇을 제공해 주셔서 감사합니다. 나의 형제 제러미, 항상 사랑과 관심을 담아 내게 진실을 말해 주고 밥 딜런의 노래를 기타로 멋지고 투박하게 연주해 줘서 고맙다. 나의 가까운 사람들 중 가장 의지하는 친척 톰과 카린에게도 감사한다.

인생을 살아가며 함께 이 세상을 항해하고 배우고 춤추고 진화하는 나의 사랑하는 파트너이자 동반자 메러디Meredy, 당신의 인내심에 감사한다. 당신의 통찰력에도 감사한다. 이 책이 존재할 수 있게 해 줘서 감사한다. 내 삶을 의미와 기쁨으로 충만하게 해 줘서 감사한다.

나의 아들 제이Jai, 매일 새벽 5시에 나를 깨워 반드시 해내야 했던 글쓰기를 할 수 있게 해 줘서 고맙다. 네 포옹이 주는 에너지가 온 하루를 지탱해 준단다. 나의 딸 사라야Saraya, 너의 밝고 신비로운 미소가 내 마음을 꽃처럼 활짝 피운다. 나의 딸 티에라Tierra, 이제 다섯 살이지만 내가 너를 가르치는 것만큼 네가 나를 가르친다. 숲속 요정의 집 주변에서 왜, 어떻게 조용히 해야 하는지 같은 것들을.

리의 말

여성 모임 Women's Circle 친구들에게, 이름은 밝히지 않겠지만 너희는 스스로를 정확히 알고 내가 너희 각각의 영혼에 얼마나 빚을 많이 졌는지 알고 있지. 이 책은 너희 없이는 결코 쓰지 못했을 것이다. 랠프 메츠너 Ralph Metzner를 위한 모임들은 지금까지도, 앞으로도 그의 기억에 남을 것이다. 떠오르는 바보들 Rising Fools 모임의 무한한 지혜와 딥 하비스트 Deep Harvest 모임의 엄청난 격려에 감사한다. 나를 환대해 준 애머시스트 오프닝 Amethyst Opening 모임에도 감사한다. 한없이 즐거움을 주는 메모리얼 데이 Memorial Day 가족에게 감사한다. 그리고 나의 모든 우주적 공모자들에게, '비주류 사람들은 살려 둡시다.'

나에게 매일의 조용함과 즐거움을 선사하는 댄스 모임, 엘 세리토 댄스 피트니스 El Cerrito Dance Fitness 와 리듬 앤드 모션 Rhythm & Motion 에 항상 나를 응원해 주고 내가 걷는 길의 모든 단계마다 함께 축하해 줘서 감사한다. 여러분은 매우 소중합니다.

나의 가장 가까이에서 육체적으로, 감정적으로, 정신적으로 나를 지지해 준 모든 사람들에게 감사한다. 실라 카펠러-핀 Sheila Kappeler-Finn, 엘리시 네이글 Eilish Nagle, 앤 L. 피필드 Anne L. Fifield, 그레이스 보다 Grace Boda, 도미니크 랜도 Dominique Lando, 칼라 데촌 Carla Detchon, 마르야 리바스 Mayra Rivas, 레이철 베린스키 Rachel Berinsky, 존 넬슨 John Nelson, 프랜 커시 Fran Kersh, 크리스티나 포레스타-숍 Kristina Forester-Thorp, 누리아 래티파 보워트 Nuria Latifa Bowart, 수이-미 청 Sui-mi Cheung, 줄리 브라운 Julie Brown, 폴 캐터서스 Paul Catasus. 작가들을 코칭하는 데 천재성을 보여 준 앤디 쿠르티에 Andy Couturier 와 창의성을 북돋기 위해 매주 우리와 대화를 나눠 준 캐리 '로즈' 캐츠 Carrie 'Rose' Katz에게도 감사한다.

나의 아빠 리처드 L. 매러섹 Richard L. Marecek. 제게 생명을 주셔서 감사합니다. 이제는 모든 고통에서 벗어나시기를.

나의 엄마 리키 C. 매러섹 Rickie C. Marecek. 제게 생명을 주셔서 감사합니다. 그리고 단지 말로만이 아니라 직접 본보기가 되어 자애심이 무엇인지 보여 주신 데 감사합니다. 당신은 기적이라 불려 마땅합니다. 나의 베티, 베티 허브스트 Betty Herbst에게 우리 가족의 일원이 되고 우리를 끌어안아 주며 우리에게 웃음을 안겨 줘서 감사한다. 또한 늦은 밤 나에게 격려의 문자 메시지를 보내 주신 활기 차고 따뜻한 시어머니 니나 아오니 Nina Aoni에게도 감사한다.

나의 남동생 로먼 마스 Roman Mars 너는 어릴 때부터 나를 놀라게 하고 내 마음을 약하게 했지. 여기에 나와 함께해 줘서 감사하고 언제나 나의 타고난 선함을 믿어 줘서 감사한다. 너는 모든 것을 더 좋게 만드는 사람이다.

열정으로 가득 차 밝게 빛나는 나의 딸 에이바 자하라 Ava Zahara, 우리를 부모로 선택해 줘서 고맙다. 빙하 속에서 '말 없는 수요일'을 갖자는 아이디어를 주고 그 영광의 날에 나와 함께해 줘서 고맙다. 그리고 부엌 바닥에서 항상 굴러다녀 줘서 고맙다. 우리의 공유된 침묵이 나의 영혼을 먹여 살리는구나.

마지막으로 귀여운 말썽꾸러기이자 모험가 같은 남편 마이클 지글러 Michael Ziegler에게, 나에게 침묵에 대해 너무나 많은 것을 가르쳐 주고 나의 최고의 팬이 되어 준 것에 감사한다. 당신의 내면과 외면의 세계를 내게 펼쳐 보여 줘서 감사한다. 당신보다 더 완벽한 파트너를 찾을 수는 없을 것이다. 이 책의 모든 쪽이 당신을 위한 것이자 당신 덕분이다. 나는 당신의 것이니까.

두 사람이 함께 보내는 마지막 메시지

 침묵에 대해 책을 쓴다는 것은 고독하고 우울한 일처럼 보일지 모른다. 하지만 그것과는 거리가 한참 멀었다. 우리는 모든 과정을 조화롭고, 창의적이고, 추진력 있고, 말도 안 될 만큼 재미있게 해낸 데 대해 서로에게 감사한다.

주석

PART I: 침묵의 존재

CHAPTER 1 침묵으로의 초대장

1 Thomas Carlyle, "Circumspective," in *Sartor Resartus: The Life and Opinions of Herr Teufels-dröckh in Three Books*, ed. Mark Engel (Berkeley: University of California Press, 2000), 198.
2 Albert Arazi, Joseph Sadan, and David J. Wasserstein, eds., *Compilation and Creation in Adab and Luġa: Studies in Memory of Naphtali Kinberg (1948-1997)* (Winona Lake, Ind.: Eisenbrauns, 1999).
3 Justin Talbot Zorn and Leigh Marz, "The Busier You Are, the More You Need Quiet Time," *Harvard Business Review*, March 17, 2017, hbr.org/2017/03/the-busier-you-are-the-more-you-need-quiet-time.
4 Kimberly Schaufenbuel, "Why Google, Target, and General Mills Are Investing in Mindfulness," *Harvard Business Review*, Dec. 28, 2015, hbr.org/2015/12/why-google-target-and-general-mills-are-investing-in-mindfulness. 다음도 참고하라. Marianne Garvey, "Meditation Rooms Are the Hottest New Work Perk," MarketWatch, Oct. 26, 2018, www.

marketwatch.com/story/meditation-rooms-are-the-hottest-new-work-perk-2018-10-26; "Why GE Is Adding Mindfulness to the Mix," GE, Sept. 19, 2016, www.ge.com/news/reports/ge-putting-mindfulness-digital-industrial-business; Bryan Schatz, "Vets Are Using Transcendental Meditation to Treat PTSD—with the Pentagon's Support," Mother Jones, July 22, 2017, www.motherjones.com/politics/2017/07/vets-are-using-transcendental-meditation-to-treat-ptsd-with-the-pentagons-support.

5 Dishay Jiandani et al., "Predictors of Early Attrition and Successful Weight Loss in Patients Attending an Obesity Management Program," *BMC Obesity* 3, no. 1 (2016), doi:10.1186/s40608-016-0098-0.

CHAPTER 2 소음과 침묵의 경계

1 Frank Bruni, "A Politician Takes a Sledgehammer to His Own Ego," *New York Times*, April 11, 2020, www.nytimes.com/2020/04/11/opinion/sunday/cyrus-habib-jesuit.html.

2 Emily Ann Thompson, "Noise and Modern Culture, 1900-1933," in *The Soundscape of Modernity: Architectural Acoustics and the Culture of Listening in America, 1900-1933* (Cambridge, Mass.: MIT Press, 2004), 115.

3 For a wide-ranging overview of the research demonstrating the rise of auditory noise in the modern world, see John Stewart, *Why Noise Matters: A Worldwide Perspective on the Problems, Policies, and Solutions*, with Arline L. Bronzaft et al. (Abingdon, Eng.: Routledge, 2011).

4 Bianca Bosker, "Why Everything Is Getting Louder," The Atlantic, Nov. 2019, www.theatlantic.com/magazine/archive/2019/11/the-end-of-silence/598366.

5 "Email Statistics Report, 2015-2019," Radicati Group, accessed Sept. 4, 2021, www.radicati.com/wp/wp-content/uploads/2015/02/Email-Statistics-Report-2015-2019-Executive-Summary.pdf.

6 five times as much information: Daniel J. Levitin, "Hit the Reset Button in Your Brain," *New York Times*, Aug. 9, 2014, www.nytimes.com/2014/08/10/opinion/sunday/hit-the-reset-button-in-your-brain.html.

7 shortcomings of our everyday attentional capacities: Guy Raz, "What Makes

a Life Worth Living?," NPR, April 17, 2015, www.npr.org/transcripts/ 399806632.
8 "Hal R. Varian, "The Information Economy: How Much Will Two Bits Be Worth in the Digital Marketplace?," UC Berkeley School of Information, Sept. 1995, people.ischool.berkeley.edu/~hal/pages/sciam.html.
9 Judson Brewer, *Unwinding Anxiety: New Science Shows How to Break the Cycles of Worry and Fear to Heal Your Mind* (New York: Avery, 2021).
10 Ethan Kross, "When Talking to Ourselves Backfires," in *Chatter: The Voice in Our Head, Why It Matters, and How to Harness It* (New York: Crown, 2021), 22.
11 Adam Gazzaley and Larry D. Rosen, "Interference," in *The Distracted Mind: Ancient Brains in a High-Tech World* (Cambridge, Mass.: MIT Press, 2016), 5-12.
12 Jocelyn K. Glei, ed., Manage Your Day-to-Day: Build Your Routine, Find Your Focus, and Sharpen Your Creative Mind (Seattle: Amazon, 2013).
13 Bosker, "Why Everything Is Getting Louder."
14 Ben Beachy and Justin Zorn, "Counting What Counts: GDP Redefined," *Kennedy School Review*, April 1, 2012, ksr.hkspublications.org/2012/04/01 counting-what-counts-gdp-redefined.
15 Robert F. Kennedy, "Remarks at the University of Kansas, March 18, 1968," John F. Kennedy Presidential Library and Museum, www.jfklibrary.org/ learn/about-jfk/the-kennedy-family/robert-f-kennedy/robert-f-kennedy-speeches/remarks-at-the-university-of-kansas-march-18-1968.
16 James Fallows, "Linda Stone on Maintaining Focus in a Maddeningly Distractive World," *The Atlantic*, May 23, 2013, www.theatlantic.com/ national/archive/2013/05/linda-stone-on-maintaining-focus-in-a-maddeningly-distractive-world/276201.
17 Mike Brown, "70% of Millennials Report Anxiety from Not Having Their Cell Phone," LendEDU, May 28, 2020, lendedu.com/blogmillennials-anxiety-not-having-cell-phone.

CHAPTER 3 침묵은 부재가 아니라 존재다

1 Tam Hunt, "The Hippies Were Right: It's All About Vibrations, Man!," *Scientific American*, Dec. 5, 2018, blogs.scientificamerican.com/observations/the-hippies-were-right-its-all-about-vibrations-man.
2 Some experts now believe the high-pitched sound was likely to be tinnitus, a ringing of the ears.
3 Carl McColman, "Barbara A. Holmes: Silence as Unspeakable Joy (Episode 26)," *Encountering Silence*, May 24, 2018, encounteringsilence.com/barbara-a-holmes-silence-as-unspeakable-joy-episode-26.
4 Jennifer E. Stellar et al., "Awe and Humility," *Journal of Personality and Social Psychology* 114, no. 2 (2017): 258–69, doi:10.1037/pspi0000109.
5 Quoted in Robert Sardello, *Silence: The Mystery of Wholeness* (Berkeley, Calif.: North Atlantic Books, 2008).
6 For more information on perinatal mood and anxiety disorders, visit "Postpartum Support International—PSI," Postpartum Support International (PSI), accessed Sept. 5, 2021, www.postpartum.net.

CHAPTER 4 침묵의 도덕적 차원

1 Carl McColman, "Barbara A. Holmes: Silence as Unspeakable Joy (Episode 26)," *Encountering Silence*, May 24, 2018, encounteringsilence.com/barbara-a-holmes-silence-as-unspeakable-joy-episode-26.
2 "M. K. Gandhi, *Pathway to God* (New Delhi: Prabhat Prakashan, 1971).
3 Sheena Malhotra and Aimee Carrillo Rowe, eds., *Silence, Feminism, Power: Reflections at the Edges of Sound* (New York: Palgrave Macmillan, 2013).
4 Jenny Odell, *How to Do Nothing: Resisting the Attention Economy* (New York: Melville House, 2020).
5 George Prochnik, "Listening for the Unknown," in *In Pursuit of Silence: Listening for Meaning in a World of Noise* (New York: Anchor Books, 2011), 43.
6 Rachel L. Swarns, "Catholic Order Pledges $100 Million to Atone for Slave Labor and Sales," *New York Times*, March 15, 2021, www.nytimes.

com/2021/03/15/us/jesuits-georgetown-reparations-slavery.html.

7 David Whyte, *Consolations: The Solace, Nourishment, and Underlying Meaning of Everyday Words* (Langley, Wash.: Many Rivers Press, 2014).

PART II: 침묵의 과학

CHAPTER 5 고요함의 재발견

1 L. Bernardi, C. Porta, and P. Sleight, "Cardiovascular, Cerebrovascular, and Respiratory Changes Induced by Different Types of Music in Musicians and Nonmusicians: The Importance of Silence," *Heart* 92, no. 4 (April 2006): 445-52, doi:10.1136/hrt.2005.064600.

2 For a detailed account of Florence Nightingale's views on the importance of silence for human health, see Hillel Schwartz, *Making Noise: From Babel to the Big Bang & Beyond* (New York: Zone Books, 2011).

3 Elizabeth Fee and Mary E. Garofalo, "Florence Nightingale and the Crimean War," *American Journal of Public Health* 100, no. 9 (Sept. 2010): 1591, doi:10.2105/AJPH.2009.188607.

4 Florence Nightingale, "Notes on Nurs- ing," A Celebration of Women Writers, accessed Sept. 6, 2021, digital .library.upenn.edu/women/nightingale/nursing/nursing.html.

5 Rosalind M. Rolland et al., "Evidence That Ship Noise Increases Stress in Right Whales," *Proceedings of the Royal Society B: Biological Sciences* 279, no. 1737 (2012): 2363-68, doi:10.1098/rspb.2011.2429.

6 "How the Ear Works," Johns Hopkins Medicine, accessed Sept. 6, 2021, www.hopkinsmedicine.org/health/conditions-and-diseases/how-the-ear-works.

7 Stephen W. Porges and Gregory F. Lewis, "The Polyvagal Hypothesis: Common Mechanisms Mediating Autonomic Regulation, Vocalizations, and Listening," *Handbook of Behavioral Neuroscience* 19 (2010): 255-64, doi:10.1016/B978-0-12-374593-4.00025-5.

8 Thomas Münzel et al., "Environmental Noise and the Cardiovascular System," *Journal of the American College of Cardiology* 71, no. 6 (Feb. 2018):

688-97, doi:10.1016/j.jacc.2017.12.015; Maria Klatte, Kirstin Bergström, and Thomas Lachmann, "Does Noise Affect Learning? A Short Review on Noise Effects on Cognitive Performance in Children," *Frontiers in Psychology* 4 (2013): 578, doi:10.3389/fpsyg.2013.00578; Ester Orban et al., "Residential Road Traffic Noise and High Depressive Symptoms After Five Years of Follow-Up: Results from the Heinz Nixdorf Recall Study," *Environmental Health Perspectives* 124, no. 5 (2016): 578-85, doi:10.1289/ehp.1409400; Soo Jeong Kim et al., "Exposure-Response Relationship Between Aircraft Noise and Sleep Quality: A Community-Based Cross-Sectional Study," *Osong Public Health and Research Perspectives* 5, no. 2 (April 2014): 108-14, doi:10.1016/j.phrp.2014.03.004.

9 "New Evidence from WHO on Health Effects of Traffic-Related Noise in Europe," World Health Organization, March 30, 2011, www.euro.who.int/en/media-centre/sections/press-releases/2011/03/new-evidence-from-who-on-health-effects-of-traffic-related-noise-in-europe. See also World Health Organization Regional Office for Europe, "Burden of Disease from Environmental Noise," ed. Frank Theakston, Joint Research Centre (2011), 1-126, www.euro.who.int/__data/assets/pdf_file/0008/136466/e94888.pdf.

10 Alex Gray, "These Are the Cities with the Worst Noise Pollution," World Economic Forum, March 27, 2017, www.weforum.org/agenda/2017/03/these-are-the-cities-with-the-worst-noise-pollution.

11 Bianca Bosker, "Why Everything Is Getting Louder," *The Atlantic*, Nov. 2019, www.theatlantic.com/magazine/archive/2019/11/the-end-of-silence/598366.

12 Matthew Walker, *Why We Sleep: Unlocking the Power of Sleep and Dreams* (New York: Scribner, 2018).

13 Julie L. Darbyshire and J. Duncan Young, "An Investigation of Sound Levels on Intensive Care Units with Reference to the WHO Guidelines," *Critical Care* 17, no. 5 (2013): 187, doi:10.1186/cc12870.

14 Ilene J. Busch-Vishniac et al., "Noise Levels in Johns Hopkins Hospital," *Journal of the Acoustical Society of America* 118, no. 6 (2005): 3629-45, doi:10.1121/1.2118327.

15 Sue Sendelbach and Marjorie Funk, "Alarm Fatigue: A Patient Safety Concern," *AACN Advanced Critical Care* 24, no. 4 (Oct. 2013): 378-86, doi:10.1097/NCI.0b013e3182a903f9.

16 Patricia Robin McCartney, "Clinical Alarm Management," *MCN: The American Journal of Maternal/Child Nursing* 37, no. 3 (May 2012): 202, doi:10.1097/nmc.0b013e31824c5b4a.

17 Adam Gazzaley and Larry D. Rosen, *The Distracted Mind: Ancient Brains in a High-Tech World* (Cambridge, Mass.: MIT Press, 2017).

18 Ari Goldman, "Student Scores Rise After Nearby Subway Is Quieted," *New York Times*, April 26, 1982

19 Maartje Boer et al., "Attention Deficit Hyperactivity Disorder-Symptoms, Social Media Use Intensity, and Social Media Use Problems in Adolescents: Investigating Directionality," *Child Development* 91, no. 4 (July 2020): 853-65, doi:10.1111/cdev.13334.

20 Hunt Allcott et al., "The Welfare Effects of Social Media," *American Economic Review* 110, no. 3 (March 2020): 629-76, doi:10.1257/aer.20190658.

21 Ethan Kross, *Chatter: The Voice in Our Head, Why It Matters, and How to Harness It* (New York: Crown, 2021).

22 Imke Kirste et al., "Is Silence Golden? Effects of Auditory Stimuli and Their Absence on Adult Hippocampal Neurogenesis," *Brain Structure and Function* 220, no. 2 (2013): 1221-28, doi:10.1007/s00429-013-0679-3.

CHAPTER 6 마음을 위한 음소거 버튼

1 Mihaly Csikszentmihalyi, *Flow: The Psychology of Optimal Experience* (New York: HarperCollins, 2008).

2 Shane J. Lopez and C. R. Snyder, eds., *Handbook of Positive Psychology* (Oxford: Oxford University Press, 2011).

3 Csikszentmihalyi, *Flow*, 28-29.

4 *Encyclopaedia Britannica*, s.v. "Physiology," accessed Sept. 6, 2021, www.britannica.com/science/information-theory/Physiology.

5 Mark R. Leary, *The Curse of the Self: Self-Awareness, Egotism, and the Quality*

of Human Life (Oxford: Oxford University Press, 2007).

6 Arne Dietrich, "Functional Neuroanatomy of Altered States of Consciousness: The Transient Hypofrontality Hypothesis," *Consciousness and Cognition* 12, no. 2 (June 2003): 231-56, doi:10.1016/s1053-8100(02)00046-6.

7 René Weber et al., "Theorizing Flow and Media Enjoyment as Cognitive Synchronization of Attentional and Reward Networks," *Communication Theory* 19, no. 4 (Oct. 2009): 397-422, doi:10.1111/j.1468-2885.2009.01352.x.

8 Michael Pollan, "The Neuroscience: Your Brain on Psychedelics," in *How to Change Your Mind: What the New Science of Psychedelics Teaches Us About Consciousness, Dying, Addiction, Depression, and Transcendence* (New York: Penguin Press, 2018), 303-4.

9 Michael W. Taft, "Effortlessness in Meditation, with Jud Brewer," *Deconstructing Yourself*, June 7, 2020, deconstructingyourself.com/effortlessness-in-meditation-with-jud-brewer.html.

10 Kathryn J. Devaney et al., "Attention and Default Mode Network Assessments of Meditation Experience During Active Cognition and Rest," *Brain Sciences* 11, no. 5 (2021): 566, doi:10.3390/brainsci11050566.

11 Judson A. Brewer et al., "Meditation Experience Is Associated with Differences in Default Mode Network Activity and Connectivity," *Proceedings of the National Academy of Sciences of the United States of America* 108, no. 50 (2011): 20254-59, doi:10.1073/pnas.1112029108.

12 Piers Worth and Matthew D. Smith, "Clearing the Pathways to Self-Transcendence," *Frontiers in Psychology*, April 30, 2021, doi:10.3389/fpsyg.2021.648381.

13 David Bryce Yaden et al., "The Varieties of Self- Transcendent Experience," *Review of General Psychology* 21, no. 2 (2017): 143-60, doi:10.1037/gpr0000102.

14 Dacher Keltner and Jonathan Haidt: "Approaching Awe, a Moral, Spiritual, and Aesthetic Emotion," *Cognition and Emotion* 17, no. 2 (March 2003): 297-314, doi:10.1080/02699930302297.

15 Anat Biletzki and Anat Matar, "Ludwig Wittgenstein," in *Stanford*

Encyclopedia of Philosophy, Nov. 8, 2002, plato.stanford.edu/entries/wittgenstein.

16 Fatima Malik and Raman Marwaha, "Cognitive Development," StatPearls, July 31, 2021, www.ncbi.nlm.nih.gov/books/NBK537095.

17 "Rethinking Adult Development," American Psychological Association, June 9, 2020, www.apa.org/pubs/highlights/spotlight/issue-186.

18 Summer Allen, "The Science of Awe," Greater Good Science Center, Sept. 2018, ggsc.berkeley.edu/images/uploads/GGSC-JTF_White_Paper-Awe_FINAL.pdf.

19 William James, "Lectures XVI and XVII: Mysticism," in *The Varieties of Religious Experience: A Study in Human Nature*, ed. Martin E. Marty (New York: Penguin Classics, 1982), 287.

20 Pollan, "Neuroscience," 301.

21 Robin L. Carhart-Harris et al., "Neural Correlates of the Psychedelic State as Determined by fMRI Studies with Psilocybin," *Proceedings of the National Academy of Sciences of the United States of America* 109, no. 6 (2012): 2138-43, doi:10.1073/pnas.1119598109.

22 "How LSD Can Make Us Lose Our Sense of Self," ScienceDaily, April 13, 2016, www.sciencedaily.com/releases/2016/04/160413135656.htm.

PART III: 침묵의 정신

CHAPTER 7 왜 우리는 침묵을 무서워하는가

1 Manly P. Hall, "The Life and Philosophy of Pythagoras," in *The Secret Teachings of All Ages* (New York: Jeremy P. Tarcher/Penguin, 2003).

2 Timothy D. Wilson et al., "Just Think: The Challenges of the Disengaged Mind," *Science* 345, no. 6192 (2014): 75-77, doi:10.1126/science.1250830.

3 Max Picard, *The World of Silence* (Wichita, Kans.: Eighth Day Press, 2002).

4 Robert Sardello, *Silence: The Mystery of Wholeness* (Berkeley, Calif.: North Atlantic Books, 2008).

5 Joan Halifax, *Being with Dying* (Boulder, Colo.: Shambhala, 2009).

6 Joan Halifax, *The Fruitful Darkness: A Journey Through Buddhist Practice and*

Tribal Wisdom (New York: Grove Press, 2004).
7 Estelle Frankel, *The Wisdom of Not Knowing: Discovering a Life of Wonder by Embracing Uncertainty* (Boulder, Colo.: Shambhala, 2017).
8 Pablo Neruda, *Extravagaria*, trans. Alastair Reid (New York: Farrar, Straus and Giroux, 2001).
9 David Bryce Yaden et al., "The Varieties of Self-Transcendent Experience," *Review of General Psychology* 21, no. 2 (2017): 143-60, doi:10.1037/gpr0000102.
10 Wisdom 2.0, March 23, 2019, www.youtube.com/watch?v=l8NaWq-xSbM&t=1243s.

CHAPTER 8 연꽃과 들꽃의 가르침

1 Red Pine, trans., *The Lankavatara Sutra: A Zen Text* (Berkeley, Calif.: Counterpoint, 2013).
2 Thích Nhất Hạnh, *Old Path White Clouds: The Life Story of the Buddha* (London: Rider, 1992).
3 Aldous Huxley, *The Perennial Philosophy: An Interpretation of the Great Mystics, East and West* (New York: Franklin Classics, 2009).
4 Unknown Monk, *The Cloud of Unknowing*, ed. Dragan Nikolic and Jelena Milić (Scotts Valley, Calif.: Create Space, 2015).
5 Harvey D. Egan, "Christian Apophatic and Kataphatic Mysticisms," *Theological Studies* 39, no. 3 (1978): 399-426, doi:10.1177/004056397803900301.

PART IV: 침묵의 내면

CHAPTER 9 침묵 찾는 실전 가이드

1 David Sheff, *The Buddhist on Death Row: How One Man Found Light in the Darkest Place* (New York: Simon & Schuster, 2021).
2 Jarvis Jay Masters, *Finding Freedom: How Death Row Broke and Opened My Heart* (Boulder, Colo.: Shambhala, 2020).

3 Timothy Williams and Rebecca Griesbach, "San Quentin Prison Was Free of the Virus. One Decision Fueled an Outbreak," *New York Times*, June 30, 2020, www.nytimes.com/2020/06/30/us/san-quentin-prison-coronavirus.html.

4 Many leadership experts, including the business guru Stephen R. Covey, use variants of the sphere of control model to train leaders to take charge where they can and let go of what they can't. Such models popularized a notion that psychologists have long taken seriously: our sense of personal power.

CHAPTER 10 심원한 침묵 속으로

1 Hannah Delaney, Andrew MacGregor, and Amanda Amos, " 'Tell Them You Smoke, You'll Get More Breaks': A Qualitative Study of Occupational and Social Contexts of Young Adult Smoking in Scotland," *BMJ Open* 8, no. 12 (2018), doi:10.1136/bmjopen-2018-023951.

2 Ajahn Amaro, "The Sound of Silence," *Lion's Roar*, Nov. 9, 2012, www.lionsroar.com/the-sound-of-silence.

3 Pema Chödrön, *When Things Fall Apart: Heart Advice for Difficult Times* (Boulder, Colo.: Shambhala, 2005).

4 Aaron Maniam, "Standing Still," in *Morning at Memory's Border* (Singapore: Firstfruits, 2005).

5 Nicholas Carr, *The Shallows: What the Internet Is Doing to Our Brains* (New York: W. W. Norton, 2010).

6 Shane J. Lopez and C. R. Snyder, eds., *Handbook of Positive Psychology* (Oxford: Oxford University Press, 2011).

7 M. Basil Pennington, *Lectio Divina: Renewing the Ancient Practice of Praying the Scriptures* (Chestnut Ridge, N.Y.: Crossroad, 1998).

8 Marilyn Nelson, "Communal Pondering in a Noisy World," *On Being*, Public Radio Exchange, Feb. 23, 2017.

9 Ezra Klein, "Pulitzer Prize-Winning Poet Tracy K. Smith on the Purpose and Power of Poetry," *Vox Conversations* (audio blog), Feb. 27, 2020, www.vox.com/podcasts/2020/2/27/21154139/tracy-k-smith-poet-laureate-the-ezra-klein-show-wade-in-the-water.

10 Susan Sontag, *Styles of Radical Will* (New York: Farrar, Straus and Giroux, 1969), 23.
11 Gillian Flaccus, "Bird-Watching Soars amid COVID-19 as Americans Head Outdoors," Associated Press, May 2, 2020, apnews.com/article/us-news-ap-top-news-ca-state-wire-or-state-wire-virus-outbreak-94a1ea5938943d8a70fe794e9f629b13.
12 Roger S. Ulrich, "View Through a Window May Influence Recovery from Surgery," *Science* 224, no. 4647 (1984): 420-21, doi:10.1126/science.6143402.
13 Mark S. Taylor et al., "Research Note: Urban Street Tree Density and Antidepressant Prescription Rates—a Cross-Sectional Study in London, UK," *Landscape and Urban Planning* 136 (April 2015): 174-79, doi:10.1016/j.landurb-plan.2014.12.005; Marco Helbich et al., "More Green Space Is Related to Less Antidepressant Prescription Rates in the Netherlands: A Bayesian Geoadditive Quantile Regression Approach," *Environmental Research* 166 (2018): 290-97, doi:10.1016/j.envres.2018.06.010.
14 Evan Fleischer, "Doctors in Scotland Can Now Prescribe Nature," World Economic Forum, Oct. 15, 2018, www.weforum.org/agenda/2018/10/doctors-in-scotland-can-now-prescribe-nature.
15 Jeanette Marantos, "Why Plant Sales Are Soaring, Even at Nurseries Closed due to Coronavirus," *Los Angeles Times*, May 30, 2020, www.latimes.com/lifestyle/story/2020-05-30/why-plant-sales-are-soaring-even-at-nurseries-closed-due-to-coronavirus.
16 James Oschman, Gaetan Chevalier, and Richard Brown, "The Effects of Grounding (Earthing) on Inflammation, the Immune Response, Wound Healing, and Prevention and Treatment of Chronic Inflammatory and Autoimmune Diseases," *Journal of Inflammation Research*, March 24, 2015, 83-96, doi:10.2147/jir.s69656.
17 Pádraig Ó Tuama, *In the Shelter: Finding a Home in the World* (London: Hodder & Stoughton, 2015).

CHAPTER 11 열광적인 침묵 찾기

1 Huston Smith, "Encountering God," in *The Way Things Are: Conversations with Huston Smith on the Spiritual Life*, ed. Phil Cousineau (Berkeley, Calif.: University of California Press, 2003), 95-102.
2 "What Is One Square Inch?," One Square Inch: A Sanctuary for Silence at Olympic National Park, accessed Sept. 6, 2021, onesquareinch.org/about.
3 "Tatshenshini- Alsek Provincial Park," BC Parks, accessed Sept. 6, 2021, bcparks.ca/explore/parkpgs/tatshens.
4 Barry Lopez, "The Invitation," *Granta*, Nov. 18, 2015, granta.com/invitation.203 the more than five-hundred-year-old spiritual book: Unknown Monk, *The Cloud of Unknowing*, ed. Dragan Nikolic and Jelena Milić (Scotts Valley, Calif.: CreateSpace, 2015).
5 Katherine May, *Wintering: The Power of Rest and Retreat in Difficult Times* (New York: Riverhead Books, 2020).
6 "MDMA-Assisted Therapy Study Protocols," MAPS: Multidisciplinary Association for Psychedelic Studies, accessed Sept. 6, 2021, maps.org/research/mdma.
7 Diane Ackerman, *Deep Play* (New York: Vintage Books, 2000).
8 "The Peachoid," Discover: South Carolina, accessed Sept. 6, 2021, discoversouthcarolina.com/products/340.

PART V: 침묵의 공유

CHAPTER 12 조용히 함께 일하기

1 George Prochnik, *In Pursuit of Silence: Listening for Meaning in a World of Noise* (New York: Anchor Books, 2011).
2 Rupa Marya and Raj Patel, *Inflamed: Deep Medicine and the Anatomy of Injustice* (New York: Farrar, Straus and Giroux, 2021).
3 Eve Curie, *Madame Curie: A Biography* (Boston: Da Capo Press, 2001).
4 Cal Newport, *Deep Work: Rules for Focused Success in a Distracted World* (New York: Grand Central Publishing, 2016).

5 Pádraig Ó Tuama, *Sorry for Your Troubles* (Norwich, Eng.: Canterbury Press, 2013).
6 "The Six Classes Approach to Reducing Chemical Harm," SixClasses, June 18, 2019, www.sixclasses.org.

CHAPTER 13 조용한 일상 보내기

1 Marilyn Paul, *An Oasis in Time: How a Day of Rest Can Save Your Life* (Emmaus, Pa.: Rodale, 2017).
2 *Entheogen: Awakening the Divine Within*, directed by Rod Mann, Nikos Katsaounis, and Kevin Kohley (Critical Mass Productions, 2007).
3 "Find the Passion Again: All About Love Bundle," A Research-Based Approach to Relationships, accessed Sept. 6, 2021, www.gottman.com.

PART VI: 침묵의 사회
CHAPTER 14 정보 과잉 시대의 소음 관리

1 Environmental Protection Agency, *Summary of the Noise Control Act*, July 31, 2020, www.epa.gov/laws-regulations/summary-noise-control-act.
2 Administrative Conference of the United States, *Implementation of the Noise Control Act*, June 19, 1992, www.acus.gov/recommendation/implementation-noise-control-act.
3 "A Voice to End the Government's Silence on Noise," International Noise Awareness Day, accessed Sept. 6, 2021, noiseawareness.org/info-center/government-noise-bronzaft.
4 George Prochnik, *In Pursuit of Silence: Listening for Meaning in a World of Noise* (New York: Doubleday, 2010).
5 Singapore, Ministry of Foreign Affairs, *Sustainable Development Goals: Towards a Sustainable and Resilient Singapore* (2018), sustainabledevelopment.un.org/content/documents/19439Singapores_Voluntary_National_Review_Report_v2.pdf.
6 Singapore, Ministry of Communications and Information, HistorySG,

"Garden City" Vision Is Introduced, accessed Sept. 6, 2021, eresources.nlb. gov.sg/history/events/a7fac49f-9c96-4030-8709-ce160c58d15c.

7 Vicky Gan, "The Link Between Green Space and Well-Being Isn't as Simple as We Thought," *Bloomberg City Lab*, Aug. 14, 2015, www.bloomberg.com/news/articles/2015-08-14/singapore-study-finds-no-significant-relationship-between-access-to-green-space-and-well-being.

8 Florence Williams, *The Nature Fix: Why Nature Makes Us Happier, Healthier, and More Creative* (New York: W. W. Norton, 2018).

9 Kevin Kelly, *What Technology Wants* (London: Penguin Books, 2010).

10 Cal Newport, *Digital Minimalism: On Living Better with Less Technology* (New York: Portfolio, 2019).

11 U.S. Congress, CRS Report, *The Office of Technology Assessment: History, Authorities, Issues, and Options*, April 14, 2020, www.everycrsreport.com/reports/R46327.html.

12 Justin Talbot Zorn and Sridhar Kota, "Universities Must Help Educate Woefully Uninformed Lawmakers," *Wired*, Jan. 11, 2017, www.wired.com/2017/01/universities-must-help-educate-woefully-uninformed-lawmakers/?utm_source=WIR_REG_GATE.

13 John Maynard Keynes, *Economic Possibilities for Our Grandchildren* (Seattle, Wash.: Entropy Conservationists, 1987).

286 Justin Talbot Zorn and Ben Beachy, "A Better Way to Measure GDP," *Harvard Business Review*, Feb. 3, 2021, hbr.org/2021/02/a-better-way-to-measure-gdp.

14 Michael J. Sheeran, *Beyond Majority Rule: Voteless Decisions in the Religious Society of Friends* (Philadelphia: Philadelphia Yearly Meeting of the Religious Society of Friends, 1983).

15 Stuart Chase and Marian Tyler Chase, *Roads to Agreement: Successful Methods in the Science of Human Relations* (London: Phoenix House, 1952).

16 Editors of Encyclo paedia Britannica, "Iroquois Confederacy: American Indian Confederation," *Encyclopaedia Britannica* (Chicago: Encyclopaedia Britannica, 2020).

CHAPTER 15 황금 같은 침묵 문화

1 Francisco Salazar, "Teatro Digital to Stream Joyce DiDonato's 'In War and Peace,'" *OperaWire*, Nov. 6, 2019, operawire.com/teatro-digital-to-stream-joyce-didonatos-in-war-and-peace.

2 NOW Bali Editorial Team, "The Ogoh-Ogoh Monsters of Bali's Ngrupuk Parade," *NOW! Bali*, March 10, 2021, www.nowbali.co.id/ngrupuk-monster-parade.

3 "Balinese New Year-NYEPI-Bali.com: A Day for Self-Reflection," The Celebration for a New Beginning: The Biggest Annual Event on the Island, accessed Sept. 6, 2021, bali.com/bali-travel-guide/culture-religion-traditions/nyepi-balinese-new-year.

4 Sand Talk: Tyson Yunkaporta, *Sand Talk: How Indigenous Thinking Can Save the World* (New York: HarperOne, 2021).

5 "Virtue Ethics," *Stanford Encyclopedia of Philosophy*, July 18, 2003, plato.stanford.edu/entries/ethics-virtue.

조용한 시간의 힘

초판 1쇄 인쇄일 2025년 4월 22일
초판 1쇄 발행일 2025년 5월 12일

지은이 저스틴 존·리 마즈
옮긴이 최안나

발행인 조윤성

편집 유나영 **디자인** 정은경 **마케팅** 김진규
발행처 ㈜SIGONGSA **주소** 서울시 성동구 광나루로172 린하우스 4층(04791)
대표전화 02-3486-6877 **팩스(주문)** 02-598-4245
홈페이지 www.sigongsa.com / www.sigongjunior.com

이 책의 출판권은 ㈜SIGONGSA에 있습니다. 저작권법에 의해
한국 내에서 보호받는 저작물이므로 무단 전재와 무단 복제를 금합니다.

ISBN 979-11-7125-817-8 (03190)

*㈜SIGONGSA는 시공간을 넘는 무한한 콘텐츠 세상을 만듭니다.
*㈜SIGONGSA는 더 나은 내일을 함께 만들 여러분의 소중한 의견을 기다립니다.
*잘못 만들어진 책은 구입하신 곳에서 바꾸어 드립니다.

WEPUB 원스톱 출판 투고 플랫폼 '위펍' _wepub.kr
위펍은 다양한 콘텐츠 발굴과 확장의 기회를 높여주는
SIGONGSA의 출판IP 투고·매칭 플랫폼입니다.